マッキンゼー・グローバル・インスティテュート
リチャード・ドッブス
ジェームズ・マニーカ
ジョナサン・ウーツェル
吉良直人 訳

マッキンゼーが予測する未来

近未来のビジネスは、4つの力に支配されている

NO ORDINARY DISRUPTION

THE FOUR GLOBAL FORCES BREAKING ALL THE TRENDS

RICHARD DOBBS
JAMES MANYIKA
JONATHAN WOETZEL

ダイヤモンド社

NO ORDINARY DISRUPTION

by

Richard Dobbs, James Manyika, and Jonathan Woetzel

First published in the United States by Public Affairs, a member of Perseus Books Group.
Japanese translation rights arranged with Perseus Books Group, Boston,
Massachusetts through Tuttle-Mori Agency, Inc., Tokyo

はじめに――本書から日本の未来を読み解くための解説

マッキンゼー・アンド・カンパニー日本支社
パートナー　桑原 祐

世に出回っている未来学者やシンクタンクによる「未来予測本」と、本書がまったく異なるとすれば、予測の手法そのものだと言えるでしょう。

よく知られているように、マッキンゼーは常にファクトを重視しており、一見大胆だと思われるような未来の超長期予測についても、必ずデータの裏付けがあります。とくに本書の著者たちが所属するＭＧＩ（マッキンゼー・グローバル・インスティテュート）は、マッキンゼー社内の独立シンクタンクであり、学術的なアプローチが非常に重視される機関です。ノーベル賞を受賞するようなエコノミストとの間でも、経済学的に齟齬がないか、妥当性があるかを議論・検証するプロセスがあるほどです。

一方、マクロ経済データから長期のトレンドを読む学者スタイルの予測とも根本的に違います。私たちの予測にはまず、世界中にいるマッキンゼーのコンサルタントたちがクライアント企業や政府機関と日々議論を重ねるなかで得たミクロの「洞察（インサイト）」があります。たとえば、本書で「経済の重心が移動する」という話題が登場しますが、これも「新興国経済では、国単位ではなく、都市といったクラスター単位で市場戦略を立てなければ意味がない」というコンサルタントたちの洞察が契機となった予測です。

洞察を共有し、そこへ先に挙げた学術的なアプローチでデータを重ね合わせていくなかから、本書の超長期の予測は導かれていきます。

本書が提示する四つの変化は、日本にとって避けることのできない、このまま放置すれば脅威となるものばかりです。が、ひとたび変化を捉えることができれば、それは新たな機会になるでしょう。マッキンゼーは、日本の将来に明るい見通しを持っています。

日本でこの変化が顕在化している例を一つ挙げて、補足しましょう。本書では、「世界規模で働く人が減り、年金や社会保険の受給者が増え、国家財政を圧迫する」という問題が指摘されており、日本ではすでに現実のものとなっています。しかし、日本に関する記述がたびたび登場しますが、その先には触れられていません。

たとえば私の専門であるヘルスケア領域でも、変化を先取りすることで、日本が直面する課題を乗り越える道はあると考えています。日本の優れたユニバーサル・ケアは維持しながらベストプラクティスを採用し、保険者の統合・機能強化と医療機関の統合・専門性向上を推進する。より良質な医療のアウトカムを担保する医療システムの実現は、医療費の削減にもつながり、結果として、医療費の伸びをGDPの成長率よりも低く抑えられるのです。

世界中で変化が起きていないと考える人は少ないでしょう。ただ、その変化が「いつまでに」「どんなスピードで」起こるのか、感覚的にイメージできる人は少ないかもしれません。読者のみなさんのために、本書がそのお手伝いをできれば、大変嬉しく思います。

第4章 貿易、人間、金融とデータの価値 ──音速、光速で強く結び付く世界

第II部 直観力をリセットするための戦略思考

マッキンゼーが
予測する未来

近未来のビジネスは、
4つの力に支配されている

イントロダクション

我々は、直観力をリセットしなければならない

これまでとまったく異なる現実

複雑な組織を経営するのは、状況が最良であったとしても容易なことではない。とくにそれが難しくなるのは、「世の中がどう動いているのか把握している」と自分では思っていたのに、そのすべてが間違っていたのではないかと思わせるようなニュースが幾度も繰り返し報道され、自分の不明を思い知らされるときである。あるいは、さほど間違っているとは言えないまでも、「少し違っていたようだ」と考えさせられるときだ。

劇的な変化の数々は、どこからともなく突然発生し、しかも、所かまわずどこにでも発生してきている。変化に敏感で注意を払っている研究者や評論家にとっても、そうした変化は視野の外で緩やかに始まり、あるとき虚をつかれて大変化であることに気づくのである。

今は、産業、企業、製品、技術、さらには国や都市の命運が、一夜にして、しかも予想だにしない成り行きで、興隆したり衰亡したりする時代だ。ここで、グローバル経済の動向に関して、私たちが長い間、長期予測の当然の前提として、こう動くはずだと信じてきたものが覆されてしまった事例を考えてみよう。

◉長い間、世界中の小売産業では、世界最強にして大金を使ってくれるアメリカの消費者の動向に注目してきた。アメリカの消費動向こそが、世界中の消費者の購買意欲を測る代理変数となるからである。「サイバー・マンデー」と呼ばれる、アメリカの感謝祭の週末の翌日、メディアのトップニュースは、eコマースの狂乱状況を伝えるものであふれていた。２０１５年11月30日、アメリカ人はオンライン・ショッピングで29億８千万ドルを使ったのである。(注１)

ところが、そのほんの３週間前に、はるかに巨大なオンライン・ショッピングの大爆発があった。11月11日（「11・11」と呼ばれる）は、中国の「独身者の日」という非公式の祭日であり、この日が消費のピークとなる行事にと急速に発展してきている。この日は、１９９０年代に、独身大学生たちがアンチ・バレンタインデーとして思いついたものなのだが、今や経済規模世界第2位の国におけるオンライン・ショッピングの顕著なピークとなる行事になっている。2015年11月11日、中国最大のeコマースサイトであるアリババが、143億ドルを超える売上高を記録した。これは、世界のいかなるサイトの記録と比較しても、1日の売上高最高記録である。（注2）

◉ 2013年10月、米国エネルギー情報局は驚くべき発表を行った。その直前まで、アメリカは貪欲にエネルギーを消費し、一方では国内の化石燃料生産量の低下に苦闘してきていた。だがそのアメリカが、13年当時には炭化水素燃料の世界最大の生産国であったロシアの生産量を超えてしまうだろう、というのだ。シェールオイルの採掘に水圧破砕を用いるフラッキング製法が出現したおかげで、天然ガスと原油の生産量が急速に伸びたからだ。この成長ペースは、エネルギー情報局も驚くような水準であった。

わずかその1年前にエネルギー情報局は、アメリカの生産量がロシアを超えることができるのは2020年までかかるだろう、との予測を発表していたからである。ところがノースダコタ州だけで、シェールオイルの原油生産量は04年から14年の間に12倍に増加し、同時に10年間続いた同州の人口減に歯止めをかけたのである。（注3）

2014年半ば以降、アメリカの原油生産業者は、原油価格の急激な低下という打撃を受け、2016年には1バレル100ドルを超える水準がおよそ45ドルにまで低下した。それにもかかわらずアメリカは炭化水素燃料の生産ではロシアをリードし、世界第1位の地位を確保している。

◉　２０１４年２月19日、フェイスブックは、設立５年にすぎないワッツアップ社を１９０億ドルという驚くべき高額で買収した。このインスタント・メッセージ・アプリケーションを開発した会社は、ヤフーに勤めていた２人の従業員により２００９年中頃に設立され、買収時には４億５千万人のユーザーを獲得していた。この数字はツイッターのユーザー数よりも多く、アメリカの全人口よりもはるかに多いのだ。(注４)

ところが、ウォール街の銀行の大半は、この会社のことをよくわかってはいなかった。この携帯電話用無料メッセージ・アプリは、急拡大する発展途上国市場で最大の魅力を発揮しており、その結果、世界最大のユーザー数を獲得していたのである。フェイスブックがこの巨額の買収価格を容易に支出できたのは、成功裏に軸足を携帯電話市場に移すことができたからである。フェイスブックは、12年初にはほぼゼロであった携帯電話市場からの広告収入を15年第４四半期には全広告収入の約80％にまで拡大したのである。(注５)

◉　２０１４年９月24日、ミッション・コントロールセンターで、ロケット打ち上げ実験の成功を歓声を上げて喜ぶ科学者たちの姿を、世界中の人がテレビ画面で見ていた。ところがこの画像は、いつもとは少し違っていた。このコントロールセンターは、よく目にするテキサス州南部ではなく、インドの南部にあったのである。しかも、科学者の多くは華やかな色のサリーを身に着けていた。インド宇宙研究機構の打ち上げチームが祝っていたのは、打ち上げた宇宙船を火星周回軌道に投入するのに成功した瞬間だった。「我々は今や、人類の企画した事業そして技術革新の限界を超えたのだ」とナレンドラ・モディ首相は連続ＳＦテレビドラマ『スタートレック』の台詞を借りて語り、「我々は、未知の領域へとあえて進もうとしている」と結んだ。

この計画について最も驚嘆すべき内容は、そのコストである。わずか7400万ドルにすぎなかったのだ。モディ首相は、このプロジェクト全体のコストは、ハリウッドのSF映画『オデッセイ』(原題は "The Martian")の制作コストよりも安く、アメリカが打ち上げた火星周回衛星よりも約90%安いとのことである。1年近く飛行を続けるこの宇宙船「マガリャーン」は、質素倹約な技術革新を目指すインド文化の結実と言えよう。軽量な測定機器を使い、部品や機器は他用途のものを転用し、卓抜な技術を適用してコストダウンを実現しながら、インドは自国の宇宙機構により宇宙船を火星周回軌道に乗せた4番目の国となった。しかも、最初の実験で成功させた初めての国となったのである。(注6)

こうした重大なニュースには、戸惑いと同時に喜びをもたらす共通項がある。スピード、驚き、それに方向転換で形容される巨大グローバル市場が向かう先の変化は常に、すでに地歩を固めた企業の命運には大きなインパクトを与え、新規参入企業には成長機会を提供してくれる。

事実、我々が生きているのは、ほぼいつも不連続なことが起こる世界だと言える。新しい競合は、ほぼ完璧にこっそりと準備し、突然、爆発的に登場してくる。幅広く深い堀に守られていると思っていた事業の防御が、簡単に破られてしまったことに突然気づく。これまで何もないと思っていた所に広大な新市場分野が現れる。

市場にもともと作用していた自然の力を、技術の進歩とグローバリゼーションが加速し、強化してしまったのだ。かつてはスムーズな曲線であった信頼できる長期トレンド線は、今やのこぎりの歯のようなギザギザの山の稜線であったり、ホッケースティック状（平らな台地状から突然急激に上昇に転じる）、あるいは富士山のシルエット（緩やかな上昇が続いた後、上昇が突然止む）に似てきている。しかも、たった5年という期間であっても、大変化が完了するには十分に長い期間なのだ。

この「ニュー・ノーマル」つまり新しい定常状態とは、中国が休日消費額で世界一となり、アメリカが世界最大の原油生産国となり、携帯電話のメッセージアプリ企業が190億ドルで買収され、インドが宇宙開発の最先端を走る世界を意味しており、このことが企業、組織機構、都市それに国家のリーダーに対し、困難で、たいていの場合存続の危機となるような深刻な課題を突きつけている。

しかも、現在のリーダーの多くが地位を築く基礎となる経験を重ねたのは、グローバル経済環境が珍しく温和で、穏やかな時代であった。2008年の世界金融危機にいたるまでの25年間は、ジェームズ・ストックとマーク・ワトソンという2人の経済学者が名づけ、正当な評価と考えられる「グレート・モデレーション」、すなわち「大温和」の時代として知られている。（注7）金利水準は低下し、株式や債券あるいは住宅といった資産の価格上昇を助けた。天然資源の生産は未曾有の供給量となり、価格は低下した。就業機会は豊かになり、それを満たす訓練された労働者の供給は無限にあるように思えた。

技術や貿易が崩壊し、ある業界が衰退した場合でも、その影響を受けて失職した労働者のほとんどは別の産業分野に転職することができた。夜が明けると朝が来るのと同様に、私たちの住宅価格や投資は、確実に毎年価格が上がっていった。先進国経済に生きる親たちは、自分たちの子供も成人すれば、自分たちよりも豊かな生活を送れるものと考えていた。消費者も国家も、すぐに現金で購入できないものがあったとしても、融資を受けて借金により支払えるものと考えていた。もちろん、進んでいく道筋には、注意の必要な状況や路面のデコボコはあったものの、おしなべて見ればグレート・モデレーションの時代の物語は、継続性と一貫したトレンドにより語ることができるものであった。

だが、この慣れ親しんだ世界は、もはや消滅してしまっている。08年のリーマンショックによる金融危機は、戦前の大恐慌以来、最初で最大の経済縮小であり、多数の技術変化、トレンドおよび状況の変動による破壊的な影響が、穏やかな環境を揺り動かしてやろうと相互に共謀した結果だろう。グレート・モデレーションの期間、投資家や経営者の生活を心地よいものにしてきた長く続いたトレンドの多くは、決定的に破壊されてしまった。資本コストの水準は、ほぼこの30年間下がり続けたのだが、金利水準はゼロに近く、国によってはマイナス金利にまで突入しており、強力な金利安傾向もこれ以上は下げることのできない限界に来ている。

天然資源価格も長期低下の後、安定した水準にあったが、穀物から鉄鋼にいたるすべての物の価格は今不安定になってきている。労働人口の増加と、中国が世界貿易システムに加わったことに伴い、世界が謳歌してきた人口余剰の時代は終わり、人口増加はブレーキの軋み音を立てて停止しており、世界の労働人口の高齢化につれ、今後は人口不足の時代へと変わっていく可能性が高い。国家間の格差は縮小していくものの、世界各地で個人、とくに先進国で専門スキルの低い人たちは、成人後も自分たちの親より貧しくなるリスクを負っている。

これは、まだ序の口にすぎない。

これまでとはまったく違う世界は、形成途上なのだ。世界経済のオペレーティング・システムは、今こうして説明しているうちにも書き換えられている。この新しいOSは、華々しい宣伝とともに店頭に並ぶわけではない。それは、次第に進化し、開示され、爆発的に普及することが多いだろう。

4つの強大で破壊的な力

私たち共著者の考えでは、世界は今、破壊的な力を持つ四つの根本的なトレンドによりもたらされた、劇的な変化のほぼ中途にある。この四つの破壊的な力のどれか一つだけをとっても、グローバル経済がこれまで経験してきた経済的変化、たとえば先進国における産業革命のようなものの最大の力と比べたとしても、おそらく比肩しうる規模である。私たち全員が、こうした破壊的な変化が起こっていることはわかっているものの、私たちの大半は、その規模の全体像、さらにその結果として起こる2次的、3次的効果の全体像を理解できないでいる。複数の波が相互に増幅しあうように、こうした複数のトレンドは、その力と規模を増し、相互作用、同期作用、および補完作用により影響を及ぼしあう。こうした力が一体となって、巨大な変化を作り出すのである。

経済の重心の移動

まず、最初のトレンドの変化は、経済活動とダイナミズムの重心となる場所の移動である。移動先は中国のような新興国市場であり、そうした市場の中の都市である。先進国では19世紀に始まった産業革命が新興国市場では最近起こり、同時に都市革命が起こっている。世界経済の勢力均衡の重心は、かつてなかったスピードで東南に移動している。フォーチュンのグローバル500社のランキングに含まれる、たとえばシェル石油、コカ・コーラ、ＩＢＭ、ネスレ、エアバスといった世界の巨大トップ企業の95％は、２０００年というごく最近まで、本社が先進工業国にあった。しかし２０２５年までには、中国に本社を置く企業の数は、アメリカあるいはヨーロッパに本社を置く企業数よりも多くなり、売上10億ドルを超える世界の大企業の半分近くは、新興国の企業になるだろう、と私たちは想定している。（注８）中国および新興国のいくつかについては経済成長が鈍化してはいるものの、世界の経済力のバランスを変えてしまうことはないだろう。私たちの推計では、今後２０２５年にいたるまでの10年間、世界経済の成長の70％は新興国によるものであり続けるだろう。

ドイツ銀行の前ＣＥＯ、ヨゼフ・アッカーマンは、こう話してくれた。「ＣＥＯに就任し何年か経つうちに、フランクフルトの本社の人たちが苦情を言い始めたのです。『最近、あなたに本社であまり会えることがないのですが』とね。でも、私が本社にいられないのには十分理由があったのです。成長市場がドイツ国内から他の場所に移ってしまったのですよ。アジア、ラテンアメリカ、中東へと」(注9)

おそらく同じように重要な点は、経済活動の場がこうした市場の内部でも移動しているということである。世界中で都市人口は、過去30年間を平均すると、毎年6500万人のペースで増加してきている。これは、シカゴと同規模の都市が毎年7カ所ずつ増えているのに等しいことなのだ。(注10) 2010年から2025年の間、世界のGDPの成長のほぼ半分が、新興国の440都市により生み出されると予測される。こうした都市の95%は中小規模の都市であり、西欧企業の経営者はその名前すら聞いたこともなければ、地図でどこにあるのか指し示すこともできない都市である。(注11)

ムンバイ、ドバイ、それに上海は、もちろんそうした成長都市に入る。台湾北部にある新竹(Hsinchu)はすでに世界第4位の、電子機器およびハイテク機器の中国地域全体の研究開発および製造のハブとなっており、当然含まれる。また、ブラジルのサンパウロとウルグアイ国境との中間にあるサンタカタリナ州が挙げられる。ここは電子機器と自動車製造の地域のハブであり、WEGのような売上10億ドル規模の複数企業の本社所在地である。それに、北京の南東120キロに位置している天津が挙げられる。私たちが推定した2010年の天津のGDPは約1300億ドルで、スウェーデンの首都であるストックホルムとほぼ同規模であった。私たちの予測では2025年までに、天津のGDPは6250億ドルに成長し、スウェーデン一国全体とほぼ等しい規模になると推測される。(注12)

テクノロジー・インパクト

第2の破壊的な力は、技術の発展がその範囲、規模、経済的インパクトにおいて、加速し、増大することである。印刷機から蒸気機関、それにインターネットにいたる新技術というものは、常に現状維持という状況を覆す巨大な力となった。ただ、今日の技術発展がこれまでと違うのは、我々の生活のあらゆる局面に、どこにでも新技術が存在していることと、変化のスピードが速いことである。

マサチューセッツ工科大(MIT)のエリック・ブリニョルフソンとアンドリュー・マカフィー共著のベストセラー『ザ・セカンド・マシン・エイジ』(邦訳は日経BP社刊)の中で、2人は今の時代を「チェスの後半戦」と表現している。ブリニョルフソンとマカフィーは、指数関数的成長の持つ力を語る昔話に、新たな一ひねりを加えている。

将棋の発明を喜んだ中国皇帝が、その発明者に「褒美を与えるから何でも欲しいものを言ってみよ」と言ったところ、発明者は将棋盤の一つめの升目に米を1粒、次の升目に2粒、三つめの升目に4粒、四つめの升目には8粒、と数を増やしながら置いていただきたいという望みを伝えた。つまり次の升目に進むごとに倍の数の米粒を所望したのだ。将棋盤を埋める前半戦は、別に波乱のない状況であった。発明者が受け取った米は、一匙の米だったものが、お椀1杯となり、それが大樽1杯となっていった。この物語の別の伝承版のエンディングでは、皇帝は破産し、発明者に取って代わられたということだ。それというのも、倍々の増加を63回繰り返すと、米粒の数は１８００京という膨大な数（小学校で習う1兆の１８００万倍）となり、地球表面積の2倍の広さを敷き詰めることのできる量になるからである。

未来学者でありコンピュータ科学者であるレイモンド・カーツワイルは、「第2次大戦中に発明されたプログラム可能な最初のコンピュータと比べ、今日までにコンピュータの性能は、32回よりも少し多い倍増を達成してきている」と指摘している。近年の技術革新の成長倍率と拡散のスピードを考えると、人間の予想できる直観力をはるかに超えた、指数関数的スピードでの成長が今まさに始まろうとしており、その少し前の安定状態にあると思われる。

技術革新のスピードだけでなく、それが社会に普及していくスピードも加速している。電話が5千万台の電話機への接続を達成するのには、ほぼ50年がかかった。ラジオが同じ台数普及するには10年がかかった。ところが、アイポッドが5千万人のユーザーを獲得するには5年、スカイプの同様な普及には2年しかかからなかった。さらに普及が速かったのは、携帯電話ゲームである『アングリバード・スペース』で、5千万ユーザーを引き付け獲得するのに、35日しかかからなかった。これは電話の普及速度のおよそ５００倍である。こうした比較は完璧なものではないが、私たちの生きるデジタル世界の息をのむような変化の加速ぶりを示すものだ。（注13）

処理能力と接続性は、技術の物語全体のごく一部でしかない。そのインパクトは、付帯するデータ革命により幾倍にも拡大される。データ革命により、消費者であろうと企業であろうと未曾有の量の情報を手中にできるようになり、その情報を活用すれば、オンライン小売業のアリババから、行きたいときに行きたい場所まで乗せてくれる車を手配してくれるウーバーのようなさまざまなビジネスモデルが、技術発展による高い能力を得て増殖していく。こうした相互に増幅しあう力のおかげで、ますます多くの人々が、簡便な機器、即時のコミュニケーション、そして際限がないと思われる情報入手の黄金時代を享受することになっていくだろう。

また、携帯電話によるインターネット接続が存在しなければ、この想像もできなかったスピードでの経済発展は、新興経済国に生きる数十億人の人たちに約束されなかったに違いない。わずか20年前には、携帯電話を保有していたのは世界人口の3%以下の人たちにすぎず、インターネットに接続していた人たちは1%に満たなかった。(注14) 今日、世界人口の3分の2の人たちが携帯電話を使い、3分の1の人たちはインターネットでコミュニケーションを行っている。(注15) それだけではない。多くの人々が携帯電話の利用とインターネットでのコミュニケーションを、同時に行っているのだ。QQという中国企業テンセントが提供している即時メッセージ・サービスは、2015年の第4四半期には月平均8億6千万人のユーザー数を記録した。同四半期中のピークタイムには、2億4千万人のQQユーザーが同時にメールのやりとりをしていたとのことである。(注16)

起業した人が技術によって驚異的なスピードで規模を拡大し、しかもワッツアップが実際にやったように、わずかの資本で成長することが可能になった。起業家や設立まもない企業の数々が、確立された巨大企業よりも競争優位を獲得できるのは、今ではよくあることだ。技術の事業への適用と技術革新の激烈な速度により、企業のライフサイクルは短くなってきており、企業経営者としては、これまでよりも素早い意思決定と経営資源の投入を行わざるをえない状況に追い込まれている。

地球規模の老化

世界を変える第3の力は、人口動態の変化である。簡単に言ってしまえば、人類の平均年齢が上昇してきているのだ。出生率は低下し、世界人口は劇的に老化してきている。先進工業国では、人口の老齢化がもう数年前から顕著となってきている。日本とロシアでは、何年か前から人口が減少に転じている。この人口減少という現象は、いまや中国にまで拡大し、もうすぐラテンアメリカ全体に広がるだろう。

「老化」という言葉の意味することが、人類が地球に生まれてからの歴史上初めて、「この惑星の人口成長が止まり、フラットな台地状の推移に転じる状況を示すもの」となり、それが世界の大半の地域に広がることになる。30年前には、世代交代で人口を維持するのに必要な成人女性1人当たりの平均出産数2・1人を大きく下回る出生率の国は、ほんの数カ国に限られており、その数カ国の合計人口は、世界全人口中ごく限られた比率にすぎなかった。ところが、2013年までに、世代交代による人口維持出産数よりも低い出生率の国の人口を合計すると、世界人口のおよそ60％にのぼる。(注17)

これは、いわば海の波に岸辺が浸食されてしまうような、不思議な変化である。欧州委員会の予測では、2060年までにドイツでは現在人口の5分の1が減ってしまい、しかも労働人口は10年の5400万人から、60年には3600万人に減少するとされている。60年のドイツの労働人口は、同年のフランスの予測労働人口よりも少ない水準となるという。（注18） 中国の労働人口も2012年にピークに達したが、これは所得増がもたらした人口動態である。タイでは、1970年には女性1人当たりの出産数は5人であったが、今日では1・4人に減少してしまった。（注19）

労働人口の減少は、これまでの経済成長を維持するのに必要な生産性向上にこれまで以上の重荷を課すことにつながり、逆に、そもそも経済発展の可能性が本当にこれからもあるのか、という疑問を投げかける原因にもなっている。さらに、増加する高齢者の介護は、政府に対して厳しい財政負担の圧力を与えることになる。

「流れ《フロー》」の高まり

最後の破壊的な力は、私たちが「流れ《フロー》」と呼んでいる、貿易に加え資本、人々それに情報の移動を通じ、世界が相互に結合する度合いの高まりである。貿易と金融は、グローバリゼーションを語るときには、これまでも重要な要素であった。しかし、この何十年かの間に著しい変化が起こっている。世界貿易システムは拡大し、これまでヨーロッパと北米の主要なハブの間で複数の線の結合によりつながっていたものが、複雑かつ繊細な、不規則に広がるクモの巣状にと変容してきた。アジアは、世界最大の貿易圏となりつつある。新興国市場同士の間で行われる「南から南へ」という貿易の流れが世界貿易に占める比率は、過去10年の間に2倍に増加し、地域間貿易タイプ別でも最大の成長を示している。(注20) 2000年には90億ドルにすぎなかった中国とアフリカの間の貿易額は、12年には2100億ドルとなった。(注21)

世界の資本の流れは、1980年から2007年の間に25倍に拡大した。09年に国境を越えて国外に移動した人の数は10億人に達し、この数は80年の5倍である。(注22) こうした人・モノ・カネという三つのタイプの結合は、08年のリーマンショックによる世界的な不況によってすべて停滞し、それ以降緩やかにしか回復していない。ところが、技術により形成されたさまざまな結合は、休止するどころかスピードを増して進展を続けており、ダイナミックな新たなグローバリゼーションへと世界を導き、未曾有の機会の数々を創出するとともに、予期せぬ不安定性を誘発している。

国家間の通信に用いられる周波数帯域は、2005年以降、45倍に拡大した。(注23) 国際間のデジタル情報の流れには、ミュージック・ビデオのダウンロードや多国籍企業の社内通信、それにたとえ小さな企業であっても「マイクロ多国籍企業」になれる、アマゾンやアリババといったネット上のデジタル売買プラットフォームなど、ありとあらゆるやり取りが含まれる。わずか15年前には、こうした国境を越えたデジタル情報の流れはほとんど存在していなかった。今日では、何世紀もかかって発展してきた伝統的なモノの流れよりも、デジタル情報の流れのほうが、世界経済の成長にはるかに大きな影響を与えている。

直観力のリセットが必要だ

四つの破壊的な力は変化のペースを速めて規模を拡大し、21世紀に入る頃には、四つを総合すると世界経済に実質的な影響を与え始めた。今やこの四つの力は、事実上どの国の市場、そして世界経済のどの分野でも、長い間確立されてきたパターンを破壊している。つまり、私たちの生活のあらゆる局面に影響を与えているのだ。周りのどこを見ても、四つの力が長期的なトレンドであったものを壊し、分解し、単純に言えば、機能不全を引き起こしている。四つすべて同時に起こっていることが意味するものは、私たちの生きている世界、すなわち私たちが生まれ育ち、安定を享受し、私たちの意思決定に最重要な直観を形成してきた世界が、劇的な変化を遂げるだろう、ということなのだ。

こうした不連続な事象は、破滅と暗い運命しかもたらさないだろうと考えるかもしれない。だが、そうした悲観的な考えは間違っており、それも大きな間違いなのだ。実際こうした四つの力は、すでに1990年から2010年の間に、極度の貧困の中にいた10億人の人たちを救い出しており、その同じ力が、これからの20年間にさらに30億人の人々を、グローバル中流階級と呼ばれる豊かな生活水準に引き上げる助けとなるだろう。(注24) かくも大勢の人々の経済的地位の向上は、20世紀最大の医学的成果の一つとされる天然痘の絶滅よりも、はるかに大勢の命を救うことだろう。

技術の急速な拡散は、かつてなかったような数の人々そして消費者に力を与えるだろう。企業にしても、技術の進展によって顧客に新製品を届け、顧客にサービスを提供し、取引を完了するのに必要な限界コストが限りなくゼロに近づいていくことを急速に認識し始めている。そして、ますます多くの人々がグローバル・コミュニケーションやショッピングのシステムにつながることにより、ネットワーク効果が生まれ、そうしたシステムの価値をさらに高め、システムを活用する人々に与える価値も大きくなっていく。

その結果、これまでの世界に取って代わる新たな世界は、さらに豊かで、都市化が進展し、スキルは向上し、健康なものとなるだろう。新たな世界の住人たちは、強力な技術革新を手中に収めることにより、これまで立ちはだかっていた問題を解決し、新製品を創造し、増大する消費者層にサービスを提供し、世界中の起業家たちにさまざまな機会を提供してくれるだろう。多くの点で、私たちは奇跡が何度も起こる時代に生きているのだ。

こうした展開は、最近経験した傾向を数年先や中・長期に単純に延長して作られた予測や暫定計画を、まったく的外れのものにしてしまう可能性がある。つまり、これまで起業を成功に導く方程式として実績が証明されてきた多くの前提、傾向、習慣が、突然その神通力を失ってしまうのである。私たちは、かつてないほどのデータや助言を、文字どおり「指先に」持っている。携帯電話にすぎないアイフォーンやサムスン製のギャラクシー、中国のシャオミー社製のマイフォーンといったモデルのほうが、初めて世に生まれたスーパーコンピュータよりも、大量の情報と高い処理能力を保持している。

ところが、私たちが生きている実際の世界では、プロの予測家でさえ（というよりも、プロであるがゆえに）重要な要素を見逃し、予測を外してしまうことが普通に起こっている。それは、私たちの意思決定の大半が、今でも個人の直観に支えられたものだからだ。これは、当たり前の人間の性向であり、私たちの直観は自分の経験の組み合わせと、物事がどのように動き、機能すべきなのかという思考により形作られている。

グローバリゼーションは、制度の確立された互いに結合の強い国々に対し、新たな市場の開拓が比較的容易に行えるという便益を与えた。各国の労働市場も、かなり高い信頼性で機能してきた。それに資源価格は低下した。ところが、現在ではそうした前提では物事が進まなくなってきている。しかも、こうした過去のやり方では動かない状態が、かなり長い未来にわたって続く可能性が高い。もし私たちが、バックミラーを見ながら運転するように世界を見て、私たちの過去の経験から構築された直観に基づいて意思決定を行ったとすれば、間違えてしまう可能性がかなり高い。新世界では、企業経営者、政策決定者、そして個人の誰もが、自分の持つ直観を精密に見直し、もし必要とあれば大胆に直観をリセットする必要がある。このことは、過去に大きな成功を収めてきた組織にとって、とりわけ必要性が高い。

とくに見直しが必要になるのは、消費、資源、労働力、資本、競合といった、重要な課題に関係した意思決定に影響を与える前提である。経験や直観を捨て去れ、と言っているのではなく、私たちの目前で何が起ころうとしているのかを見て、経験や直観を修正しなければならないのだ。つまり、戦略、事業計画の策定、各国市場へのアプローチ、および資源配分に関して、考え方をこれまでとは変えなくてはならない。

かつては先進諸国が、世界経済の個人消費をけん引してきた。日本、アメリカ、ヨーロッパといった、巨大な先進国経済の景気がよくなると、それがグローバルな個人消費の成長につながった。しかし、もはやそうはならない。今では、新興諸国の膨大な中流層消費者の戦隊が、世界経済の消費の成長をけん引しているからだ。2003年から年率110％で成長してきた中国のインターネット・ショッピング市場は、すでにアメリカに次ぐ世界第2位の市場となっている。2020年までに、ショッピングサイトであるアリババと「独身者の日」の買い物客の盛り上がりにけん引される中国のインターネット・ショッピング市場は、今日のアメリカ、日本、イギリス、ドイツ、およびフランスの同市場すべてを合計した規模になりうると予想される。

中国のアリババが2014年9月、香港株式市場に株式上場を果たしたとき、史上最大の新規上場金額250億ドルを達成した。これもまた、世界の経済力地図が塗り替えられていることを示す一例である。

グローバル企業、なかでも北米および欧州の多国籍企業にとって、この新しい時代は過去何十年かに比べ複雑さが増加する時代である可能性が高い。過去30年以上にわたり、欧米企業の利益は盛り上がってきていた。世界中の企業純利益は、1980年から2013年の間の世界GDPの成長より75％も高い成長を達成し、しかも北米と西欧の企業がそうした企業純利益の総累計額の半分超を占めていたのである。北米企業だけでも、この30年あまりの期間に税引後利益を60％超、拡大してきた。しかし、アリババのような新たな競合企業の登場により、欧米の既存企業の黄金時代も終わりを告げようとしている。新たに登場してきた競合の多くは新興国で生まれた企業だが、ほかにも既存企業の事業領域に入ってきたハイテク企業や、アマゾン、アリババ、イギリス政府のＧ－クラウドといった特定のプラットフォームをベースに大きく成長してきた西欧企業も含まれる。

たとえば、ケニア市場でユニリーバの洗剤製品「オモ」が突然攻撃を受けたのは、世界中の市場で争ってきたアメリカのプロクター・アンド・ギャンブル（Ｐ＆Ｇ）からではなかった。オモブランドに挑戦してきたのは、ナイロビに本拠を置くカパ精油の作る「トス」というブランドの洗剤であり、これまで産業向けに製造していた業務用洗剤を家庭用に改良し、大規模な販促を展開してきたのである。こうした新興競合企業は、これまでの業界のルールにはおかまいなしにゲームを展開し、コスト構造の低さや敏捷性と攻撃的な行動を武器に戦いを挑むため、規模の大きい西欧企業であっても対抗するには手を焼くことになる。こうした企業は、短期間に新製品を上市することができ、市場を制するためには利益率を下げることも厭わない。

フォーチュンのグローバル５００社で中国企業はすでに20％あまりを占めており、１９８０年には76％を占めていた西欧企業の比率は、２０１３年には54％に低下した。今後10年の間に、世界の総企業収益は成長を続けるものの、世界ＧＤＰの伸びを下回り、世界企業収益のシェア争いはいっそう厳しさを増すものと推定される。この企業収益をめぐる競争は、企業にとってのみ影響があるのではなく、投資に対する収益率が下がる可能性の高い投資家にとっても、大きな意味合いを持っている。（注25）

資源・商品の世界もまた、大きく揺さぶられている。資源・商品価格は、20世紀の間に実質ベースでほぼ半分に低下した。これは同期間に世界人口が4倍になり、世界経済産出高が約20倍に伸び、その結果として、さまざまな資源需要の膨大な拡大につながったことを考えてみると、驚くべき変化である。（注26）なぜだろうか。それは、数々の技術革新によるブレークスルーが生まれたことにより、各種資源の入手方法が多様に広がり、同時に資源採取の生産効率が高まったことによる。企業は、原材料コストの低下を享受し、低価格でエネルギーおよび食料が豊富に得られる家計世帯数が増大したのだ。

しかし、このトレンドは２０００年に破壊が始まった。21世紀に入ってからの10年間に、中国の需要の急増が、多くの資源項目埋蔵量の枯渇と同時に発生したことにより、過去１００年の価格低下は完全に帳消しになってしまった。そして資源・商品価格の上昇が始まろうとしたときに突然、暴落が起こり、価格水準は１９８０年代をわずかに超えるところまで戻ってしまった。この暴落は、これまで繰り返された変動サイクルがまためぐってきたのか、それとも何かもっと基本的な変化を反映したものなのだろうか？　それは新たな資源経済が形成されようとしているようにも見える。すなわち、多くの経済的トレンドのうち二つを挙げると、技術の進展により再生可能エネルギーがかつてなかったほどに実現性を高めており、同時にデジタル化技術が広範に活用されてエネルギー効率の改善が達成され、その結果エネルギー消費そのものが削減されるかもしれないからである。

職場は、変革とトレンドの破壊の起こる最前線であったし、これからもそうあり続けるだろう。もう何十年もの間、世界中の労働力規模は一般に増加傾向にあり、しかも世界の労働力の大半がグローバルシステムにつながっていた。それに加えて、新興国市場の急速な拡大に助けられ、新たに労働市場に加わった人たちも容易に職に就くことができた。世界中どこででも、雇用者は労働力を採用しようと思えば、適切なスキルを持った労働者を見つけ、採用することが一般に可能であった。1980年から2010年の間に11億人が成人となり、20歳から64歳の年齢帯に入って世界の労働人口に加わった。(注27) しかし、いくつかの人口動態要因により、世界の労働人口の増分は、2030年までに3分の1が減少する。(注28)

同時に、技術というものが、各国の労働市場をかつてなかったほどに撹乱している。コンピュータはこれまで歴史的には、速記タイピストや銀行の窓口担当者といった手工労働者や事務処理作業員に取って代わってきたが、いまやジャーナリストや株式アナリストといった知的専門職をも取って代わり始めている。

オートメーション自体により消滅してしまう職業の数は、非常に少ないものだろう。だが現在、人々が行い給与を得ている非常に多くの活動に、この変化は大きな影響を及ぼすに違いない。私たちの推定では、現存する職業の6割については、その職に伴う作業の30%、あるいはそれ以上が自動化されるだろう。たとえば、弁護士は証拠発見期間中に収集された数千ページにのぼる開示文書を読んで処理するのに、キーワードで検索するテキスト・マイニングという技術の活用を始めている。また、企業経営者の仕事も例外ではない。経営者の時間の2割以上を占める、報告提案書の分析、人員配置計画の準備、現状報告を読むといった業務は、既存の技術を使って自動化することが可能である。(注29)

ところが、一方ではエンジニアリング、ソフトウエア開発、ヘルスケアといった分野で、高度のスキルを持つ人材の需要は高止まりしたままである。マッキンゼーの調査によると、回答した10人に4人は、自社に必要な人材に適した候補を現状では見つけられていない、と答えている。

このことが意味しているのは、労働市場に起こっている、相反する二つの奇妙な現象である。私たちの現在の推定では、２０２０年までに、大学を卒業した、あるいは高度の職業訓練を受けた労働力が、採用しようとする企業側では８５００万人不足し、一方では、９５００万人の低スキルの労働者が失業するだろうと考えられる。(注30)

❖❖❖

新たな機会が多く存在するとはいえ、私たちが直面するこの新時代は、大きな動揺も与える。だからこそ、やるべきことはたくさんある。まずは私たち全員が持っている直観をリセットし、高成長する新市場に、新たにどのようにアプローチするかを考え、過去のトレンドが断絶してしまう状況に素早く対応できるようにしなくてはならない。

この後の各章で私たちの展開する議論は、マッキンゼー・アンド・カンパニーが設立したマクロ経済および事業経営環境研究所であるマッキンゼー・グローバル・インスティテュート（ＭＧＩ）の行った、新たなトレンドを理解するための調査研究の成果に基づいたものである。私たちの考えは、もともとマッキンゼーが世界中の企業や組織機構に対して行ってきた、コンサルティング業務の問題解決の中で生まれた仮説や洞察を追求・発展させたものである。また、我々の住む世界に内在する課題や新たな機会について、企業、政府、ＮＧＯのリーダーとの有意義な対話を数々行って検証し、さらに過去25年間にわたりＭＧＩが独自に行ってきた数値調査、分析の結果に基づいたものである。

しかもそれは、共著者それぞれが持つ、幅広く異なる体験に裏付けられている。私たち共著者の一人は中国に25年以上住んでおり、一人は１９９３年以来シリコンバレーを拠点に活動し、もう一人は１９８８年以来、ロンドン、インドのムンバイ、韓国のソウルでコンサルティング活動をしてきた。こうして私たち３人は、それぞれ自分の持つ直観力を継続的にリセットすることを強いられてきたのである。

この後お読みいただく章は、大きく二つに分かれている。最初の四つの章では、私たちの住む世界を変えている、四つの破壊的な大きな力について説明している。そして後半の六つの章では、こうした力が突きつける挑戦課題に対して、どのように立ち向かうことが可能であり、立ち向かうべきであるのかを、新たな時代に求められるリーダーシップの重要な側面とともに説明していく。

こうしたさまざまに異なる情報源や得られた知見を幅広く分析した結果、導かれたのがこれからの10年間の経営に求められる要件なのである。世界がどのように動いているのか、自分ではわかっていると思っていたことが、実は間違っていたことに、まず気づこう。また、世界経済の姿を変えてきている破壊的な力には、どのように対応すればよいのか、その扱い方を知ろう。長く続いてきたさまざまなトレンドのうち、もう続いていないものがどれなのかを知ろう。知的思い込みのメモリーをクリアする勇気と予見力を持ち、対応する準備をしよう。

こうした教訓は、企業経営者だけでなく各国の政策決定者にもあてはまる。つまるところ、都市化、技術、グローバルな結合の高まりといった変化は、企業経営に与えているのとまったく同じプレッシャーを各国政府に与えているのである。労働、財政計画、貿易、移民、資源および技術規制といった、幅広く異なる分野で、新興国地域が、政界、政府機関、NGOのリーダーにもプレシャーを与え、彼らの持つ直観のリセットを強いるに違いない。

私たちは読者に、差し迫った危機の警鐘を鳴らしたり、眼前に広がる素晴らしい機会の数々を逃すなと、ただ単に提唱しているのではない。読者自身の持つナビゲーション・システムのリセットの仕方を提供しようとしているのだ。

リセットを始めるのは、即座に行っても早すぎることはない。本書で取り上げた世界経済のあらゆる分野、側面で新しい現実の数々に対応し、調整しなければならない緊急課題が存在する。ところが、人類の持つ工夫力、発明力、想像力のすべてをもってしても、変化への対応が遅くなる傾向が私たちにはある。行動経済学者は「リーセンシー・バイアス」(最近の事象を重視する傾向)や「アンカリング」(自身の経験に引きずられる)といった用語で説明し、物理学者は「慣性」の強力な力を原因に指摘する。皮肉屋の分析家であれば、「仮に病気と呼ぼう」と形容するかもしれない。それと言うのも、過去3年間についてある見方が固まれば、次の5年間も似たものに見えてくるからである。どのような名前や説明を付けるにせよ、人間には「未来は、最近の過去とほとんど変わらないものであってほしい」と考えてしまう強い傾向がある。

こうした考えに基づいて意思決定をしたために、巨大企業という船が浅瀬で座礁し、幾度となく沈没してきた。たとえ私たちの住む世界について抱いている仮説を再検討したとしても、何の対処もしなければ、ひとたび事が起こると大きな被害を受ける脆弱な状況に置かれてしまう。変わりゆく地形、環境にどのように対応していくのかに関して、曇りのない視力を獲得することこそが、私たちを成功へと導いてくれるのだ。

第 I 部

4つの破壊的な力

第1章 上海を超えて

——異次元の都市化のパワー

どこかにある名前も知らない都市

「ガーナの首都アクラの北西160マイルの位置にある、クマーシという町を訪れたことがありますか？」と尋ねられて、数年前よりははるかに空路での訪問が簡単になったとはいえ、先進西欧諸国の住民でイエスと答える人はまずいない。クマーシ空港へは、アントラック・エア、フライ540ガーナ、アフリカ・ワールド・エアラインズ、スターボウといった航空会社4社が、アクラから毎日13便を、安いものでは片道20ドルからという航空運賃で飛ばしている。（注1）クマーシは、コフィー・アナン前国連事務総長の出身地であり、およそ200万人の人口はアメリカのヒューストンと同程度だが、人口密度（平方マイル当たり2万1千人）はニューヨークに迫る水準である。（注2）

クマーシは、いわゆる田園都市と呼ばれるアシャンティ地方の首都であり、長い間木材と黄金採掘の中心地であった。クマーシの住民は、基本的な格安商品を買いまくる積極的な消費者である。世界水準で見ると、中級品や高級ブランド品を購入する新興国の巨大消費者グループのレベルには、まだ到達していない。彼らが買い物をする場所は、ケジェティアと呼ばれる西アフリカ最大の青空市場であり、崩れ落ちそうなトタン屋根の屋台が1万1千台も集まっている。そこには、多国籍企業の商品はほとんど存在しない。

クマーシには、国際的な水準のホテルは、フランスのルーブル・グループが保有するゴールデン・チューリップ・ホテルの1軒しかない。銀行はスタンダード・チャータード銀行のガーナ支店と、ナイジェリアのフィデリティ銀行の8支店がある。だが、先進国企業は両手の指で数えられるほどしか進出していない（スターバックスは、「クマーシ」ブランドのコーヒーをアメリカ国内で販売しているが、ここにはスターバックスの店舗は1軒もない）。なぜなのだろうか？　それは、クマーシが貧しい国の貧しい田舎町だからだ。ガーナの1人当たり年間所得は昨年3880ドルで、世界ランキング163位だった。（注3）

だが、クマーシ、および新興国の数千にのぼる新興都市こそが、数多くの企業の未来を決定づける場所なのである。ところが、先進国の企業のほとんどは、そのことに気づいていない。新興国の数多くの都市がそうであるように、こうした新興都市は、短期間に爆発的な成長を遂げ、果実を収穫する段階に踏み込もうとしているのである。

新興国の急速な工業化により、世界経済の重心は南東に移動した。そうした国々の農村から都市への人口移動により、驚くべき成長の加速が起こっている。しかもこの変化は、歴史上かつてないスピードで起きている。こうした展開はまた、爆発的な需要の拡大につながっているために、持っている直観をリセットすることを私たちに迫っている。

新興国の中でも、すでに数百万都市となった上海、サンパウロ、ムンバイであれば、グローバル企業のレーダーにも映っていることだろう。しかし、真に劇的な消費の伸びが起こっているのは、クマーシのような、今日の世界地図の上でどこにあるのか、世界中のほとんどの人が指し示せないような都市なのである。

世界経済には重心があり、移動し続けてきた

西暦1年から1500年までの間、世界経済の重心*、すなわち地域別経済規模を比例配分した重心の位置は、当時から世界最大の人口を抱えていた2大国、中国とインドの間の国境に踏みとどまっていた。しかし、その後になって都市化が、また同時期に起こった産業革命による経済成長が、まずイギリスで始まり、ついで全ヨーロッパそしてアメリカを巻き込んでいった。その

結果、世界経済の重心は北へ、また西へと移動せざるをえなかった。つまりこの変化は、まずヨーロッパへ、そして北米へと拡大していったのである。

また、第1次世界大戦中には、金融力がロンドンから大西洋を飛び越してニューヨークに移った。この動きは、2度の世界大戦、ヨーロッパに拡大した大恐慌、それにロシアと中国の共産化拡大の影響により強化されていった。東側が停滞している間に、先頭を走るアメリカを中心に西側経済が強化されていったのである。そして1945年までには、アメリカが事実上唯一のグローバル・エコノミック・パワーとして立ちはだかるまでになったのである。

それまで北西に向かっていた世界経済の重心の移動トレンドが、方向転換する基盤が築かれたのは、第2次大戦後の数十年である。20世紀の後半50年の間に、経済の振り子は徐々に東に向かって戻り始めた。1950年代にヨーロッパが復興し、日本が工業を立て直して素晴らしい復興を始めた。そして日本は成長を続け、1980年代の後半までには世界第2の経済規模となった。この日本の成長のすぐ後に続いたのが韓国である。東への振り子の揺り戻しを加速したのは、アジアの眠れる巨人が目を覚ましかけたときである。その後、世界の人口規模最大の2国、中国とインドがついに経済改革を果たし、トレンドの方向転換が確実なものとなった。

＊ 世界経済の重心は、各国・地域のＧＤＰを３次元にプロットして計算され、重心の位置を地球の中心から地球表面に投影した場所で示される。

中国は、経済の自由化を1978年に始め、以来、素晴らしい成長を30年間享受してきた。インドはグローバル市場への進出・統合を始め、とくに急速に成長するIT産業分野にけん引されて、90年代には成長ペースをいっそう速めた。90年代の終わりまでは、世界の工業分野では先進国がまだ優位を保っていた。アメリカは世界最大の工業生産を誇っており、アメリカと日本および西欧諸国が、製造工業企業の世界ランキングで上位を占めていた。2000年までに、世界人口のわずか4%のアメリカが世界経済の3分の1を占め、世界中の株式時価総額の50%を占めていた。だが、こうした数値は、内なる力をためつつあった巨大な変化の方向を見誤らせてしまうものであった。

1990年から2010年の間に起きた世界経済の重心位置の移動は、歴史上過去のどの時期と比較しても例のない速さで進んだ。(注4) それは、08年のリーマンショックとその結果起こったグローバルな経済停滞の時期も含めて、新興経済地域へ向かう経済活動の移動の勢いが止まらなかったからである。ヨーロッパが不況にもがき、日本が失われた10年から抜け出そうと苦闘し、アメリカが低成長に足を取られている間に、新興国が世界経済のリーダー役が身につけるマントを拾い、確実に自分のものにしていたのである。2013年の世界経済活動の規模、1兆8千億ドルの中で、中国だけで1兆ドル、すなわち60%を占めていた。今や中国こそが、世界最大の製造工業国なのである。(注5)

中国ばかりではない。インド、インドネシア、ロシア、それにブラジルといった新興諸国が、今や世界の主要な製造工業国となっている。世界の製造業による付加価値額は、1990年から

世界の経済的重心の進化

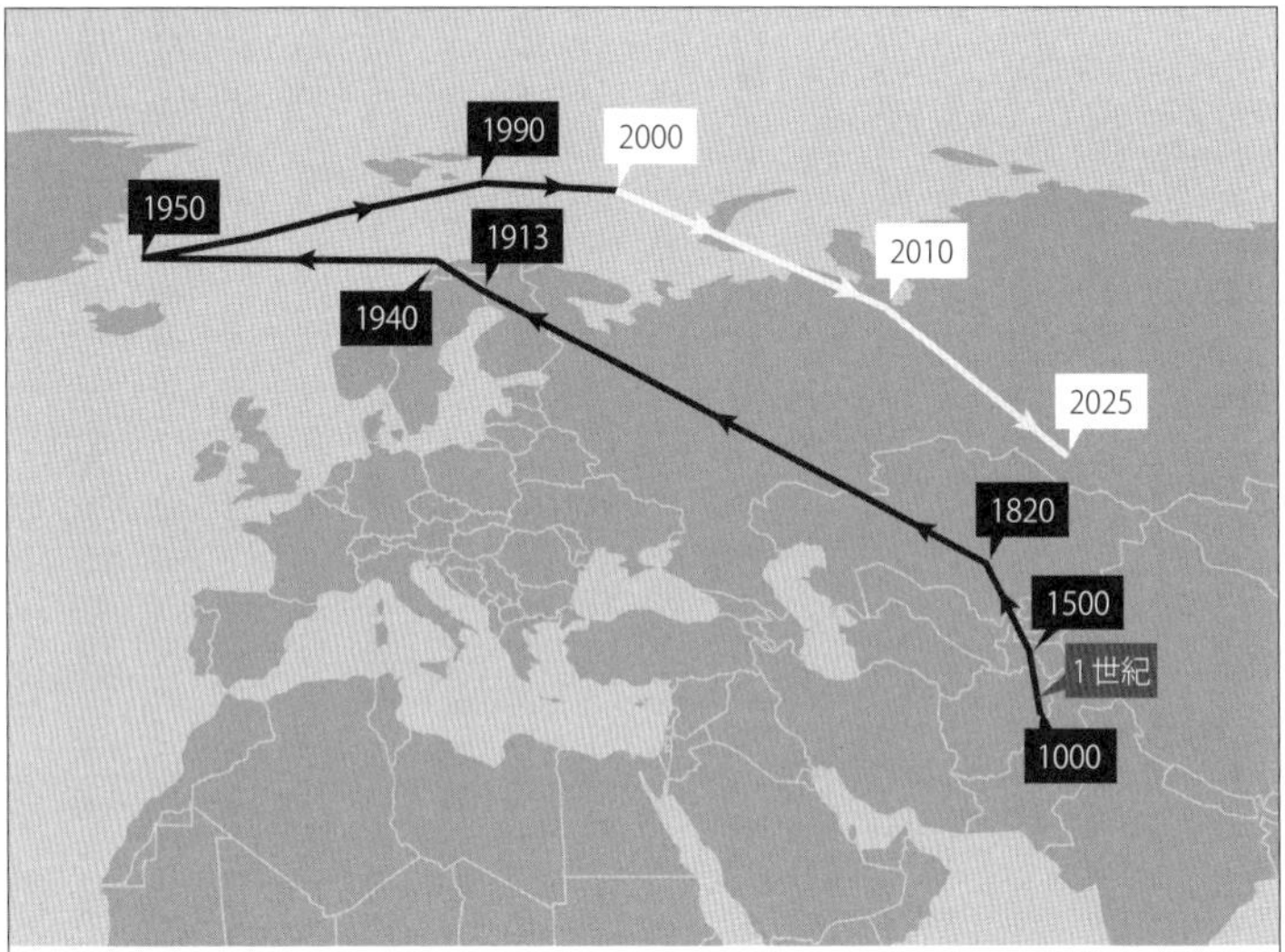

1世紀 …… 1950 …… 2025

インドと中国が地球上の経済活動の3分の2を占め、以後1500年間、世界の経済の重心はほとんど移動しなかった。

世界の経済の重心は3世紀をかけてヨーロッパに向かって移動。イギリスの最初の産業革命がきっかけとなり、そして北米へと向かう。

2000年に始まりちょうど25年間で、中国、インド、その他新興国の興隆により、世界経済の重心は元の場所に戻るだろう。

出典：マッキンゼー・グローバル・インスティテュートによる分析。アンガス・マディソンのデータを使用。
フローニンゲン大学

今日までに、実質価値で5兆ドルから10兆ドルへと2倍になり、巨大新興諸国による付加価値の占める比率は、過去10年間に21％から39％へと、ほぼ2倍近くになった。（注6）世界の海外直接投資のうち、新興国から、新興国への移行途上にある諸国への直接投資の比率は、07年に34％だったものが10年には50％、そして13年には60％を超えている。（注7）

だが、こうした国々の経済成長はまだ、これから起きる変化の前触れでしかない。現在から２０２５年までの間に、こうした地域を総合すると先進工業国よりも成長率は75％高く、新興国の年間消費額は30兆ドルに達し、世界経済合計消費のほぼ半分を占めるまでに増加する。（注8）そして25年までに世界経済の重心は中央アジアに戻り、西暦1年に存在していた重心の位置の、ちょうど真北の位置になると予測されている。（注9）

この変化に加わる力のスピードと規模は、まさに驚嘆に値する。イギリスが人口1人当たりの生産量を2倍にするのには１５４年かかったのだが、それは人口９００万人（開始当時）の規模だった時代のことである。（注10）アメリカが同じ偉業を達成するには53年がかかり、人口１千万人（開始当時）の時代であった。ところが、それと同じことを中国とインドは、それぞれ12年と16年で達成し、しかもそれぞれの国がおよそ１００倍の人口を抱えて達成したのである。（注11）言い換えれば、両国の経済規模の拡大は、イギリスの産業革命がきっかけとなった経済発展のスピードよりも10倍に加速され、しかもその規模は３００倍で、経済発展の力は実に３０００倍ということになる。

都市化の世紀

では、この変化が今起こっているのはなぜか？　その背景には、新興国を助け、力を与えている、あるトレンドが存在している。それが都市化だ。過去何世紀もの間、世界中の人々が、もっと高い所得、向上の機会、より良い生活を求めて、都市へと移動してきた。しかし、今日の都市化のスピードと規模は、過去に類を見ないものである。私たちは、地方から都市へという歴史上最大の、巨大な人口移動の只中にいる。

過去30年の間、世界中の都市人口は、平均すると毎年6500万人増加してきた。この年間都市人口増加数はイギリスの総人口に匹敵し、また都市人口の成長のほとんどは、中国とインドの急速な都市化によるものであった。（注12）ヨーロッパとアメリカの都市化が18世紀と19世紀に起こり、ラテンアメリカの都市化が20世紀後半であったのに対し、それぞれ10億人以上の人口を擁する中国とインドは、現在がまさに都市への人口移動の真っ最中なのである。

中国の李克強首相はこう語っている。「都市化は、単なる都市住民の増加や都市地域の拡大ではない。もっと重要なことは、産業構造、雇用、住環境それに社会保障といったものすべてを、地方型から都市型へと変えなければならないということなのです」（注13）

中国に住む大勢の人たちにとり、李克強の語ったこうした変化が実現するのは、残念ながらずっと先のことである。たとえば、秦嶺山脈の中にある塔坪村の人口は138人しかいない。ここは、バスに乗れば1時間半で雑踏があり活気あふれる西安市に行くことができるものの、村には舗装道路はわずか40メートルほどしかなく、その両側には瓦葺きの家が二十数戸並んでいる。家々の外壁には紐で束ねられたトウモロコシが干してあるのが普通であり、家の中にあるものといえば裸電球、木片を燃料とするかまど、土間、そしてテレビである。ここでは、28家族がわずかな生活費で爪に火をともすように暮らしている。

体の丈夫な村人は都市部に出稼ぎに出ており、残った者たちは山に入って山菜を採り、大豆やトウモロコシを育て、あるいは月80元（およそ15ドル）という非常にわずかな年金に頼って生活している。「どうすれば僕が幸せに暮らせるか、ですって？」と鄧玲璫さんは自問する。「僕は貧しく、両親が病気なのです」。鄧さんは小学校を卒業しておらず、近くの呂安の町にあるレンガ工場で働き、1日70元（およそ12ドル）の賃金を得ている。彼の稼ぎは少なく、結婚できる見込みはない。しかも、もっと高い賃金の得られる臨海部の都市に出稼ぎに行くこともできない。両親の世話をしなければならないからだ。（注14）

中国のおよそ4億人の人々は、鄧さんと似たような状況にあり、中国政府はこうした人たちを都市に移動させようと工夫を重ねている。投資銀行モルガン・スタンレーに長年勤務した中国通であり、現在エール大学で教えているスティーブン・ローチは、「都市化こそが、『次代の中国』に必須の要素である」と指摘している。（注15）２０１４年3月17日、中国政府は地方住民の都市部への移動に対応する新計画を打ち出した。中国政府は、２０２０年までにさらに1億人の人々が中国各地の都市へと移動するだろうと予測している。そして現在の予測では、そのときまでに中国の全人口の60％が都市に居住していると想定されている。（注16）中国政府の宣言によると、

どの地域でも1人当りGDPは都市化比率と並行して増加してきた

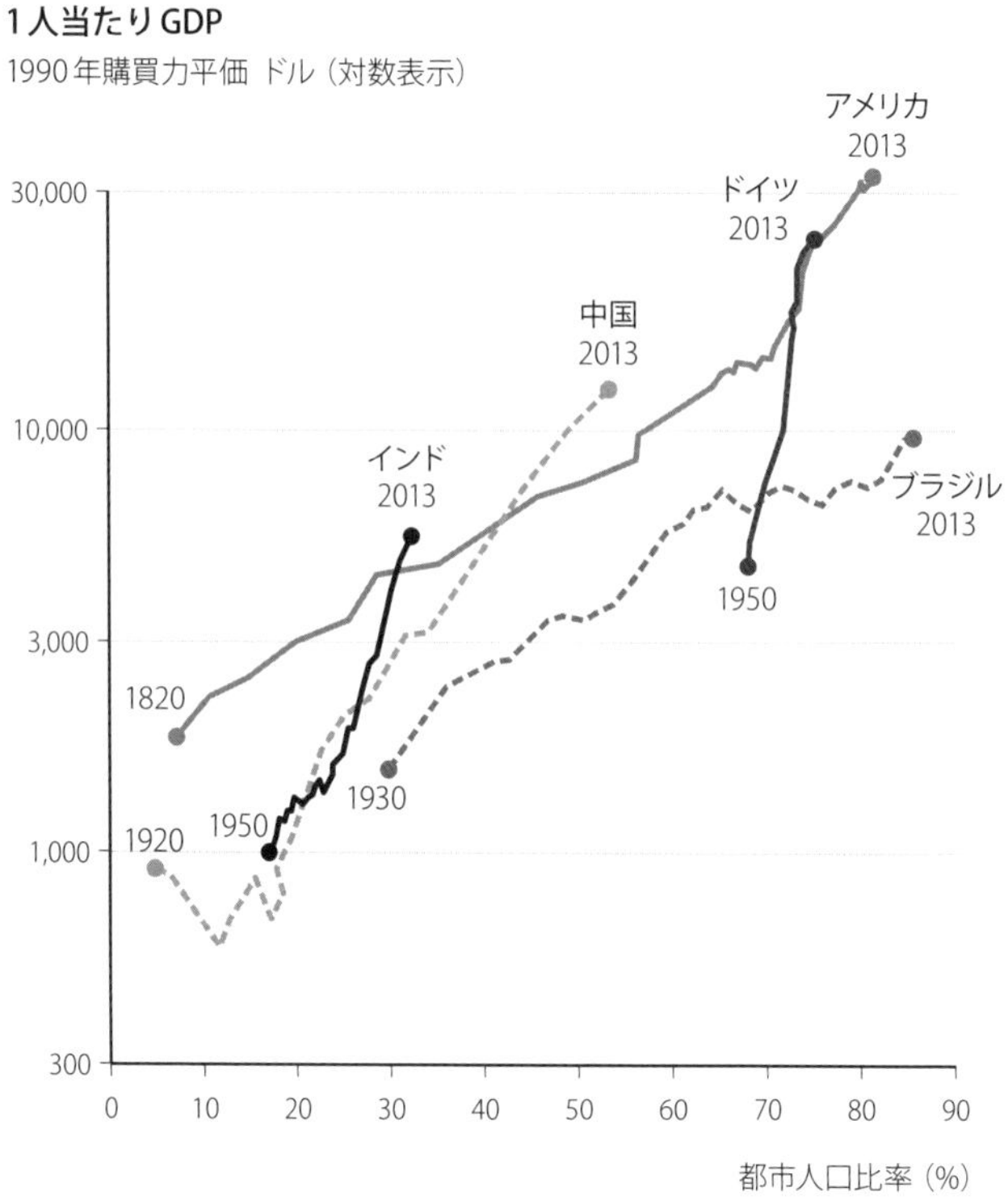

出典：国連人口データ。マッキンゼー・グローバル・インスティテュート分析

近い将来、人口20万人以上のどの都市もが鉄道と高速道路で結ばれ、さらに人口50万人以上の都市については、急速に延長工事の進んでいる高速新幹線網でつながれる予定である。(注17)

中国で起こることは、アジア全域さらに世界中の新興国でも起こるだろう。2025年までに、アジアでは25億人近くが都市部に住んでいるだろう。そうなると、世界中の都市住民の2人に1人はアジアにいることになる。(注18) つまり、ほんの10年あまりのうちに、アメリカの現在の都市住民人口2億5千万人の、中国は3倍、インドは2倍の都市住民を、それぞれ擁することになる計算だ。

都市こそがその国の国民が先進近代社会とグローバル・エコノミーに直接の接点を持つ場所であるがゆえに、このことが重大な意味を持ってくる。都市が貧しい農民を、はるかに生産性の高い労働者、グローバル市民、そして消費者へと変えていくからである。現在の都市化の波は、世界中の貧困にあえいでいた7億人の人々が、貧困圏から脱することに決定的な役割を果たしてきている。そうした貧困圏を脱した人口の大半は中国国民であり、国連が2000年に策定したミレニアム開発目標に設定されていた、極度の貧困にある人口の低減目標値を、計画より5年早く達成することになった。(注19)

1990年から2025年の間に、世界中で30億人の人たちが、1日当たり可処分所得10ドル超と定義される、いわゆる消費者層に加わるものと想定される。その圧倒的大部分は新興経済諸国の都市住民であり、自分たちの両親には想像もつかなかった生活を享受できることになる。(注20) これだけの世界人口が、グローバル経済の先端に全面的に触れるようになったのは、かつて

2025年までに世界の上位200の都市のうち46は中国圏に

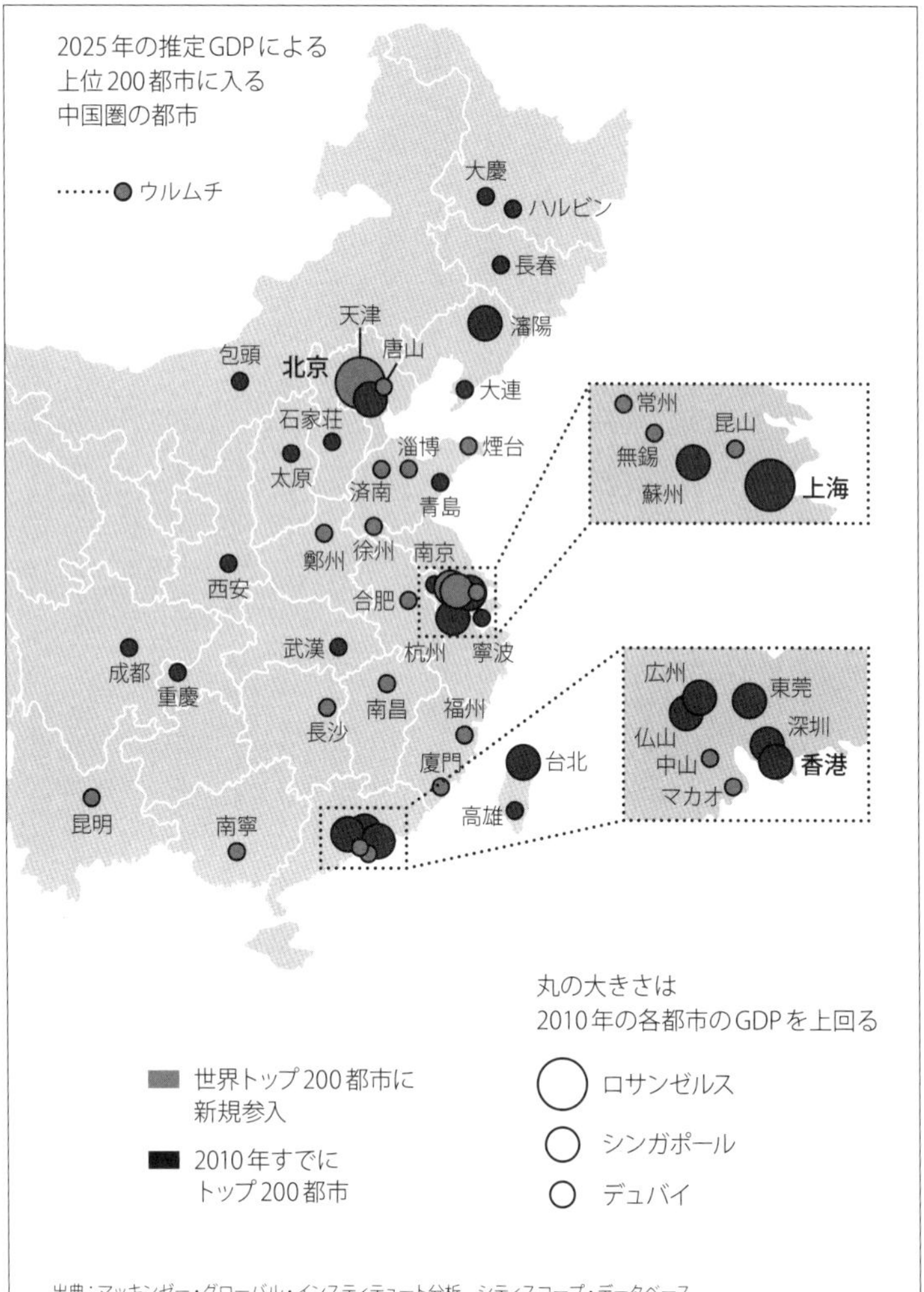

出典：マッキンゼー・グローバル・インスティテュート分析。シティスコープ・データベース。

なかったことだ。つまり、初めて映画を観て、初めてファストフードを食べ、初めてインターネットを経験し、初めて総合健康診断を受診し、初めて銀行口座を開設するといったことは、すべて都市住民になって経験できることなのだ。

トミー徐は上海郊外の農村で育ち、子供の頃、水田で蛙を捕まえて売ったことを覚えている。彼の育った村はずいぶん前に上海の新金融センター、当時できたばかりの陸家嘴（ルージアンズイ）に吸収され、高層ビル、複数の公園やショッピングモールのある街に変貌してしまった。そして、1990年代初頭にケンタッキー・フライドチキンの店で結婚披露宴を開いたトミーは、今や北京にあるシンクタンクの上級役員の一人となっている。彼の妻は上場企業のマーケティング担当役員であり、彼はホンダのアキュラを保有し運転している。

トミーのたどった自分史はほんの一例ではあるが、別に珍しい話ではない。私たちの推定では、新興諸国市場だけで、トミーのように新たに都市生活消費者層に加わった人たちが、2030年までに年間30兆ドルを消費するだろう。この数字は10年にはわずか12兆ドルにすぎなかった。（注21）そして、年間30兆ドルという数字は、世界中の消費総額の実に半分を占める規模になるのである。

都市の高すぎる利便性

都市の何が、それほどにも素晴らしいのだろうか。歴史を振り返ってみると、いつの時代も人々が農業を捨てて都市に移動し職に就くと、そうした人々の生み出す国内総生産は通常倍増した。そして都市化人口の次の世代が成人して職に就くと、彼らの所得もさらに増加してきた。たしかに、荒廃した貧民街やスラム街は、都市につきもののイメージに違いない。都市部の貧困は現実であり、危険性をはらむ現象である。だが、経済史の研究者によると、過去数百年の間、都市住民は農村部に住んでいる人の1・5倍から3倍の生活水準を享受してきている。

都市というものが成長を推進する強力なエンジンであることの理由は、数々存在する。高密度の人口集中地域には、規模の経済、労働の専業化、知識の拡散および売買により、生産性の向上が生まれる。そして、こうした生産性の向上は、ネットワーク効果によりさらに強化される。最近の研究結果によると、都市の持つ高い人口密度により、社会的・経済的な交流機会が生まれ、その結果、時が経つにつれ直線的ではなく幾何級数的な生産性の向上が生まれることが示唆されている。

さまざまなスキルを持つ豊富な人材が企業を引き付け、就業機会の増加が仕事を求める農村部からの移住者を引き付けるのである。都市に集まる企業の数が増えると、そうした企業と取引をしようという企業の転入が増え、公共サービス需要に応えるために道路や港湾の建設が進み、高い質の人材の需要に対応する大学や、各種のサービスを提供しようという企業も都市に吸引されていく。
今や西アフリカ最大の冷凍乳製品メーカーとなったファン・ミルク・インターナショナル社は、ガーナのアクラやクマーシといった都市市場で成長してきた。同社は、アフリカの都市という環境に適した販売方式を開拓してきたのである。まず、販売員が、自転車に小さな保冷容器（冷蔵装置なしで量り売りが可能な商品を扱った）を積み、混み合った街の通りを走りまわるという営業手法を採用した。
また同社は、自転車のほかにも、手押し車やオートバイによる販売形態を加え、さらにキオスク型の小型販売屋台を作り、その屋根に太陽光パネルを設置し、ヨーグルトや牛乳の冷蔵装置の電源に使うようにした（西アフリカの都市電源は停電することが多く、信頼できなかったからである）。アフリカで7カ国に販売を拡大したファン社は、売上げを1億6千万ドルに伸ばし、高い利益率を享受している。その結果、2013年にはフランスの乳製品メーカー、ダノン社が、ファン社の株式の49％を3億6千万ドルという高額で買収した。（注22）
都市の規模自体がもたらす、都市住民の受ける便益は、ほかにもいろいろと多い。都市には農村部よりも幅広い教育制度があり、都市部の企業や労働者のどちらもが建築物関連インフラを享受でき、公共サービスの提供もはるかに効率的で、費用対効果が高い。インドの実例では、水道、住宅、教育といった基本公共サービスの提供にかかるコストは、人口密度が低く広域に住民が分散している農村部よりも、大都市のほうが30～50％低くて済むとされている。（注23）つまり、好循環が形成されることで、都市にはより良いインフラ、イノベーション、人材、それに経済的多様性が呼び込まれ、成功の好循環がさらに強化されていくのである。

経済発展を達成するためには、高等教育は決定的に重要な要素である。イギリスやアメリカでは、単科大学や総合大学が農村部にあるのは、別に珍しいことではない。だが、開発途上国では、高等教育の場は都市にほぼ限定される。ガーナのクマーシは、西アフリカ最高峰の科学・技術大学の一つであるクワメ・エンクルマ科学・技術大学のキャンパスの所在地である。1950年に技術専門学校として設立されたこの大学は、今や8平方マイルのキャンパスに、経営学、法学、医学など六つの大学院を擁する総合大学である（前国連事務総長のコフィー・アナンは50年代後半ここに学び、その後アメリカに留学を果たした）。この大学は、ガーナ国内のみならず他の西アフリカ諸国からの、優秀で野心的な学生を引き付けている。

新たな都市化の時代を攻略する5つのカギ

都市というものは、もう1千年もの間存在してきている。ヨーロッパ、中東、アフリカ、ラテンアメリカ、あるいはアジアのどこに旅しようと、私たちは都市に共通する構造に出会うことができる。中央広場、都市を囲む城壁、行政官庁や政府の建物の集まる地域、巨大な宗教施設、市場などの要素である。ところが、今日急速に進む都市化は、都市というものの根本的な定義や概念を変えようとしている。1950年には、人口2千万人を擁する大都市地域は、世界にニューヨークと東京しかなかった。今日では、人口1千万人を超える人口集積地域が20以上存在する。（注24）しかも、そのうち二つは中国にあり、上海には2千万人、北京には1600万人が居住しており、それぞれの都市人口はオランダ一国の総人口よりも多い。（注25）

将来の経済の重点が新興諸国の都市へと移動することにより、企業経営者が自社の成長軌道を考えるにあたって、考え方を根本的に変えることが迫られている。それは、高まりつつある都市化の潮流によって、新たな消費者層、さまざまな経済的機会、それにイノベーションを引き起こす未曾有の機会が生み出されるからである。インフラ構築、スマートシティ技術、それに各種の都市サービスなどには、すでに大きな需要が存在している。また、膨大な数の都市人材が、グローバル人材市場に加わってきている。そして、こうした高密度の市場は、企業がさまざまなビジネスモデル、技術、製品、戦略を試してみる格好の実験室を提供してくれる。

だが、新しい成長市場を活用することは、簡単だとは言い難い。成長市場の攻略には、各都市レベルでの市場情報を巧みに収集し、それぞれの都市に厳しく順位を付け、さまざまなリスクを避けながら進めていくことが求められるからである。しかしながら、企業経営者はこうした新しい都市化市場を、リスクではなく機会であるとしてまず捉えることから始めなければならない。このことは、単なる言葉遊びとして片付けられない課題である。経営資源と人材を投入し、新しい機会を最大限活用することと、リスクを恐れて守りに入ることには大きな違いがあるからだ。これは、攻撃側でプレーするのと、防御にまわることの差に等しい。

予期せぬ新規参入者を知る

かつては、先進工業国と新興諸国にあるメガ都市の組み合わせだけに注意を集中すれば、多くの巨大企業は成功を収めることができた。ところが今日では、この組み合わせだけでは、世界のGDPの7割にしか到達できない。しかも、2025年までには、この組み合わせによりもたらされる経済成長は、全世界の経済成長の3分の1にすぎなくなり、大企業にとり成長企業としての位置を保つにはとても不十分な水準となるだろう。(注26) これとは対照的に、2010年から2025年の間の世界のGDP成長のほぼ半分は、開発途上国の440の都市から生み出されるものとなるのだ。(注27)

しかし、こうした成長都市の中で読者が名前を知っているところは、上海、ムンバイ、ジャカルタ、サンパウロ、ラゴスといった、たった20あまりの都市しかないだろうと思われる。残りの420の都市は、私たちがその名を口にしたことのないものばかりである。スーラット、フォーシャン(仏山)、あるいはポルト・アレグレといった都市が、自分の戦略レーダーに映っていた人が何人いるだろうか。おそらくごくわずかの人たちしかいないと思われるが、こうした都市は、いずれも400万人を超える人口を有し、急速に成長する経済圏の有力なけん引車となっている。

インド西部に位置するスーラットは、同国の繊維製品の5分の2を製造している。フォーシャンは、GDP生産額で中国7番目の都市である。そして、ポルト・アレグレはブラジル第4の州、リオグランデ・ド・スル州の州都である。どの都市も急速に成長しており、活発な購買活動を行う消費者層を有している。こうした都市はどこも、現在から2025年までの間には、マドリッド、ミラノ、あるいはチューリッヒといった都市よりも、世界経済に対して大きな貢献をすることになるだろう。

行ったこともない土地の未知の都市で事業を展開していくことは、一筋縄ではいかない。そもそも、こうした新興諸国の成長都市は、自国以外ではほとんど知られていない。その中には、企業の母国での事業運営コストよりもはるかに高額なコストが必要になる都市もあるだろう。所得水準や人口構成トレンドも、それぞれの国ごとに、また都市ごとに異なっており、ときには一つの都市の中でも格差がある。ある製品やサービスの需要の増加は所得水準により決まる傾向があるため、詳細な情報を得ることが必要だ。最良の意思決定をするには、企業も各都市レベルでの広範な市場情報を必要とし、どの都市を、あるいは似た特徴を持つ集積都市群を選択し、どこに焦点を当てて努力を集中するのかを決定しなければならない。

新しいサービスのニーズをつかむ

消費者がモノを所有するというモデルはすでに変化しつつあり、この変化の中心が都市に存在する。まず、一般に都市人口のほうが可処分所得は高い傾向にある。だが、多くの都市で、住民それもとくに若い人たちが、モノを資産として購入するのではなく、各種のサービスを使い、借りて代用することに慣れてきており、この傾向が新しい消費者ニーズに敏感な企業にとって、新たな事業機会を提供し始めている。

技術の進展に後押しされ、都市の高密度のネットワークに助けられているサービスのイノベーションの最も顕著な例として、家庭に提供される各種サービスと交通が挙げられるだろう。

２０１１年、イギリスの小売企業テスコが所有する韓国の小売チェーン、ホームプラス社は、ソウル市内の地下鉄の駅にバーチャル・スーパーマーケットを開店した。地下鉄のプラットホームの壁や扉に取り付けられたビデオディスプレーに映し出される生鮮食品などの実物大画像を見て、欲しいものがあれば携帯電話のアプリを使ってその画像のバーコードをスキャンする。それだけで、その商品がその日のうちに自宅まで配達されるのである。このサービスの人気が非常に高かったので、同社は1年も経たないうちに20を超える数のバーチャル・ストアをバスの停留所にも拡張した。

また、アメリカで新たに開業した、インターネットと実店舗を組み合わせたビジネスモデルの小売業であるインスタカート社は、今や全米10都市に事業展開している。店舗では商品の現物を見ることができ、インターネットのウェブサイトを通じて注文すると1時間で自宅に届けてくれるというサービスである。

自家用車を購入したくないと考える都市住民の間では、ジップカーやリフトといったカーシェア・サービス、それにウーバーのような車両手配サービスが急速に人気を高めている。

こうしたシェアード・サービスがどこにいても受けられる状態にまで普及するのは、人口密度の高い都市環境ならでは、という点はあるものの、先進経済国に限られているわけではない。開発途上国の急成長都市でも、類似のサービスが地元社会や近所のパパママ・ストアや零細事業者によって、すでに当たり前のものとして提供されている。また、所得が上昇するにつれ、こうした都市の消費者は、質の高いサービスに対しては余計にお金を支払う傾向が高まっていくに違いない。

この傾向の事例をインドで見ることができる。1世代つまり30年前には、インドでは医師の往診は普通のことであったが、都市の交通混雑がひどくなるにつれ、往診はだんだん稀なものへと変わってきた。今日では、ポルティア・メディカル社が技術を駆使し、インド国内の18の都市で往診、ホームヘルスケア・サービスを提供している。同社は、往診の依頼を受けると、GPS地図情報により患者の自宅に最も近い提携契約診察医を選び、その医師が効率的に患者の家を訪問し診察をする。そして往診した医師が患者のデータとカルテをインターネット経由でデータセンターに送ると、予測分析論を用いたコンピュータ診断システムにより患者の健康履歴データを分析し、治療法をフィードバックしてくれる、というサービスを提供している。

都市に住む才能を発掘し、イノベーション集団を組織する

都市は一般的に、高度な教育を受けた才能のある若者を引き付ける傾向が強いが、規模の小さな都市よりも大きな都市のほうが、そうした若者をより多く引き付け、また引き留めておくことができる。マッキンゼーの調査によると、ヨーロッパのほうがアメリカより低いというGDPの差に関して、その差の3分の2は、大都市の居住人口がアメリカのほうが多いという事実により説明することができる。しかも、アメリカでは中規模とされる都市が、ヨーロッパでの大都市よ

りも大きいことが多い。

都市の規模が大きければ大きいほど、ネットワーク効果が大きくなり、田園地帯より都市のほうが賃金プレミアムも大きくなるため、都市の規模の持つ意味合いは重いのである。都市の人口密度が高いほど、革新的なアイデアを持つイノベーターや起業家も引き付けられる。こうした人たちは、同じような考え方の仲間、指導を仰ぐ先輩、金融機関、事業パートナー、それに潜在顧客のネットワークといった要素に接する機会の多い場所に集まるからである。

また、都市の成長には、直線的ではなく幾何級数的な伸びを示す特徴がある。具体的には、都市の人口が倍になるたびに、住民1人当たりの所得、生産性、それにイノベーション性向が15％増加するのである。(注28)

大都市で才能ある人材を得ようとする企業であっても、都市部での事業運営は高コストにつながるのではないかと危惧することが多い。これまでは、企業が都市の中心部（あるいは周辺部との中間地域）で事業を行い、高いスキルを持つ人材は郊外に住んで都心部に通勤してくることが一般的だった。しかし、この伝統的なエコシステムの傾向が最近変化してきたことによって、事業コストの問題が、以前よりも対応が複雑になってきている。つまり今日では、都心部に住みたいと考えるビジネスパーソン（とくに事務・専門職で増加している）が増え、そうした需要に応えるために、都心部あるいはその周辺部で多くの再開発が行われ、高層住宅や住宅兼オフィスあるいは住宅兼店舗といった複合用途ビルの開発が増加している。

事業運営コストを下げる目的で、あるいは工場や倉庫といった大規模施設の立地を求めて、都心部を避けて郊外に立地してきた企業が、今では逆に優れた技術者の採用で苦労するようになってきている。そうした人材が、郊外ではなく大都市の都心部に住むことを望むようになってきたからだ。一方、大都市中心部に事業本拠を置くことのできる企業は、増加しつつある高度人材を引き付け、豊富に採用することができる。

同様に、都市内にキャンパスを持つ大学は、優秀な学生の流入に嬉しい悲鳴を上げており、企業にとってもそうした大学の近くに事業所を持つことが必要条件になろうとしている。２０１４年、ファイザー製薬はマサチューセッツ工科大学（ＭＩＴ）の近く、マサチューセッツ州ケンブリッジに従業員1千名規模の開発センターを開設した。ピッツバーグにあるカーネギー・メロン大学は、産学協同イノベーションセンターを設置し、グーグル、アップル、インテルといった企業に対して、キャンパス内への研究施設の設立を誘致した。

また、世界中の先進諸国の大都市では、技術志向のベンチャーや、デザイン志向の小規模製造業を誘致する意図で設置した、イノベーション地区の急成長を目の当たりにすることができる。ロンドンのテックシティ、シカゴの１８７１ビル、ワシントン特別地区の１７７６ビル、バルセロナの２２＠ビルなどはすべて、都市におけるこうした協業の場の設置例である。

サンフランシスコでは、２０１０年に設立された非営利団体「ＳＦメード」が、市内の地場製造業者の協業、成長促進を支援しているし、ニューヨークの非営利団体「メイド・イン・ニューヨーク」も、同様の目的で7千社近い地場の小企業を支援している。そしてヨーロッパでは、「製造のためのデザイン協議会」のようなさまざまな団体が、工業デザイナー、技術者、および製造業者を、急速に拡大する「メーカー運動」として結び付けており、オランダのロッテルダムのように業者の散在する環境では、分散型で管理・調整負担の軽い製造エコシステムの創造を目指している。

都市を実験室だと考える

都市というものは、人口構成において、および政治的な小宇宙を形成しているという点で、民間部門と公的部門両方の施策を実験するのに最適な場である。地方自治体の指導者と比較して、都市の首長が持つ権限は、学校の制度改革にせよ、自動運転自動車の規制にせよ、新たな施策を実験してみる自由度がはるかに大きい。また、民間企業の経営者と公的部門の指導者が、変化していく都市のニーズに応える革新的な解決策を求め、研究開発で相互協力をするケースも増えてきている。その結果、都市そのものがイノベーションを進める重要なパートナーとなってきている。このことは、新製品や新サービスを全国展開する前に限定的な地域市場でテストしてみなければならない企業にとっては、とくに重要である。

こうした都市で創造されるイノベーションの一部は、これまで長く存在し使われてきたインフラに、新技術を使って新たな役割を与えることにより生まれてきている。テレコム・オーストリアは、ウィーンに設置されていた数百の電話ボックスが携帯電話の普及により使われなくなったため、電気自動車用の充電ステーションに置き換え、ユーザーは充電料金を携帯電話メールで支払えるようにした。ニューヨークでは、IT企業のシスコと広告会社の24／7社が提携し、市内

で使われなくなったおよそ250カ所の電話ボックスを、タッチスクリーンで情報検索のできるブースに模様替えした。(注29)

新技術のデモに使う、あるいはマーケティング・キャンペーンに活用するなど、さまざまな目的に使うことができるという点で、都市は、新しいアイデアやビジネスモデルをテストするための豊かで多様な環境となり、全国展開よりも簡単に対応可能な規模で実施できる魅力的な場を提供してくれる。

一方、こうした革新的なパイロット・プログラムから、都市の行政担当者もまた利益を得ることができる。都市インフラの実例を見てみよう。ペルーの首都リマの郊外にあるリマ工科大学の研究者たちは、この都市が抱えていたきれいな飲料水の不足という問題に対して、現地で最も豊富に得られる天然資源の一つを使うという革新的な解決法を思いついた。その天然資源とは、海岸に面したこの街に吹いてくる湿気を含んだ海風である。簡単に言えば、ビルの屋上にある広告塔の上部に、空気中の湿気を凝縮して水に変える装置を設置したのである。湿った風が凝縮器の冷たい表面に触れると、水滴に変わり、それを浄水器を通してビルの下の水道栓に流すのである。これにより、装置を設置した1カ所で1日にほぼ100リットルの飲料水が得られるようになった。(注30)

また、スウェーデン北部のウメオ市では、北欧の長く暗い冬のせいで太陽光が不足になりがちな市民生活の改善策として、地元企業ウメオ・エネルギー社が、30のバス停留所に治療用紫外線灯を設置することを思いついた。この紫外線灯の設置以降、バスを通勤に使う市民が増え、バス

利用者数は50％増加した。（注31）

マサチューセッツ工科大学（ＭＩＴ）のセンシャブル・シティ・ラボは、未来のスマートシティ技術にどのような可能性があるのかを具体的に示してくれる。この研究所は、新しいタイプの各種センサーと携帯電子機器を利用すれば、都市と都市住民の生活がどのように変わりうるのかを研究している。シンガポールに新しく開設されたＭＩＴのサテライト・キャンパスにあるセンシャブル・シティ・ラボは、シンガポール政府の陸上輸送局との密接な共同研究を行い、都市国家シンガポールの輸送・交通インフラに関して深い洞察の得られるデータを提供する、三つの双方向通信アプリを開発した。（注32）

複雑になりがちな事業運営をマネジメントする

事業拠点を都心部に開設あるいは拡張しようとする企業にとって、都市での事業運営コストはすでに高く、しかも急速な上昇が続いている。新興国のメガシティと呼ばれる上海やムンバイのような巨大都市では、商業用不動産価格が世界でも最も高い水準になっている。すでに開発が進み、ビルがびっしりと建った地域では、インフラ需要の充足が追いつかずに混雑状況が生まれ、それがさらにコストを引き上げ、安定した事業運営の予想をつけにくい状態にしてしまう。

ラテンアメリカやアジアの都市の一部には、繁栄をもたらす駆動エンジンとしての力を失い始めているところがあるが、その理由は、交通渋滞、際限なく広がる都市周辺部、さまざまな汚染、犯罪の増加などの課題が山積していることにある。ジャカルタを訪問したことがある人なら誰でもよく知っているのが、ほとんど進まない交通渋滞だが、その原因は100万台の車の交通量を見込んで設計された道路に、150万台の車が押し寄せているからである。このインドネシアの首都にとって、交通渋滞により失われる生産性の損失額は、年間10億ドルにのぼると推定されている。（注33）

マーサー社が毎年行っている世界各地に派遣する社員の生活コスト調査によると、企業にとって最もコストの高い都市は、サンフランシスコでも東京でもない。それは、アンゴラのルアンダである。ルアンダには欧米水準の事務所スペースも住宅も不足しており、公共サービスやサプライチェーンも未整備でほとんどないに等しく、企業自体も少なく、物理的なインフラも未整備であることから、海外から進出する企業には巨額の負担を強いる結果となっている。（注34）

土地の価格に加え、先進国であれ途上国であれ、企業が直面せざるをえない課題はほかにもある。都市計画による目的別地域区分、土地使用規制、それに環境規制などである。こうした規制は、サービス企業にとってはまだ対応可能であるかもしれないが、重機械、土地、あるいは倉庫といったスペースを必要とする企業にとっては、事業経営を禁止するに等しい高コストに直面することになる。

新興国市場にある大都市の多くは、今のところこれまでの実績により製造工業の中心拠点であり続けてはいるものの、商業スペースおよび住宅地域への需要の高まりによって、製造企業の締め出しが進んできている。ムンバイのパレル地区の近隣は織物工場の集積地であったが、この30年間で織物工場は出て行き、高級レストラン、高級な事務所ビル、それに2015年に完成した、世界で最も高い高層住居ビルの一つとなった「ワールド・ワン」を含む高級ホテルおよびアパート群に取って代わられた。

企業のほうでも、こうした圧力に対抗するさまざまな解決策を試みており、なんとか新たな解決の機会を見出してきている。２０１４年３月、パナソニックは海外から中国に転勤してきている同社グループ社員に対し、大気汚染を含む公害・環境の劣化に対する補償として手当を支払うことを決めた。(注35) 同年7月、サンフランシスコ市の中心部に拠点を置くグーグルは、本社近くに８階建てのビルを購入し、さらに25万平方フィートの事務所スペースを賃借して拡大した。こうして同社は現在、サンフランシスコ湾に面したウォーターフロントに事務所群を持つことになった。

インドのＩＴ産業の中心地であるバンガロールでは、企業が何台もの自社専用バスと自家発電設備を持っているのが普通であり、あてにならない公共輸送機関や、停電によって事業活動に影響が出ないようにしている。そして、配送サービス企業は、市内の配送を確実にするため、２階建ての配送センターを市内に設置し、リアルタイムで輸送指示を行うことのできるスマート配送トラックの導入に投資を始めており、配送の遅れを減らして予定時刻での配達ができるよう、改善を進めている。

また、企業は都市の行政部門に対し、企業活動の障害となるこうした課題の解決案に関し、協力を申し出ている。都市インフラ構築への財政支援や建設支援がその一つである。この分野での官民提携の成功例は数多くあり、インドのニューデリー・メトロ・レール、シンガポールの水道施設の改築、コロンビアのメデリン市における公共ケーブルカーの開発・設置、アメリカのバンクーバー市の35億ドルにのぼる各種交通輸送プロジェクトなどが挙げられる。２０１４年、ガーナのクマーシ市政府は慢性的な渋滞の解消を目指し、高架によるモノレール形式のスカイトレイン建設計画を発表した。この建設計画のため、スタンダード・バンク・オブ・サウスアフリカが1億7千万ドルの融資を行うことになっている。(注36)

科学技術やスマートフォン・アプリもまた、大企業や新規起業した会社が都市との協力を実現してきた分野である。ロンドン市の公共交通公社は、ユーザーが現在地から市内の目的地に移動するベストなルートを教えてくれる「バスＩＴロンドン」など、スマートフォン・アプリの開発を促進するためにデータ提供を行っている。また、「ネクスト・バス」というアプリでは、アメリカとカナダの主要都市で、バスの到着時刻、発車時刻の情報をリアルタイムで見ることができる。サンフランシスコ地域交通局は、ＩＴ企業およびパーキングメーター業者と協力し、センサーを組み込んだ新型のパーキングメーターと携帯アプリを使って、混雑と駐車にかかる時間を減らせるよう、状況に応じて駐車料金設定を変えられるシステムを開発した。

❖❖❖

企業人である読者にとっては、開発途上国で急成長しているクマーシやその他数千の都市のことをさっと調べ、「自社は、別に今そこに進出しなくても、それほどたいした影響はない」と結論づけてしまうのは簡単なことかもしれない。だが、この驚くような急速な変化の起こる時代に、経済変化の一瞬を切り取るスナップショットで捉えた画像だけで決めると、大きく判断を誤るおそれがある。今日、インスタグラムにより多数の画像が共有できる時代には、私たちの撮った知的・経済的画像を、新たなフィルターを掛けて見なくてはならない。

つまり、私たちの入手した画像を、意味合いを含む文章に変換してくれる神経中枢が、入ってくるデータを知的に処理できるように、私たちの身にしみついた直観力をリセットする必要があるのだ。私たちが撮る都市の映像は、表面上の姿だけでなく、その下に潜むダイナミズムを把握し、さまざまな機会の持つ輝きをハイライトし、一方で存在するリスクの持つきらめきをトーンダウンしなければならない。いちばん大事なことは、そうした私たちの撮る画像が、現実世界の前向きの動きを投影できていなくてはならないことだ。

第2章

氷山のひとかけら
——さらに加速する技術進化のスピード

難攻不落のビジネスモデルが崩壊するとき

ロンドンは、世界中の人が一目見てそこだとわかる、アイコンとなる風景に満ちあふれた都市である。たとえばビッグ・ベン、ウェストミンスター寺院、バッキンガム宮殿、それに混雑した曲がりくねった道路や横丁をすり抜けていく黒いロンドン・タクシーなどがそうだ。旅行者にもイギリス国民にとっても、この黒塗りのタクシーはロンドンの訪問経験を構成する典型的な要素である。

ロンドン・タクシーの運転手にとり、この職業は誇りを持って当然なものであるとともに、長年引き継いできた歴史遺産であり、自身が持つ高い技能の証明なのである。免許を取得して就労するために、悪評の立つほど何年もかかる、修了が困難な訓練を経てきているからだ。それには、「知るべき知識」と呼ばれる、ロンドン市内の6万もの通りの名前を記憶し、目的地への最短ルートを答えられなくてはならない。(注1) 最終試験に合格するまでに、平均すると12回の受験が必要である。

ところが、2014年6月11日、ロンドン・タクシーの運転手たちが「この状況はもうたくさんだ」と抗議の声を上げることにした。(注2) この日の午後、1万台を超えるロンドン・タクシーが広範なストライキのため、ロンドンの名所が集中する地域を封鎖してしまったのだ。そして、トラファルガー広場、国会議事堂広場、それに中央部の官庁街であるホワイトホール周辺に集まったタクシーによって通りは埋め尽くされ、交通は渋滞し、停止状態となった。その原因は何か？ 一言で答えれば「ウーバー」である。(注3)

もう少し正確に説明すると、彼らは新規に開業したウーバーのような、個人が自家用車を使って客を送迎する旅客運送業者を容認するロンドン市に対し、対応が手ぬるいと抗議したのである。この新規業者のビジネスモデルは、GPS対応のスマートフォン・アプリを使って、乗客と運転手を安く、しかも効果的に結び付ける。おまけに、このアプリはGPSで走行距離もわかるため、タクシーメーターの代わりもしてくれるのだ。ロンドン・タクシーの運転手たちの主張は、ロンドン市の私有車規制法によると、私的に雇われた自家用車にはタクシーメーターを付け

てはならないと定められているのだから、ウーバーは違法である、というものであった。（注4）

素早い動きの新しい競合企業が現れ、利益の大きいロンドンのタクシー市場に目をつけ、その利益の一部を奪おうとする動きは、デジタル技術の発展によって引き起こされたものである。（注5）競合の脅威から保護するために設けられていた高い参入障壁が、GPSなど必要としないロンドン・タクシーの運転手たちが繁栄を謳歌することを許してきた。つまり、膨大な道路網の知識があるためGPSは不要で、ほとんどのタクシーはクレジットカードではなく現金を受け取り、しかも高い料金を維持できていたのだ。一度の乗車の平均料金は27ポンドであった。（注6）顧客が道端で手を上げて黒いロンドン・タクシーを止めるのではなく、スマートフォンで自分の居る場所に車を呼べるスマートフォン・アプリ、「ヘイロー」が初めて登場したのは、2011年末だった。（注7）

そして、この抗議ストの日、ヨーロッパの数都市のタクシー運転手とともに、黒いロンドン・タクシーの運転手たちが怒りの矛先を向けていたのは、サンフランシスコに本拠を置くウーバーだった。09年に誕生して以来、ウーバーは素晴らしい成功を遂げ、そのサービスを50カ国の230の都市に広げていた。（注8）著名な投資家たち、なかでもグーグル・ベンチャーズと未上場株式ファンドTPGの支援を受け、14年6月にウーバーが初回上場を果たしたときの企業時価総額は180億ドルと評価された。（注9）12年にウーバーがロンドン市場に参入して以来、ロンドンはウーバー最速成長市場の一つとなり、13年後半には7千人の自家用車運転者がウーバーに登録して活動していた。（注10）

ウーバーの競合にはヘイロー、アディソン・リー、キャビーなどが含まれるが、市内で簡単に車を呼べる各種アプリが増えるにつれ、黒いロンドン・タクシーは遅い車の走行レーンに押し込まれていった。ヘイローは、もともとはロンドン・タクシーを専門に客のいる所に呼ぶサービスを提供する設計であったが、ウーバーの成功に対応して一般運転者の車によるサービスも扱うようになった。そのため多くのロンドン・タクシー運転手に、ひどい裏切り者と見なされるようになっていた。その仕返しとして、ヘイローの事務所が打ち壊しにあう事件が起こったほどである。(注11)一方、14年6月に開催されたロンドン・タクシーの抗議デモの日、ウーバーはロンドン・タクシーがアプリに登録し、同社のサービスに参加することを歓迎する、との声明を発表したのである。(注12)

かつては尊敬に値する事業であり、難攻不落の参入障壁を築いていると思われたビジネスモデルが、いとも簡単に、しかも短期間のうちにひっくり返されてしまう様子を目のあたりにしてきたのは、ロンドン・タクシーの運転手たちだけではない。技術の進歩はこれまでも、常に特定業界の持つ現状維持の傾向を打ち砕いてきた。しかし、過去の例では、その変化が世界中の市場に及ぶことはなく、しかも速いスピードで広範囲に普及することはけっしてなかった。

デジタル・プラットフォームによって事業活動の拡大に要する限界コストはゼロに近づいてしまうために、そうしたデジタル・プラットフォームが新しいビジネスモデル、新しい参入者、さらにピア・トゥ・ピアと呼ばれる仲間同士の個人間取引や、シェアリング経済といった新しい市場の出現を可能にしている。参入障壁は下がり、これまで市場を支配してきた大企業を相手に、小さな企業でも数カ月という短い期間でクリティカル・マスとなる事業規模の拡大を達成してしまうことが、ごく当たり前に見られるようになった。業界を区分する境界はぼやけてあいまいとなり、事業者間、また業界間での経済価値の移動が、デジタル・ケイパビリティによって促進されることが多い。

企業がさまざまな技術の出現と格闘している間に、大きな利益を享受しているのは消費者である。しかも公式データが把握・分析され、発表されるよりもはるかに大きな情報を、消費者が得ているのである。たとえば、グーグル、マイクロソフトのビング、アップルのシリなどのツールを使い、インターネットで情報検索する能力がそうである。１９８０年頃という比較的最近まで、消費者が電話番号を調べるのには毎回電話をかけ、通話料を負担しなければならなかった。ところが、インターネットのウェブ検索機能を使えば、一般に最初から無料である。その結果、こうした行動のサービス料金はＧＤＰといった公式統計には捕捉されない。

この、グローバル経済の中のある行動が新たなサービスに取って代わられるという入れ替わりの「代謝率」の加速が、消費者、企業、政府の活動のすべてに深刻な影響を与えている。技術変化の加速こそが、アイデア、ビジネスモデル、それに市場での地位の短命化をもたらすのである。つまり、あらゆる組織のリーダーたちが、自分たちは情報にどのようにアプローチし、管理するのか、競合をどのように定義し、観察し、対応するのか、そして新技術が混ざり合う中で進むべき方向を指し示し、どのように対応していくのか、を再考せざるをえない状況に追い込まれている。そして技術変化の加速はまた、古い問題を解決する新たな発明、成長そして差別化を生み出していく素晴らしい機会を創り出していく。

イノベーションが頻発する時代

産業革命の間に起こった機械化の一撃の時代に始まり、私たちが今過ごしているコンピュータに推進される革命の時代にいたるまで、技術革新は常にダイナミックな経済変革を支持してきた。しかし、冒頭の「イントロダクション」で指摘したように、チェスのゲームの後半戦に入っているため、今日の時代は様相が異なっている。

一方で新技術に感謝しながら、他方では恐れを感じている過渡期を過ぎ、歴史に残るような技術革新の起こる間隔が、桁違いに短くなってきている。グーテンベルクの活版印刷機が生まれてから、最初のコンピュータ・プリンタが生まれるまでには500年以上がかかった。ところが、それからわずか30年で3-D（3次元）プリンタが発明された。1764年に「糸繰りジェニー」と呼ばれた紡績機が発明されてから、ゼネラルモーターズ（GM）の「ユニメート」と名付けられた世界最初の産業用ロボットが完成するまでには、200年しかかかっていない。（注13）

そして、「シャフト」という世界最新の人型ロボットが発明されるのには、その4分の1の期間しかかからなかった。前スタンフォード大学教授で、ポジティブ・フィードバック（正帰還）研究の先駆者であるW・ブライアン・アーサーは、その著書『テクノロジーとイノベーション』

（邦訳はみすず書房）の中でこう記している。「産業革命の到来、およびワットの蒸気エンジンが出現した1760年代から、1850年あたりか少し先までの期間に、人類は機械力という経済の筋肉を発達させた。そして現在は、神経システムを発達させているところである」（注14）

コンピュータ技術における処理能力は18カ月ごとに倍になるというムーアの法則は、私たちの期待する技術変化のスピードとかなり長い間一致し、現実を支持してきた。（注15）さらに速く、さらに強力なコンピュータは、指数関数的に増加する入手可能なデータ量とあいまって、私たちにはいったい何ができるのかを考えさせ、自身のビジョンを書き換えてきた。1990年代、人間の遺伝子（ヒトゲノム）の配列を解析することは、数十年の歳月をかけ数十万人の労働者と数千台のパワーショベルを必要としたパナマ運河の建設に匹敵する巨大プロジェクトだった。そして、数名の科学者のチームが、13年間と30億ドルの費用をかけて、人類の青写真の謎を解き明かしたのである。（注16）だが今日では、人類のゲノム配列を数時間で解析できる分析機が、わずか1千ドルで入手できることになりそうである。（注17）

過去のトレンドを破壊する力を持った12の技術

これまでよりもっと数多くの技術革新が、もっと速いスピードで登場しようとしている。「次の大変革」をもたらす可能性の高い技術リストに含まれる項目は、毎日数が増えている。変革を

歴史的な技術ブレークスルーと次のブレークスルーの出現までの期間は劇的に短くなっている

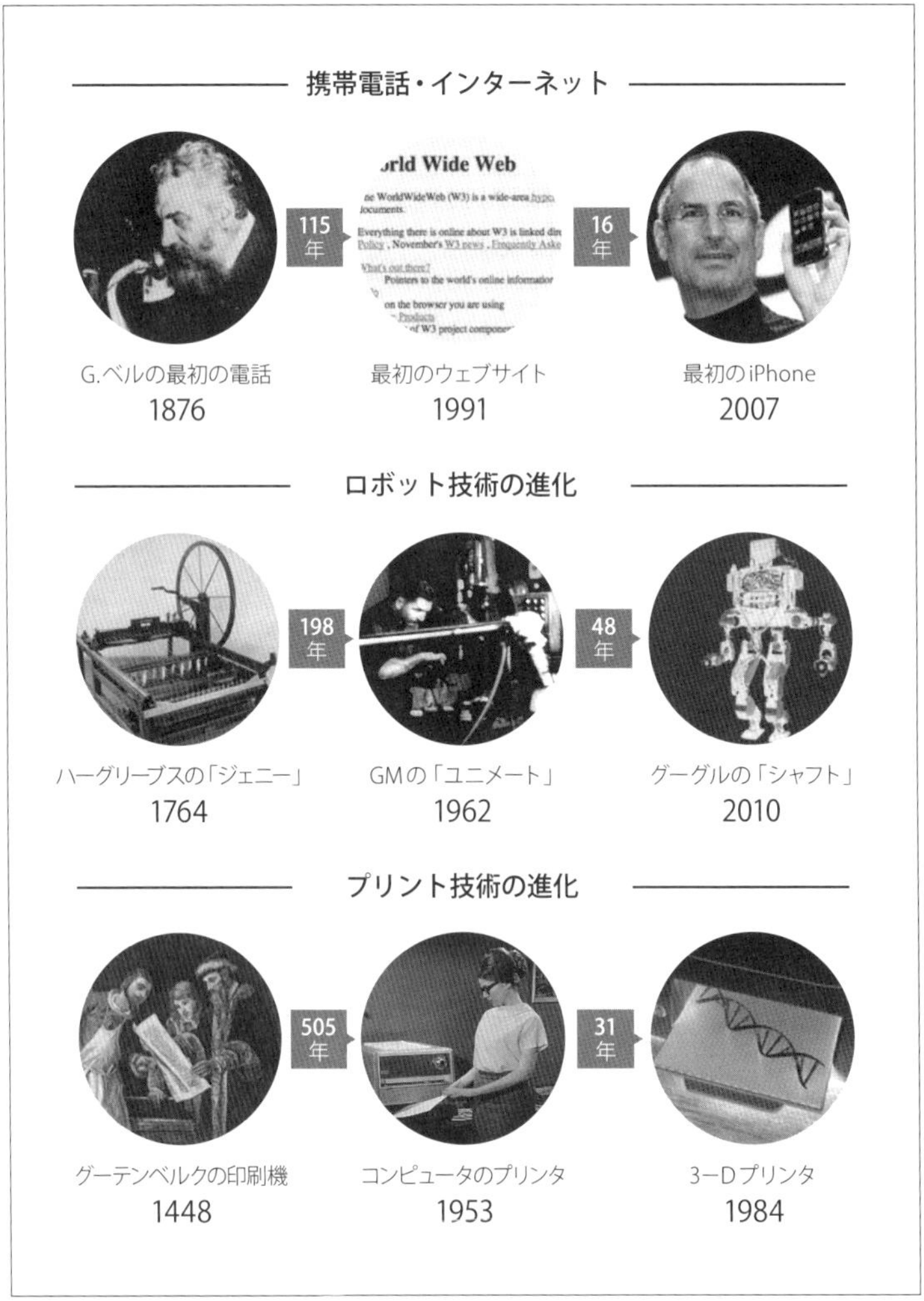

引き起こすような技術に関しては、ユートピアをもたらしてくれるという楽観的評価と、世界の終わりをもたらす技術だという反論とが常に入り混じり、雑音や混乱に取り巻かれていることが多い。私たちはそうした騒ぎを遮断し、何年か後に現実社会に挑んでくるに違いないと考える12の技術にハイライトを当ててみよう。（注18）

この12の技術には、私たちがすでに知っているものから驚嘆するようなものまでが、幅広く含まれている。こうした技術を現実に応用したなら、私たちの推定では２０２５年までに、それぞれの技術が年間14兆ドルから33兆ドルの幅の経済価値を生み出しうると考えている（注19）（私たちの言う経済価値の定義は幅広いものであり、売上げ、効率向上による節約金額、それに消費者余剰が含まれる）。12の技術は、大きく以下の四つのカテゴリーに分けられる。

1．モノの構成要素の変化

人のゲノム配列の解明に初めて成功したのは２００３年であり、13年の年月と30億ドル、それに世界中から集めた科学者による複数のチームが必要であった。急速な技術進歩により、遺伝子配列解析のスピードはムーアの法則をも上回ったことになる。10年になるかならないか後の２０１４年1月、世界一の遺伝子配列解析機器のメーカーであるイルミナ社は、年間20万ゲノムの配列を確定できるスーパーコンピュータ、**HiSeq X**を、1台わずか1千ドルで発売すると発表した。（注20）

遺伝子配列分析コストが急速に低下することで、遺伝子が人間の性格をどのように決定づけるのか、また遺伝子の変異がどのようにして病気の原因になるのか、といった研究に弾みがついた。遺伝子解析のコストが加速度的に低価格になることと、ビッグデータ分析手法が結び付けば、短時間での病状の診断、ピンポイントで目標を定めた治療、さらには生物合成手法によるカスタムメイドの臓器の創造までもが可能となり、農業、食料生産、医学に適用されるようになるだろう。

材料科学の発展もまた、破壊的なイノベーションが起きている分野である。分子レベルで材料を操作するプロセスにより、ナノマテリアルの製造が可能になった。そうしたブレークスルーにより、カーボンや粘土といったありふれた材料が、「はるかに大きい反応性」「異常なほどの電気特性」「はるかに大きな強度」といった、驚くような新たな物性を持つ材料へと変化している。ナノマテリアルと呼ばれる微小材料もまた、すでに薬品やサンスクリーン、それに自転車のフレームといった製品に用いられている。

今や新素材は、絶大な強度や柔軟性といった属性を持つものや、自己回復作用や自己洗浄といった素晴らしい能力を持つものが創造されている。スマート素材や形状記憶合金（元の形状に戻ることができる）も、航空宇宙、薬品、電子といった産業分野で、さまざまな用途に用いられるようになってきている。

2. 成熟期に達したエネルギー効率

北米では、水平掘削と水圧破砕法を組み合わせたフラッキングが導入され、誰も予想していなかったシェールオイル採掘によるエネルギー・ブームが到来した。10年も経たないうちに、（100万BTU当たり）当初12ドル以上だった天然ガス価格は、アメリカ国内で4ドルから5ドル程度に下落した。そして、ガス供給量が需要量を超え、価格が低水準にとどまったため、ガス生産者はノースダコタ州のバッケン・シェールのような頁岩層から採掘するシェールオイルのフラッキングに目を向けた。また、従来注目してこなかった他の埋蔵燃料として、石炭鉱床メタンやメタン包接体の探鉱が行われるようになった。

一方、従来の原油に頼らない化石燃料革命の離陸と並行して、再生可能発電のコストも急激に低下した。1990年以降、太陽光発電パネルのコストは、発電容量1ワット当たり8ドル近かったものが10分の1に下がったのである。大新興国である中国やインドを含め、世界中の国が風力発電や太陽光発電の機器の設置を加速し、そうした機器による発電量を増やす積極的計画を実施している。2025年までに太陽光発電と風力発電による発電量は、世界発電量の15～16％にまで増加する可能性がある。これは今日の両方式の占める発電量、2％からの上昇であり、それにより二酸化炭素排出量を最大120億トン削減するものと推定されている。（注21）

エネルギー貯蔵技術についても、飛躍的な変化が見通されている。リチウムイオン電池や燃料電池といった技術は、すでに自動車を駆動し、携帯電子機器の電源として利用されている。自動車用リチウムイオン電池パックの価格は、2025年までにメガワット・アワー当たり、現在の500ドルから160ドルに下がると見られている。こうしたエネルギー貯蔵技術の進展に伴い、電池駆動の自動車に価格競争力がついてくる可能性が出てきた。信頼性を向上させ、停電を減らし、さらに分散発電を可能にするため、エネルギー貯蔵技術が電力グリッドに組み込まれて用いられたときには、私たちの利用するユーティリティ・グリッドの効率は飛躍的に向上し、これまで遠隔地であるがゆえに電力を得られなかった世界中の地域にも、電力供給が可能となるかもしれない。(注22)

3. 人間に奉仕する機械

産業用オートメーションはすでに数十年間実用化されており、工場で活用されるロボットは、今や急速な変化を遂げている。過去の世代のロボットは、人間から隔離されており、床に固定され、ときには金網や柵で囲まれていた。そうしたロボットは購入費用が数十万ドルかかり、技術者が作業指示プログラムを入力するのに数日を要する準備プロセスが必要だった。今日では、稼働すればどんどん能力を高めていく新世代ロボットが出現しており、画像認知して機械に接続できる。コミュニケーション能力、センサー、それに人工知能(AI)といった要素技術の発展のおかげで、優れた認知力、器用さ、知能をロボットに持たせることが可能となった。

一つの例が2万2千ドルで購入できる一般用途のロボット「バクスター」であり、このロボットは人間と一緒に安全に作業することができる。バクスターは、人間がロボットの手を持って新しい作業手順の動きを教えれば、それを学び、記憶してくれる。バクスターには「頭」がついており、指示を与えるとうなずいて了解したことを伝え、「顔」についた二つの目でいろいろな表情を示す。ロボットがさまざまな能力を獲得していくにつれ、かつては「自動化はコストがかかりすぎる」、あるいは「作業が微妙すぎるため導入は難しい」と考えられた業務も、今ではロボットがこなせるようになっている。ロボットの適用は工業分野に限られていたが、サービス対応、ロボット外科手術、さらに人間の補完・代替へと範囲が拡大してきている。

自動車の自動運転も過去10年間に劇的な進歩を見せ、車の歴史を変えてしまうような飛躍的な技術変化を遂げた、もう一つの分野である。2004年、DARPA（米国国防高等研究計画局）は、「モハビ砂漠で150マイルの距離を横断する道を、無人運転で走りきる車に100万ドルの賞金を与える」というコンテストを主催した。完走して賞金を獲得したチームはなく、トップの成績を上げた自動車（カーネギー・メロン大学チーム）がなんとか無人運転で走ったのは、わずか7マイル強であった。ところがその10年後、グーグルが開発した数十台の実験車は、都市の一般道路で行った走行試験実績で、すでに70万マイルを記録している。

しかも、唯一経験した事故は、トヨタ・プリウスをベースにした実験車を人間が運転していたときに起きたものであった。今日、新発売の自動車モデルには、障害物を発見すると自動的にブレーキをかけてくれる、自動駐車、衝突回避してくれるなど、最先端のドライバー補助機能が装備されている。2025年までには、地上を走る（あるいは飛行さえも可能な）無人運転自動車革命がかなり進展しているかもしれない。ただし、それは各種の法規制の枠組みが、変化のスピードに追いついていればの話だ。

最後に挙げるのは、歴史を変えてしまう飛躍的変化の原動力となる可能性がある付加的製造技術である。もうそれほど新しいものではないが、それは3-Dプリンタだ。技術の改善に伴う性能の向上、さまざまな新素材の開発、低下傾向にある価格といった理由で、広く普及してきている。簡単な消費財の製造やプロトタイプの製作といった用途は、よく知られている。今日では、3－Dプリンタは、補聴器、歯科矯正器具、人工四肢などの医療用補装具、歯科技術製品に用いられており、航空宇宙用部品やタービンのような、複雑性が高く生産量の少ない用途への利用も始まっている。

こうした用途はさらに拡大している。世界最初の3－Dプリンタで作られた電気自動車「ストラティ」（設立されたばかりのベンチャー、ローカル・モーターズ社製造）は、シカゴで組み立てられ、2014年9月に走行実験を行った。人間の人工臓器の3－Dプリンタによる製造は、糖類をベースにしたヒドロゲルを使って、腎臓やその他の臓器を支え固定する足場を創り出すのに用いられている。その足場に、インクジェット・プリンタに似た装置で、患者自身の細胞から造られた幹細胞を吹き付けるのである。今後10年の間に、そうした新用途への利用はさらに拡大していくに違いない。消費者や起業家が自分の作る製品を3－Dプリンタで作るようになっていき、製造プロセスの「民主化」が進むのである。

4．ITをどう使うのか

携帯機器を使ったインターネットの利用は、ともすると、もう長らく使ってきたよく知っている技術だと考えがちだが、すでに世界で10億人を超える人たちがスマートフォンやタブレットを使うようになり、私たちが身の回りの世界を認識し、かかわっていくやり方が劇的に変わってき

破壊力を持つ12の技術

以下に示す12の技術は、今後10年の間に巨大な破壊力を示す可能性が高い。

すべての物事の構成要素を変えてしまう

1 次世代のゲノム科学

迅速かつ低コストの遺伝子配列分析、「ビッグデータ」分析の進展、遺伝子合成生物学（DNAの書き換え）

2 新素材の開発

優れた特性（例：強度、軽量、導電性）、あるいは機能性を持つ新素材

エネルギーを考え直す研究が実用段階に

3 エネルギーの貯蔵

エネルギーを貯蔵し、後になって利用可能とする装置やシステム（バッテリーを含む）

4 石油とガスの採掘、回収技術の進歩

非在来型の石油やガスの経済的な採掘に導く、探鉱および回収技術

5 再生可能エネルギー

気候に悪影響を与える要素を減らす、再生可能な動力源による発電

人類のために働いてくれる機械

6 ロボット工学の進展

先進のセンサー、巧妙な動きと知能を備えた、高い能力を持つロボットが、作業の自動化や人間を補完、支援してくれる

7 自律的あるいは自律的に近い自動車

人間の運転を必要としない、あるいはわずかな介入のみで、目的地までの運行、運転を行う自動車

8 3－Dプリンティング

デジタル設計図に基づき素材の層を印刷していくことによりモノを創り出す付加的製造技術

IT技術とどのようにITを活用するか

9 携帯機器によるインターネット

かつてパソコンでなくてはできなかった高い能力を持つ携帯機器が、安価なものとなり、インターネットへの接続がどこででも可能となる

10 IoT：モノのインターネット

低コストのセンサーや反応して対応するアクチュエーターのネットワークにより、データ収集、モニタリング、意思決定およびプロセスの最適化が自動で行われる

11 クラウド技術

コンピュータのハードウェアやソフトウェア機能がネットワークやインターネットを通じて、多くの場合サービスとして使えるようになる

12 知識作業のオートメーション化

明確な構造のないコマンドや微妙な判断を与えるだけで、知的業務や作業をこなすことのできる高知能のソフトウェア・システム

ている。

IoT（モノのインターネット）の急激な成長を考えてみてほしい。それは、各種の機器や人工的に作られたものに、センサーやアクチュエーターが組み込まれ、データ収集、遠隔監視、意思決定、プロセスの最適化や、製造に始まりインフラストラクチャー、ヘルスケアにいたる広範な活動までが、自動的に行われることを意味している。たとえば消石灰を製造する石灰釜の場合、中に設置されたセンサーが、最適な釜の温度を何度に設定すればよいのかをオペレーターに知らせる。消費財の場合であれば、消費者がどのように製品を使っているのかを、機械自体がメーカーに報告している。また橋梁の場合でも、橋自身が都市の行政担当者に、保守の時期が来たと警告を発する。現在では、物理的な物体の99％はこうした接続はまだ行われていないが、そのこと自体が膨大な普及の機会があることを明示している。（注23）

インターネット接続が可能な携帯コンピュータ機器は、高い性能を持つ製品がますます手軽に買えるようになり、サービスのイノベーションを推進し、働く人々の生産性の向上を後押ししているが、その普及の過程で膨大な消費者余剰を生み出している。

このトレンドは、今後10年のうちに主に開発途上国の20億人から30億人の人々がスマート携帯端末を手にするようになり、インターネットで相互接続された世界に加わっていくにつれ、いっそう力を増していくに違いない。（注24）

クラウド技術もまた、こうした情報化のトレンドを支援している。すでにクラウド技術は、デジタル世界を前よりも簡単で、速く、強力で効率的なものに変えており、企業のITマネジメントのやり方も変えようとしている。今後何年かの間にクラウド技術は保有資産を軽くし、柔軟で、移動や規模拡大の容易な、新しいビジネスモデルの成長を推進していくに違いない。

技術革新は、マシンラーニング、人工知能、マン・マシン相互交流といった分野での進化を取り込むかたちで、今後もますます拡大の一途をたどるだろう。こうした変化は、これまでは人間にしかできないと考えられてきた作業を、コンピュータが処理できるようにしてくれる。テレビのクイズ番組『ジャパディ！』で人間のチャンピオンを打ち破った、ＩＢＭのスーパーコンピュータ「ワトソン」に始まり、法曹会で用いられる情報開示プロセスの自動化ソフトや、スポーツニュースの原稿を自動的に書いてくれるソフトウエアにいたるまで、人間の知的作業をコンピュータで自動化する試みは、ほんの数年前まで私たちには想像のできなかった規模で拡大している。

デジタル化された無限の情報こそが共通項

過去との断絶をもたらすこうした技術変化の多くの共通項は、デジタル化である。最も基本的なレベルに立ち戻れば、デジタル化は簡単な考えである。つまり、情報を1と0の組み合わせに変え、コンピュータによる通信、保管を可能にする方式である。この単純な概念が、過去わずか30年あまりの間に、パソコン、家電製品、それにグローバルにつながるインターネットといったかたちで、私たちの生活を変えてしまった。今や、そのことが過去との断絶を生む新たな変革の根底に存在している。

デジタル化は、情報を発見し、取引を行い、共有するコストを、ほぼゼロにしてしまった。その過程で、情報の大洪水をも生み出してしまった。それがビッグデータという概念である。昔は、情報は貴重なものであり、手に入れにくい希少財であった。書籍の例を考えてみよう。図書館に行って本を見つけても、ほんの数週間しか借りられず、返却しなければならない。ところが、そうした書籍でしか得られなかった情報が、今やネット上のどこにでもあって入手できる。「今後5年間に全人類は、過去5千年の間に生み出したデータよりも多量のデータを生み出すだろう」(注25)と、マイクロソフトの製品管理シニア・ディレクターであるイーロン・ケリーは述べている。1エクサバイトという膨大なデータ量(約千京バイト、10の18乗)とは、米国議会図書館に保存されている情報の、実に4千倍よりも多い。(注26)だが、2020年までには、世界中の総データ量は4万エクサバイトを超え、05年当時の300倍に増加する予想である。(注27)

デジタル化は私たちの身の回りの世界を変えているが、その変化は三つにまとめられる。まず、デジタル化は物理的な物体をバーチャルな品物に変換する。電子書籍、ウェブサイト上のニュース報道、MP3音楽ファイル、といったデジタルメディアは、LPレコード、カセットテープ、CDやDVD、それに印刷媒体を駆逐してしまうという大変化をもたらした。3-Dプリンタも将来、物理的製品の販売方法や物流の手法の定義を変えるかもしれない。たとえば、靴、宝飾類、各種の道具などは、電子ファイルの形で販売され、購入者は送られたデータを3-

Dプリント・サービスや、自宅のプリンタを使って、モノとしてプリントアウトするようになるかもしれない。

第2に、デジタル化により、私たちが日常行う取引の多くに伴う情報のコンテンツ量を増やし、効率的にその処理ができるようになる。例としては、物品の物理的な輸送や管理において、微弱な電波を用いて情報を読み書きできるRFタグを物品に付け、デジタル・トラッキングを行ったり、2次元バーコードを消費者に送付し、配送情報を伝えたりすることがある。

第3に、モノづくりや取引増大を促進するさまざまなオンライン・プラットフォームが創出された結果、小魚にも巨大なサメと直接、しかも対等に競争できる場が提供されていることだ。インターネット上のオークション・サイトや、イーベイやアリババのようなインターネット市場は、グローバルeコマースの要となり、そこでは、いかに小企業であっても即座にグローバル企業になることが可能だ。イーベイを活用する小売販売業者の平均海外輸出比率は90%を超えており、リアルな店舗での販売のみに依存する伝統的な中小小売業の平均である25%以下を、大きく上回っている。(注28)

データの総量が雪崩のように襲いかかってくる状況は、「オープンデータ」が世界の潮流となる場合にのみ強い力を発揮する。オープンデータとは、国や企業などデータを収集し保有する組織が、蓄積した情報をそれぞれの組織の境界を越えて公開し、誰もが低コストで機械式読み取りのできる形式で共有し、自由に使えるようにすることである。現在、カナダ、インド、シンガポールなど40を超える国が、天気予報情報、犯罪統計、交通情報などのデータをすべて電子データとして公開することに合意している。
オープンデータへの期待が高まる理由は、そのことにより市民に力を与える可能性があることと、都市交通や、個人別に設計されたヘルスケア・プログラムといった公共サービスの、ばらまきではなく、的を絞った効率的な提供が可能になるからである。私たちの推定では、オープンデータを選択的に適用すれば、毎年3兆ドルを超える経済価値、すなわち世界のGDP総額の4％を節約あるいは有効活用できることになる。（注29）
2011年にオープンデータ活動に参加したケニアは、サハラ以南のアフリカ最初の国だが、その意図は政府の調達コスト・データを透明化し、年間10億ドルの予算削減を図りたいということであった。ケニアの情報・コミュニケーション省の終身大臣を務めるビタンゲ・エンデモ氏は、「私たちは電子調達システムに移行しようとしています。そうすれば政府で使うペンの値段も200シリングではなく、20シリングになるのです。しかも支払いプロセスにかかる時間も速くなるでしょう」と語っている。「しかし、この変更は、単に手作業という側面を取り除くことだけではありません。はるかに大きく強力な効果は、一般市民にこうした無駄に気づいてもらうことなのです」（注30）
また、インドのプネーでは、この都市の交通関連インフラの改善のために、データ分析手法を使って交通事故の起こりやすい場所を特定し、事故の発生に共通する要素（たとえば横断歩道が設置されていない、あるいは信号が短時間のサイクルで変わるなど）を抽出し、改善施策を実施している。（注31）

ハイチでは2010年の大地震の後、オープン・ストリート・マップと呼ばれるプロジェクトを開始し、これまでさまざまな機関や組織が個別に把握していたデータを集約し、信頼できる非常に重要な一元化情報源としている。この情報を使い、政府と民間救急機関が緊急非常時に必要な物資を、病院や、ケガの治療緊急度を判定するトリアージ・センター、避難民キャンプなどに、迅速・確実に届けられるようになった。(注32)

技術の普及スピードの加速化

これは、コンピュータの処理速度が上がっているというだけの、単純な話ではない。消費者の反応も速くなっている。技術変化が加速する新時代の最も衝撃的な側面の一つは、技術の普及するスピードが急激に速くなることである。歴史的に、新技術が普及して世界征服を果たすまでには、必ずある程度の摩擦に直面した。人々が新しく出現した機械や道具を安心して使うようになるまでにはある程度の時間がかかるものであり、人々が慣れ親しんで初めて、企業は製造設備を拡大し、その技術を使った製品の流通チャネルができてくる。また、「この機械を使わなければ損ですよ」という理由を説明するメッセージも企業側が考え出し、広めるようになる。

アレクサンダー・グラハム・ベルが電話を発明してから、アメリカの家庭の半数以上に電話が普及するまでには、50年以上が経過している。ラジオにしても、アメリカで5千万人の聴取者を獲得するには38年かかった。しかし、21世紀になり、新技術、新製品の普及率のカーブは、はるかに急なものとなっている。(注33)

アメリカの全人口の半分の人が、初めて市場にスマートフォンが出てから5年以内に入手している。フェイスブックは、サービスを始めた最初の年にユーザー数600万人を達成し、誕生から5年でその100倍のユーザーを獲得した。(注34) 中国のテンセント社が開発した「ウィーチャット」という携帯電話用メールおよび音声通信アプリは、2年もかからずに、アメリカの成人人口よりも多いユーザー数3億人を達成した。(注35)

普及の加速化は、イノベーションの加速化も呼ぶ。アップルのアイフォーン発売から2年後の2009年には、社外開発者たちが創作したアイフォーン用アプリケーションの数は、およそ15万にのぼっていた。(注36) この数字は14年までに120万に達し、ユーザーたちはアプリの総ダウンロード数で750億回ダウンロードを行った。この数字は地球上の全人類が1人当たり10本のアプリをダウンロードした数に相当する。(注37) デジタル製品の流通システムとして使われるインターネットには、摩擦というものがまったく存在しない。売上げの拡大に唯一の抵抗があるとすれば、それは消費者が興味と好奇心を持ってくれる度合いである。

急速に立ち上がるデジタル業界の普及率カーブは、デジタル製品そのものや、その製造プロセスの普及の特徴にもあてはまる。新世代の産業用ロボットは、画像認識能力、コミュニケーション能力、センサー、それに人工知能（AI）の発展のおかげで、認知力、器用さ、それに知能を高めつつある。産業用ロボットの売上高は、2009年から11年までのわずか2年間で170%

の成長を遂げ、この産業全体の年間総売上額は、20年までに400億ドルを超えると期待されている。（注38）

この変化のスピードは、加速し続けると考えられる。インターネットにオンライン接続する人の数が増えれば増えるほど、人々のつながりが増加し、イノベーションが急速に拡散するからである。2013年には、世界中でおよそ25億人がオンライン接続を果たしており、18年までには40億人近くの人が接続していると推定される。（注39）

もし、イノベーションと普及に現在の趨勢が続くものと仮定すると（そうした仮定を否定する理由は今のところ存在しないのだが）、技術の入手にかかるコストはどんどん安くなり、製品を世界中に簡単に販売することが可能になるため、新製品が売り出されて1年も経たないうちに、何億人もの人に使われているようになることも、珍しくなくなるだろう。これこそが、現状維持の時代からの真の意味でのトレンドの破壊である。

なぜそれが問題なのか

この章で論じてきた、データの活用、デジタル化、それに世界を一変させる数々の技術がもたらす価値は計り知れない。あなたが新しいビジネスモデルを実験し、収集したデータから価値を抽出することがいかに簡単で、いかに短時間で試みることができるのかを考えてみていただきた

新技術の普及は新記録を更新中

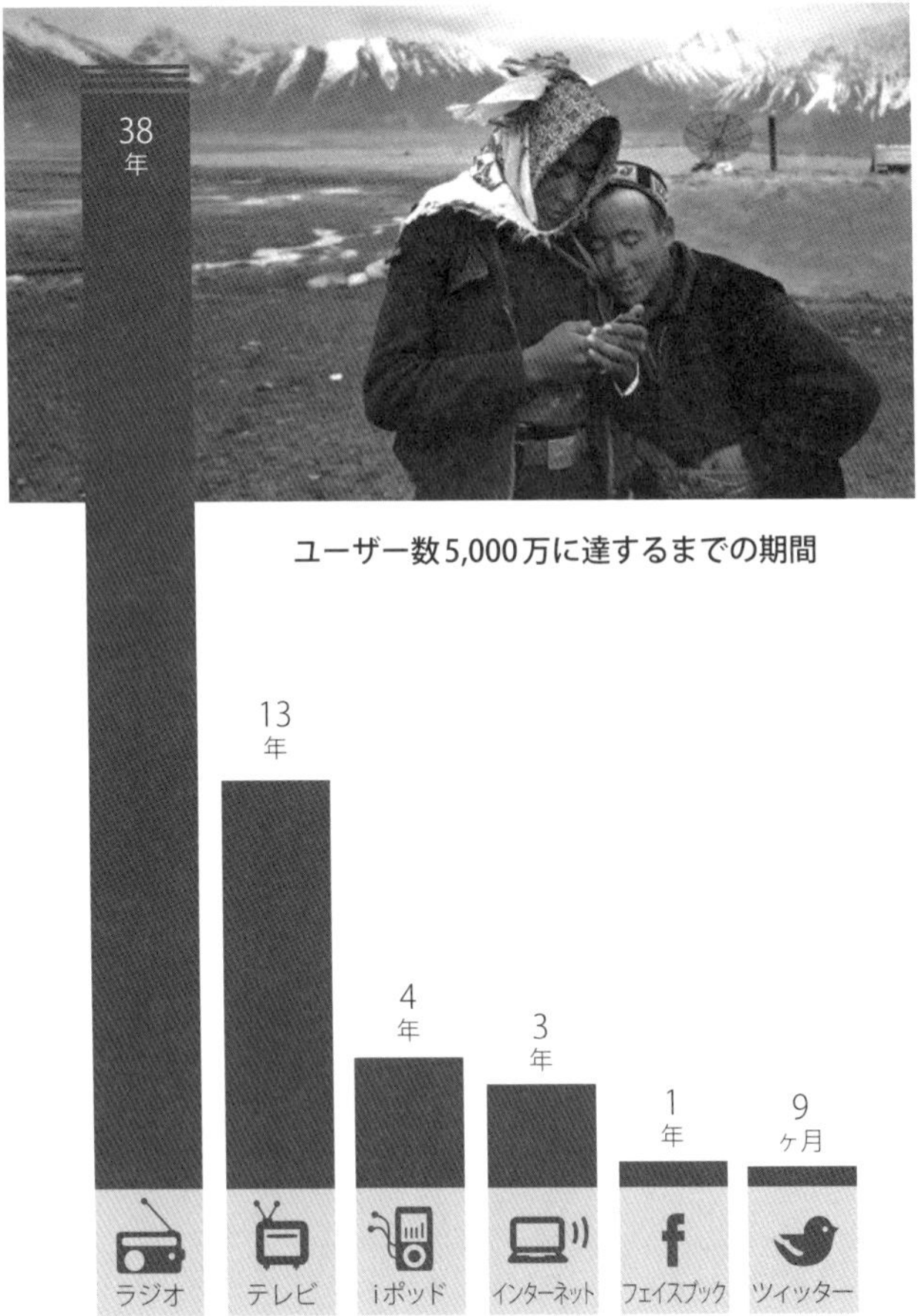

出典：「社会経済報告」マッキンゼー・グローバル・インスティテュート

い。また、生産や製品やサービスの流通を拡張するのに必要な限界コストが、劇的に低下していることを知っていただきたい。

あるいは、インターネット上の多様な販売プラットフォーム、流通チャネル、それに衝動買いをあおる簡便な支払いシステムの増加のおかげで、事業者にとって顧客とつながることがいかに素早く簡単になっているかを考えてみていただきたい。さらに事業者は、自分の持つデータから、設計の改善、価格設定、商品のマーケティング手法について、そればかりか自分の行っているオペレーションの全局面についても、さまざまな洞察を抽出することができる。

ただし、こうした最新技術の持つ価値を企業収益に変換することは、必ずしも簡単ではない。MGIの調査結果によると、この新技術の時代においては、消費者こそが王様である。インターネット上で新たに提供されるものによる価値創造の実に3分の2は、価格の低下、生産性の向上、選択肢の拡大や便利さといったかたちで把握される消費者余剰として享受されてしまう。(注40)ここまでに論じてきた歴史の断絶を生む技術変革の数々は、企業に製品やサービスの普及と生産規模の拡大を促進するのに十分な利益はもたらすものの、そうした技術の生み出す価値配分の大半である勝者の取り分は、消費者の手に渡ってしまう可能性が高い。

こうした成長機会の大きさをわかりやすく示すために、次のような変化のケースを考えてみよう。2013年7月31日、米国商務省経済分析局は、GDP統計に初めて新区分を設けたと発表した。その新しいカテゴリーとは、研究開発やソフトウエアを網羅した「知的財産製品」である。私たちの推計では、デジタル資本財が世界の総GDP成長の3分の1を占めており、なかでも無形資産（グーグルの検索アルゴリズムやアマゾンの推奨エンジンを想起していただきたい）が主要なけん引力である。（注41）

企業にしても政府にしても、今日の技術変化の潮流をうまく乗り切るように航行できなければ、巨額の経済的機会を逃してしまい、同時に過去のトレンドの断絶をもたらすような変革が起きたときに大打撃を受けるリスクが高まる。デジタル化と諸技術の進歩は、すでにブラックベリー社が目の当たりにしたように、ほんの瞬きをする間に、特定産業分野の姿をすっかり変えてしまう。歴史上、そうした敗北企業の屍が累々と散らばっている事例は枚挙にいとまがない。息を止めて新型スマートフォンの発売を待つのは、消費者にとっては楽しみなひと時かもしれない。だが、同業関連企業にとっては、技術変革の津波の次の一波を予期し、その準備ができなければ、企業の成功と失敗の分かれ目を決めることになるかもしれないのである。

たとえば、私たちがトレンドの断絶につながる技術革新の分野と考えた12分野のうちの一つ、「付加的製造」の領域には、幅広い種類の技術や素材が関連している。そうした技術変革には、粉体金属を使ったレーザー焼結、溶融プラスチックを使った溶融沈殿鋳造、それに価格千ドルのホビー用から数十万ドルもする産業用のものまでの3－Dプリンタが含まれる。たとえ、あなたがこうした新技術に一番に飛びつく性向は持っていないとしても、いつ、どのように、そしてこうした技術を活用するか否か、を熟慮して決めておき、素早く追いつけるようにしておかなければならない。

技術の理解は、今やどの企業経営者にも求められるコアスキルである。だが、プログラム言語であるSQLの使い方を知る必要はなければ、3－Dプリンタを操作できるようになる必要もない。それよりもはるかに重要なことは、あなたの顧客の中でも最も技術をよく知っている顧客が何をしているのかに的を絞り、その一点に集中する能力である。

企業経営者は、自社の社員がさまざまなスキルを最先端のレベルに保てるよう、そして経営陣と取締役会のメンバーが、最新の技術開発の状況について常に報告を受けて理解しているように、システマチックな体制を築かなくてはならない。長い間確立されてきた、戦略企画プロセスも見直す必要がある。具体的には、信頼できるさまざまなトレンド情報を監視し、今後起こりうる変化のさまざまなシナリオを考え、対応策を立てておくこと、そしてどこから競合が出現し、どこにリスクがあるのかに関して、古い仮説はバッサリと捨て去ることである。

技術的転換点に適応する5つのカギ

アイビーリーグに属するアメリカ東部の有名大学では、学長が入学式の日に、次のような警告を発することが慣例であった。「きみたちの左を見て、それから右を見てください。きみたちの中の一人は、来年ここには座っていないかもしれない」という決まり文句である。(注42) これと同じような厳しい淘汰が、産業界に起ころうとしている。

1950年、スタンダード&プアーズ(S&P)社が発表するトップ500社のランキングに載る企業は、その後60年以上ランキングに残ることが期待できた。（注43）ところが２０１１年には、ランキングに残っていられる期待期間は18年になり、トレンドを見る限り、ランキングに載る期間が長期化する兆候は見られない。企業ランキングの入れ替わりの比率が現状のまま続けば、企業合併や買収の増加、新規設立企業の急速なランキング上昇、それに頻繁に起こる上位企業の転落により、現在のＳ＆Ｐ５００に載る企業の75％は２０２７年までに姿を消し、他の企業に取って代わられているだろう。（注44）

多くの企業が気づき始めている事実とは、自社が支配的地位を保てる期間は、功成り名を遂げた大学教授の任期よりもプロスポーツ選手の全盛期の年数のほうに似ており、何十年もの長期間ではなく、ほんの数年間になる可能性が高い、ということだ。（注45）

どのような産業分野、機能、市場に対しても効果的な、一発で悪魔を退治できる銀の弾丸のような技術は存在しないものの、私たちの見つけた5原則を守ることのできる企業経営者であれば、自社がトップの地位を維持しながら「ニュー・ノーマル」の環境に歩調を合わせられるよう、自社を再定義して生まれ変われる確率は高い。

自社の保有するデジタル資本を最大限活用する

多くの企業が、整理されずに社内各所に分散している自社の保有データが、実は既存のプロセスや未来の事業戦略を研ぎ澄ますうえで、重要な役割を果たすことに気づき始めている。どこを見ても、さまざまな企業が社内のデータを活用し始めている。それは、市場シェアの拡大、コスト削減、生産性の向上、さらには自社の製品やサービスの改善といったことが目的である。小売業であれば、ビッグデータを使って価格設定をダイナミックに変動させ、最適化を図り、需要予測、顧客による推奨の増加、在庫管理の改善を目指している。

製造業者はビッグデータを、元来求められていた顧客のニーズをよりよく満たすことのできる製品の実現化や、サプライチェーンの最適化に活用している。中国最大のオンライン・ショップであるアリババでは、NASAのミッション・コントロールに似た生データ分析室を設置している。データ提供をサービスとして行う企業が新規に設立され、ひっぱりだことなるブームが起こっており、IBM、マイクロソフト、オラクル、SAPといったIT巨大企業が、過去数年間で数十億ドルを使い、データ分析の先端ソフト開発企業を買い漁っている。

事実、消費者行動データや物流ロジスティックスのトラッキング・データなどの無形資産は、企業がまったく新しい製品やサービスを生み出すきっかけになりうる。タクシー業界に起きた過去のトレンドを破壊するような変革は、その好例である。ウーバーの使うアルゴリズムには、需要がピークに達する前に、「需要急増中」価格を設定する機能が組み込まれている。(注46) また、同様なオンデマンドでライドシェアの車を提供する新規参入企業のリフト社では、「ハッピーアワー」価格設定モデルを採用し、需要があまりない時間帯には低廉な割引価格が適用されるようになっている。(注47)

ヘルスケア分野は、デジタル資本の重要な要素であるデータと分析モデルに意思決定支援ツールを結合させると、絶大な経済価値と顧客経験の改善が生み出されるばかりでなく、まねをして

デジタル化が各種産業をどのように変えるのか

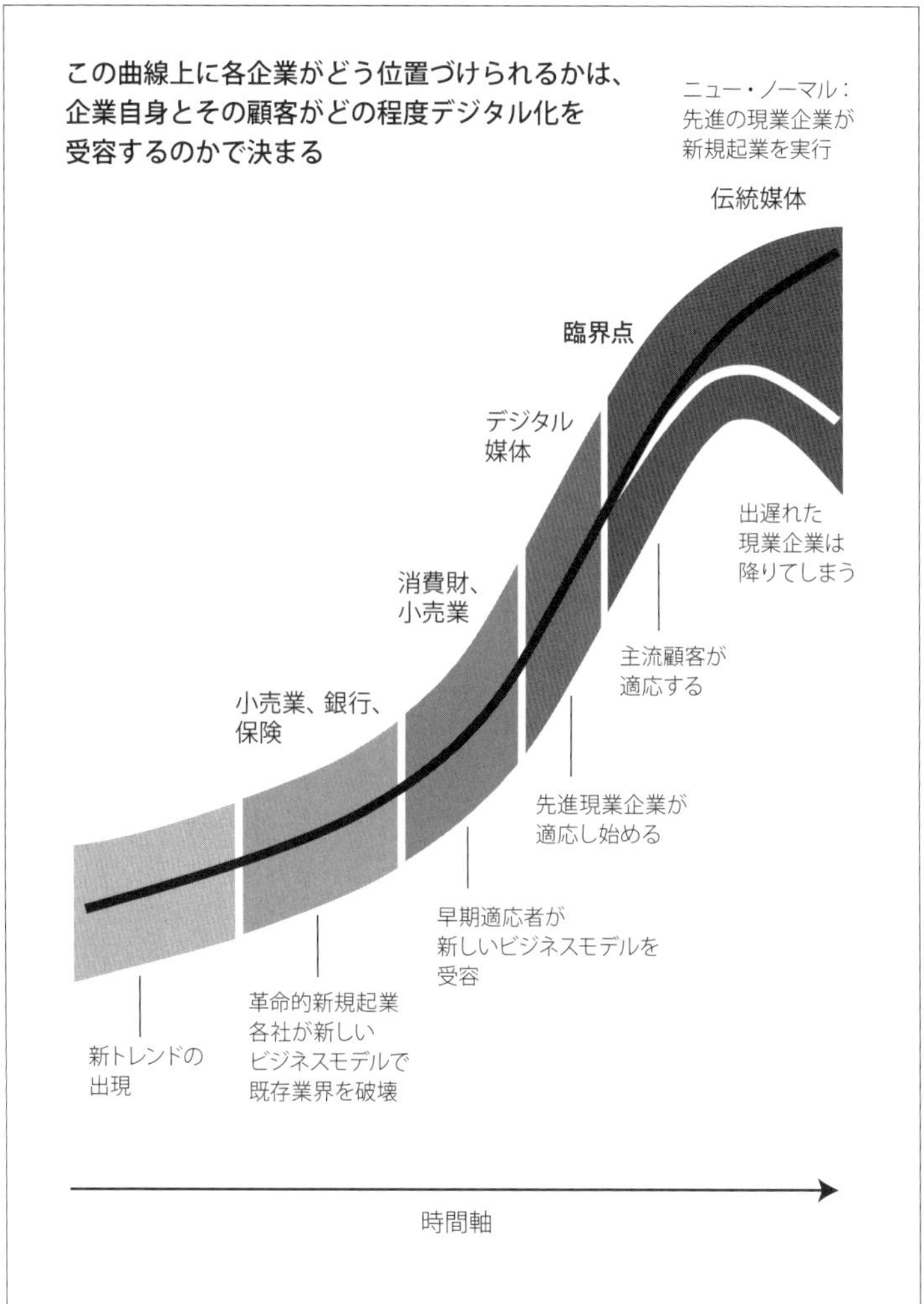
この曲線上に各企業がどう位置づけられるかは、
企業自身とその顧客がどの程度デジタル化を
受容するのかで決まる
ニュー・ノーマル：
先進の現業企業が
新規起業を実行
伝統媒体
臨界点
デジタル
媒体
出遅れた
現業企業は
降りてしまう
消費財、
小売業
主流顧客が
適応する
小売業、銀行、
保険
先進現業企業が
適応し始める
早期適応者が
新しいビジネスモデルを
受容
革命的新規起業
各社が新しい
ビジネスモデルで
既存業界を破壊
新トレンドの
出現
時間軸

も身につけにくい能力を自社に創り出せる、効果的な分野である。500万人あまりのアメリカ国民がうっ血性心不全に苦しんでいるのだが、この病気は医薬療法や人工臓器の移植により治療することが可能である。(注48)

メドトロニック社が初めて立ち上げたケアリンク・エクスプレス・サービスでは、患者の胸に埋め込まれた心臓モニター機器を自社の遠隔モニター・ネットワークに接続している。そして、専門医が遠く離れた場所いても送られたデータを見ることができ、データを解析することにより、高度な品質で効率よく患者のケアを行うのである。このプログラムは試行段階のテストでも、患者の待ち時間を15分以内にまで劇的に減少させることができた。(注49)「この種のデータが、普通にやりとりされる未来の通貨のような、当たり前のものになるに違いありません」とメドトロニック社の戦略および患者データ管理の担当部長、ケン・リフ氏は語っている。(注50)

デジタルの持つ低い限界コストの活用を考える

デジタル化により、製品やサービスへのアクセス、発見、流通のプロセスにかかるコストは著しく削減される。これまでよりも効率的な流通システムの出現と参入障壁が低くなったことにより、個人、起業家、そして既存企業のデジタル市場への参入および新しいビジネスモデルの実験に拍車がかかった。デジタル化はまた、地理的な障壁も劇的に低くし、マイクロ多国籍企業やマイクロ事業者、そしてマイクロ・サプライチェーン企業の増加に推進力を与えている。

世界最大のピア・トゥ・ピアのオンライン融資サイトであるキヴァ社は、主として新興国の個人に対し総額6億3千万ドルを超える融資を提供してきている。(注51)また、起業家と、創造的で魅力的なプロジェクトがあれば出資しようと考えている人を結び付けるクラウド・ファンディング・プラットフォームであるキックスターター社は、2009年以降、7万の創造的な有望プロジェクトに14億ドルを超える出資誓約をアレンジした。(注52)

小規模あるいは個人登録の投資アドバイザー業は、アメリカの投資アドバイザー業界中でも最速での成長を遂げているセグメントである。フィデリティやチャールズ・シュワブといった証券会社から、株価や企業情報を見ることのできる手軽な情報・分析ツール・システムを購入しさえすれば、あとは自力で消費者に直接助言できるからだ。(注53)

情報検索、ネット販売、SNS、シェア・エコノミーといった業界の市場では、デジタルインフラの持つ低い限界費用という特徴により、新規創業者がさまざまなビジネスモデルを立ち上げ、それを天井知らずと言ってもよいほどの規模に成長させることが可能となった。最近フェイスブックが190億ドルで即座に買収を決めた、スマートフォンでのメッセージ交換プラットフォーム提供企業のワッツアップは、事業開始から5年も経たないうちに月間利用ユーザー数5億人を達成した。(注54)

また、写真共有アプリの「スナップチャット」は、設立からわずか2年で4億人のユーザーを獲得し、フェイスブックとインスタグラムが提供する写真シェアリング機能のユーザー数を抜き去った。(注55)シェアリング経済型の新規創業企業もまた、息をのむほどのスピードで成長している。2013年、自家用車を活用した輸送サービスを提供するウーバーのユーザーのうち、

45万人ほどは毎週ウーバーを呼び出しており、同様なアプリである「リフト」でも年間100万人以上が、スマートフォンのボタンを押してユーザーとなっていた。（注56）

これまでの伝統的な既存事業者もまた、新市場への参入、急速な成長、あるいはコスト構造の最適化を図るといった点で、限界コストの低下から大きな利益を得ている。フランスのテレコム事業者、フリー・モバイル社は、自社ブランドの熱狂的なファンで周りの人にも推奨してくれる大勢の愛好家を味方につけ、クチコミでの宣伝を活用する「モバイル・アタッカーモデル」を新たに発案した。同社は、2012年の携帯電話サービスの利用申し込み受付開始から3カ月も経たないうちに260万人の利用者を獲得し、多額な広告宣伝費をまったくかけることなく、1年で13%の市場シェアを達成した。（注57）

また、高級衣料品ブランドであるバーバリーは、同業者の中でも最高の顧客購買経験を提供する会社として知られている。ロンドンのリージェント・ストリート121番地にあるバーバリーの旗艦店では、小売店舗に設置されたものとしては世界最大のモニタースクリーンを置き、バーバリー製品に縫い付けられたRFタグを読み取り、生のデジタル情報がスクリーンに表示される仕組みを取り入れている。このRFタグに組み込まれた微細チップを読み取り装置に近づけると、タグのついている衣料品などの商品を前もって撮影したビデオ情報が顧客の前の鏡兼モニターに映し出され、顧客の姿と商品が合成され、顧客が商品を身につけた状態の画像を映してくれるのである。（注58）

また、高級品専門百貨店のノードストロームは、デジタル化の持つ限界コスト上の優位性を、社内目的で初めて活用した。個別商品のデジタルＩＤを出荷および在庫管理施設に利用したのである。その後、このデジタル化投資を外部展開にも活用し、強力なインターネット販売サイトと携帯ショッピング・アプリ、それに路面小型店舗網を築き、さらにデジタル販売機能共通の顧客管理システムを完成させた。

消費者余剰の一部を、消費者に負担させる

ビッグデータそれに、ますます安価になっていくデジタル・ビジネスツールの興隆には、興味深く、おそらく直観には反するような意味合いも存在する。理論的にはどちらのトレンドも、データの収集・維持、自社に有利な活用を実施するだけの余裕のある企業には、巨大な恩恵をもたらすはずである。しかしながら、現在の加速化する技術変革の時代であっても、消費者は王様であり女王様なのだ。

インターネット上で提供されるサービスにより創造された総価値、すなわち消費者が支払ってもよいと考える金額から、財に対して実際に支払われた価格を差し引いた部分は、経済学で消費者余剰と呼ばれ、それまでに支払っていた価格からの低下分、より良い製品となった価値の上昇分、生活の質の改善による便益といったものの合計に相当する。そして、この消費者余剰、つまり消費者にとり「お得」となった部分は、インターネットにより新たに創造された総価値の実に3分の2にも及ぶのである。（注59）そこで、企業にとっての課題は、消費者が享受するビデオ、コンテンツ、ゲーム、コンテンツを保持しておくストレージ、メールサービス、利便性といっ

た、提供される素晴らしいものの対価をどうやって消費者に負担してもらい、支払ってもらうのか、つまりサービスの有料化という点にある。

これまでのところ、利便性の対価を企業に移動する手法、つまり企業の現金収入化の方法として効果的と証明されたものは、ごくわずかしかない。その一つが広告収入であり、フェイスブックやグーグルといったハイテク巨大企業の高利益率、高成長を支えたやり方である。広告収入モデルはこれからも有効だと考えられるが、広告ターゲットの絞り込み、広告の効果測定、効果的な分析能力に関して、ユーザーの期待は今後も継続して高まっていくに違いない。

直接支払いと継続購読料金という課金方式は、オンライン・コンテンツ自体が持つ課金能力を反映し、主流となっていくだろう。このモデルでは、「フリーミアム」価格設定戦略が、ますます一般的になるだろう。つまり、基本サービスは無料で提供し、その上の有料クラスでは、広告を除外する、ゲームのアイテムを提供する、価値ある高度なサービスや特典の獲得が可能となる、といった各種の特典を与えて差別化する方法である。

この方式を採用している企業には、ゲームサイトであるジンガやスポティファイ、さらにはリンクトインやアップルにいたるまで、幅広い実例が存在する。たとえば、リンクトインに加入するのは無料である。ところが、プレミアム会員へと資格を上げビジネスプラス会員になるには、月額59ドル99セントがかかる。ビジネスプラス会員になると、誰が自分の履歴書を閲覧したのかという情報を閲覧でき、関心のある数多くの求人企業にメッセージを送るなど、基本サービスでは得られない高度な検索も可能となる。（注60）

企業にとって三つ目のサービス現金化モデルは、自身の保有するビッグデータから収入を得る方法である。たとえばB to Bと呼ばれる企業対企業取引の革新的なサービス提供（たとえばクラウド調達情報や、データ科学分析サービスのアウトソーシングなど）が考えられ、またデータを活用し、消費者が喜んで出費してくれそうな製品、サービス、コンテンツを開発してサイト上で販売することもできるだろう。

たとえばリンクトインの収入源の20％はプレミアム会員からの月次加入料金であり、30％がマーケティング、そして残り50％が人材リクルーターに対する人材探索サービスである。その具体的な内容は、人材リクルーター企業に求人要件に合致する人材情報を絞り込み、候補者情報の提供や候補者との連絡ツールを販売することだ。（注61）

消費者余剰を自社の事業収入に取り込むためには、企業は実験をし続けなくてはならない。伝統的な取引型のインターネット・ショッピング事業を、継続購読・加入料モデルに転換していくことが、今人気上昇中のやり方である。顧客のロイヤルティを高め、リピート事業を確立するために多数の企業が、顧客が自社との関係を自動的に継続してくれるようにする仕組みとして、製品やサービスを提供している。

たとえば小売業では、ドイツのベルリンに本拠を置くグロッシイボックス社が、インターネット・ショッピング・サイトの有料会員に対し、これまで400万箱を超える美容新製品を発送してきた。会員の多くは年間五つの「豪華びっくり高級品ギフト」を受け取るために、月額およそ21ドルの会費を支払っていることになる。（注62）

また、ダラー・シェービング・クラブやハリーズといった企業は、剃刀の刃やカートリッジを固定料金で毎月顧客の自宅に送付しており、ジレットのような、これまで長期間市場を制覇し続けてきた剃刀用品メーカーへの脅威となりつつある。あるいは、イギリスを本拠とする継続購買サービス企業のグレーズは、顧客に合わせたスナック菓子の箱を毎週届けるサービスを実施しており、2013年1年間で売上げをほぼ2倍にし、4020万ポンド（6410万米ドル）の売上げを達成した。（注63）

報道媒体業界ではデジタル・コンテンツの有料化モデルがごく普通のこととなっている。インターネット上のデジタル・ニュースの購読有料化や、印刷媒体とのセット購読料の設定により、ニューヨーク・タイムズは広告収入の減少と発行部数の低下による影響を緩和してきた。ニューヨーク・タイムズ社長のマーク・トンプソンは、この施策を「無料客締め出しの壁の構築」と表現し、「長年の歴史の中で、最も重要かつ成功した決定であった」と語っている。ニューヨーク・タイムズはデジタル購読者数が87万5千人を超え、購読収入はいまや広告収入を上回っている、と豪語している。（注64）

スロバキアの新興企業、ピアノ・メディア社は、スロバキア国内の新聞、雑誌など主要媒体のほとんどをカバーしたインターネット購読サイトを開始し、「無料客絞め出しの壁」となるシステムを作り出した。ピアノ社が設定した収入モデルは購読料収入を原著作を持つ個別媒体のサイトと折半するものだが、個別原著作媒体サイトを指定して定期購読契約したユーザーには定期購読料（30％）を支払ってもらいい、定期購読指定以外の媒体の閲覧については接続時間に応じて課金するというものであった。この仕組みによって定期購読者数は伸び、スロバキアという500万人強の人口でありながら独自の言語が使われている閉鎖市場での成功によって、このビジネスモデルが正しいことが立証され、2012年にピアノ社は他の中欧諸国市場に打って出た。(注65)2014年8月、ピアノ社はさらに活動の地域を広げ、アメリカを本拠とする低額支払いシステムや無料客締め出しの壁システムのパイオニアであるプレス・プラス社を、ピアノ社の売上げのほぼ9倍の価格で買収した。(注66)

混乱が落ち着くまで待ってはならない

急速な技術変革の混乱に直面した場合、多くの企業がとる本能的な対応は、どの技術が主流となるのか見通しがつくまで賭ける技術の選択決定を待とう、となりがちだ。ところが、「時は敵なり」である。今日の技術は明日には古くなっているかもしれず、一見したところ関連がないと思われた買収や戦略的行動が業界をひっくり返し、動揺を与えるものになるかもしれない。何十もある3-Dプリンタ技術の中から、どの技術が標準になるのかを予測しようとするのは、時間がかかるばかりでなく、当たる確率が低い。だが、たいていの企業はそうした努力を通常の事業運営プロセスの一環に組み入れ、苦闘している。

すでに地歩を確立した既存企業の多くでは、技術革新初期の技術に巨額の投資をするという賭けに打って出ることは、そもそも選択肢にはなりえない。許容されるリスクの限界が社内規定として明確に定義され、新規投資に合意するためのハードルは高く、しかもレガシーITシステムに縛られてしまっているからである。たとえば自動車保険業界では、既存の大手損保企業の多くが、テレマティックスと呼ばれる携帯電話など移動体通信システムを利用したサービスの提供や、消費者行動データの収集・分析といった分野への投資を制限し、やったとしても小規模のパイロット・プログラムにとどまり続けている。ところが、こうした大企業が心配そうに注目しているのは、敏捷な新規起業者が損保業界に参入し、自分たちの注力できていないこうした空いたスペースに攻撃を仕掛けてくることなのである。

美容・化粧品業界の既存企業も、思いもよらなかった新技術の登場により攻撃を受けている。ミンクというブランドの3－Dプリンタを使えば、顧客は自宅でゆったりと、自分の顔に合わせて特注した化粧を自分の顔に「印刷」できるようになっている。この、自宅でお気に入りの化粧の画像を選び、自分の顔に合わせた設定で好みの色の化粧品を作り、実際に化粧できるサービスが広く受け入れられるようになれば、これまで高い利益率を享受してきた美容・化粧品業界に大打撃を与える可能性がある。（注67）

ＩＴ系ハイテク巨大企業の投資行動は、一般の既存大企業とは大きく異なるのだが、それも当然のことだと受け止められている。それというのも、ＩＴ系ハイテク企業は常に最新の技術革新に目を光らせ、大きな賭けをすべき変革を引き起こす次の技術は何かを選び、潤沢な資金を思い切って投入しているからだ。

グーグルは、携帯電話によるインターネット接続がまだ揺籃期であった２００５年に、アンドロイドを買収した。（注68）その翌年にグーグルは、オンライン動画広告が揺籃期であった時代に、ユーチューブを買収している。(注69) どちらの買収も、世間に行き渡る一般通念を無視した行動であったが、結果として見事な腕前だと言うほかない。グーグルの共同創始者ラリー・ペイジは、自らの感じた「世の中の大勢に先行して考えることは企業を危険にさらすかもしれない、という不安感」を挙げ、それこそが企業を危険にさらすものだと、アンドロイド買収の意思決定を振り返ってこう語っている。

「なんとなくいやな感じがして、罪悪感を持ったのです。何でこんなことに時間を使わなければならないんだ。なぜ僕は、本業の検索機能や広告、それに当社の事業の中核機能に時間を使っていないんだろうって。でも、結果として、こうした買収こそが、かなり重要な私のやるべきことだったのです」(注70)

ハイテク業界以外の大企業も、生命力にあふれた新規設立の技術系企業と共棲関係を結ぶことが、技術に対する賭けに勝つ方法としてますます効果的になってきたと気づき始めている。そうすることにより、自社のコアビジネスに与えるリスクや破壊的な影響を最小限に食い止めて、一方では、完全買収による子会社化、あるいは将来性のある新製品や新サービスを活用する絶好の機会を与えてくれる可能性を、保持しておくことができるからである。

多くの企業が採用している方法は、自社組織の中に技術革新研究所を埋め込み、技術開発を加速する仕組みを取り入れることだ。具体的には、そうして埋め込まれた組織が、将来性の高い起業家たちを支援する環境を提供し、メンターとして助言や育成・指導を行い、研究機器や資金の提供を行う活動を既存組織機構の中で行うのである。(注71)

2012年にゼネラル・エレクトリック（GE）は、先端製造プロセスの再活性化に焦点を当てるというコンセプトの研究所兼インキュベーターである、GEガレージを立ち上げた。GEガレージは、まずアメリカ国内に作業施設を建設し、新規設立企業が自由に使えるようにと、3－Dプリンタ、MC（マシニング・センター）工作機械、レーザーカッターなどの高額な機器を提供し、同時に専門家からの助言やパートナー企業候補の紹介を行ったりもする。14年にGEはこのコンセプトを世界中に展開し始め、最新のGEガレージはナイジェリアのラゴスに設立されている。（注72）

保険会社アリアンツは、2013年にグーグルとの共同スポンサーにデジタル・アクセラレーターという施設を開設した。この施設はミュンヘンに置かれ、「新しい保険・金融のビジネスモデルの開発に、ビッグデータがどのように使え、役立つのか」というテーマに焦点を当てて研究活動を行っている。（注73）

自社の人材、組織、投資に技術がどう役立つのかを考える

会社によっては、チーフ・デジタル・オフィサー（CDO）という肩書きの重役を任命し、技術思考を制度化して組織に組み込んで、組織全体への浸透を図ることに成功したところもある。2008年、ソーナ・チョーラはパソコン企業のデルを辞め、アメリカの巨大薬品小売チェーンであるウォルグリーン社に、インターネット通販部門の上級副社長として入社した。2年後に彼女はインターネット通販事業子会社の社長に昇進し、13年にはウォルグリーン社CEOの直接指

揮下のデジタル部門長兼チーフ・マーケティング・オフィサー（CMO）として、全社のマーケティングを管轄する地位に就いた。（注74）

チョーラの指揮の下、ウォルグリーン社は11年には薬品通販サイト、ドラッグストア・ドットコムを買収し、アメリカで最も人気のあるスマートフォン用健康管理アプリケーションを開発した。このアプリを使えば、顧客は処方箋のバーコードをスキャンするだけで処方薬を発注でき、また服用日時が自動的にカレンダーに表示され、服用時間になるとスマートフォンがアラームで知らせてくれるのである。（注75）現在では、ウォルグリーン社の処方薬の継続発注の40％以上がこのアプリを通じて届き、実店舗とインターネット店舗の複数チャネルにより購入する顧客の売上げが、実店舗のみを利用する顧客の3・5倍になっている。（注76）

ほかの企業でも、新規設立企業を、運営する人材チームとワンセットで獲得する「人材採用のための買収」を実施するか、さもなければ、将来性のあるトレンドに乗り遅れないように新規設立企業とパートナーシップを組み、知財、優秀な人材、技術を短期間に得ようとしている。ヤフーは、新規設立企業タンブラーの買収に10億ドルを用意したが、この買収目的の一つは、タンブラーの天才的創業社長であるデイビッド・カープをヤフー傘下に取り込むことであった。（注77）また、2014年5月、ウォルマートはシリコンバレーに本拠を置くソフトウエア開発企業アドケミーを3億ドルで買収し、アドケミーの60人の社員をウォルマートの社内デジタル技術研究所である@ウォルマート・ラボに統合した。（注78）

2013年、27カ国に1300の販売店網を持つ化粧品会社セフォーラは、デジタル技術の専門家集団であるセンツァー社を買収したが、これは自社店舗内での顧客体験を改善すると同時に、化粧品競合他社にセンツァー社の技術を使わせないようにすることが目的であった。(注79)

ドイツのメディア・コングロマリットであるアクセル・スプリンガー社は、同社の投資戦略の中核に技術とデジタル化を据えた。2014年、スプリンガー社は傘下の複数地方新聞社と女性誌、それにテレビ番組誌を売却し、その資金でデジタル技術の3分野を事業の柱として設定した。それが、有料コンテンツ、デジタル広告、それに売りたし・買いたし等の項目別オンライン広告である。(注80)

スプリンガー社はまた、デジタル研究開発会社アクセル・スプリンガー・プラグ・アンド・プレイ・アクセラレーター社を立ち上げ、項目別デジタル広告を専門に取り扱う組織として、未公開企業であるゼネラル・アトランティック社との合弁企業を13年にスタートさせた。(注81) さらに、社内ベンチャー・キャピタル組織であるアクセル・スプリンガー・ベンチャーズ社は、価格比較サイト、長期継続顧客用ショッピング・アプリ、それに設立初期の企業への投資ファンド創設など、新規ベンチャーへの投資を実施している。(注82)

❖❖❖

こうした企業が試みているさまざまな努力が、急速な技術進歩が起きるこの時代に企業を繁栄に導くことができるかどうかは、保証の限りではない。しかし、構築したビジネスモデルや戦略が短期間で古びて役に立たないものになる時代には、企業経営者は常に、自社を若返らせる方法を考えていなくてはならない。

第3章 年齢を重ねる意味が変わる
——地球規模の高齢社会の課題に対処する

アフリカ以外のすべての国が高齢社会に突入する日

ロボットが床を掃除してくれることは、珍しいことではなくなった。日本では、ロボットが執事の仕事をこなし、介護を助け、心を癒す友人へと急速に進化している。WAM（腕全体のマニピュレーター）として知られるロボット技術のハードウエアを使い、コンピュータ知能と腕を組み合わせ、日本の奈良先端科学技術大学院大学とバレット・テクノロジー社の共同開発チームの研究者たちは、人間が上着、シャツ、パジャマなどを着たり、脱いだりするのを手伝ってくれるロボットを開発した。

京都のATRクリエイティブ社と大阪のヴイストン社が設計・開発した「ロボビーR3」という人型ロボットは、まるで『スターウォーズ』の映画に出てくるR2－D2というロボットに命が吹き込まれたようだ。ロボビーR3は、ショッピングモールの中を最大時速1・5マイルで買い物客の横についてまわり、高齢客の手を引いて混雑した店内を案内してくれ、おまけに買い物かごを持ってくれる。しかも、くたびれたからお茶を飲んで休みたい、などとはけっして言わないのだ。(注1)

東京を初めて訪れた外国人が、この国の首都は未来都市みたいだと口にするのは、別に珍しくない。豊田市でプリウスを生産する高効率の自動車工場と同様に、日本の工場ではロボット機器が、人間による労働力をすでに長年にわたり置き換えてきた。しかし、ロボビーR3などのロボット製品は、製造といった産業用途以外の目的で設計されている。具体的には、人口の年齢の中央値が46歳で、65歳以上人口が24％を占める、世界で最も高齢化の進んだ日本という国ならではの、今現実にある人間のニーズを満たすための設計なのだ。(注2)

高齢化に加えて、移民の流入はきわめて少なく、低水準の出生率（女性が一生のうちに産む平均的な子供の数は1・4名）の結果、増加する日本の高齢人口の世話をする人の数が足りない現状があるからだ。(注3)　豊田市長がある会合で記者団に、日本はこの人口問題にどう取り組んでいけばよいのでしょうか、と尋ねられたことがある。その答えは、「たぶん、ロボットが解決してくれるのではないでしょうか」という、少しがっかりさせられるものであった。(注4)

世界経済の分析家は、とかく成長期の若者の世界を描くことを好み、成人に育つのをただ待ちたがる。世界中のかなりの部分では、まさにそれが現実だ。パキスタンでは国民の年齢の中央値は22・6歳であり、人口の55％近くが25歳以下である。（注5）また、サハラ砂漠以南のアフリカでは人口の40％が15歳以下である。（注6）だから、あらゆる消費財メーカーやサービス業界の大企業も、今後増加する若い消費者の多い市場をどう攻略しようかと考えている。

しかし、このことがコインの片面だとしたら、実はもう一つの面が存在し、それは今日世界中で明らかなことなのに、最も見過ごされているトレンドだ。第2次大戦後の何年かは、世界中の平均年齢が若くなるように見え、富める国も貧しい国も、ほぼどの国でも人口が増加した。予防接種の改善、幼児死亡率の低下、そして世界戦争による膨大な破壊の終息により好循環が生み出された。世界人口が増加し続けるにつれ、労働可能年齢層は歩調を合わせて増加し、経済成長を助長した。この人口統計学上の余剰は、大きな配当となって返ってきた。人が増えたことは、製品やサービス、住宅、学校の需要の増加につながり、それが雇用の増大と税収の増加を生み出した。しかも、技術進歩がこうした効果の増幅装置となり、増えた人口はそれまでより高い生産性で働くことができた。

ところが今は、簡単に言ってしまえば、世界中の人口が老齢化している。こうした展開になることはかなり前からわかってはいたのだが、長期予測がまさに現実のものとなろうとしている。多くの大規模高度先進経済諸国、そして世界最大の新興国経済である中国でも、国民の寿命は長くなる一方で、人口1人当たりの子供の数は少なくなっている。ベビーブーム世代は高齢層に加わろうとしており、徐々に引退生活に入っている。その一方で出生率は急激に低下している。

こうした複数のトレンドが組み合わさった結果、世界人口はもうすぐ転換点を迎えようとしている。今後何十年かのうちのどこかで、アフリカを唯一の例外として、世界中の大多数の国の人口カーブが、近代史の流れにおいて初めて横ばいになる。（注7）世界中で幅広い年齢帯は高齢人口となり、労働人口も高齢化し、政府の社会保障費用が膨らんでいくのである。この人口動態予測の点で、人口がすでに減り始めている日本は、今後変わっていく世界の姿を、先行して実際に見せてくれると言えるだろう。

こうした数々の変化の方向を理解すれば、私たちがこれまで経験から導いてきた直観をリセットしなければならないことがわかるだろう。とくに老人について持っている考え方を変えなければならない。だが老人を、消費者として、顧客として、社員として、そして今後の世界の利害関係者であるステークホルダーとして、どう考えるべきなのだろう。

世界中で低下し続ける出生率

世界各国の歴史を振り返ると、国が豊かになるにつれ出生率が低下する傾向がうかがえる。経済が発展すると国民が出産制限をするようになる。女性には選択の幅が広がり、親たちも経済的な理由から子供を必要以上に産もうとしなくなり、幼児死亡率のリスクに対する備えとしていた過去のようには、大勢の子供を持とうとはしなくなる傾向がある。その結果、国が豊かであればあるほど、女性が一生のうちに産む子供の数は少なくなるのが普通だ。合計特殊出生率（全女性が出産可能年齢の終了まで生存すると仮定した場合の、女性が一生のうちに産む子供の平均数）は、たとえばドイツの場合1・4だが、ニジェール、ソマリア、マリなどの国では6を超える。（注8）

最近の研究では、高所得の国であっても、特に移民の受け入れが多い国では、出生率低下のトレンドを限定的に逆転できることが示されている。たとえば、イギリスでは出生率は1・96ある。他の先進国でも、育児支援や育児期の親の継続勤務支援などの施策を実施すれば限定的な逆転は可能かもしれないが、出生率の低下という長期的トレンドを反転する可能性は少ない。（注9）

30年前には出生率が当時の世代交代を保ち、人口維持に必要な出生率よりも著しく低い国はほんの数えるほどしかなく、そうした国の人口を合計しても、世界人口中わずかな比率にしかならなかった。当時の人口維持出産数は、先進国で女性1人当たり2・1人、発展途上国では2・5人であった。（注10）高い出生率で人口増加の大半をけん引したのは開発途上国であり、1970年の統計では女性1人当たりの出産数は、メキシコとサウジアラビアでは実に7人であり、それにインド、ブラジル、インドネシアが5人と続いていた。（注11）

低い出生率を抱える多くの先進国では、移民の流入が人口増を生んでいた。1960年代から2012年の間に、総人口に占める移民の子弟の比率は、イギリスで4倍に増加し（3％から12％に）、アメリカでは倍以上に（6％から14％に）、そしてカナダとフランスでは1・5倍に増加した。（注12）

出生率が世界中で低下している

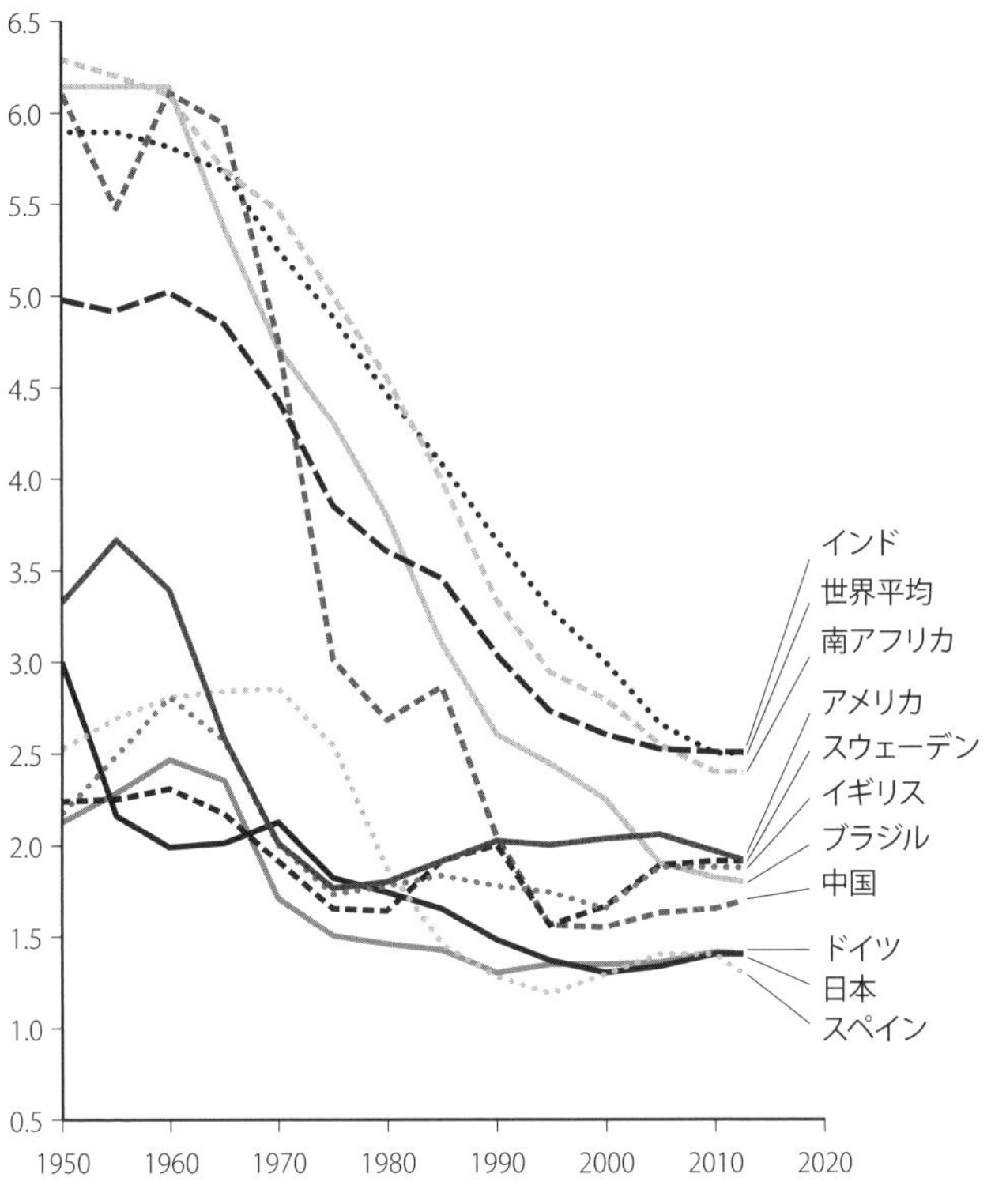

注1：合計特殊出生率。おおよそ出産可能な年齢であると考えることのできる15歳から49歳までの女性について、各年齢別の出産数（1年間）を、各年齢別の［女性］人口（当該年）で割った年齢別出生率を合計したもの。15～49歳の女性1人に対して生まれた子は何人ということを表している。
出典：国連人口データ。マッキンゼー・グローバル・インスティテュート分析

世界人口の成長率は急速に低下する

しかしながら、世界的な繁栄の広がりのおかげで、出生率が人口維持水準を下まわる国々の総人口は、２０１４年までに世界人口のおよそ60％を占めるようになっていた。（注13）この中には大多数の先進経済諸国が含まれ、それと同時に中国（１・５）、ブラジル（１・８）、ロシア（１・６）、ベトナム（１・８）といった、いくつかの巨大開発途上国も含まれている。（注14）

人口増加の要因である移住者ネット数（国内への流入移民数から国外への流出移民数を引いた数）も、経済規模順位の上位19カ国中、18の国で減少するものと考えられている（唯一の例外がメキシコである）。（注15）

２００６年に公開された、アルフォンソ・キュアロン監督の反ユートピア的未来を描いた"Children of Men"という映画（邦題『トゥモロー・ワールド』）では、子供の出産は非常に稀な事件となり、奇跡とさえ呼ばれている。現状はそこまで行ってはいないが、ほとんどすべてのヨーロッパ諸国では、出生率は人口維持水準より低い。EU諸国全体を通じて、２０４０年まではなんとか現在よりも5％人口が増えはするものの、その後減少に転じると予想されている。（注16）

EUの中でも人口増加率が目立って低かったドイツでは（２０１４年の出生率は１・４）、欧州委員会の予測では、２０６０年までに今よりも人口が19％減少すると信じられている。（注17）その結果、２０１０年には５４００万人だったドイツの労働年齢人口は、３６００万人になると予想される。（注18）

世界人口に占める高齢者の比率は急速に高くなっている

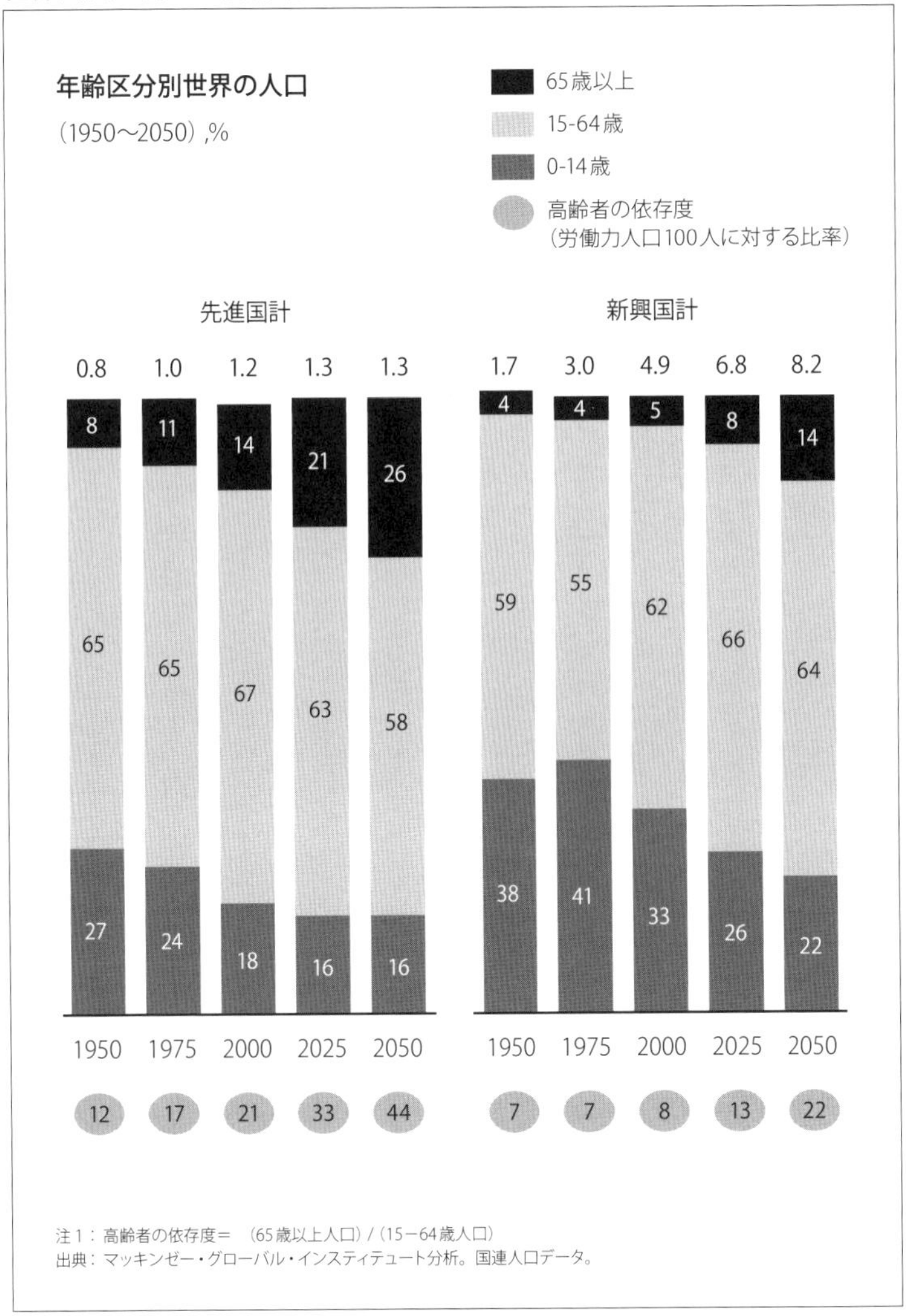

注1：高齢者の依存度＝（65歳以上人口）/（15－64歳人口）
出典：マッキンゼー・グローバル・インスティテュート分析。国連人口データ。

ドイツはこれまで、ロシア、トルコ、アフリカなど国外からの移民を吸引することで、人口減を目立たなくしてきた。しかし、新たな移民を引き付けられるドイツのような強い経済力や文化的要素を、すべての国が持ち合わせているわけではない。出生率の低い多くのヨーロッパ諸国では、外国に成功の機会を求めようと考える若者が増え、大規模な頭脳流出に悩んでいる。ヨーロッパの中でも、バルト海および黒海周辺地域では、人口減少がすでに始まっており、今後何十年かの間にゴーストタウンの集合になりかねない。ブルガリアの人口は２０６０年までに27％減少すると予想されており、ラトビア、リトアニア、ルーマニアの人口も同程度減少する可能性がある。（注19）

こうしたトレンドの例外がイギリスであり、２０６０年までにはドイツに追いつき、仮にＥＵを離脱していなければ、ＥＵで最大の人口を持つ国となっているのかもしれない。これは、祖先がイギリスへの移民であった世帯の出生率が高いことと、今日の比較的高水準な移民の流入のおかげである。だが、これはヨーロッパ特有の現象ではない。世界中で人口増の期間が終わり、ピークはもう過ぎたと判断せざるをえなくなる可能性は、アフリカを除きどの大陸にもある。１９６４年から２０１２年の間の世界人口の年平均成長率は１・４％であったが、今後50年間には年平均０・２５％に低下する可能性があり、このトレンドは世界経済と政治に深刻な影響をもたらすだろう。（注20）

2030年、世界34の国々が「スーパー老人国」となる

過去のトレンドが破壊される時代の、目立ってはいるがあまり評価されていない特徴は、さまざまな力が合体して変化のスピードと規模を増幅してしまう効果である。この現象の事例については、都市化と技術変化についてすでに述べたが、人口構成についても同じ力学が作用していることは明らかだ。出生率が広範な地域で低下していることと軌を一にして、平均余命が延びている。言い方を換えれば、生まれてくる新生児の数が減少している一方で、数十年前に生まれた人たちがずっと長く存命しているのだ。

世界の平均余命の延びは、戦後の時代には聞いていて気持ちのよい、嬉しいニュースであった。世界中の新生児平均余命は、1950年から1955年の期間には47歳であったものが、今日では69歳である。今からほんの30～40年先である2045年から2050年の期間には、生存している人の平均寿命が、なんと76歳になると推定されている。(注21)

年齢構成別人口の時系列図を簡単に説明すると、まさに逆転が進行してきた。1950年に先進国では老齢人口（65歳以上）の2倍の子供たち（15歳以下）がいた。ところが2013年には、高齢者人口は21％となり、子供たちの人口16％をはるかに超えてしまった。このトレンドが続くと仮定すると、2050年には高齢者人口は子供の人口の2倍になるだろう。(注22) 信用格付け会社のムーディーズが2014年に発表した推計によると、65歳以上人口が20％を超える「スーパー老人国」の数は、現在の3カ国（ドイツ、イタリア、日本）から、2020年には13カ国にな

り、2030年には34カ国に増加する。(注23)

こうした人口構成変化のサイクルが起こるのは、先進国に限ったことではない。中国は現在、世界最大の人口を有し、さらに成長している経済大国である。中国内陸部の都市、武漢では、春のうららかな日には、四角い房のついた帽子をかぶりガウンを着た新卒業生が景勝地に群れをなして集い、記念写真を撮り合う姿が見られる。武漢には十数の大学、大学院があり、武漢市の発表によると120万人の学生がいるとのことだ。(注24)

武漢ばかりでなく中国全体が、理由はまったく異なるのだが、人口構成の問題に直面しているところなのだ。中国の人口の年齢の中央値は37歳であり、アメリカとほぼ同じである。(注25)だが今日の全人口の26%を占めている55歳以上人口は、2030年には46%に増加する可能性が高い。(注26)中国では、この差し迫った高齢化の課題を「4:2:1問題」と呼んでいる。それは、現在成人した子供は、2人の両親と4人の祖父母の面倒を見なければならないからである。2040年までに、中国以外の世界中の国の患者の合計よりも多い数の認知症患者を、中国は抱えることになる可能性が高い。(注27)つまり、労働者の軍団が労働集約的な作業に従事している世界の工場が、そのうちに世界の老人介護ホームになるのである。

人口構成の問題には、老齢化のトレンドに技術の要素が加わる。今後10年の間に、新技術により人類はこれまでよりも健康に、しかも長く生きられるようになることから、平均寿命は著しく延びると考えられる。たとえば、次世代のゲノム科学では、遺伝子配列を変える技術とビッグデータ分析を組み合わせることにより、ガンや心臓病など、現在2600万人の人々の死亡原因となっている病気の治療が可能になるなど、生物学上の大きな能力を人類が手にする可能性が広がっている。(注28) ガン治療の専門家たちの評価によると、ゲノムに基づく分析や治療法を導入することにより、2025年までにガン患者の命を、6カ月から2年の間延ばすことができると考えられている。(注29)

それに加えて、ゲノム配列のデスクトップ分析機を用いて医師が診断を下すことが当たり前の診断手順の一部となったり、MRIやCTの画像データに基づき、3-Dプリンタを使って生物学的分子構造や臓器の模型をもっと簡単に作製することが、普通の手順となっているのかもしれない。また、材料科学の発展によりナノ素材の開発が進み、新たな薬物送達方法が生まれる可能性もある。

労働力の老化と縮小への対応

出生率の低下、人口増加ペースの低下、それに人口の高齢化のすべてが、将来の労働力に深刻な影響を及ぼす。新たに労働力として加わる人の数は減るだろうし、年配の人々も今日働いている人たちより長期間働き続けるだろう。そして、労働力の定義も、今日の20歳から65歳までという年齢区分から、さらに高齢者のグループを含むものに変わっていくかもしれない。

「きみの心がいつも喜びに満ち、きみの歌がいつも歌われ、きみがいつまでも若々しくあるように」というのは、ボブ・ディランが作った『フォーエバー・ヤング（いつまでも若く）』という歌の歌詞だ。信じられないと思うかもしれないが、耳障りな声で歌うこの吟遊詩人は73歳である。ローリング・ストーンズのミック・ジャガーは2014年4月に70歳になった曾おじいさんであり、今でも革のパンツをはき、アリーナのステージを闊歩している。

野球選手のジェイミー・モイヤーは47歳までピッチャーを続けたばかりでなく、素晴らしい成績を残した。アメリカ最高裁の判事は80歳台まで重責を全うするのが通例だ。また、今日のアメリカの裁判所判事の年齢中央値は64歳である。(注30) これからの時代、こうした著名人ばかりでなく、あまり目立たない職業でも、こうした現象が普通のこととなっていくに違いない。

それはなぜだろうか。現在のトレンドと定義をあてはめると、世界中の労働力人口の年間増加率は、1990年から2010年の期間には1・4%であったものが、その後の2030年までの20年間には、およそ1%に低下するからである。(注31) 1964年には、労働年齢人口は地球上の人口の58%を占め、2012年には68%でピークを迎えた。(注32) しかし、その後50年間に、労働年齢人口の比率は61%に低下し、一方で老齢人口（65歳以上）の総人口に占める割合は、2012年に9%であったものが23%に増加する。(注33) 中国では、総人口のおよそ70%が今日働いており、これは世界の中でも最も高い水準の国の一つである。しかし、2013年1月、中国国家統計局は、中国の労働年齢人口が2012年に実は減少していたと発表した。そして、中国の人口の高齢化に伴い、中国の労働力人口も2030年までには67%に低下することが確実だ。私たちの推計では、2030年までに先進国の労働力人口はおよそ3千万人増加するが、これは2010年に比較してたった6％の増加でしかない。（注34）ムーディーズの予測によると、2015年から2030年の間の労働年齢人口は、2001年から2015年の期間の増加実績の半分の伸び率でしか成長しない。（注35）しかも、労働年齢人口の増加のほとんどは、アメリカ、イギリス、カナダといったほんの一握りの国でしか起きないのである。

平均余命が長くなるという予測と、投資収益率の低下という予測の組み合わせが持つ意味は、高齢者が引退生活に移行する余裕がなくなっていくということだ。さらに、働く人が減り、年金や社会保険の受給者が増えるという不利な人口構成により、国家予算の赤字が増大する可能性は高く、各国政府にも退職年齢を上げるようプレッシャーが強くなる。したがって、世界中で労働力人口に占める高齢労働者（55歳超）の比率は、2010年には14％であったものが、2030年までには22％に上昇すると予測される。労働力の高齢化は、先進経済諸国と中国で最も切迫して感じられ、高齢労働者比率は前者では2030年までに27％、後者では31％に達するものと考えられる。（注36）

年金をめぐる構造変化

こうした人口構成の変化については、ずいぶん前から予測されてきており、各国は変化への対応に取り組んできた。ドイツは、年間2650億ドルを家族補助金に投入してきたが、それでも出生率は上がらず、国民の文化的態度を変えることの困難さに直面している。（注37）ある研究調査によると、中国の低い出生率を短期間に上昇させることは、たとえできたとしても、すぐには実現できない。（注38）そして、海外からの移民の受け入れは、一国の人口や年齢構成を変えるのには効果的な手法であることが多いものの、北欧諸国、日本、それにロシアといった国々では、文化的、社会的な問題を生じる可能性が高く、受け入れにくいものだ。

労働力の高齢化と縮小は、近代の歴史上かつてなかったことであり、この変化の影響は私たち全員に及んでくる。引退者の数の増加は、労働力全体の数の減少の倍以上のスピードで進み、高齢者を支える費用・社会保障コストを支える労働者が少なくなっていくのである。（注39）今後20年の間に、仕事を離れ引退していく人の総合計は、3億6千万人にのぼると推定されている。（注40）こうした引退していく人の約40％は先進経済諸国と中国の引退者であり、そのうちのおよそ3800万人は、大学教育を受けた貴重なスキルを持った労働力なのである。（注41）

こうしたトレンドは、世界中の年金基金に圧力をかけるようになるばかりでなく、世界中の貯蓄残高にも減少圧力となり、さまざまな財政問題を引き起こす。（注42）2013年に発表されたS&Pの報告書によると、もし政策変更がなされなければ、高齢化関連支出の増加により先進経済国の一般会計の純負債額の中央値は、今日の40％弱から2050年には190％へと、加速度的に増加することになるだろう。（注43）現在アメリカのイリノイ州で進行している年金の積立不足問題の論争は、他の州や都市でも発生しうる可能性があり、イリノイ州の論争自体は、はるかに大きな戦争の端緒となる、単なる小競り合いにすぎないのだ。

外国からの移民受入拡大といった政策変更がなければ
多くの国が労働力の劇的な縮小に直面する

労働力絶対数の大規模な減少の予測される国

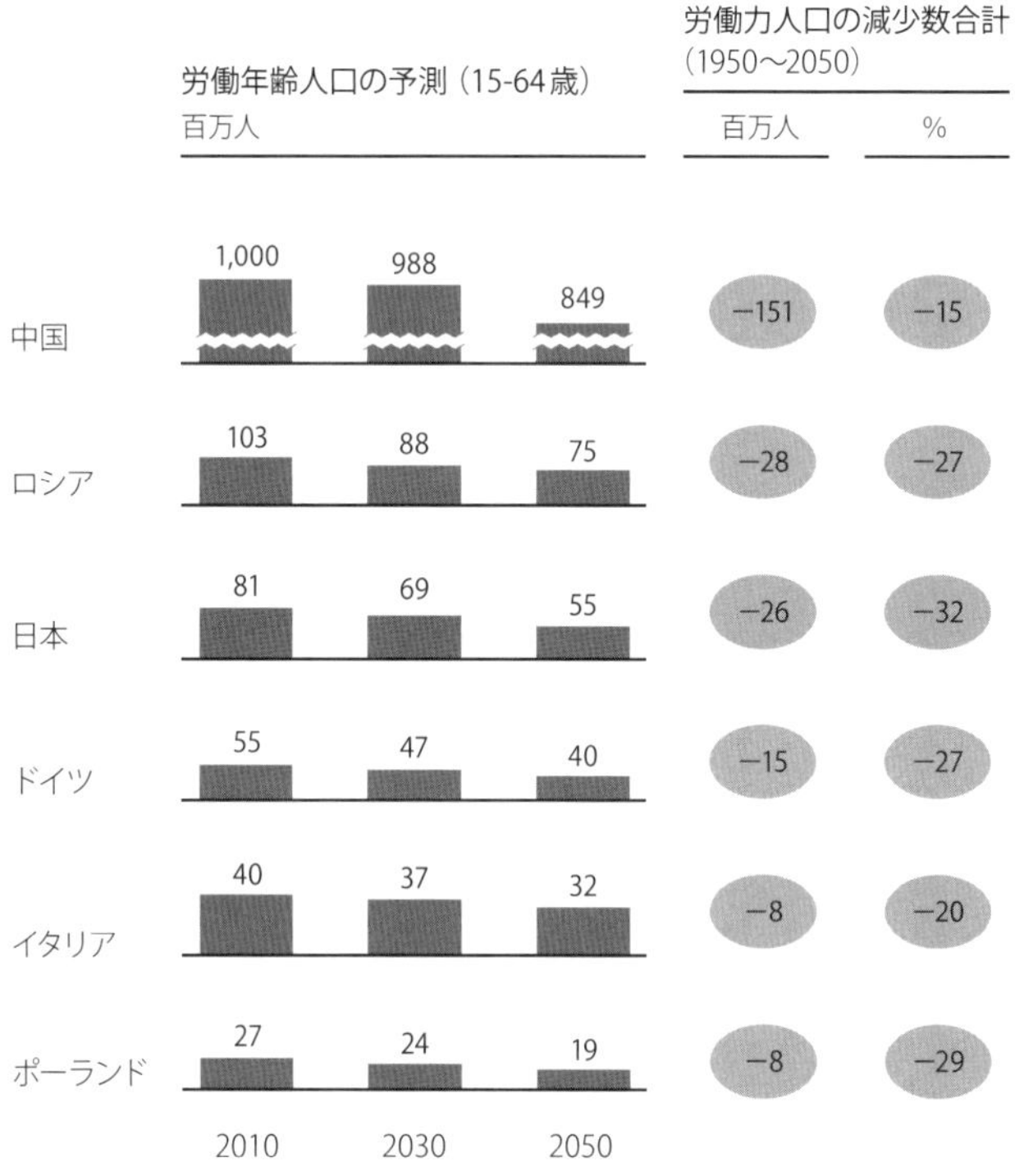

出典：国連人口データ。マッキンゼー・グローバル・インスティテュート分析。

社会保障制度や年金制度の確立された国々の政府は、そうした制度維持のためのコストの増加に、強い警戒感を持つようになっている。ＯＥＣＤ（先進国を中心に34カ国が加盟している経済協力開発機構）の調査報告書によると、加盟先進30カ国の年金給付開始の平均年齢は、男性については1950年の64・3歳から90年代初期には62・5歳へと、ほぼ2年引き下げられた。（注44）また女性については、平均給付開始年齢は同期間に62・9歳から61・0歳に引き下げられている。だが、給付開始年齢の低下トレンドはすでに断たれている。1990年代半ば以降、14カ国が男性の年金給付年齢をすでに引き上げたか、引き上げを決定しており、女子については18カ国が引き上げをすでに実施、あるいは決定している。ＯＥＣＤ加盟国のほぼ半数が、年金給付開始年齢の引き上げを今後40年間に実施することを決めている。しかしＯＥＣＤも指摘しているように、この対策は、「単に走っている状況から立ち止まったにすぎない」のだ。なぜなら、平均余命は上がり続けているからである。イギリスの年金制度改革に関するターナー委員会は、国の年金給付開始年齢を70歳に引き上げることを提案している。（注45）

かつての自社の社員であった人たちの、退職・引退後の期間が長期化するという事態に直面し、民間部門では確定給付年金制度から離脱する動きが増えている。＊先進経済諸国で1980年代に始まり、2000年代に入って加速したのが、確定拠出年金制度への移行である。

引退に対する考え方も、老齢にさしかかる人たちが予想する老後の金銭的不安に対処するために、変わり始めている。アメリカで行われた50歳以上を対象にした調査では、ほぼ3分の1の人たちが、「引退後もなんらかの報酬を得る仕事をしている可能性が高い」と答え、残りの28％が、やや可能性があると答えた。しかし、回答者の5人に1人は、定年前であっても職場で年齢差別を受けたことがあると答え、また引退後に職探しをした人たちの多くが、やってみたが難しかったと答えている。(注48)

高齢化トレンドに適応するための3つのポイント

もしあなたが企業経営者であれば、社員と顧客が高齢化していくのを、手をこまねいてただ見ているだけというわけにはいかない。新たな現実に適応していくには、事業運営のやり方のほとんどと、顧客、社員、それに会社の利害関係者の一生をどう管理するのかという課題に、根本的な変革を実施しなければならない。

ヘルスケア業界は、こうした人口構成の変化の最前線に位置している。ホスピタル・コーポレーション・オブ・アメリカ(HCA)のような企業にとり、高齢化は両刃の剣である。連邦政府が管轄している高齢者および身体障害者向けの医療保険「メディケア」の加入者の増加と、高

＊ 1980年から2008年の間に、アメリカの勤労所得者の確定給付年金制度加入者は、32%から20%に減少した。この比率は、さらに2013年になって16%に急落した。一方、確定拠出年金制度のみへの加入者の比率は、1980年には8%にすぎなかったが、2013年には42%に増加した。(注46) 多くの企業経営者が確定給付年金制度を凍結し、まだ凍結していない経営者も今後何年かのうちに凍結し、完全に終わらせてしまうものと見込まれている。(注47)

1950年から2050年の間に、児童人口に対する高齢者人口の比率は増加する

児童（10人）当たりの高齢者数

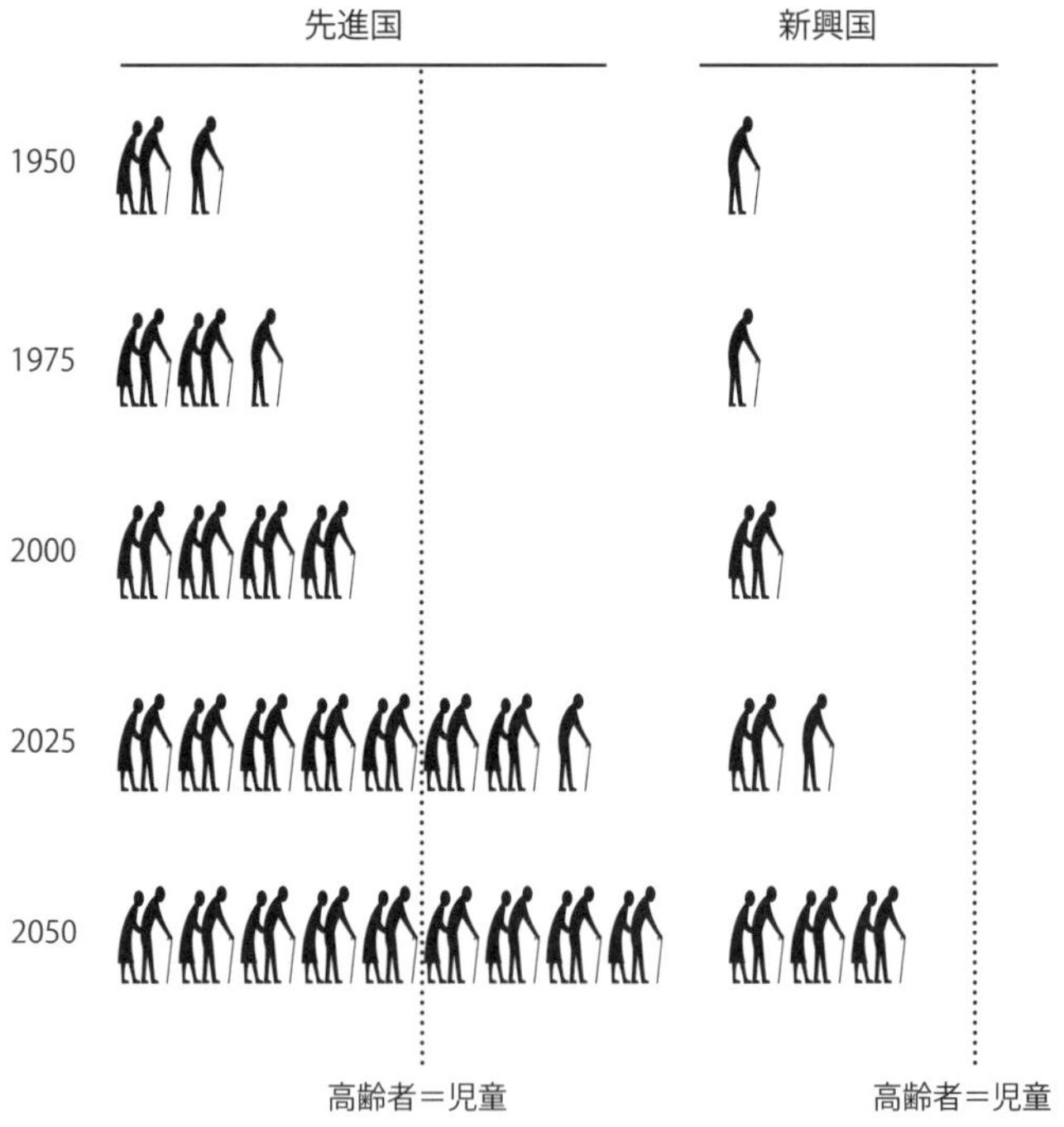

注1：児童対高齢者比率＝（65歳以上人口）/（15歳未満人口）
出典：国連人口データ。マッキンゼー・グローバル・インスティテュート分析

齢者に共通する健康問題を抱えるアメリカ人の増加により、ＨＣＡの保有する１６５の病院と１１３の外科手術センターのサービスへの需要は高まるに違いない。しかし、この同じ高齢化トレンドは、現状制度に何も手を打たなければ、同社の保有する医療施設で働いてきた、経験豊富な専門職員の退職の増加につながる可能性が高い。

看護師が定年退職してしまうということは、たとえば35年間の勤務で積み重ねてきた経験も一緒に持っていってしまうことである。こうした経験は、緊急事態に欠かせないかけがえのない知識だ。ＨＣＡはこの事態に気づき、高年齢の職員にもっと長い期間働いてもらうための重要な施策として、柔軟な勤務体制の導入を決めた。そうすれば、看護師はフルタイム勤務から離れ、医療施設の必要に応じていくつかのシフトに入ることができ、収入を継続して得られると同時に、フルタイム勤務に伴うストレスや長時間勤務から解放されるのである。（注49）

従業員の高齢化に真剣に対処する

企業経営者は、これまで長い間「若い」ことに価値を置いてきた。ベンチャー企業の多いシリコンバレーでは、企業役員は20代後半になると、自分はもうピークを過ぎたと感じさせられてきたほどだ。高齢の社員は給与水準が高い場合が多く、それゆえにリストラを実施する場合には、他の社員よりも先に特別退職金を支払って退社してもらうか、リストラによる解雇を行ってきた。しかし、これからの高齢社会では、企業経営者はこうした慣例に基づく解決案自体をリセットしなくてはならない。

高齢にさしかかった社員を、過去のしがらみによる負の遺産であるレガシーコストと見なすのではなく、会社の資産であり経営資源なのだと考えなければならない。つまり経営者は、才能ある社員の集まった水槽の中の、最も深い所に多数の群れが集まる場所で、釣りをするようにしなければならない。人口構成が変化するにつれ、スキル水準が高く、高度な教育を受け、才能があり経験豊富な人材は、組織のいちばん目立たない深い部分に集まるからである。

企業経営者と雇われている社員のメンタリティーは、歴史的に、黒と白のようにまったく異なるものであった。社員とはフルタイムのスタッフであり、企業で働くことをやめる日まで毎日出勤するものであった。経営者は、雇用条件や就業規則を一方的に設定し与えることに慣れており、一方組合はフルタイムで働く正社員を代表して交渉することに慣れてきた。しかしながら、技術進歩、オフィスに出勤しないバーチャル勤務方式、それに人口構成の変化が伴って、このパラダイムは変わるかもしれない。

高齢になり、必ずしもフルタイムで働くことが魅力的だとは考えない社員が、社内から次第に減少していくことに対処し、彼らを企業内に取り込むためには、企業のほうがグレーゾーンの働き方に慣れていかなくてはならない。明確な線引きではなく一定の幅のある働き方を許容すれば、社員と会社を互いにつなぎ止めておくことができるだろう。だが、その条件は、年配社員のほうに魅力的なものにする必要がある。

日本では、これまで年齢による厳しい退職制度を採用してきたトヨタのような企業が、定年に達する社員に、トヨタおよびその関連企業での再雇用の機会を与える制度を実施し始めている。

トヨタでは、定年退職者の約半数をこの制度で再雇用し、そうした人たちの持つスキルや経験をグループ内にとどめ、柔軟な生産を維持している。その見返りとして、定年退職者は一定の報酬、社会的人間関係、そして自らの専門技能を活用し続ける機会を、パートタイム勤務で得ることができるのだ。（注50）

シニア世代の持つスキル、また抱えている制約に適合するキャリアパスを設計するうえで、このような人事政策を実施する重要性が増している。フランスの保険会社、アクサでは、社員それも高齢層に入ろうとする社員の職種間異動を促進するため、キャプ・メティエというプログラムを始めた。具体的には、営業部員以外の内勤職員に対し、もし役割職種の変更を希望するなら、給与補償付きで希望職種の職業訓練を実施することにしたのである。その結果、プログラム実施初年度に、年配社員のかなりの比率を含む内勤社員の30％が職務変更を果たした。

また、電子システム企業のタレス・グループでは、55歳超の社員数を毎年５％ずつ増やすことを決定し、キャリア進化を前提とするグループ全社の統合方針を打ち出した。たとえば、45歳以上の社員には定期的なキャリアレビューを実施し、その結果に応じた職業訓練プログラムを提供する。また、助言・相談を行うメンターを各人に設定することにより、入社から引退・退職までの全期間の管理をスムーズに行えるようにした。（注51）

もう一つのきわめて重要な活動は、年配社員をつなぎ止めるための具体的な訓練を提供し、役割を再規定し、年配社員の持つスキルを更新していくことだ。イギリスのエネルギー供給の主要企業であるブリティッシュ・ガスでは、トレーニング制度や徒弟研修制度にそれまで設定されていた年齢制限を取り払った。その結果、徒弟制度参加者や研修生の平均年齢は上昇し、徒弟修業生や研修生の中には57歳の人も数名いる。同社はまた、年配の社員が若い社員のメンターとなることを積極的に奨励し、年配社員や一般家庭のガス設備のメンテナンス担当者に対し、柔軟な勤務時間を設定するなど新たな支援体制を実践し始めた。(注52)

アメリカのベビーブーム世代の高齢化による労働力不足を懸念して、企業によっては、昔ながらの高齢アメリカ人の移動パターンに合わせて、北東部、中西部、グレート・プレーンズ地域から、冬には温暖なフロリダや南西部へと、人材配置を調整するところが出てきている。

ドラッグストア巨大チェーンのCVS社では、「もし高齢の人材を採用し、留めておくことを学べなければ、当社の事業は成り立たない、と気づいたのです」と、労働力プロジェクト担当役員であるスティーブ・ウィング氏が語っている。そして同社は、「スノーバード・プログラム」を展開し始め、ニューイングランドの店舗で働いている薬剤師、写真プリント担当部員、化粧品販売員は、冬の間はフロリダの店舗で勤務できるようになった。このプログラムには、毎年千人を超える社員が参加し、参加者の満足度も非常に高い。この結果を聞けば、中年以上の社員が退職せずに留まる同社の社員保持率が、業界平均より30%高いことも納得できる。(注53)

高齢化する人口構成を狙い撃ちするマーケティングのコツ

消費財やサービスを直接消費者に販売する企業は、現在25歳から54歳までの年齢層への「デモ」と呼ばれる売り込みの回数や成功率で、自社の業績を測定することに取りつかれていると言ってもよいだろう。つまり、マーケティングの戦略家たちが構築した精緻な計画によるシナリオ「嗜好の固まらない若いうちに消費者を獲得し、消費者が成熟して所得水準がピークに達する消費期間を通じてつなぎ止め、50歳台に乗ってしまえばもう追いかけない」というパターンだ。

だが、現在の進化した世界では、高齢消費者が市場全体の中でこれまでよりも大きな割合を占め、これまでよりも長い期間積極的な消費活動を続けている。高齢の人たちが長く仕事を続ける可能性が高ければ、そうした人たちの可処分所得も高いはずである。顧客の嗜好やニーズは時が経てば変わっていくものだから、企業も昔からの常識としてきた直観をリセットし、企業のほうから年配の消費者のニーズを満たしていかなくてはならない。

たとえば、引退生活への移行に困難を伴う人は、これまでよりもコストに敏感になる傾向がある。フランスでの例を挙げると、年齢層で50歳から54歳の年間家計購買力を、70歳から74歳の年齢層のそれと比較すると、前者のほうが平均1万8千ユーロ高い。このギャップは、2030年までに2万2千ユーロにまで拡大すると推測されている。(注54) 高齢消費者は、減少する購買力という制約により購買行動の変更を迫られるからである。引退前の人たちは「賢い買い物をする」ことを追求し、ブランド品を格安で買う機会を探す。一方、引退した人たちは、たとえばスーパーマーケットではプライベート・ブランド商品を購入することにより「価値を求める買い物」をし、同じ価値であれば安いものを選ぶようになる。(注55)

消費パターンの変化には、もう一つの重要なトレンドが存在する。年配者は引退生活に移行すると、住居、外食、衣料に対する支出を削り、家での食費、医療サービス、そして驚くことに電子機器への支出を増やすのである。とくに重要な注目点は、年配者が、いつまでも自分で動くことができて独立した生活を続けられるよう、健康改善、健康維持に焦点を当てていることである。こうしたニーズを満たす製品やサービスには、企業が注目し、獲得すべき急成長市場が存在する。たとえば、フランスの乳製品企業のダノンは、骨密度を強化する「デンシア」という商品をスペインでも最近発売したが、今後フランスを含む高齢化の進むヨーロッパ全域に展開する計画である。(注56)

新たな世代がこの急成長セグメントに加わってくる際に、企業が気をつけなくてはならない重要な点は、その人たちのニーズに沿うことであり、以前の時代に使われたアプローチにやみくもに頼らないことだ。このことは、急速に成長する中国のような国々にとくにあてはまる。現在予測されている人口構成トレンドを前提とすると、今日から2020年までに、中国の高齢消費者は1億2500万人増加する。

急増するこの人たちは、現在の引退生活者とはまったく異なる消費行動をとる可能性が高い。現在の高齢者は、文化大革命を生き抜き、裁量支出項目にはほとんどお金をまわさない。たとえば、衣料費支出はわずか7%である。私たちが最近行った中国の消費者調査の結果によると、2020年に高齢層に入る現在45歳から54歳の人たちは、上の高齢者たちとは違い、自分たちよりも若い34歳から45歳の年齢層に似た消費行動をとり、たとえば裁量支出にははるかに大きな重要性を置いている。企業は、中国の高齢消費者が何を欲しがっているのかを考え直す必要があるだろう。(注57)

伝統的な家族構造の崩壊は、老人に強い影響を与えることになり、今後、コミュニティとの接点、およびデジタル機器による人との接点を求めていくだろう。とくに独居老人に関連する孤立という問題への対応には、インターネット上のプラットフォームやその他の革新的なビジネスが役立つ可能性がある。アメリカのエルダー・トレックス社は、そうしたコミュニティへの帰属願望に応えて、50歳以上の高齢者向けに最大16人という構成での旅行プランを提供している。(注58)また、旅行代理店トーマス・クック社のインド支社では、60歳以上の裕福なインド人顧客を対象に、「シルバー・ブレークス」と名付けたパッケージ旅行を提供し、あまり歩かなくてもすむ移動手段、ゆとりのある旅程、特別な食事メニューを柔軟に提供する、といった特徴を目玉にしている。(注59)

高齢消費者がラップトップ・パソコンやスマートフォンといった新技術の活用にもっと慣れてくるにつれて、高齢者向けマーケティングというカテゴリーを大きく成長させてくれる、と企業経営者は期待すべきである。たとえば、シンガポールのテレコム企業、シンテル社はこのトレンドの先を読み、プロジェクト・シルバーラインという老人福祉活動を始めた。このプロジェクトは企業の社会貢献の一環として他企業にも協力を求め、使われなくなった古いアイフォーンの寄付を呼び掛け、それを修理・調整し、老人向けに作られた操作の簡単なアプリをインストールしたうえで、通話・データ通信料も企業スポンサーの負担で、老人に1年間貸し出すというものである。(注60)

商品の認知度を高める広告戦術も、老人世代に合わせた適切な調整が求められるだろう。老人向けのひねりのない低俗なテレビショッピング広告キャンペーンは、深夜のテレビ番組のお笑いコントでも、お決まりの風刺対象である。たとえば、1970年代のお昼の連続ドラマ番組『ハッピーデイズ』でフォンジーを演じた、今は初老となった男優、ヘンリー・ウィンクラーが出演する、手を叩けばスイッチの入る照明器具、大人用おむつ、自宅を担保にして年金をもらうリバース・モーゲージなどの宣伝広告がそうだ。

しかし、こうした人口構成変化のトレンドと軌を一にした企業マーケティングも、もっと洗練され、かつニュアンスを含めたものになってきている。2007年、ユニリーバのダブ部門は、54歳から63歳までの年齢層の女性をターゲットに、消臭剤、ヘアケア製品、スキンケア製品ラインを包含した「プロエージ」というブランドを立ち上げた。立ち上げのキャンペーン広告には、ターゲット年代の女性のヌードという挑発的な映像が使われたのだが、そのモデルには加齢によるシミ、シワがあり、白髪だった。この発売スポット・コマーシャルのシリーズの1本は、ユーチューブで250万回以上閲覧された。(注61)

また、ベビーブーム世代の高齢化とともに自社のブランドも古臭くなっていくことを予期し、紙製品メーカーのキンバリー・クラークは2011年から13年にかけて、失禁用製品の「ディペンド」というブランドのポジショニングを再設定する、きわめて巧妙なキャンペーンを行った。このキャンペーンには、失禁という言葉には似つかわしくないような比較的若い世代の有名人を登場させたのだ。コマーシャルへの出演者にはリサ・リンナという女優やプロフットボールの選手もいて、出演者たちは、いかにこの製品が活動的なライフスタイルを支援してくれるのかを示

し、失禁という言葉につきまとう悪いイメージを打ち壊したのである。(注62)

高齢者のための製品やサービスはどうあるべきか

賢いマーケターは、対象とするコア・マーケットを、消費者の年齢構成などのその他の重要な属性でセグメンテーションするものだ。世界中で、企業、非営利団体、それに公共団体が高齢者を対象とする製品やサービスを開発しており、こうした顧客の生涯価値を考える革新的なやり方はないかと考えを深めている。「将来ある若者にこそ投資し奉仕すべきだ」と、ことわざでは言われている。だが、老人にこそ奉仕すべきだ、ということがますますあてはまる時代になっているのだ。

都市計画や社会保障制度の設計も、新たな消費者ニーズに合わせて再考することが求められる。コミュニティの共同スペースや消費者の活動に適した場所の提供が宅地開発には求められ、中古マンションのリフォームや改装、医療機関への移動の容易さ、電池式ゴルフカートで短距離移動できる範囲に各種インフラなどを配置するといった配慮をすることが、今後近いうちに主流となるだろう。1980年代から人口の高齢化が国家的な課題となってきていたシンガポールでは、政府による「どの年代にも優しい都市」というスローガンのプロジェクトが公共交通機関と住宅政策に組み合わされて実施されてきた結果、高齢者にとって住みやすいコミュニティへと次第に姿を変えてきている。(注63)

若年層が突出して多い国として知られるインドでさえ、高齢者問題は身近な話題である。インドにはすでに60歳を超える人口が1億人以上おり、国連の推計によると2050年までに高齢人口は3億人を超えるだろうと予測されている。（注64）個々は小規模で分散しているものの、全体としては急速に成長を遂げている高齢者コミュニティ市場に対し、製品やサービスを提供している企業団体として、「インド在住老齢者協会」が設立されたのは2011年である。（注65）また、タタ・ハウジングやマックス・インディア・グループといった不動産開発業者も、とくに高齢者向けに考えられた住宅コミュニティの建設計画を発表した。

民間部門では、小売業、ヘルスケア、テクノロジー、金融、およびレジャー関連の企業が、高齢者市場に向けた製品やサービスの開発にいち早く参入したグループである。この分野でも日本は先駆者となった。ショッピングモールは一般的に、10代の子供たちや若い夫婦などが楽しめる場所として設計されることが多い。ところが2012年、小売業を主体とするコングロマリットのイオングループは、千葉県の船橋市に老人層をターゲットにしたショッピングモールを開設した。これはイオンが保有する157のモールの多くを方向転換し、日本のシルバー世代の持つ消費余力101兆円を取り込んでいこうという計画の第一歩である。（注66）

このモールでは、通常よりもゆっくりしたスピードで動くエスカレーターに乗り、医療施設で診断を受けることができ、生鮮食品の売り場も大きな文字で価格が表示されている。新しい友人を見つけたいという人には、「ビギンズ・パートナー」と呼ばれるシニア向けデーティング・サービスが提供されており、これがおそらく開店初日に5千人もの人が入場のための列に並んだ理由の一つだろうと思われる。（注67）

銀行でも機器やサービスを老人に使いやすいものに変えていく努力をすることが、あたりまえになってきている。電話での対応、インターネット・バンキング、ＡＴＭの普及と指先でのタッチスクリーンへの変更といった改善は、衰える視力、聴力に配慮し、店頭への移動を不要にするといったニーズに応えるものである。

カナダでは、ＴＤカナダ信託銀行が年配者向けに、パソコンのインターネット・バンキング用画面に改善を加えている。キーボード操作の代わりに、テレビのリモコンを模したツールバーを画面に表示することにより、ウェブ上での目的項目選択のしやすさを図り、文字や音声の大きさも調整できるようにした。また、人による助力が必要な場合は、ＨＥＬＰボタンですぐにサービスセンターにつながるように工夫している。ブラジルのバンコ・ブラデスコは、聴覚障害者向けの電話を提供している。また、ドイツではドイツ銀行が、できるだけバリアフリーな機能を搭載したＡＴＭを開発したが、このＡＴＭには点字機能や音声ガイドが搭載されている。(注68)

高齢化をテーマにした投資商品や、認知症やアルツハイマー病の患者の顧客に対する詐欺被害の防止サービスなども、今後10年のうちに金融機関で一般に提供されるサービスになっていくだろう。

マーケティング、製品、サービスをテーラーメイドのものに変えていくだけではなく、企業や組織機構はイノベーションを追求し、まったく新しい製品やサービスを思いつくことが必要である。スティーブ・ジョブズがかつて語った、「消費者には、自分が何が欲しかったのか、私が現物を見せるまでわかっていなかった」という有名な言葉がある。消費者の緊急ニーズに応え、またそうしたニーズを予測することにより、重要な製品開発上のイノベーションが引き起こされることがよくある。人材と資金を投入し、高齢層向けの製品を根本から考え直してみれば、それが「シルバー」の配当として著しく大きな見返りとなりうる可能性は高い。

２０１３年、アマゾンは新分野の小売ショッピングサイト、「50歳プラスと健康生活ストア」を開設し、栄養補助食品、健康管理、運動・フィットネス、医療、個人でできるケアなど、高齢者をターゲットとした製品やサービスの販売を始めた。アマゾンによると、この展開は、「50歳以上の年齢の方々に、活動的で健康な生活を促進する何千何百もの商品項目を簡単に見つけていただける機会を提供する」という意図に基づくものである。(注69)

イギリスでは、サガ社が50歳以上の顧客限定で、保険、旅行から健康管理、デート斡旋にいたる製品やサービスを開発し、提供している。同社に登録した顧客はおよそ２７０万人であり、同社の時価総額は２０１４年下期に17億ポンドであった。(注70)

また、イスラエルのコグニフィット社は、老人が自分の認知機能を測定し、その結果から個別に適切な脳トレのアプリを教えてくれるアプリケーションを開発した。このスマートフォン用アプリは急速に世界中に普及している。(注71)

テクノロジーの分野でも、富士通はシルバー・セグメントにフォーカスし、広範なイノベーションを達成している。２０１３年、同社はシニア向けスマートフォン「らくらくスマートフォン」の第2世代を発売した。このスマートフォンはアンドロイド端末で、老人の目や身体に楽な設計となっている。タッチスクリーンの操作はボタンを押す感覚に近く、画面のスクロールも上下のみであり、文字やアイコンも遠近両用メガネを使わなくても読める大型サイズになっている。さらにこのスマートフォンには、相手の話をゆっくりとしたスピードに変えて聴ける機能も付いているのだ。「らくらく」モデルは11年に累計2千万台を突破、富士通はフランスのような海外市場でも、現地の提携企業を通じて販売している。(注72)

14年に富士通はまた、GPSナビゲーション機能を組み込んだ杖のプロトタイプを発表している。この杖は、使う人にどう行けばよいのかを示してくれるばかりでなく、杖のユーザーが今どこにいるのか追跡できる機能も付いている。さらに今後の開発計画として、脈拍と体温をモニターする機能を付加し、異常値が出たらすぐに救助を呼べるようになるとのことである。(注73)

この杖はまだ研究段階の試作品だが、実は強力な比喩でもある。杖は受け身の物体、つまり、ほとんどの消費者が一生の中で使わなくて済むなら避けたいと思うものであり、いわば体の衰弱と同義である。しかし、テクノロジーが進化する市場の理解と結び付き、私たちの考え方を素早く変え、リセットしてしまった。このアプローチは前向きのものであり、非常に役立つばかりか、高齢者が身体能力の低下という烙印を押されることを少なくし、人に力を与えるものだ。言い換えれば、この杖は人に能力を与えるものなのだ。

第4章 貿易、人間、金融とデータの価値

——音速、光速で強く結び付く世界

クモの巣のように広がる世界経済

上海のダウンタウン地区に行けば、グローバル化の過去、現在、未来を1枚のスナップショットで見ることができる。黄浦江《こうほこう》が河口に向かい大きく曲がるブンド（外灘）を過ぎると、19世紀に植民地支配をしていた国々が建設した、古典的装飾様式であるボーザール様式の本社ビルが建ち並んでいる。この河の東側の岸辺に広がる浦東地区は、ほんの30年前までは点在する村々と水田の広がる平地だったが、今では近代的なフィナンシャル・センターに生まれ変わっている。

ＩＣＢＣタワー、ＨＳＢＣタワー、シティグループ・タワー、ドイッチェバンク・タワーなど輝く高層ビルが建ち並び、ここには中国に流入・流出する巨額の資金移動の、出入口の役目を果たしている巨大金融機関が集中している。ここからは磁気浮揚のリニアモーターカーが発着しており、18マイル離れた浦東国際空港まで、観光客やビジネスマンをわずか7分で運んでくれる。巨大な浦東空港では、２０１３年には４７２０万人が乗降した。（注1）

黄浦江には今でも大型のはしけが行き来し、上海市の桟橋に停泊しているものの、真の経済活動の流通拠点は巨大な洋山港なのだ。この世界で最も多忙な港は、本土と22・２マイルの東海橋で結ばれ、２０１３年の荷扱い量はコンテナ数３２００万台であり、この数は04年の2倍を超えている。（注2）

上海、それに中国全体の貿易収支を説明するのに、欧米に輸出される製品の対価として入ってくるドルやユーロを把握するだけでは、もはや不十分となってきている。上海を輸入通関手続地として流入する製品、サービス、それに人の通過量が、それぞれ数量と成長率の両面で驚くほどの規模となってきているからである。原油がコンゴから到着し、オートバイがベトナムに出荷され、観光客がパリに出発し、投資マネーが銀行を通じて中国内陸部の工場へ送金され、またニューヨークでの債券投資に資金が送られる。多くの場合、このような熱狂的な活動には、ペース、密度、国際間のつながりの複雑さ度合いの上昇、それに人々、製品、サービス、資金、情報の交流の増加が伴う。

こうした潮流は、もう何十年間も続いている。接続の数は、成長に伴ってつねに増加する。しかしながら、今はこの長期的トレンドがさらにスピードを増し、加速しているのだ。20世紀には、A地点からB地点へのモノの移動は、信頼できるルートを選び、ゆっくりしたスピードで行われることが多かった。ところが21世紀に入り、モノ、人、それに情報の動くスピードは、音速で、また時には光速で、昔よりもはるかに速いスピードで動くことが多くなった。

そして、この第2波グローバル化の時代には、製品、サービス、金融および人の国際間移動が急速に成長し、拡散している。新興国の繁栄の拡大による破壊的な力と、インターネットとデジタル技術の普及に押され、増幅されたことにより、こうした交流、そして交流が生み出す強固な結合が、ゲームの戦い方を変えてきている。

毎年、毎年、さらに多くの製品、サービス、人、情報、それに資本が、一つの場所から次の場所へと世界中を巡っている。こうしたグローバルに起こるさまざまな流れが、世界の毎年のGDP成長の15~25%に寄与している。もし、こうしたトレンドを破壊するような力の影響が続いていくなら、2025年には、流れの量は現在の3倍になる可能性すらあるのだ。(注3)

この状況を座して待つ国や企業など、まず存在しない。ロイヤル・ダッチ・シェル・グループのアークティック社上級副社長のアン・ピカードは、こう指摘している。「世界は、私たちが考えていたよりもずっと緊密に、相互につながっています。当社でも、アラスカはノルウェーのことを考え、ノルウェーはグリーンランドのことを考えています。相互の結合が、絶対的な重要性を持っているのです」(注4)

世界経済がクモの巣のようにつながる関係は、かつてなかったほど精緻で複雑なものとなっている。こうしたさまざまな流れは、機会とともに危機の可能性も生み出すものである。企業は、かつてなかったほど新しい顧客に売り込むことができるようになり、新たな資金の出し手を見つけ、新たな供給者や需要者を見つけることができるようになった。

しかし、世界的な相互結合が増大した結果、結合チャネルの多様化が起こり、産業分野や国境を越えて大きなショックが発信されてしまうこともある。一見、遠く離れた場所のことと思えるような破壊的な事象、たとえば日本での巨大地震、ウクライナの政治危機、ギリシャの財政破綻といった出来事がいったん起こると、世界中に瞬時に影響を及ぼしてしまう。この流れのエネルギーを、ショックを受けないように活用していくには、こうした相互結合が自社の事業にどのような影響を与えるのかを理解し、読者自身の直観力をリセットすることが必須なのだ。

新たなグローバル化の潮流1——モノやサービスの貿易

貿易の増加は、何世紀もの間続いてきたトレンドであり、コンテナ化および輸送ネットワークの生産性の改善によってトレンドは加速してきている。今日、さまざまな新技術と新たなネットワークの出現により、この成長トレンドが増幅されている。そして新興国の消費者や企業の興隆により、グローバル化のプロセスも再生し、高密度化し、進化している。

サプライチェーンのネットワークもこれまでより複雑になり、地理的な遠隔地が含まれるようになり、世界中を巡る財やサービスの量はかつてなかったほどに大きくなっている。世界経済が1944年以来初めて縮小を経験した、目立った一時的低迷の年として2009年があるものの、世界経済の相互結合とそのネットワークを流れる物量は、経済全体の金額の成長よりもはるかに急速に増加している。（注5）

◉ 1980年から2012年の間、財貨の貿易額は年平均7％の成長であったが、サービスの貿易額は年率8％で伸びた。（注6）

◉ 同じ期間に、急速に拡大するサプライチェーンのおかげで、財貨の流れは金額にして1兆8千億ドルから17兆8千億ドルへとほぼ10倍になり、世界のGDPの24％を占めるようになった。（注7）

◉ 国際間の通信コストの劇的な低下と、急角度で成長する外国旅行の増加により、世界中のサービスの総額は2001年から2012年の間に1兆5千億ドルから4兆4千億ドルへとほぼ3倍の増加を遂げ、世界のGDPの6％を占めるにいたった。（注8）

◉ 2011年までに、リーマンショック後の低迷はあったものの、財貨とサービスを合計した世界貿易は2008年の水準を超えた。今日、世界はかつてなかったほど高い密度で貿易を行っている。国境を越えた財貨、サービス、金融の移動は、2012年には26兆ドルに達し、世界の総GDPの36％を占めている。この比率は、1990年の総GDPに占めていた比率の1・5倍である。（注9）

国際貿易の増加は、量的なものにとどまらない。世界貿易は、河が広いデルタを流れて行くように、幅が広がり枝分かれしてきた。1990年に、世界の物流の半分以上は先進国間での移動であった。典型的な取引としては、日本で製造されたトヨタ・セリカがアメリカに輸出されていたことが挙げられる。ところが2012年になると、そうした先進国間貿易は全物流の28%にすぎなくなった。(注10)

1990年から、貿易ルートはアメリカや西欧をハブとする交易が中心であったものが、世界中に張り巡らされたクモの巣状へと進化し、アジアが最大の貿易地域に変貌した。新興国が今や全物流の40%を占めるようになり、そのうち60%は自国から他の新興国に送られており、「南から南への貿易」と呼ばれている。90年には、この南から南への貿易は世界物流のわずか6%しかなかったが、2012年には実に24%へと成長した。(注11)

こうした貿易には、たとえばコンゴの原油が中国に送られ、ブラジルの奥地で獲れた大豆がマレーシアに送られ、インドで製造された薬品がアルジェリアに送られる、といったものも含まれている。中国とアフリカの相互貿易は、2000年にはおよそ100億ドルであったものが、2012年にはほぼ2千億ドルへと爆発的に増加した。(注12) 新興国間の貿易の成長は、こうした国々の所得が増加し、あらゆる種類の商品を旺盛な物欲で購入する消費者が増加し、また企業活動が成長するにつれ、これからも続いていくに違いない。

重要なトレンドの変曲点において、技術変化が、かつては大企業のみが行う事業活動分野であった貿易を、あらゆる種類の企業はもとより、一般個人まで巻き込んで参加できる活動にと変えてきている。イーベイやアリババといった、インターネットを利用したオンライン・ショッピング・プラットフォームが登場したことによって、（リアルな販売網の構築が不要となることから）製造委託が簡単になり、国境を越えた交流が楽にできるようになっている。伝統的な小企業の25％しか輸出を行っていないのに対し、イーベイ上で商品を販売している売り手の90％が、外国への輸出を行っている。（注13）

貿易の対象となる製品のタイプも大きく変わってきている。昔は、製造コストの低い場所からの労働集約財か、資源の豊富な国からの商品資源が貿易の大半を占めていた。今日では、薬品、半導体、航空機といった知識集約型の製品が、総貿易額のほぼ50％を占めている。しかも、知識集約型製品の貿易は、繊維製品や玩具といった労働集約型製品よりも30％高い成長率で伸びている。（注14）20年前には、代表的な貿易商品が3ドルのTシャツであったとしたら、今日の典型的な貿易商品は、1錠30セントの薬剤、3ドルの電子書籍、または300ドルのアイフォーンになるだろう。

新たなグローバル化の潮流2――金融マーケット

何十年もの間、原油が世界中を移動する主たる液体資産であった。ところが今日では、黒い黄金の流通は、高速で流通する別の商品に取って代わられ、影が薄くなってしまった。それが資金である。金融が貿易を動かし、資本の流れ自体のほうが主役となってしまった。巨額の資金や信用を動かすほうが、原油や靴を送るよりも簡単だからだ。資金を電子的に送るには、タンカーやコンテナ船に載せる必要がない。

だからこそ、金融のグローバル化が1990年から、貿易のグローバル化より速いペースで進んだことも驚くことではない。1980年から2007年の間に、国境を越えた資本の年間移動額は、5千億ドルからピークには12兆ドルへと増加した。これは実に23倍の増加であり、背景のほとんどはヨーロッパの金融と貿易の統合によるものだ。(注15)

この資本移動は、2008年のリーマンショックの影響によって急激に低下し、その後回復を見せた。2012年の推定資金移動額は4兆6千億ドルであり、それでも1990年のほぼ5倍の水準である。(注16)

物資の貿易と同様に、資本の流れもまた多様で複雑なものになってきている。長きにわたり、流入する民間資本の受け手であった開発途上国が、今や海外直接投資の「出し手」となり、国境を越えた投資資産はクモの巣のようにつながり、深さ(投資額)でも幅(投資国数)においても成長してきている。たとえば、かつてポルトガルの植民地であったアンゴラが、宗主国であったポルトガルのメディア、銀行、テレコミュニケーションといった分野の著名企業に、100〜150億ユーロにのぼる資金を投資したと報じられている。(注17)

インドのアウトソーシング業界の巨大企業であるインフォシスの創立者の一人、S・D・シブラルの資産運用会社は、アメリカのシアトル地域に700戸以上のアパートを購入したとのことである。(注18) 2014年5月、中国の乳製品企業ブライト・フーズは、イスラエルの乳業協同組合トゥヌバの総資産の過半を10億ドルで買収した。(注19)

新興国からの資金の流出額は、1990年には世界の流出額合計の7%にすぎなかったが、2012年には38%に増加した。(注20)

世界中の資本市場は、ほんの数秒のうちにマネーが世界中を飛び回る国際的な競技場である。しかし今日では、巨大資金を動かすプレーヤーは、伝統的な金融パワーセンターであるニューヨーク、ロンドン、東京に集まっているわけではない。彼らが活動している市場には、アブダビ、ムンバイ、あるいはリオデジャネイロも含まれている。

家計が保有する資産額は、2000年から2010年の間に、アメリカと西ヨーロッパでは年間平均3~4%増えたが、同時期に新興国の家計の資産保有額は、はるかに速いペースで増加した。たとえば、中東と北アフリカでは年平均23%、中国では16%増大したのである。総資産額の規模自体では、新興国地域の保有額は先進国よりもまだ少ないものの、新興国は着実に追いついてきている。(注21)

金融のグローバル化の力は、2008年のリーマンショックとその後の不況により、著しく弱まった。12年までに国際間資本移動の規模は、07年のピークに比べ60%減少した。(注22) しかし、長期的なトレンドは少しも衰えていない。グローバルな金融および銀行システムがそれ自体を再構成し、自己資本比率を向上させ、またグローバルな規制がさらに効果的となって調整が進み、世界各国が歩調を合わせることができるようになれば、金融システムのリセットは効果的に完了

貿易経路は拡大し、地域間を結ぶ貿易パターンも複雑さを増した

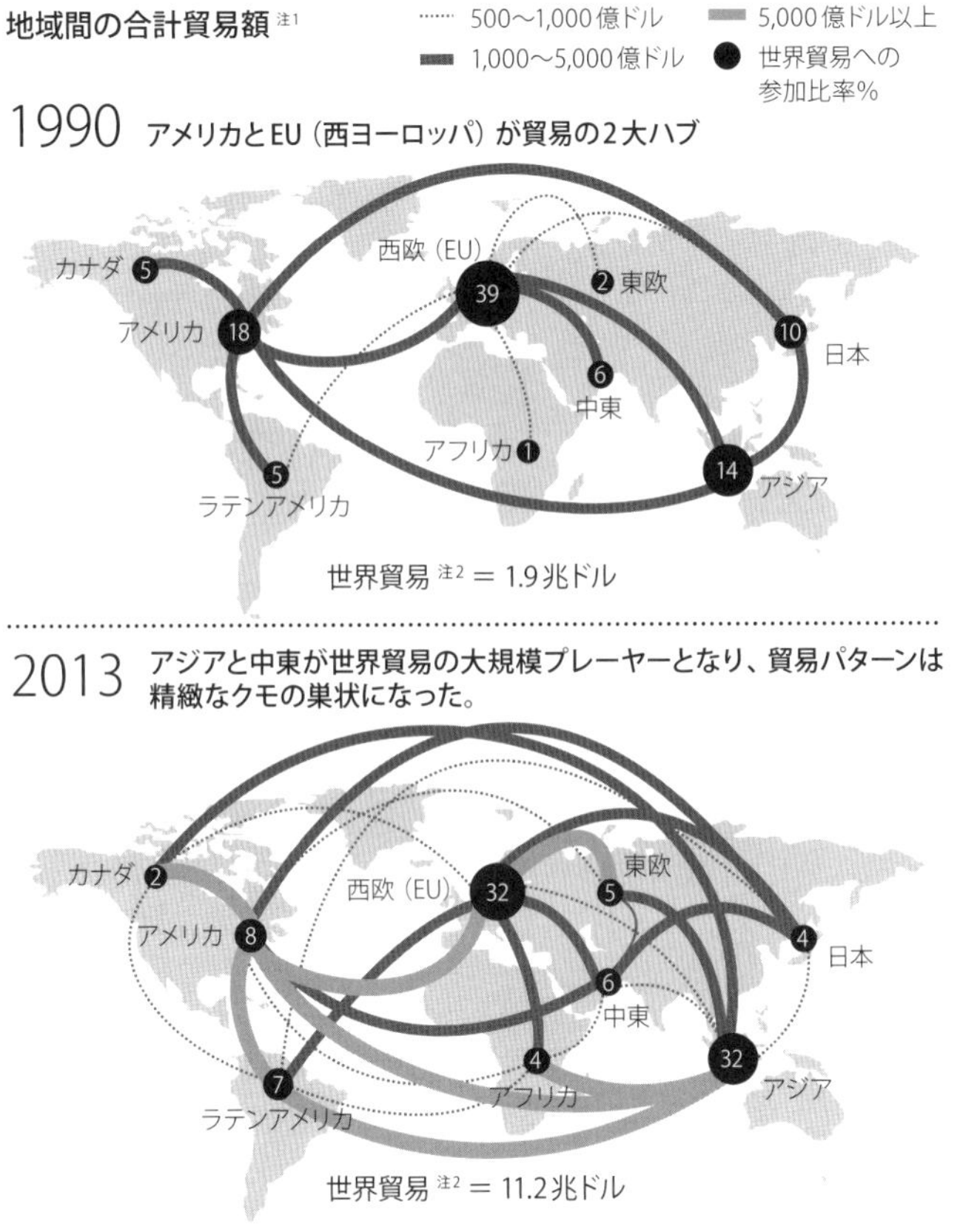

注1：商品貿易のみを含み、サービス貿易を除く。
注2：地域間貿易額のみを含み、域内諸国間の貿易額は含まれない。もし域内貿易額を含めると、2009年の世界貿易額の合計は18.3兆ドルとなる。2013年の世界貿易額推計は、2010年8月までのデータに基づき個別地域数値を推計し、2011年2月および2014年5月に更新した。
出典：ワールド・トレード・サービス社のグローバル・インサイト貿易データベース。マッキンゼー・グローバル・インスティテュート分析

でき、金融のグローバル化の急速な成長も再び続くだろう。

新たなグローバル化の潮流3――移り住む世界の人々

世界中の人々もまた、相互のつながりを強めている。国外へ旅行し、働きに行き、留学する人の数は、何世紀にもわたって一貫して増加してきたが、過去数十年、こうした人の往来は爆発的に増加した。人々が都市に移り住み、高い所得を得るようになると、他の国々に移住したり、旅行したりするのが非常に簡単になる。生まれた国を出て他国に住んでいる国際的移住者の数は、国連の経済・社会問題局によると1960年には7500万人であったが、2013年には2億3200万人に増加した。(注23)

21世紀に入って最初の10年間の移民数は、90年代の倍になった。新たに増加した移民の特徴の一つは、開発途上地域間の移民の増加が、開発途上国から先進国への移民の増加よりも速いペースで進んでいることである。労働市場もまた、世界史上初めて真のグローバル化を迎えているのだ。そしてこの現象は、所得水準や教育やスキルレベルの違いを明確に反映している。

1994年から2006年の間に、アメリカで働く科学者および技術者の内訳を見ると、外国生まれの科学者、技術者の数がアメリカ生まれの数の2倍になった。また、同期間のシリコンバレーでの起業数の半分超が、海外で生まれた科学者や技術者のかかわったものであり、4分の1

がインド人または中国人の創業者を含むものであった。（注24）
２０１２年以降、ルーマニアに居住していた医師の30％は、高い所得を求めてイギリス、ドイツ、フランスといった豊かなヨーロッパ諸国に移住した。（注25）13万人を超えるバングラデシュからの海外移民労働者が、中東湾岸諸国の中でも最も豊かな国の一つであるカタールに集まっており、その多くは２０２２年に開催されるサッカー・ワールドカップ関連の建設現場に集まっている。（注26）
長年海外特派員を務めてきたハワード・フレンチは『中国の第二の大陸（China's Second Continent）』という著書の中で、よく知られている推計として、過去20年間に１００万人あまりの中国人がアフリカに渡ったと記している。ラテンアメリカでも、チリ、アルゼンチン、ブラジルといった比較的裕福な南米諸国は、北米ではアメリカがそうであるように、労働力を引き付ける磁力を発している。
ブエノスアイレスでは、タクシー運転手の多くと、街角にある果物や野菜を売る屋台の店員のほぼ全員がボリビア人である。移民に関する国際機構の報告によると、アルゼンチンに居住するボリビア人の数は、２００１年から48％増加して34万5千人となり、パラグアイ人とペルー人のアルゼンチン居住人口は、さらに速いペースで増加してきている。（注27）
業務出張や仕事のための海外旅行者だけが増えたわけではない。観光のための世界旅行もまた、指数関数的な成長を果たした。１９５０年には、国外に旅行した人の数は、わずか２５００万人であった。２０１３年の国外旅行者の数は10億人を超えている。こうした旅行者の与える影響は巨大なものだが、それは単に彼らの消費金額だけでなく、旅行先に持ち込む文化であり知識なのだ。推計によると、旅行産業が世界GDPに与える影響は2兆ドルにのぼり、世界中で1億人の雇用を生み出している。(注28)

2013年には、1億1千万人を超えるアメリカ市民が有効なパスポートを所持しており、このパスポート保有者数は2000年の倍である。(注29) 20年までに、海外旅行をする中国人の数はさらに1億人増加すると推定されている。(注30) パリにある百貨店、ギャルリー・ラフィエットでは、中国からの買い物客の増加に対応するため、アジア人顧客部門を開設した。コロラド州のスキーリゾート、ベイル山頂で、オーストラリア人のインストラクターがメキシコ人スキーヤーに、凍結した斜面をどう滑ったらよいのか指導している様子を見るのも、珍しいことではなくなった。

学生もまた、留学のために大勢が国境を越えている。75万人を超える学生がアメリカの大学で学んでおり、この数は06年よりも20万人多い。その4分の1は中国人学生である。(注31) シカゴ郊外にある小規模なリベラルアーツ系大学、レイクフォレスト大学の15年の新入学生410人のうち、15%に当たる63名は、33カ国からの留学生であった。この大学のスティーブン・シャット学長は、年間の一定比率の時間を学生の勧誘に費やしており、それもニューヨークやボストンばかりではなく、上海や北京にまで足を延ばしている。シャット学長によると、「アメリカでの教育は、留学するに値するブランドなのです」とのことだ。(注32)

新たなグローバル化の潮流4――データと通信

おそらく近年最大の劇的な変化は、情報が世界を瞬時に飛び回るようになったことだろう。全人類の3分の2が携帯電話を保有しており、この比率はまだ急速に増加し続けている。「今日、世界の人口よりも多くの電話機が存在しており……、スカイプのようなインターネット・サービスを通じて、世界中のどこにでもほとんどゼロに近いコストで電話をかけることができる」。そして「世界中の人々の相互結合の密度がこの水準に到達したことは、歴史上未曾有のことである」と、シンガポールのリー・クアン・ユー国立公共政策大学のキショア・マーブバニ学部長は語っている。(注33)

地球上の3分の1の人々が、インターネットにオンラインでつながっている。フェイスブックのコミュニティに参加するユーザー数は13億5千万人に達し、世界最大の国の人口に等しい。世界のオンライン通信量は、2000年には月間84ペタバイト(1ペタバイト=1000テラバイト)であったものが、12年には、その500倍の月間4万ペタバイトに増加した。国境を越えた音声通信は過去10年間に2倍以上になり、スカイプの接続時間は08年に比べ500%を超える増加となっている。(注34)

こうした情報のつながりはすでに巨大な影響を与えており、開発途上国では一段と大きな次の変化を待っている状況である。インターネットに関連する消費や国家予算の規模は、すでに世界中の農業関連支出や世界のエネルギー産業の規模よりも大きくなっている。(注35) 次世代のグローバル国家になると想定される経済規模とダイナミズムを保有し、成長期待30カ国と定義されている「次世代の新興国」での携帯電話の契約数は、05年には世界の携帯電話総契約数の53%であったが、5年後には73%とさらに増加した。15年までに、世界中のインターネット・ユーザー総数27億人のうち、次世代の新興国のユーザーが16億人になる可能性が高い。(注36)

大きな人口を抱える地域の多くは、オンライン化が進むことにより得られるメリットがまだまだ大きい。アフリカでの携帯電話の契約数は、01年には2500万台であったが、12年には7億2千万台へと急速に増加した。(注37) このことにより、アフリカ人のさまざまな市場やサービスへのアクセスが著しく拡大した。携帯電話のGDPに与えるインパクトは、先進国の3倍あるからである。

ただし、インターネットの普及に関しては、アフリカはまだ大きく後れを取っており、アフリカ全体の平均ではGDPに対するインターネットの貢献は1・1%にすぎない。この水準は他の新興国の半分である。(注38) アフリカ大陸全体の平均では、インターネットの普及はおよそ16%と低いのだが、アフリカの都市人口の25%は毎日インターネットに接続しており、ケニア人(47%)とセネガル人(34%)が先行している。(注39) オンライン人口がまだまだ少ないことを考えると、この数字の改善がもたらす経済効果は計り知れない。25年までにアフリカのインターネット・ユーザーの数は4倍の6億人に達し、スマートフォン・ユーザーの数は現在の5倍、3億6千万人に達することになるが、そうなるとGDPに与えるインターネットの貢献は年間3千億ドルにのぼる可能性がある。(注40)

ドイツのグローバルなデジタル・インキュベータ企業のロケット・インターネット社は、13年に南アフリカの携帯電話ネットワーク企業のMTN社から4億ドルの投資を受け入れ、中東とアフリカ地域にeコマース事業を展開することになった。(注41)

この両社の合弁事業により、ロケット・インターネット社は膨大な数の新規顧客に接触することが可能となり、すでに他の地域でうまくいくことが確認できているビジネスモデルを立ち上げ、急速に拡大していくことができる。ロケット社のアフリカでの成功事例としては、ジュミアというeコマースのプラットフォーム(アマゾンをモデルにした)、イージー・タクシーというタクシー呼び出しサイト(ヘイローをモデルにした)、カルムーディという自動車売りたし・買いたしのサイト、それにジョバーゴというホテル予約サイトなどがある。(注42)

なぜそれが重要なのか

「グローバルなつながり」の興隆、多様化、そしてつながりの持つ力を、興味深いこととしてただ傍観者でいるわけにはいかない。それは、世界中のどこの場所であっても、事業活動にとって「グローバルなつながり」が著しく重要な意味合いを持っているからだ。それにはいくつかの理由がある。

まず、相互につながればつながるほど、ユーザーにとって有利になる。つながりが増加したからといっても、ある程度の数の企業が倒産に追い込まれたり、労働者が労働市場から排除されたりすることは、これまでにもあったし、これからもあるだろう。だが、国家でも、都市でも、企業であっても、つながりから生まれる流れに加わることによって利益を得られることが、デヴィッド・リカードに始まった経済理論と数々の調査研究から実証されている。

先進国経済においては、顧客、サプライヤー、才能ある人材の国際ネットワークを持つ多国籍企業は、成長や生産性の面で、その規模に比例するよりもはるかに大きな貢献を果たしている傾向が見られる。2008年のリーマンショック不況以前の時期を振り返ると、多国籍企業の数は全米の企業数の1％に満たなかったが、全米企業粗利益の25％、生産性増加の41％を占め、全米民間企業のR&D支出の75％を占めていた。(注43)

グローバルなつながりは国家にとっても重要である。グローバルな情報や人の移動は年間2500億ドルから4500億ドル、世界GDP成長の15％から25％の貢献をしており、このつながりに参加している国々には、さらに大きな成長をもたらしている。事実、こうしたグローバルなつながりの多さで上位に入る国々は、つながりの少ない下位の国々に比べ、GDP成長が40％高いことが示されている。(注44)

ちなみに、2012年に世界で最もグローバルなつながりの多かった国はドイツである。(注45)GDP成長率ランキングでの上位は、主に先進経済諸国ではあるものの、過去20年の間に大型新興国が上位にランキングされる、著しい改善を遂げている。たとえば、インドはサービスのグローバルな流れに参加したことにより、また、ブラジルは天然資源や金融の流れに参加したことにより、つながり度合いのランキングにおいて、それぞれ15段階および16段階ランクを上げた。中国も、製品輸出入および金融の流れへの参加により、つながり度合いランキングで5段階上位に移行した。そして、最速で上位に移動した国はモロッコであり、一挙に26段階上位に移ったのである。（注46）

第2に、グローバルな相互のつながりにより、競争のルールが書き換えられてしまい、競争の基本を形成してきた主な要素が変わってしまったことである。この点については第9章で詳細に説明することにしよう。グローバルな結び付きと流れにより、事業への参入機会が増え、しかもこれまでよりもはるかに幅広い種類の参入者が許容されるようになった。

新興国の巨大企業はどんどん強力な競合企業となりつつあり、伝統的な産業区分や業界の境界は、ますますあいまいになってきている。小企業や起業したばかりの事業であっても、瞬時にグローバルに事業を行うことが可能となった。この状況と比較すると、過去には、先進経済国の多国籍企業は同様な多国籍企業同士で顧客を奪い合っていたのだが、今日の競合相手は個人であるかもしれないし、あらゆる規模や形の企業であるかもしれず、それが世界中のどこから、またどの業界から現れてくるのか予測できない。

言い換えれば、今日の企業がデータと何百万人もの人を引き付けられるプラットフォームを持っているなら、どのような業界であっても、「これまで考えられもしなかった」魅力的な事業機会をいくつか見つけられるに違いない。

第3に、グローバルなつながりと流れにより、企業は自社の持つ資産をより生産性の高い使途に用いる、新たな方法を手にすることができる。大企業は、GEがアフリカで行ったように、自社の持つ現金資産を新たな市場への参入のカギとなるような企業やプロジェクトに出資し、活用することができる。GEにとり、アフリカは2013年に52億ドルの収入をもたらした、最も期待の持てる成長地域である。

14年、GEはミレニアム・チャレンジ・コーポレーションと提携し、GEの技術支援による1ギガワット発電所を西アフリカに建設する、「ガーナ1000」と名付けられた巨大プロジェクトに、5億ドルの融資を行った。（注47）企業にとって固定資産の活用のみならず、知識、能力、データといった遊休無形資産も、発掘すればグローバルな流れに参画する一助となる。

また企業によっては、そうした活動を慈善目的で行うところもある。コカ・コーラは、自社の保有する物流機能の専門知識を活用し、タンザニアなどサハラ以南のアフリカ地域でのエイズ治療薬の貯蔵、輸送管理を行っている。コカ・コーラのCEO、ムーター・ケントは、「当社は、保有するトラックや輸送機器、オートバイなどをただ貸し出しているのではありません。私たちの持つ専門知識を貸し出しているのです」と語っている。（注48）

最後に、世界中の相互結合が強くなれば、これまで予想もしなかったような新しい結果が生まれてくる可能性がある。何十年も前であれば、ギリシャのような小国の経済が破たんしたとしても、世界の金融界のレーダーに映ることはほとんどなかったに違いない（実際、ギリシャは19世紀に独立を勝ち得てからの歴史のおよそ半分の期間は、国家債務超過によるデフォルト状態であった）。（注49）しかしながら、ヨーロッパが単一通貨を使い、金融部門の高度な統合が達成されたことにより、ギリシャの財政危機はドイツ、フランス、イギリスの銀行の危機を招いた。

同様に、ある地域で起こった自然災害や、一見はるか離れた場所での地政学的対立や紛争が、サプライチェーンの分断や世界中の企業による市場へのアクセスを阻害することにつながりうる。資源や穀物といった商品価格の動向もまた、これまでにない興味深い新しいパターンを示している。商品価格と原油価格は、現在、1970年代のオイルショック以来最大となる強い相関関係を示している。1980年代には、トウモロコシ、大麦、牛肉、木材といった商品価格は、原油価格とはまるで相関関係がなかった（木材のように逆相関を示すことさえあった）のだが、今やダンスを踊るようにステップをぴったり合わせている。

この現象は、いくつかの要素で説明できる。中国のような新興国による資源需要の高まり、ある種の資源（原油）が別の資源（穀物）生産の主要コストとなる事実、それに資源間の代替を可能にする技術の興隆（たとえばトウモロコシを原料とするエタノールが原油を代替する）、といった理由からである。相関関係の強まり、需要の高まり、それに供給の制約が組み合わさり、これから何年もの間、商品相場の不安定な動きにつながるだろう。

こうしたタイプの不連続な変化、またそれに伴う機会とリスクに対応しなければならない場合、最も敏捷に動くことができる企業には有利な状況となるだろう。事実、資本の再配分を毎年変えるといった敏捷性で高く評価される企業は、低いリスクを取りながら著しく高い業績を上げることができる。1600社を超える企業のデータを分析した結果、資本再配分を毎年行っている敏捷性の高い上位3分の1の企業は、資本配分を固定している企業群に比べ、株主へのトータ

ルリターンが30％高いことがわかった。（注50）

自動車産業は、敏捷性への重視を高めてきている好例を示してくれる。近年、フォルクスワーゲンは、同一の組立ラインで複数の車種を製造する高い柔軟性の確保に寄与する、車体のモジュラー構造化への移行を進めてきた。（注51）ＢＭＷは、保有資産の敏捷な活用変更に対応するため、工場間を移動可能なロボット、モビ＝セルを使っている。トヨタは、複数車種にこだわらず対応可能な生産ラインと製造プロセスの設計標準化を進め、柔軟性を高めている。

また、ほかの産業部門でも敏捷性を高める努力が行われており、それはサプライヤーとの情報共有や密接な共同作業によって実現されることが多い。高性能真空掃除機メーカーであるヘリックス社は、製造プロセスを「サブ・プロセス」と呼ばれるものに細分化し、それぞれの作業ステップをサプライヤーが自社でも行えるよう設定している。したがってヘリックス社の工場でラインが止まることがあれば、トラブルの発生した部分の作業をサプライヤーがカバーすることができる。

アメリカの有力小売業者は、ＩＴシステムをサプライヤーと統合し、店頭のＰＯＳデータをサプライヤーも見ることができるようにしている。それによりサプライヤー側でも、商品の配送がうまくいっているかどうかをリアルタイムで知ることができるのだ。（注52）

貿易経路は拡大し、地域間を結ぶ貿易パターンも複雑さを増した

つながり指数-2012[注1]

参加ランキングの百分位数（選択した対象国）

■ 1-10　■ 11-25　■ 26-50　□ >50

ランク	項目別流れ：商品	サービス	金融	人	データおよび通信	ランキングの変化 1995-2012
1 ドイツ	1-10	1-10	1-10	1-10	1-10	+1
2 香港	1-10	1-10	1-10	11-25	N/A	-
3 アメリカ	1-10	1-10	1-10	1-10	1-10	−1
4 シンガポール	1-10	1-10	1-10	11-25	1-10	+1
5 イギリス	11-25	1-10	1-10	1-10	1-10	−1
9 ロシア	11-25	26-50	11-25	1-10	1-10	-
16 サウジアラビア	11-25	26-50	11-25	1-10	26-50	+19
20 韓国	1-10	11-25	11-25	>50	26-50	-
21 日本	26-50	26-50	11-25	>50	11-25	−1
25 中国	1-10	11-25	1-10	>50	26-50	+5
30 インド	26-50	11-25	26-50	26-50	>50	+16
43 ブラジル	26-50	26-50	11-25	>50	26-50	+15
47 アルゼンチン	>50	>50	>50	>50	11-25	−6
49 南アフリカ	26-50	26-50	26-50	>50	>50	+4
53 モロッコ	>50	26-50	>50	26-50	>50	+26

注1：「人の流れ」の項目については、2010年移民数データを使用。「データおよび通信の流れ」には、2013年のインターネット国際間通信量を使用。世界中の全諸国データについては、"Global flows in a digital age: How trade, finance, people, and data connect the world economy" と題された報告書全文をダウンロードされたい。

注2：ランキングの変化の計算には、「データおよび通信」の1995年データがないため含まれていない。

出典：IHS社「経済およびカントリー・リスク」。「テレ・ジオグラフィ」。国連ComTradeデータベース。世界銀行World Development Indicators（世界開発指標）。世界貿易機構。
マッキンゼー・グローバル・インスティテュート分析。

相互結合の強まった世界に対応する4つのポイント

もう何年もの間、たいていの経営者はグローバルを念頭に考えてきていることだろう。だが、主に先進経済諸国を出自とするすでに地歩を確立した多国籍企業は、新興国では著しく影が薄いままである。その一方で、新興国の新規企業は積極的に拡大を続けている。グローバルな相互結合を加速するには、企業の側でこれまでの直観力をリセットしなければならない。

企業は、グローバルな規模拡大を早期から計画し、新市場に合わせてビジネスモデルを調整・変更し、新しい競合を知り、グローバルに活躍できる人材を育成し、相互結合の強まった世界経済につきものであるショックな出来事や、不安定な変化の数々に備えなければならない。グローバルなサプライチェーンの効果的なコスト削減に重きを置いてきた企業は、今や「バリュー」チェーンが今後どう発展し、変わっていくのかを考えなければならない。具体的には、どのような企業が参入してくるのか、どの地域がどういう役割を果たすのか、そして、バリューチェーンに沿って価値がどこに、どのように移動していくのかを構想しなければならないのだ。

1世紀前には、電気の導入が世界の産業経済をトップギアに入れた成長のけん引力となったように、グローバルな潮流が生み出す経済エネルギーが結合システムを流れる力は、1世紀前の電気と同様のポテンシャルを持っている。低コストで起業および事業拡大が可能な新時代の環境に後押しされ、出現してくる競合企業群の新たな波に対し、すでに活動を続けてきた現存企業は、覚悟して待ち受けなければならない。こうした潮流から出現する機会をつかむためには、経営者は自社を立地する場所の選択、自社のデジタル・プラットフォームの使い方、直面する競合企業の特徴、そして自社にとり大きなショックを与えうる事象と、そうした事象が発生する可能性を考え直してみなくてはならない。

どこから現れるかわからない新参者に備える

企業がグローバルな相互結合の流れを自社に有利となるように活用するには、自社のポジショニングを賢明に行うことが重要である。この点でも、企業の規模や歴史の長さに関係なく、瞬時に事業のグローバル化が可能となる好機を提供してくれるのが技術革新である。新規に起業した会社は、インターネット上のさまざまなオンライン・プラットフォームに接続すれば即座に国際ネットワークにつながり、人材であればオーデスク、資金が必要であればキックスターターやキヴァ、サプライヤーを探すのであればイーベイやアマゾンを活用することができる。

こうした手段を活用して急速に成長する、生まれながらのグローバル企業群を、私たちは「マイクロ多国籍企業」と名付けることにした。事実上、ほとんどすべての技術系ベンチャー企業は、創立当初から海外との何らかのリンクを持っている。

こうした新しいマイクロ多国籍企業の事例は数多いが、その一つがベルリンで創業されたソーラーブラッシュ社である。この会社は、ソーラーパネルの汚れを落とす軽量ロボットを開発した。同社はチリに事務所を構え、アメリカ全土および中東を顧客ターゲットとし、アメリカの首都ワシントンで開かれた事業計画コンテストに参加している。(注53)

また、オランダ人起業家がニューヨークに設立したシェイプウェイズ社は、3－Dプリンタ・サービスを提供し、インターネット上のサイトを通じて世界中の顧客に、3－Dプリンタで作れる製品の設計図データを販売している。(注54)

インターネット接続で瞬時に事業を開始するという現象は、技術系あるいはデジタル分野に限定されてはいない。製造業のような伝統的な産業分野でさえも、小さな事業分野の生産のために複数の国に、あるいは世界中に製造現場を持つケースが増えてきている。そうした事業展開は、かつては著名な大企業だけが実施できることであった。

イギリスでは、世界中に顧客を持つ数多くの技術開発を行う中小企業が、低生産コスト、あるいは先進経済市場に近い基地、あるいはその組み合わせを活用することを求めて、複数の国に生産拠点を持っている。イギリスに本拠を置く高級スピーカーのメーカーで、連結売上高が1億ポンドを超えるバウアーズ・アンド・ウィルキンソン社は、中国での特注専用工場の建設に投資し、イギリスで生産していたオリジナルモデルの廉価版をそこで製造している。(注55)

また、電気機器や軍用機器の部品メーカーであるコルブリー社は、イギリスとタイに工場を持って操業している。同社のゼネラルマネジャー、ロバート・クラークは、「タイ工場のおかげで、低コストの製品を求める新規顧客を獲得することができました」と語り、「とはいえ、そうした新規顧客も、当社が最新生産技術をイギリス内に保有していることを望んでいるのです」と付け加えた。(注56)

こうした、瞬時にグローバルに事業を展開する新規参入企業が生まれるのは、先進国ばかりではない。急成長を遂げる新興国経済でも、毎年14万3千社のインターネット関連企業が誕生している。（注57）ナイジェリアのｅコマース企業、ジュマイア社は、アイボリーコースト、ケニア、エジプト、モロッコに事業を展開しており、アフリカの企業として初めて、２０１３年に「年間ベスト小売企業」に選ばれ、世界小売企業賞を受賞した。（注58）また、ケニアで立ち上げられた携帯電話による少額貸付サービスのｍペサは、いまやアフリカ全土の伝統的な銀行、クレジット、送金業者の事業を脅かす存在となっている。

グローバルに、しかもデジタルなエコシステムを築け

デジタル・プラットフォームの出現により、企業がはるか離れた海外市場の顧客に対しても、急速にしかも利益を確保しながら事業拡大するという、かつては不可能であったことが可能となった。グローバル・サプライチェーンからイノベーション・ネットワークにいたる国境を越えたエコシステムを築くことが、企業がこの機会を捉えるのに役立つ。

多くの企業が、サプライヤー、ディストリビューター、それに製品販売後のアフターサービス代行業者などとのネットワークを強化し、グローバルな相互結合やデジタル・プラットフォームによる連携を築いているが、そうした努力は、単に部品の調達という目的を超えて、生産設備のダウンタイムを少なくする予防整備や、さらに効率的な部品供給の方法を探るために実施されている。

ボーイング社の新しいサービス事業部門であるザ・ボーイング・エッジ社は、航空機関連機器

のサプライヤーという同社の伝統的な位置づけを、「デジタル・エアライン」と呼ぶのがよりふさわしいような存在へと変貌させようとしている。同社の狙いは、航空機事業から発生して蓄えられた膨大なデータを活用し、統合型情報プラットフォームを構築することにある。航空機、客室エンジニア、整備グループ、オペレーション・スタッフ、それにサプライヤーから得られるリアルタイムのデータを結び付けることにより、顧客である複数の参加航空会社の効率、収益性、環境負荷の軽減を大きく改善できる、とボーイング社は考えている。(注59)

さらに、ボーイングやエアバスといった航空機メーカーが、飛行機に組み込まれた個別のパーツや機器のモジュールをデジタル信号で追跡する方向を推し進めていけば、RFタグのデータを自動情報収集分析できる機器やシステムを構築し、関連サービスを提供している富士通やIBMといったIT企業もまた、航空宇宙エコシステムの一部を構成する主要メンバーになっていくことになる。

企業はまた、提携パートナー候補、顧客、サプライヤー、資金援助者、アイデア実現のためのクラウド・ソーシングなどの相手先選びや接触に、デジタル・プラットフォームを活用し、依存している。個人工芸家が多種多様な作品をインターネット上のマーケットで販売できる「エッツィ」というサイトでは、3千万人の売り手と買い手を結び付けているが、これこそ21世紀のデジタル・エコシステムの好例である。

エッツィ社は、最近キヴァ社と提携し、サイトに参加する工芸家と出資者を結び付けるクラウド・ファンディングの支援も始めた。買い手と売り手を結び付けるデジタル・ポータルの役割に加え、エッツィ社は起業家教育を提供し、デザイナーをサプライヤーに結び付ける支援も行っている。さまざまなサービスを提供するエッツィ・コミュニティ全体の２０１３年の売上げは13億5千万ドルにのぼり、この額は前年比50%の増加となった。（注60）

製薬企業のアストラゼネカ社は、２０１４年にデジタル・オープン・イノベーション・プラットフォームを立ち上げ、また英国医学研究委員会、全米健康研究所、さらにスェーデン、ドイツ、台湾、カナダなど各国の類似組織を通じて、研究者と学者を結び付けようとしている。（注61）

ユニリーバやプロクター・アンド・ギャンブル（P&G）といった消費財パッケージ商品メーカーは、新商品開発に消費者の参加を求めることがよくある。ユニリーバの「挑戦と欲求」というウェブサイトは、会社の商品開発担当者と消費者とのパートナーシップを築くツールであり、使い続けられる洗剤製品からパッケージの改善にいたる幅広いトピックをカバーしている。（注62）

また、ドイツの電気機器メーカー、ボッシュは、自社のイノベーション・サイトで、電動工具、新素材や新表面加工技術、自動車のアフターマーケットなどのテーマ別に研究成果を発信し、一般消費者および企業や研究機関の研究者との接点を築こうとしている。（注63）

グローバルな結合と流れによる競争優位を活用せよ

何らかのグローバルな結合や流れの中でハブの役割を築いた国や都市は、それだけで競争優位を創り出したことになる。そうしたハブの力を活用する企業もまた、利益を得ることができる。

わかりやすく説明するために、人々の流れについてはナンバーワンにランク付けされるアメリカ

を例に取ってみよう。(注64)

一般的に言えば、グローバルに活躍する人材を引き付けられるという点で、アメリカを拠点とする企業にかなうものはない。とくにハブに位置付けられる都市に本拠を置くだけで、すでにグローバルな「都《みやこ》」にいることになる。ニューヨークであれば金融の都、ヒューストンはエネルギーの都、ロサンゼルスはエンターテインメントの都であり、グローバルなトップ人材が多く集まってくる。

また、シリコンバレーにおける外国人起業家のインパクトは著しいものだ。シリコンバレーの新規設立ハイテク企業の創業者のうち、３分の１から半分はアメリカ以外の国で生まれた人である。シリコンバレーの人口の36％は外国生まれであり、全米平均13％のほぼ３倍だ。さらに、シリコンバレーの成人人口の46％は少なくとも大学卒業者であり、全米平均の29％を大きく上回る。外国生まれの才能ある人材が、多くはアメリカの大学で学び、カギとなる重要な工学スキルをシリコンバレーに供給している。もしこのことがなければ、シリコンバレーの発展は大きくそがれたに違いない。(注65)

もう一つ、フランクフルトの例を見てみよう。フランクフルトはグローバルなデータ・情報流量で最高位にランクされる都市であり、ヨーロッパ全体のインターネット通信量の３分の１以上を取り扱う、ドイツ・インターネット・エクスチェンジ（Deutscher Commercial Internet Exchange）が置かれた場所でもある。(注66) ここにはＳＡＰやシマンテックをはじめとする５千を超えるソフトウエア開発企業があり、広帯域で高速通信に接続できる環境が必要な金融サービスやゲーム開発といった産業のドイツ国内のハブでもある。

皮肉なことだが、即時コミュニケーションが可能なこの地域であっても、人間のかかわる密度の高いオペレーションに関しては、他社との物理的距離が近いほうがよいことに企業は気づいてきている。20世紀後半に北米の企業は都心を離れ、郊外に広大な敷地を確保し、公園のような環境に点在する事務所ビルを自社だけのものとして切り取っていた。しかし、本社を独立させようという各社の努力がもたらした結果は、多くの場合生産性の低下でしかなかったため、この反省に基づき最近では、ハブとなる大都市の一部に統合される立地が好まれるようになってきた。

もしあなたの会社が主要なハブ内に立地しておらず、その利点をまだ享受していないとしたら、そうした場所への移転の検討を課題リストに加えてはどうだろう。西欧の多国籍企業が自社の事業運営の一部分をシンガポールに移したのは、ここがまさに、製品・サービス、金融がアジアへと流れる通過点だからだ。シンガポールは、世界GDP比で最も高密度に地域本社が設置されている場所である。中国以外の新興国における海外企業の大規模子会社の半数近くが、この都市に集まっている。(注67)

シンガポールにアジア本拠を移した企業の例として挙げられる中には、P&Gが含まれている。同社は化粧品およびベビー用品の部門を、2012年にアメリカのシンシナティからシンガポールに移転し、成長を続けるアジア市場の中に置くようにした。(注68) また、ユニリーバは2013年に、イギリス以外に設置する初めての研修センターとなる、最先端のリーダーシップ開発センターをシンガポールに開設した。(注69) 2009年にロールスロイス社は、船舶用エンジン事業をロンドンからシンガポールに移転したが、これもアジアが世界の海運業の中心としての存在感を高めたからである。(注70)

相互に連結した世界で、敏捷であれ

グローバルな連結を促進することは、自社が機会、リスク、不安定さ、をどのように考え、そしてどのように素早く対応するのかを再評価することにつながる。一方で、世界との相互連結はリスクを分散化し、安定性の改善をもたらすだろう。世界が高度に連結されたなら、フィリピンやコスタリカで英語の話せるコールセンター・スタッフを採用すれば、24時間の顧客サービスをこれまでよりずっと簡単に提供できるだろう。

ところが、混乱もまた、分散化や多重化を可能としたはずの同じ経路をたどり、これまでよりもはるかに速いスピードで拡散してしまう。痛みが神経組織を走るように、ショックが未曽有の速度で金融市場や実物市場を伝わるのだ。あらゆる種類の貿易協定が地球全体を覆っている今では、サプライチェーンもかつてなかったほどの長さとなり、こうしたシステム自体がいろいろな意味で脆弱なものとなっている。

デュポンのCEO、エレン・カルマンはこう語っている。「今日では、弓を構えて防御していても、予期せぬ敵がいきなり襲ってくることがあるのです。経済の乱高下や、日本を襲った地震と津波のような自然災害の影響など、私たちが経験したことのないような頻度で起こるのですから。しかも、世界が密接につながっているので、フィードバック回路も、さらに密になっていま

外部環境の変動は激しさを増し、資本市場も重大事件の発生により大きく変動することが多くなってきている

ニューヨーク証券取引所のS&P500株価指数が、
平均値から標準偏差3倍を超える「3シグマ変動」の日数

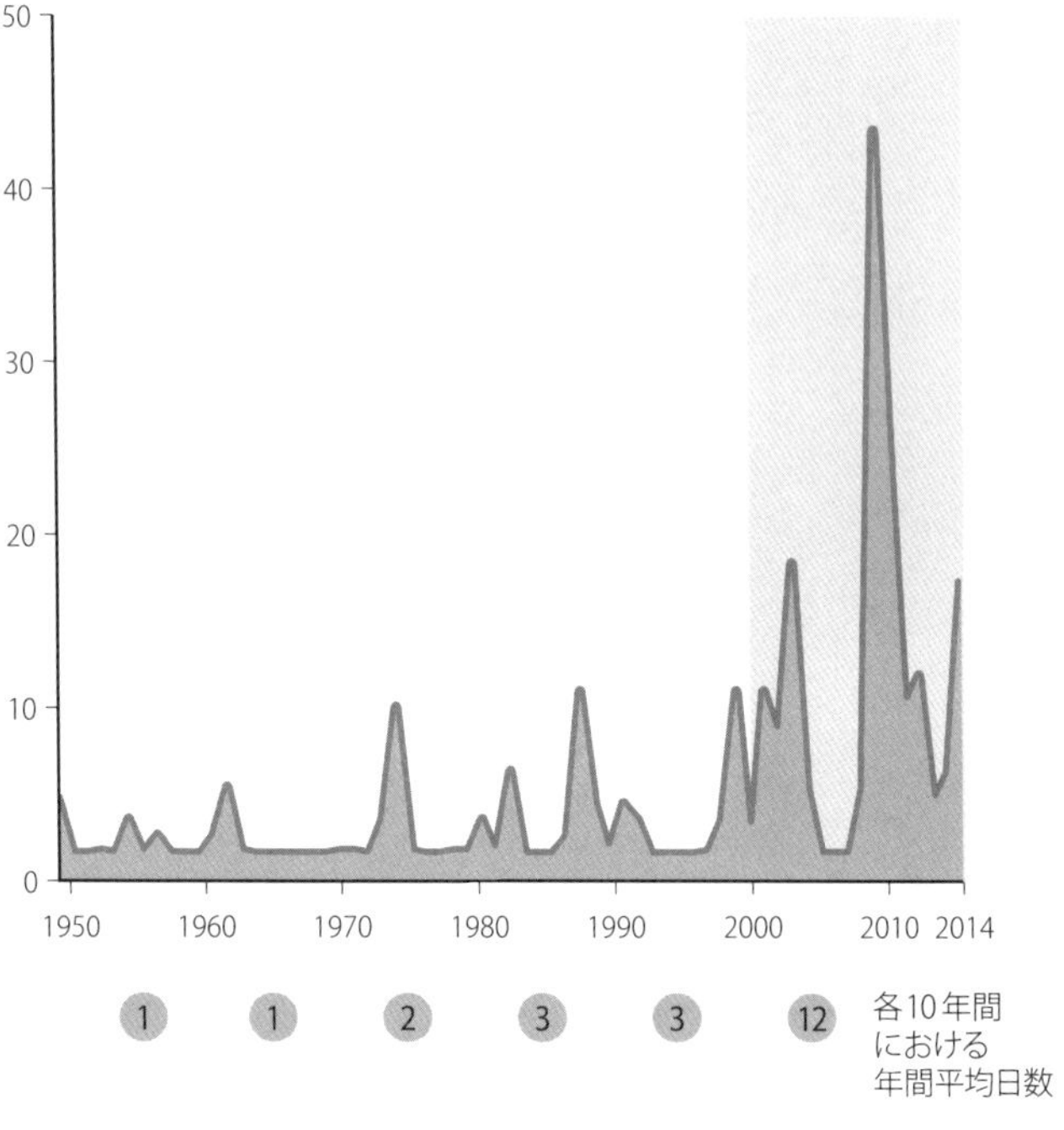

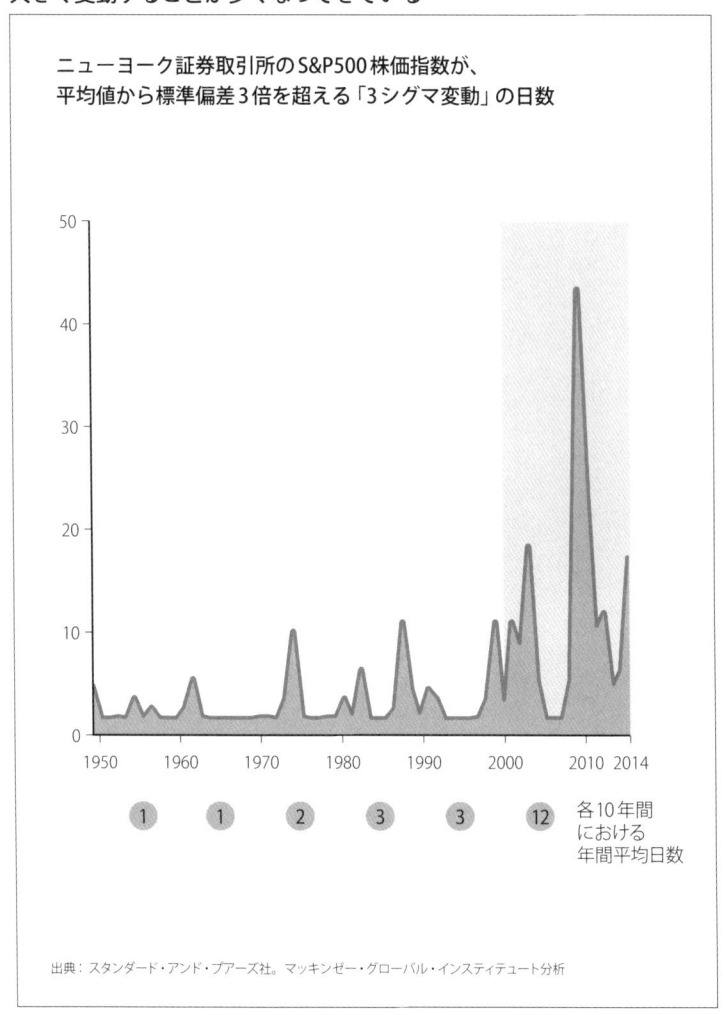

出典：スタンダード・アンド・プアーズ社。マッキンゼー・グローバル・インスティテュート分析

す」（注71）

昔の方法論であれば、規模を拡大すれば、不意の混乱に襲われても企業は身を守れるようになり、これまで成功してきたように自社の強みに依存し、自社の持つコア・コンピタンスにしがみついていればよかった。ところが今日では、敏捷性に焦点が当たることが増えてきている。発生した問題に対して、素早く身軽に行動が取れる敏捷性は、加速するグローバルなフローの時代には、企業存続の成否を分ける特質である。突然の危機に備え、事前に対応策に投資し、危機の到来を察知し、素早く対応できる企業こそが、生死を分ける競争優位を持つことになる。

第 II 部

直観力をリセットするための戦略思考

第5章 次に来る30億人 ——新たな消費者層の力を引き出す

突然の来訪者

イギリス南西部のストリートという小さな町にある、クラークス・ビレッジ・ショッピングセンターのことを聞いたことがある人は、まずいないだろう。また、ここが世界中でも「絶対に行くべき」お買い物スポットの一つだと名指しする人は、もっと少ないに違いない。さらに、新興国の消費者にとって、ここでの買い物がブームになっていると想起する人は、事実上ゼロに近いだろう。ところが、ストリートの歴史とここでの最近の買い物客をよく調べてみると、新興国、なかでも中国が、このサマーセット郡にある片田舎の町に、驚くべき影響を与えてきたことがわかる。

19世紀には、ストリートの最も著名なクウェーカー教徒一家であるクラークス家、とくに一家の所有していた製靴工場は、この町の生命線であった。クラークスという靴のブランドが有名になり、海外に輸出されて国際的にも存在感を増すにつれ、ストリートは繁栄し、産業革命と2度の世界大戦にも無傷で生き抜いた。しかし、ストリートも20世紀後半になって、アジアからの低価格商品の攻勢に耐えることはできなかった。(注1)

中国製およびベトナム製の靴の品質が向上するにつれ、競争力を維持するためには、クラークスも生産を海外に移さなければならなかった。2005年までに、クラークスのイギリス国内のすべての工場が、1カ所残らず閉鎖されてしまった。(注2) ストリートの町では、クラークス・ビレッジと呼ばれる閉鎖された工場の建物が、デザイナーズ・ブランド品を販売するアウトレットモールとして改装され、1993年に新規開業した。(注3)

その後の20年間を早送りしてみよう。開業から20年後、このショッピングセンターは95のブランド品アウトレット店舗を擁し、千人を超える社員を雇い、毎年400万人を超える買い物客を迎える場所となり、再びこの町の新たな生命線となったのである。かつて高級店であった場所が廃墟に変わった姿が最近の不況を想起させる今の時代に、クラークス・ビレッジは繁栄を謳歌している。(注4)

クラークス・ビレッジの成功の裏には、何か秘密があるのだろうか。その答えが新興国の消費者なのである。中国人観光客は、イギリスの小売業、レジャーおよび旅客産業の重要な収入源となってきており、2013年にはイギリス経済に5億5千万ポンド（8億7850万ドル）の貢献を果たした。(注5) コーンウォールとデボンを訪問する観光ルートの途中に位置しているという独自の地理的利点を生かして、観光バスが立ち寄るよう働きかけ、付加価値税の免税手続き相談所を開設した。

そういうわけでクラークス・ビレッジは、低価格に敏感なイギリス人買い物客に加え、中国でも知られている海外の高級ブランドに興味を持つ、何千人もの中国人観光客を引き付けているのである。このショッピングセンターのマネジャーによると、今やこのモールのビジョンは、「クラークス・ビレッジが、イギリス西部地域を訪れる海外からの観光客の『必ず行くべき』目的地となることです」とのことだ。(注6)

さらに興味深いことに、中国人観光客がこぞってクラークス靴博物館にも訪れており、ストリートの町の繁栄を支える強力な後押しとなっている。(注7) ロンドンを本拠とし、中国からの観光客を対象とするチャイナ・ホリデー旅行会社のマネージング・ディレクター、ステファニー・チェンは、「クラークスの靴は中国で大ヒットよ。その品質とデザインは有名です」と語っている。(注8)

巨大な中間層が出現するのはこれから

20年前であれば、中国はおろかどの新興国からであれ、買い物客がストリートの町のようなイギリスの都市の経済活動を支えることなどあるはずもなく、ばかげていると嘲笑されたに違いない。何世紀もの間、世界の人口の1％以下の人たちを除き、人々はその日暮らしのための支出額を超えて消費する余裕のある水準の所得を得てはこなかった。

１９９０年というごく最近のデータでも、開発途上国人口の43％は、１日当たり所得が１ドル25セントという極貧の生活をしており、地球上に生きる人の５人に１人しか、１日10ドル以上の所得を得ていなかった。１日10ドルという水準は世帯収入が「消費者層」に達する境界値であり、自由に日用品が買えるようになる水準である。(注９) 当時のこうした消費者層人口の大半は、北米、西ヨーロッパ、それに日本といった先進国の住民であった。

過去20年の間に、新興国における工業化、技術革新、都市化といった互いに増幅しあう力が、何十億人もの人々の所得を引き上げた結果、７億人を貧困層から脱出させ、12億人を新しい「消費者層」に迎え入れた。(注10) 社会的視点からすると、この水準の貧困の根絶は、原因別死亡者数で比べると、20世紀最大の人類の健康への貢献と讃えられる天然痘の根絶よりも、多くの人々の命を貧困に関連する病気や飢えから救ったのである。(注11)

また市場的視点からすると、このことが意味するものは、巨大な消費力を持つグローバルな消費者層の重心が、東そして南に移動しつつあるという事実だ。私たちの推計では、２０２５年ま

1990年から2025年の間に、世界中で30億人が消費者層に加わる

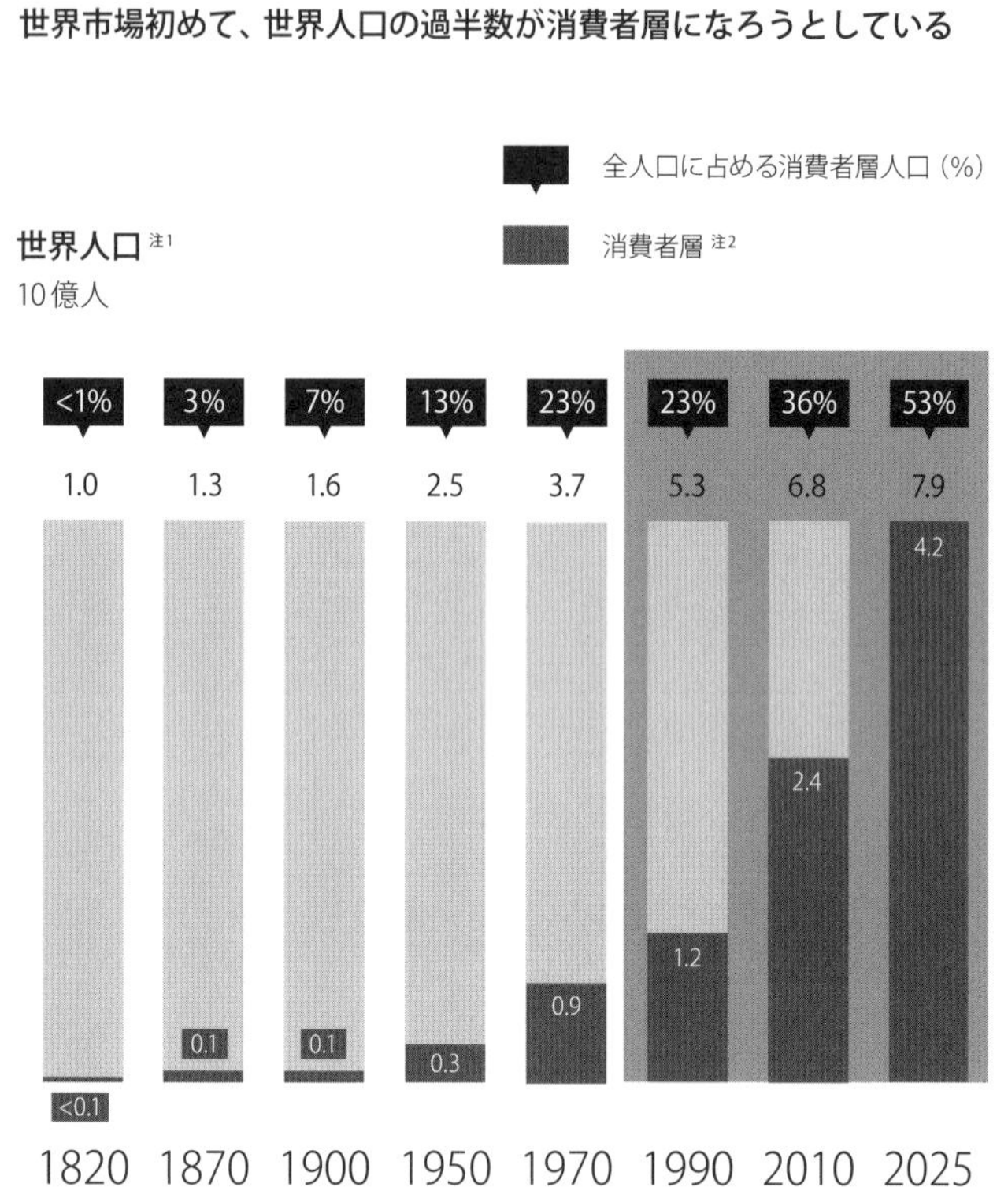

注１：1820年から1990年にいたる歴史的数値は、ホミ・カラスによる推計であり、2010年と2025年については、マッキンゼー・グローバル・インスティテュートによる推計。
注２：消費者層は、購買力平価において１日10ドル以上の可処分所得のある人と定義される。一方、消費者層に届かない人口は、購買力平価で１日10ドル未満の可処分所得しかない人々である。
出典：ホミ・カラス。アンガス・マディソン。マッキンゼー・グローバル・インスティテュートのシティスコープ・データベース

でに消費者層にはさらに18億人が加わり、合計42億人になるだろう。

２０１２年に世界人口が70億人を超えたときには、大きな論争が湧き起こった。だが、わずか35年の間に、世界の消費者層に30億人が加わったことのほうが、はるかに重要な進歩の道程である。(注12)このことは、１９６０年代半ば当時に地球上にいた全人類の人口と同じ数の人々が消費者層に加わった、ということなのだから。(注13)

ドイツ銀行のグローバル・ストラテジスト、サンジーブ・サンヤルはこう指摘している。「次の20年間について真実を語ると、新興国が中流の地位を獲得することだ。もちろん他の新興地域も同じような移行を果たすだろうが、この変身の圧倒的主役はアジアだろう」(注14)

臨界点に達する消費

もう何年もの間、所得は継続的に上昇してきており、消費者層は拡大してきた。しかし、新興国の新世代の消費者による消費は、圧倒的な力へと変化する臨界点にすでに達してしまった。

２０３０年までに、年間所得が2万ドルを超えるほぼ6億人の人口が新興国に住んでおり、これは世界の年間所得で該当する人口のおよそ60％になる。この新興国人口は、電子機器や自動車といった商品カテゴリーの消費金額では、さらに大きな比率を占めることになる。そして、中国、インド、ブラジル、メキシコ、ロシア、トルコ、インドネシアという7カ国の新興市場が、

今後10年間の世界ＧＤＰ成長のほぼ半分を受け持つだろう。（注15）
　また、それぞれ10億人を超える人口を擁する中国とインドが、この現象の中核を占める。技術の普及、とくに新興国の何百万人もの人々がインターネットに接続し、携帯電話を持っていることが、消費を後押ししている。
　インドでは、可処分所得から貯蓄と基礎的生活費を除いた裁量支出は、１９８５年に平均家計支出の35％であったものが、２００５年には52％となり、２０２５年には70％に達する勢いである。（注16）中国では、「ジェネレーション２」または「Ｇ２」と呼ばれる、１９８０年代半ば以降に生まれた新世代の消費者が、経済にとって決定的な意味を持っている。彼らの両親は長い期間、物不足の時代を生き抜いてきており、安定した経済基盤を築くことが何よりの関心事であったが、Ｇ２消費者は比較的、物質的に豊かな中で育ってきた。彼らは自信を持っており、最高の商品に金を払うことを惜しまず、新技術を経験することに熱心であり、価格情報に関してインターネットに大きく依存している。
　中国の消費潮流の強さの一例を示すと、家庭用電子機器とスマートフォンへの支出額で、中国は２０２２年までにアメリカに追いつくに違いない。変化のスピードは異常と思えるほどだ。２００７年には、中国で1千万台のフラットスクリーン・テレビが売れた。その5年後、中国で売れたのは5千万台であり、この数は同じ年にアメリカとカナダで売れた合計台数よりも多いのである。（注17）
　しかも、中国での売れ筋は普及型商品ばかりではない。中国は高級品市場へと移行しつつあ

新たに消費者層に加わる人たちの多くは、新興国のあまり名も知られていない「ミドル級」の都市の住民である

中国の都市の例

6つのメガシティ	上海、北京、重慶、天津、広州、深圳
236の「ミドル級」都市	ハルビン、蘭州、秦皇島

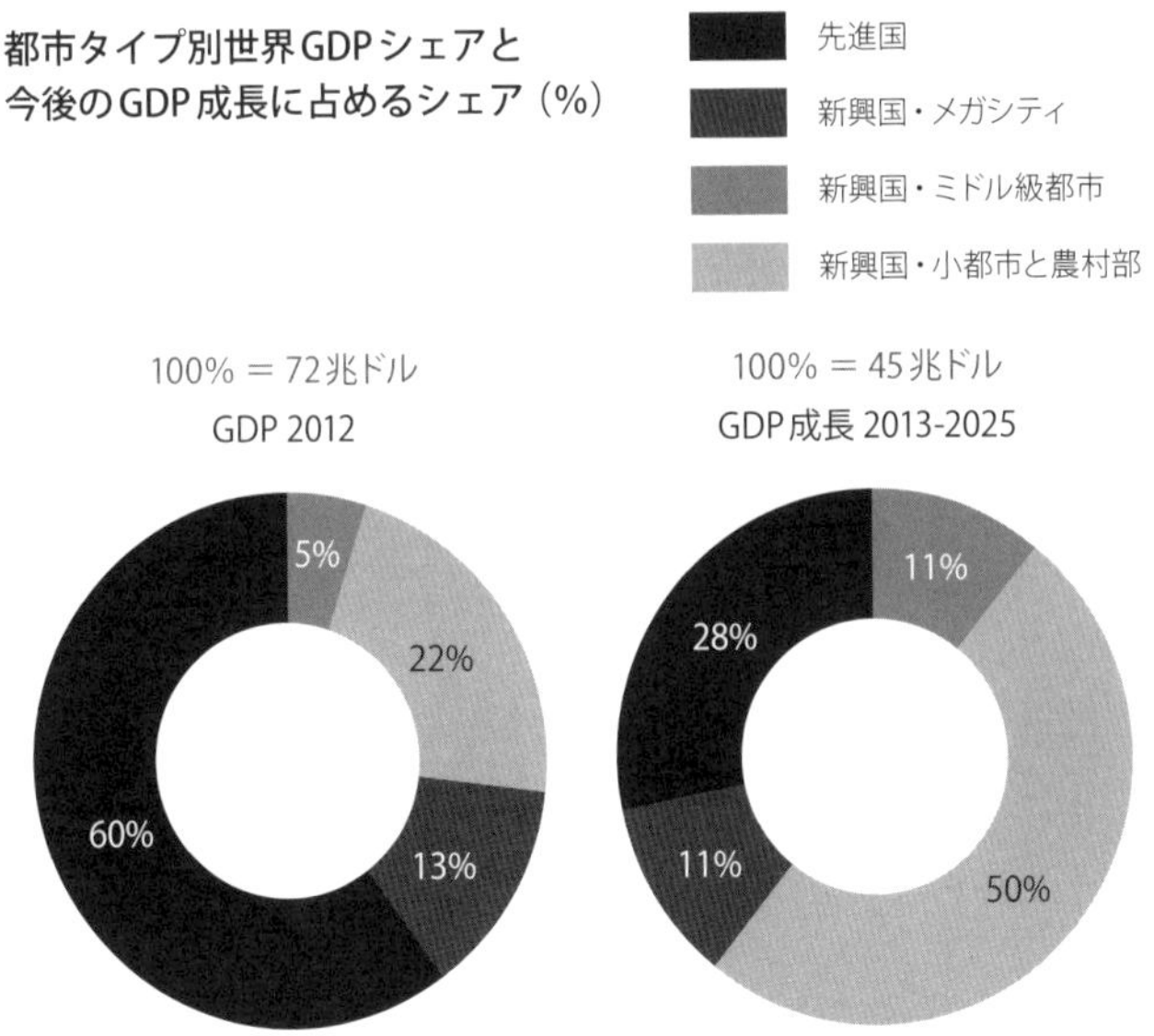

注1：メガシティは、都市圏人口1000万人以上の都市、ミドル級都市は、人口15万人から1000万人未満と定義。
注2：たとえば2007年の実質為替レートとは、実相場を言う。2025年の実質為替レートの推計は、各国の1人当たりGDPの成長率をアメリカと対比した差により行った。
出典：マッキンゼー・グローバル・インスティテュートのシティスコープ・データベース

る。中国はすでに自動車の総販売台数で世界一の市場となり、アメリカを抜き去り、２０１６年には高級車販売台数でもアメリカを追い越すものと予想されている。(注18) たとえば、テスラ・モーターズは、同社の電気自動車の高額なスポーツモデルをすでに中国に出荷している。(注19) 上級車種への乗り換えは、中国の消費者の間で交わされる会話の最重要な話題となっている。

新興国の消費者は、高級ブランド品のカテゴリーでも最も成長の著しいセグメントになっている。そのことを考えれば、フランスの高級化粧品を作る未公開企業、ロクシタンが２０１０年にパリのユーロネクスト証券取引所ではなく、香港証券取引所への上場を実施したのも納得がいく。(注20)

新興国経済の行方には乱気流もあるだろうし、成長率が低下する時期もあるだろう。だが、この成長トレンドは少なくとも２０２５年までは続くものと考えている。実際、悲観的なシナリオでさえ、新興国経済は先進国経済よりも高い成長を遂げる可能性が高い。新興国市場の年間個人消費額は、２０２５年までに30兆ドルに達するだろう。(注21) また、20のメガシティ（人口１千万超）を含む新興国の４４０都市だけで、現在から２０２５年までの世界ＧＤＰ増分の50％近くを占めることになる。(注22)

技術革新が幸福にするのは誰か

インターネットの普及が拡大するということは、こうした新しい消費者層の人たちがインターネット接続し、オンライン状態だということでもある。中国にはすでに6億人のインターネット・ユーザーがおり、これは世界中のインターネット人口の20％に相当する。(注23) また、ブラジルのインターネット・ユーザーの4分の1はツイッターのアカウントを保有しており、世界で2番目のツイート数を誇る熱中ぶりだ。(注24) インドでは、伝統的な技術発展段階を消費者のほうが飛び越してしまった。一般地上電話回線が僻地の村にまで設置されるのに時間を要している間に、9億人以上のインド国民はすでに携帯電話ユーザーになっている。(注25)

また、3億人近い読み書きのできないインド国民にサービスを提供したいという意図から、音声認識入力の可能なウェブサイトやサービスの開発が進んでいる。(注26) インドのおよそ1億人のフェイスブック・ユーザーのうち80％が自分のアカウントへの接続に、固定パソコンではなくスマートフォンなどのモバイル・デバイスを使っている。(注27)

中国のeコマース市場に起こった史上初となる出来事を、2013年に私たちは二つ目撃した。一つ目は、中国のインターネット小売市場の成長である。その市場規模は2003年以来、毎年100％を超えるという驚嘆すべき成長率を遂げてきたが、この年初めて推定3千億ドルの売上げを達成し、アメリカを抜いて世界最大のインターネット小売市場規模の地位を獲得した。(注28) 2020年までに中国のeコマース市場は、アメリカ、日本、イギリス、ドイツ、フランスという、先進5カ国の今日のeコマース市場を合計した規模よりも大きくなっている可能性がある。

2番目の史上初の出来事は、私たちがすでに本書の冒頭で指摘したように、2014年11月11日に中国の小売りサイト、アリババが、1日の売上げとしては世界最高額となる93億ドルという記録を打ち立てたのだが、この額は、アメリカの消費者が2013年のブラック・フライデーとサイバー・マンデーの2日間(感謝祭後の金曜と続く月曜に行われる大セール)に、オンライン・ショッピングを通じて購入した合計額の3倍以上である。

あまり強調されることもなく、数量化するのが非常に難しい現象なのだが、この新しい混乱を招く技術が創り出している価値の大半が、消費者層の人々も享受できるものである。無料で手に入る情報、アプリケーション・ソフト、オンライン・サービス、値引きされた商品、幅広い情報へのアクセス、そして簡単に行えるコミュニケーションが、何十億人もの人々の生活を豊かにすることだろう。残念なことに、こうした便益の額は、私たちがGDPを測定しているやり方では捕捉できない。一方で歴史の長い大企業は、自分たちが一時的にせよ不利な立場に置かれてしまい、新たに創造された消費者余剰を金銭化して自分たちのものにできていない、と気がつくかもしれない。

歴史を振り返れば、技術革新による混乱は、混乱を引き起こしたほうにも、引き起こされたほうにとっても、投資に対する期待値がマイナスになってしまう「マイナスサム・ゲーム」となってきた。アップルのアイチューンの発表と、その後のデジタル音源の売上げの増加を振り返って

新技術により、新しい消費者層への新たな販売経路が開けてきている

2002-2013年の各国のインターネット小売市場規模[注1]

10億ドル

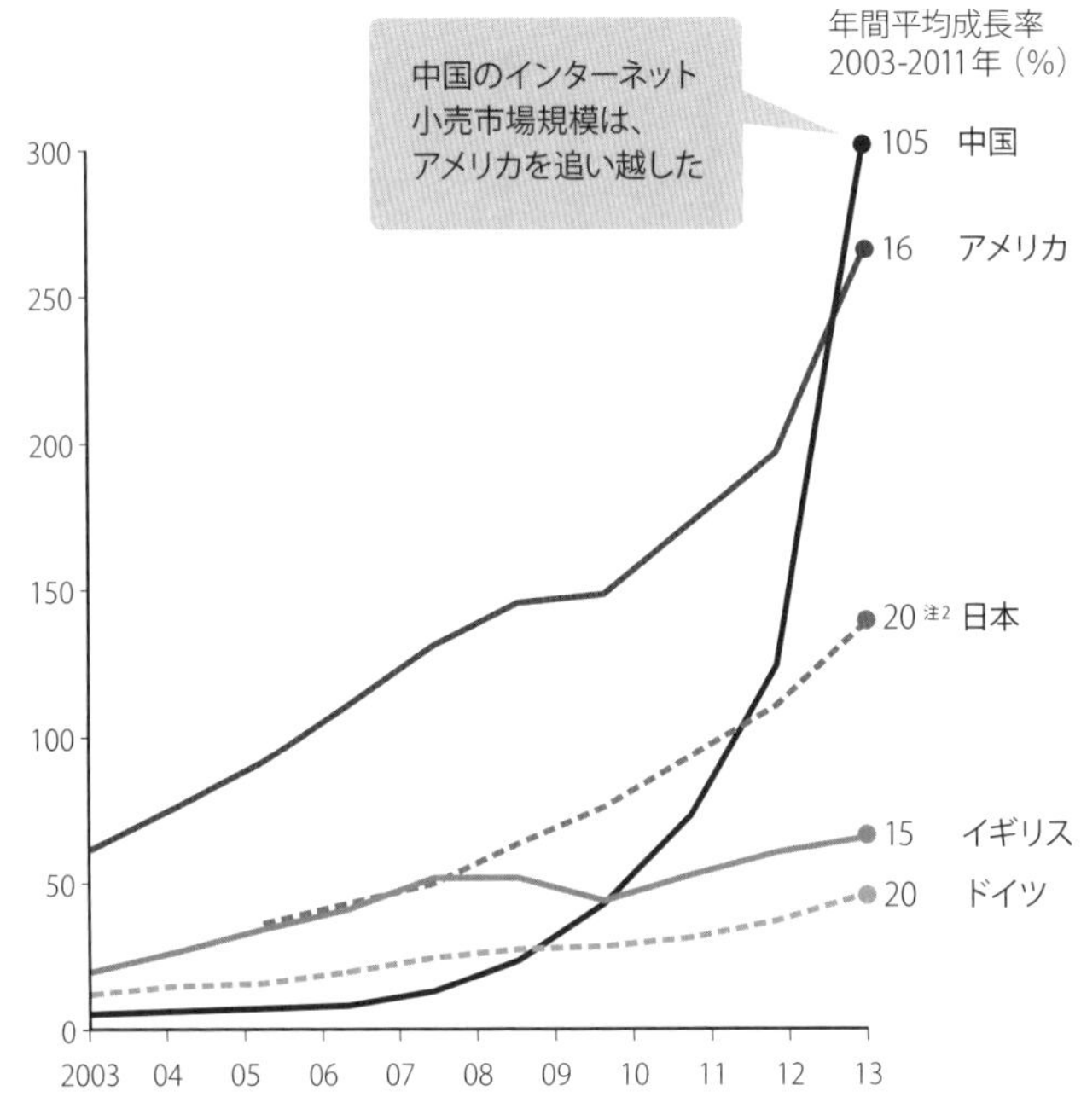

注1：インターネット小売市場規模は、旅行代金、航空運賃などを除く数字である。
注2：日本の年間平均成長率は、2005年から2013年の期間の数字。
出典：ユーロモニター。フォレスター。米国統計庁。日本経済産業省。マッキンゼー・グローバル・インスティテュート分析。

みていただきたい。2003年のアイチューン発表の後、118億ドルあったレコードやテープといった物理的メディアによるアナログ音源の売上げは、2012年には71億ドル（インフレ調整後）まで低下した。音楽産業全体の売上げは半分以下に減少し、便益をいちばん得たのは消費者だった。(注29)

沸騰する市場にどのように適応するか

これまでの議論で扱ってきたのは、私たちが日常生活ではかかわることのない非常に大きな数字である。そのため、極端な個別の成長事例の一つに圧倒され、目を奪われてしまいがちだ。しかし、30兆ドルの個人消費が出現する機会は膨大であるが、同時に、さまざまな粒状の現象の集合でもある。新しく出現する成長市場は、さまざまな大きさで、発展段階も異なって出現し、新しい顧客も多数の異なる民族的・文化的背景を持っている。

こうした多様な顧客の好みや嗜好は常時進化しており、多くの場合、グローバルな相互結合の進展と技術進歩の力とが相互増幅効果を生み出すことによって、進化が加速されている。こうした新市場は、成長するにつれ、製品の品種バラエティー、価格帯、マーケティングや流通チャネルが増殖し、多数のセグメントへと細分化していく。

最も豊富な経験を積んだ経営者でさえも、この変化のスピードと規模には圧倒されるばかりで、多くの経営者が、自分たちが以前に策定した戦略のバイアスにとらわれたままでいる。たしかに成功物語は多い。ユニリーバのような、新興国で「インサイダー」となった企業のことを、私たちはもう何年も聞いてきた。ユニリーバはインドの消費者市場に参入し、素晴らしい実績を残している。

また、南アフリカに参入したビール会社、ＳＡＢミラーは最大のビール会社に成長した。だが、数多くの失敗例も私たちは見てきている。ヤフーとアマゾンは、どちらも中国への進出については、入口で自分のつま先をぶつけ、つまずいてしまった。インドもまた、他の地域では成功を収めてきた多数の多国籍企業にとって、恐るべき挑戦課題になる国だと証明されてしまった。

新興国という環境で成功を収めるには、経営者が、まず自分の持つ直観力をリセットしなければならない。グローバルに事業展開を図る昔のモデルであれば、母国市場を征服した大企業は、自社の旗を秩序よく外国の肥沃な土地に立てていき、現地事業は何千キロも離れた本社からの指令にすべて従っていれば繁栄させることが可能だった。

しかし、現在こうした新興国市場の消費者の支持を勝ち取るには、思い切った経営資源の再配分、新たに必要となる能力に重点を移す賢明な変更、それに事業運営の多数の側面を考え直すことが必要である。新しい新興国市場は、先進国市場からそのまま移植された製品やサービスをすぐに受け入れてくれるような、巨大かつ同質的な存在ではない。また、新しい消費者は、既存商品を水で薄めて低価格普及版にしただけのものを求めているわけでもない。

もし経営者が新しい事業機会を自分で導こうと考えるのなら、結果が出るのを見守りながら待つような贅沢をする余裕はない。新興国市場では、爆発的な成長が突然発生することがよくあり、製品カテゴリーによっては、短期間に70％から１００％の売上げ上昇が発生することもあるからだ。経営者が学ばなくてはならないのは、こうした新興国市場には経営資源の再配分を迅速かつ思い切った規模で行い、同時に、まったく新しい水準でリスクと多角化を管理することが必要だ、ということである。

こうした尋常ではない多様化した新興国市場での競争に勝てる企業には、共通した次の四つの傾向がある。

◉ 次の成長機会を考えるときに、国や地方といった大まかな単位ではなく、もっと詳細な都市や都市の集積で考え、それに従って資本や人材の再配分を行う。

◉ 現地の好みやニーズに合わせて製品と価格設定をカスタマイズし、速く低コストのサプライチェーンを築き、さらにコスト競争力があって幅広い層にアピールする価格帯をカバーできるよう、ビジネスモデルの革新を図る。

◉ 市場にいたる複数の販売ルートを設計し、コントロールし、それに沿ってブランド、マーケティング、および販売戦略を再考する。

◉ 組織機構、人材戦略、事業運営の慣行を、新興国を重点市場とするシフトを反映させて、全面的に変更する。

地域や国ではなく、都市や都市集積に焦点を当てよ

グローバルの消費は、新興国市場にある都市へと向かう未曾有のパワーシフトを、今まさに経験している。上海、サンパウロ、モスクワといった聞き慣れた名称の人口1千万人以上のメガシティの成長は継続しており、このトレンドをけん引している。しかし、真に劇的な消費の成長は、ルアンダ、ハルビン、プエブラ、クマーシといった400あまりのミドルウエイト級の都市が生み出すものであり、こうした中程度の規模の都市を合計すると、2025年までにアメリカ経済全体に匹敵するGDPを生み出すようになるだろう。(注30) 中国では家計消費のウエイトが、東側の海岸部のメガシティの数々から内陸部の中規模の都市群（人口15万人から1千万人未満）に移動していることが、すでに目に見える変化となってきている。2002年には、中国の中産階級人口のわずか13％しか内陸部に住んでおらず、残る87％は海岸地域に住んでいた。だが内陸部中産階級の比率は、2020年までに40％近くになると想定されている。(注31)

こうした世界の新成長都市群の消費者の特徴は、今でも信じがたいほどに多様であることだ。インドには20の公式言語があり、数百の方言および四つの伝統的な主要宗教を包含している。アフリカの53カ国の住民は、推定約2千の言語と方言を話している。したがって、同じ国の距離的には近い都市同士であっても、言語がまったく異なっていることがありうる。(注32)

たとえば、多くのグローバル企業が犯す過ちの一つが、ブラジルの消費者調査をサンパウロで実施する場合、実はこの国際都市は4771マイル離れたニューヨークとの文化的共通点が多く、同じブラジル国内のたった210マイルしか離れていないプラナ州の州都、クリティバ（人

口１７０万人）とは共通点が少ないことに、気づかないでいることだ。
中国南部の二つの都市を比べてみよう。広州と深圳である。この二つの都市はほぼ同規模であり、１００キロしか離れていない。広州の住民の大半は広東語を話す。一方、深圳では、北京語を話す他地域からの移民が人口の80％以上を占めている。こうした違いの数々が、事業運営上に深い意味合いをもたらすのである。
中国南部の杭州や温州といった都市の高級車を買う人は、長年国際ブランドに接してきており、社会的地位を反映するような車種を求める。そうした人たちは、地位を象徴し、自己顕示欲を満たしてくれる購買衝動に訴える広告に敏感に反応する。ところが内陸部の太原や西安などの都市で車を運転する人は、知人からのクチコミに大きく依存し、ブランドが実施する広告宣伝が本当にそのとおり信頼できるのかを確認し、安心するために、ショールームでの実車体験を重視する。（注33）
30兆ドルの消費経済がもたらす機会が粒状の集合構造であり、新興国での都市化が急速に進むことを前提とすると、「次はどこに展開すべきか」という質問への答えは、都市群か特定の個別都市の調査結果により導かれなければならない。消費財で高齢世代をターゲットにする企業であれば、上海と北京が最も魅力的な市場だと考えるに違いない。それとは対照的に、ベビーフードを販売する企業であれば、ベビーブームが進行しているアフリカの上位半分の都市の中で、家計所得が自社の製品を購入するに十分な水準の都市を選ぶだろう。中級品衣料の市場を探すのであれば、中国の重慶、広州、深圳を含む成長都市トップ10の中の９都市が、新興市場に該当するだろう。しかし高級衣料品に関しては、先進国の都市が成長の原動力となり、新興国の都市としてはサンクトペテルブルク、モスクワ、ソウル、シンガポールのみがトップ10に入る。(注34)

多くの経営者は新興国のメガシティで、熾烈な競争状態にある小売市場での競争を選ぶよりも、急速に成長する中規模都市での成長機会を選ぶほうがよいと感じるだろう。ブラジルのサンパウロ州のGDPは、アルゼンチン一国全体よりも大きい。だがその結果、競合密度は高く、小売りマージンは薄いものとなっている。そういったメガシティではなく、ブラジル市場に新規進出したいという企業にとっては、人口は多いが歴史的に貧困であったブラジル北東部のサルバドールのような好況に沸くブームタウンのほうが、事業オペレーションの確立には手間取るかもしれないが、事業拡大には良い見通しが得られるかもしれない。この町は、2015年までに2・4倍に成長すると考えられている。(注35) この考え方は、まったく新しいというものではない。ウォルマートはアメリカ最大の小売業者となったが、それは競争の激烈な大都市圏市場を避け、アメリカの内陸部から外に向かい、良い小売店がまだ進出しておらず、市民が不便を感じている町を見つけては、店舗を開設していった結果である。

どこを競争の場に選ぶのか、という問いと同様に重要なのが、どのような場合に行動を起こすべきなのかを事前に計画し、そうした事態が起こることを予期しておくことだ。新興国市場の成長は、直線的に伸びることはまれである。特定の製品や製品カテゴリーへの需要は、通常S字型のカーブを描く。ある商品を消費者が購入するのに十分な収入を得るようになると、消費は離陸し、「ホットゾーン」と呼ばれる爆発的な成長期に入る。しかし、1人当たりGDPがある程度高くなって所得水準が上がると、市場が飽和する傾向があり、需要の成長率は低下し「冷却ゾーン」に入っていく。

ナイジェリアの飲料市場の例を見てみよう。ワリ、ベニン、ポートハーコートはすでにホットゾーンに入っているが、ラゴス、イバダン、アブジャといった大都市は、まだ離陸地点に向かって歩いている状況だ。製品カテゴリーと現地市場の力学を理解することにより、企業は市場参入の時期を選ぶことができる。理想的には、製品カテゴリーがホットゾーンに入る直前を選べば、個別都市で最速の成長期による効果から利益を得ることが可能になる。(注36)

成長とコストのトレードオフを理解し、対応していくのは複雑な作業である。一つのやり方は、消費者を属性によってセグメントに分けるように、新しい成長市場である都市を、セグメントやクラスターに分けることから始めるのである。共通の人口構成、社会経済特性、文化的特徴で複数の小都市をまとめ、さらにそのインフラストラクチャーや小売業態や分布を調べてみれば、都市クラスターが浮かび上がり、事業運営オペレーションの全局面を通じた規模効率が見えてくるだろう。そうすれば、自社事業の拡大をクラスターごとに進め、「広く浅く展開」に優先して、それぞれのクラスターを「深耕する」よう指揮していくことができる。

現地に基づいて考え、グローバルに行動せよ

どこに、そしていつ焦点を定めるのかが、わかっただけでは不十分だ。新しい市場で製品やサービスが受け入れられる十分な理由があり、規模の拡大の可能性を確実にするには、自社の製

品やサービスをどのように、そしてどれだけ現地に合わせなければならないか、を決める必要がある。

新興国の新しい消費者は、今後10年という期間に出現してくるため、彼らのニーズ、嗜好、消費行動は一様ではなく、対象となる製品カテゴリー、居住地とどのセグメントに属するのかなどによりさまざまであり、大きく異なるだろう。トレンドによっては、ある種のものはグローバルに伝播するものの、「グローバル消費者」といった世界平均的な、抽象的消費者は現実には存在しない。韓国ＬＧ電子の製造する冷蔵庫は、インドではブラジル向けのものより野菜室が大きく、一方ブラジル向けのものは冷凍庫が大きく作られている。また、ネスレの中国向けのインスタントコーヒーは、他の大半の地域市場向けのものよりも甘い味付けとなっている。（注37）

現地消費者のニーズと嗜好への深い理解と、それに基づく賢明なセグメンテーションの重要性は、市場のリーダー企業と追随する者たちを明確に分ける要素であり続けるだろう。そして、規模と現地に受け入れられる特性とのバランスをとりながら、これまでよりも細かいニュアンスを考慮した精緻な製品戦略を手作りで練り上げていく必要性が高まっていくだろう。近年、多くの企業が新興国について、二極化した消費者像を戯画化して把握する傾向が広まっている。一方の極には、金に糸目をつけず豪華なもの好きの新興成金がおり、それがトップグループとしてピラミッドの底辺に対比して配置される、という構図である。しかしながら、顧客ニーズの多様化がさらに進むことと、データと分析手法の高度化を前提とすると、こうした単純な構図から導かれるものが唯一の戦略ではないし、最適であるとも限らない。

それよりも、むしろ自社独自のやり方で、それぞれの新興国市場を理解しようとすべきだ。現地の好みや香りの嗜好を注意深く理解することこそが、インドでフリトレー社が、そして中国でティンイー社やリグレー社が果たしたように、消費財メーカーが流星のような急成長を遂げる秘訣である。

◉ フリトレー社は、インドに1990年に進出し、スナック食品ブランドとして40％を超える市場シェアをこれまでに獲得した。では、どうやったのだろう。すでにグローバル・ブランドとなり、アメリカの伝統的ブランドでもあるレイのポテトチップスを現地の好みの味に変えるのではなく、インドの街角の屋台で売られている食品と西欧スタイルのポテトチップスからヒントを得て、新しい食べ物「クルクレ」を作り出したのである。この製品は、インドのどの家庭の台所にもあるごく普通の食材を主な原材料としたスナックであり、今では南アフリカ、パキスタン、ケニアといった国々でも販売されている。（注38）

◉ 台湾の2人の兄弟により中国に新規設立されたティンイー社は、今や中国の食品・飲料販売の主要企業となったが、その成長のきっかけは、同社のインスタント麺製品カテゴリーの商品すべてについて、現地の中国人デザイナーにパッケージ・デザインを依頼し、中国市場向きに新しい味付けの商品開発を行い、商品名も「カンシーフー」（「コン先生」）にして、低価格製品は「フーマンデュオ」（「福がいっぱい」）という現地語ブランド名に変えて売り出したことである。ティンイー社のコン先生ブランドのインスタント麺は、中国で1位の人気

だ。（注39）ティンイー社は、幅広い食品と飲料を販売し、２０１３年の総売上げは１０９億ドルであった。（注40）

◉ 中国のチューインガム市場で40％の市場シェアを達成したリグレー社の成功は、ガムの香りと味を現地消費者の嗜好に合わせたものに変更したことと、消費者教育を中心コンテンツとし、チューインガムの歯と健康への良い効果を訴える広報宣伝に大規模な投資を行ってきたことの成果である。（注41）

価格設定もまた、どれだけ現地に合わせた調整をすべきか、というもう一つの非常に重要な意思決定である。企業が顧客に対していくらの値段を請求できるのか（あるいは請求したいのか）ということと、競合企業との相対的ポジショニングは、それぞれの市場ごとにニュアンスが異なる、という興味深い事実がある。

ブラジルでジョニーウォーカー製品を販売するディアゲオ社は、富裕消費者層に関する同社の理解と洞察を価格設定に活用した。ブラジルでは小売価格は品質を反映するものと認識され、ブラジルの洋酒市場では高級洋酒の価格弾性値が他国より小さく、価格を下げても販売量は増えず、上げても販売量は減らない、という関係が働いていることがわかった。この結果に基づき、ディアゲオ社はジョニーウォーカー製品のポジショニングを変更し、「最高級ウィスキー」に位置づけて価格を引き上げた。その結果、同社にとりブラジルは最重要市場の一つとなった。

とは言っても、多くの企業にとって現地で成功する唯一の道は、現状の自社のコスト構造を見直し、価格設定を再考してみることである。コストという点では、新興国市場の国内企業が強敵であることは証明済みである。第9章で詳述するが、新興国の国内企業、それもとくに資本集約的産業の企業は、資本比率を軽くし、独創的な方法を案出するようになってきている。このことにより、先進諸国企業が組織革新を実行し、研究開発と商品設計を現地化し、サプライチェーンと資金調達を見直す必要性が高まっており、場合によっては、現地の既存インフラストラクチャーを活用しやすくするために、現地企業との提携が必要かもしれない。

◉　GEは1500ドルで販売しても十分利益の出る心電計をインドで開発したが、この価格水準は、先進国市場向けに従来販売されてきた心電計の5分の1である。この新設計の心電計は、急速に成長するインド市場への進出とシェア拡大に役立ったばかりでなく、先進国市場向けに2500ドルで販売できる心電計開発のヒントにもなった。GEはこの経験から学び、今では医療用機器新製品の25％超をインドで開発している。しかも、GEが明らかにしているその意図は、開発新製品を新興国市場と先進国市場の両方の販売に活用しようというものだ。（注42）

◉　韓国のLG電子は、インド市場で成功裏に技術革新を進めている好例の一つである。LG電子は1990年代まではインドで苦難の時代に耐えていたが、外国からの投資規制が緩和され、インド現地の研究開発施設とインド人設計者や技術者の採用に大規模な投資を行うことが可能となった。現地の開発者たちは、インドでは市民が音楽を聴くのにテレビを使っていることがよくわかっていたので、LGのテレビの新モデルを導入するにあたってスピーカーを高音質のものに変更し、価格を低く抑えるためにブラウン管から液晶パネルに切り替えた。今日では、バンガロールにあるLGの製品イノベーションセンターは、韓国内を除き海外では最大の研究施設であり、テレビ、冷蔵庫、エアコン、洗濯機といった家電分野でLGはインドのマーケット・リーダーになっている。(注43)

◉ 中国のビン・缶入りコーヒー市場で、ネスレは価格を従来よりも30％下げることに成功したが、その理由は、低コストのサプライ基地を雲南に置き、資材の購入先を中国企業に切り替えたことである。(注44)

◉ 世界のトップテンに入るファッション企業、VFコーポレーションは、どんどん拡大を続ける進出先の国の需要に対応するため、サプライチェーン・マネジメントのやり方を設計し直した。統合ITシステムの助けを借りてVF社が設計したのは、「第三の道」と名付けられた手法で、傘下の数多くのブランドの資材調達ニーズを統合し、規模の利益を作り出そうというものである。VF社は生産委託先企業と密接な連携・調整を図り、一つの工場で数多くの異なるブランドの商品を生産できるようにした。2000年代半ばから後半にかけてこうした改善を行った結果、VF社はジーンズやその他衣料品の生産コストを5％から10％の幅で低減させることに成功した。(注45)

◉ 先にも紹介した食品・飲料企業のティンイー社は、中国での事業展開にあたり、進出先の各省それぞれに新工場を建設していった。その進出先には、青海省、四川省、河南省といった農村部も含まれていた。同社の戦略は省レベルでの現地化であり、低価格での資材調達、労働力および税優遇を獲得し、現地の実情に即して製品、販売、流通戦略を策定し、実施しようという考えに基づいている。

売り込み方を学び、複数のチャネルを使って売れ

企業は、顧客がいったいどこにいるのか、どこで買い物をするのを好むのか、またどこで購入の意思決定をするのか、といったことを理解したうえで顧客に出会い、向き合わなくてはならない。私たちの調査によると、新興国市場では店内でのやりとりが重要であることが確認されている。中国では、約半数の消費者が最終購買決定を店内で行っているが、この比率はアメリカではちょうど4分の1である。新興国市場の消費者が購入にいたるまでの旅は、店内の部分が時間的に長く、しかも最終購買決定に与える意味合いが大きい傾向がある。中国では、高額な家庭用電子機器を購入する場合、消費者は購入を決めるまでに2カ月をかけ、販売店を平均4回訪問している。(注46)

しかしながら、消費者の店内経験をコントロールすることは至難のわざであり、経営者にとって大きな課題を突きつける。中国の武漢のオプティックス・バレー・ショッピングセンターにあるウォルマートの店舗は、整然とした店内、明るく照明の行き届いた通路、衣料品、おむつ、電気製品、スナック食品、生活用品など明確に区分された売り場、それに鳴いているウシガエルのイラストが描かれた値札の付いている食品売り場などの特徴から、欧米からの訪問者であればす

ぐにそこがウォルマートだとわかる。ところが、中国でもほかの都市に行くと、そうはいかない。何がどこに行けば買えるのかわからないし、迷子になってしまいそうなのだ。

インドやインドネシアといった国では、小売業は非常に細分化されており、小規模なオーナー店舗による売上げが80%以上を占めている。それとは逆に中国やメキシコでは、近代的な商業施設や大型店舗による売上げが半分以上を占めている。したがって、海外進出する小売企業の経営者が販路として向き合うのは、すでにグローバルに展開している小売企業のカルフールやウォルマートの大規模店、それに中国のCRヴァンガードやインドのビッグバザールといった現地のトップチェーン店だけではない。それらと並行して、細分化されさまざまな規模で点在するオーナー店舗にも、対応していかなければならないのである。(注47)

多くのグローバル企業が犯す間違いは、重要顧客アカウントへの対応テクニックや第三者流通業者への専任担当チームの設置といった、自国でうまくいった戦術に飛びつき、頼ってしまうことだ。だからこそ、新興国市場に進出するときにはアプローチを見直し、自国よりはるかに大きな自前の販売部隊を編成し、販売店舗をセグメンテーションし、顧客の店舗内経験の質をモニターできるようにきめ細かなルーチンの標準手順を定め、実際に運用されているかを見守るためのチェックリストを策定しなければならない。

新興国市場でもう何十年も販売活動を行ってきているコカ・コーラでは、新興国市場のさまざまな店舗を分析し、正確なセグメンテーションを行うために多大な努力を投じている。そして、それぞれのカテゴリー別に、「成功の具体像」と呼ばれる、店舗の外観、ディスプレーのやり方、プロモーションの実施方法、コーク製品の値付け手法などについての、詳細な説明マニュアルを作成している。

コカ・コーラは、優先度の高い重点店舗には社員による直販モデルを適用し、直販方式ではコストがかかりすぎる場合には、ディストリビューターや卸売業者を通じて販売している。そのうえで同社は、各店舗のサービスレベル、配送頻度から店内のどこにクーラーが置かれているのかにいたるまで、すべての点を細かく調査し、把握している。

アフリカでは、コカ・コーラは3200にのぼるマイクロ・ディストリビューターを活用しているが、これは起業したいと考えている独立事業者を数千人採用して構築したもので、彼らはコーク製品を手押し車や自転車に積み、小売店舗への「最後の1マイル」の距離を届ける役割を担っている。一方、物流インフラストラクチャーがもっと整備されている中国では、コカ・コーラを販売する200万の小売店舗の40％超には直接販売を行い、全契約小売店舗の60～70％については、コカ・コーラの営業担当者とマーチャンダイザーが定期的に訪問し、販売実施の環境と売り方の状況をモニターしている。

だが、コカ・コーラが別に珍しい事例というわけではない。インド、ブラジル、アフリカといった市場では、ユニリーバやネスレといった長い実績を持つ企業は、いずれも手押し車、自転車から水上のはしけにいたるあらゆる手段を使って、自社の製品を顧客に届けている。(注48)

商品の流通に加え、こうした新しいテリトリーで自社のブランドをどのように位置づけ、どのようにマーケティングを行うのかを、企業は考えなくてはならない。新興国市場の消費者が購入候補として当初考慮するブランドの数は、それほど多くない傾向があり、後になって新たなブランドに変更する可能性も低い。私たちが行った最近の調査では、中国の消費者は、当初平均三つのブランドを候補として購入を計画し、60％の割合でその中の一つを最終的に購入している。欧米の消費者の同様な調査では、当初候補は4ブランドであり、その中から最終的に購入する可能性は、30～40％である。（注49）

当初の候補ブランドが少数に絞り込まれ、しかも最初の候補選びが最終購買に与える影響が大きければ大きいほど、露出度が高く、目立ち、信頼度の高いイメージを持つブランドが有利となる。認知度を高めてまず購入候補に入れてもらうためには、メッセージが適切で効果的かをテストし、地域的に限定したキャンペーンを実施する、というステップを踏むことが有効だ。地域限定キャンペーンはクチコミのネットワーク効果を促進する傾向があり、新規参入企業が新興国で成功するには決定的な条件となる、「知人からの好意的な口伝えの情報」を発生させることが、簡単に実施できる手法である。結局のところ、新興国市場の消費者の多くは、メディアに対する信頼度が相対的に低い国々に住んでいるからである。たとえば、中国での友人や家族からの推薦の重要性は、アメリカとイギリスの消費者が感じている重要性のほぼ2倍であり、またエジプトでの比率は、英米のほぼ3倍である。（注50）

どの程度自社のブランドやメッセージを現地に合わせて修正していくのかを決めるには、顧客洞察調査や現地の消費者調査に頼る必要がある。台湾のパソコンメーカーであるエイサーが使っていた「私の生活をシンプルに」という企業メッセージは、台湾の電子機器購入顧客にはよく受け入れられ、効果的であった。

ところが、エイサー・チャイナが中国本土でこのメッセージをテストしたところ、まったく共感を呼ばなかった。フォーカスグループを実施して明らかになったのは、エイサーの意図した「簡素さとその価値」という表現が、同社の製品の信頼性と耐久性に疑いを生じさせる原因となっていたのである。エイサーの新しいメッセージは、簡素さと生産性に代えて信頼性を強調するものとなり、その結果同社は中国の消費者に対して、親和性があり信頼されるブランドを築くことができ、最終的には2年もかからずに同社の市場シェアを2倍にすることができた。(注51)

組織と人材戦略を修正せよ

グローバルに事業を展開する企業が成長を遂げ、多くの国に多様な事業が展開されるようになると、複雑さに対応するためのコストが急速に増加する。世界の著名な多国籍企業17社の300人を超える役員への一連のアンケートと、注意深く設定された設問によるインタビューを実施したところ、海外進出先の事業環境と顧客ニーズに関する理解の点で、自社のほうが現地競合企業よりも優れていると答えた役員は、40%もいなかった。

高業績を上げている多くの多国籍企業が、組織の健康度を測る重要指標で比較すると、限定的な地域に事業を集中させている企業よりもスコアが低くなる、「グローバリゼーションに対する罰」と呼ばれる傾向に苦しんでいる。現地への適応と、グローバルな複雑さを避けたい本社の意向との間の緊張を管理し、社員間でビジョンを共有し、イノベーションを奨励し、各国政府とも

進出先コミュニティとも良好な関係を築く、といった多くの挑戦課題が、どの企業にも共通する悩みの種であった。（注52）

新しい機会を追求する敏捷性を高め、成功の可能性を高め、グローバリゼーションの罰をできるだけ少なくするには、自社の組織機構と運営プロセスを考え直さなければならないのかもしれない。もし、自社の成長可能性のほとんどが新興国市場にあるなら、取締役会のメンバーの支配的多数が英語を話す人たちだけでよいのだろうか。また、本社がヨーロッパや北米にあるという状態のままでよいのだろうか。さらに、サンパウロ支社の長が、ヨーロッパ事業の長と同等のランクでよいのだろうか。

グローバルに事業展開する企業が、自社の中核となる活動を、優先度の高い市場の近くに配置し始める傾向が強まっている。しかし、既存戦略、既存の経営資源配分への「粘着性バイアス」、すなわち慣れ親しんできたやり方に固執する傾向により、タイムリーな戦略や資源配分の変更が妨げられることが多い。ＡＢＢ、ＩＢＭ、ＧＥは、新興国市場に重点を置いた組織を作った最近の事例である。

◉ スイスの巨大エンジニアリング企業、ＡＢＢ（アセア・ブラウン・ボヴェリ）は、ロボット事業のグローバル基幹部門をデトロイトから上海に移転し、「中国で設計し、中国で製造する」という戦略を追求している。（注53）

◉ 売上げの64％をアメリカ以外で上げているＩＢＭは、今では全社の人事機能をマニラに、会計業務をクアラルンプールに、調達業務を深圳に置き、日本事業向けの顧客サービスをオーストラリアのブリスベーンで行っている。(注54)

◉ 売上げの過半を海外から得ているGEは、2011年に同社のX線事業部をウィスコンシン州から北京に移転した。(注55)

「ある意味で、再配分するのは資本のほうが、人材を動かすのよりも簡単です。ブリュッセルに座っていて、いろいろな事業の年間の資本移動を見て、その状況から行動を取ればよいのですから」と、ベルギーの化学メーカー、ソルベイ社のCEOであるジャン=ピエール・クラマデューは語っている。「人材については、地域や事業分野といった『サイロ』の中で管理しがちです。だからこそ、当社では人材管理に新しい指導原理を確立しました。それは、グループ全体のトップ300人を、会社が管理する人材資産であると定義したのです」。(注56) 言い換えると、この企業の主要人材は、本社に残っているのではなく、グローバルに展開する事業活動を経験するよう、現地のニーズと成長に基づき実施する人材ローテーションの対象なのである。

組織機構を考え直すばかりではなく、本社と新興国市場の間の最適な自治関係を決めなくてはならない。今でも多くの企業が、面倒な報告関係という上下のつながりを用いて事業運営を続けている。つまり、本社の国際部門が各国の封建領主を統治しており、現地の封建領主は協力的ではなく、時には現地の自分たちの言語で事業運営をし、コミュニケーションにはイライラさせられる。このモデルを使うのでは、本社にCクラスの役員ばかりが残っている状況になり、新興国の変化のスピードや機会の巨大さを理解するには遠く離れすぎていることになってしまう。

私たちの観察によれば、新興国市場での成功を経験できるのは、本社が「この市場は投資先の一つ」という考えを捨て、現地を運営するリーダーに、自分たちの進む道を設定する自由度を与える場合に限られる。LG電子がインドに現地子会社を設立し、市場シェアの拡大を図ったとき、現地に派遣された韓国人マネジャーには決定権限を与えず、メンターあるいは助言者という位置づけにした。(注57) また、台湾のティンイー社の中国市場での成功の要因の少なくとも一部は、現地の経営陣に全面的な意思決定権限を与え、中国の消費者のニーズに合致した新製品の開発を任せた戦略にある。

こうした新成長市場の攻略を担う最高の人材を引き付け、育成し、社内に留めておくことは、新興国市場での成功の決定的に重要なもう一つの要素である。最近行った、グローバルに事業展開する主要企業の調査によると、各社のトップ200人の社員のうち、アジアの主要新興国出身者は、平均するとわずか2%しかいない。(注58) この結果は、一部にはそうした人材の供給がきわめて少ないからなのだが、そればかりではなく、既存の資源配分パターンの持つ「粘着性バイアス」に企業が引きずられてしまうこと、それに新規進出先では、自社の知名度や評価が低く「勤め先としてのブランド力」が明確に確立されていないからである。

グローバル企業によっては、この課題に正面から取り組み、現地企業とは大きな差別化を図ることのできる、「求める人材に提供する明確なもの」を創り出そうとする試みを行っているところもある。韓国では、フランスの化粧品メーカーのロレアルが、女性販売員とマーケティングスタッフといった職種に関して、理想的勤務先ランキングでトップ企業に選ばれるようになった。それは、ブランドマネジャーたちに大きな権限と昇進機会を与え、勤務時間の柔軟化、短縮化などの改善を行い、育児のためのインフラストラクチャーを整備したからである。インドではユニリーバがトップクラスの人材を引き付けているが、それは同社の行った、海外を含むローテーションと最終勤務地選択を骨子としたグローバル・リーダーシップ・プログラムの効果によるものである。(注59)

❖❖❖

世界中で起こっている新しい消費者層の勃興が、既存の確立した企業にとっては達成の困難な、新たな要求を突きつけている。自国市場で築いた優位な要因は、はるか離れた市場には、簡単には移転し構築することができないし、当然のものと受け入れられもしない。

だが、新市場の提供する成長機会は非常に大きく、無視するわけにはいかない。毎日、毎日、1日が過ぎていくごとに多くの人が農村部から都市部へ移転し、さらに多くの人がインターネットに接続し、また多くの人が世界の消費者層へと加わっている。その結果、ますます多くの企業や組織機構が、クラークス・ビレッジが発見したように、世界が今、自分たちの戸口に向かって、まったく予想もできなかった新しい道筋をつけていることに気づくことになるだろう。

また同時に、これまでは閉ざされていると思っていた市場の消費者が、自分たちが製造している種類の製品への嗜好を、身につけてきていると気づくに違いない。自社のアプローチと管理のやり方を系統的に見直し、世界中のすべての有望市場に自社事業を展開していこう、という賢明な企業であれば、今の顧客がどこにいるのかを見つけ出し、出会うことができるだろうし、将来の顧客も見つけられるだろう。

第6章

逆回転が始まった

——資源に訪れる新たな機会

変化の背景で動き続ける商品価格

２０１０年11月、チュニジアのシディ・ブアズィという町で屋台の物売りをしていたモハメッド・ブアジジが、地方政府の営業妨害に抗議して焼身自殺をした。この抗議行動がチュニジア大統領、ジン・アビディン・ベンアリの退陣のきっかけになったことはよく知られているだろう。（注1）チュニジアの事件は、２０１１年から12年にかけて中東と北アフリカ諸国を巻き込んだ長編ドラマとなる「アラブの春」の、ほんの序章の幕開けにすぎなかった。政治アナリストたちの分析によれば、この地域の不安定をもたらした原因は数多くある。汚職にまみれた独裁政治、失業中および不完全就業の若者の間に高まる期待と不満、それにツイッターやフェイスブックといったソーシャル・メディアの果たした触媒の役割、などである。

しかし、根源的な理由は、もっと昔からある現象だったのかもしれない。その昔からの原因とは、食料価格の急激な上昇である。ちょうど、パンの価格上昇が1789年のフランス革命の下地を作ったように、消費財全般の価格上昇がアラブの春という大火につながる火に油を注ぐ要素になったのかもしれない。

いろいろな事件が続いて起こり、展開していくなかで、アナリストたちは、北アフリカと中東諸国が食料供給のおよそ50％を輸入に頼っている、という事実を一般に見過ごしてしまったようだ。（注2）この比率は世界中のどの主要地域よりも高く、そのせいで、国際食料価格上昇の影響をこの地域が受けやすくなってしまっている。2007年と08年に、国際食料価格は急上昇し、国連の食料価格指数は2000年代初頭の2倍に跳ね上がった。（注3）

その結果、中東各地の現地食料価格も上昇し、パンを求める暴動がバーレーン、ヨルダン、イエメン、そしてモロッコへと衝撃波のように伝わっていった。2011年には、国連はエジプトとチュニジアの政府が崩壊する1カ月前に、乳製品、食肉、砂糖および穀物価格が記録的高値に達したという報告を出していた。（注4）

不公平感、食料価格の上昇、それに気候変動を混ぜた効き目の強いカクテル効果により、世界中で市民の不満が爆発していた。2008年には30の異なる国で、60回を超える食料を求める暴動が発生していた。14年春にいたっても、国連の食料価格指数はニューイングランド複雑系研究所が定義した「民間暴動限界値」を超えており、リーマンショック後に観察されたピーク値よりも高水準であった。(注5) 言い換えると、食料価格の基準値が、高値への急上昇、構造変化、大規模な不作や干ばつといった異常値を説明できる要素が存在しないにもかかわらず、深刻な問題を引き起こしていたのである。

近年、世界は何億人もの人々を貧困から脱出させるという、驚くべき進歩を果たしてきた。だが、高額な食費は貧困家庭に不当なほどの打撃を与えている。世界銀行の調査は、2010年の後半6カ月だけで、4400万人が食料価格の上昇により再度貧困層に引き戻されたと報じている。(注6) 食料価格の上昇は、開発途上国の貧困層だけに打撃を与えているわけではない。世界で最も豊かな7カ国に入るイギリスでも、英国赤十字社が13年に、第2次世界大戦以来初めて冬に食料援助を実施すると発表した。(注7)

2012年、国連食糧農業機関は、先進国の栄養不良人口が04年から12年の期間に、それまでの安定した減少傾向から転じ、23%増加したと報告している。(注8) また、経済拡大が5年目に入ったアメリカでは、ほぼ新記録に近い4600万人が、フード・スタンプと呼ばれる食料切符を受給している。(注9)

資源価格の上昇は食料にとどまらず、またその影響も家計だけにはとどまらない。2000年から2013年の間に、農産物、金属、エネルギーといった資源の商品価格は、ほとんど2倍に上昇した。(注10) 新興国経済が工業化し都市化することが、エネルギー、食料、自然資源の需要

2000年代に多くの国を襲った急激な食料価格の高騰により、家計支出に占める食料品、飲料の割合は高まった

家計支出に占める食料品、飲料の比率上昇率の上位10カ国

2001-2013, %

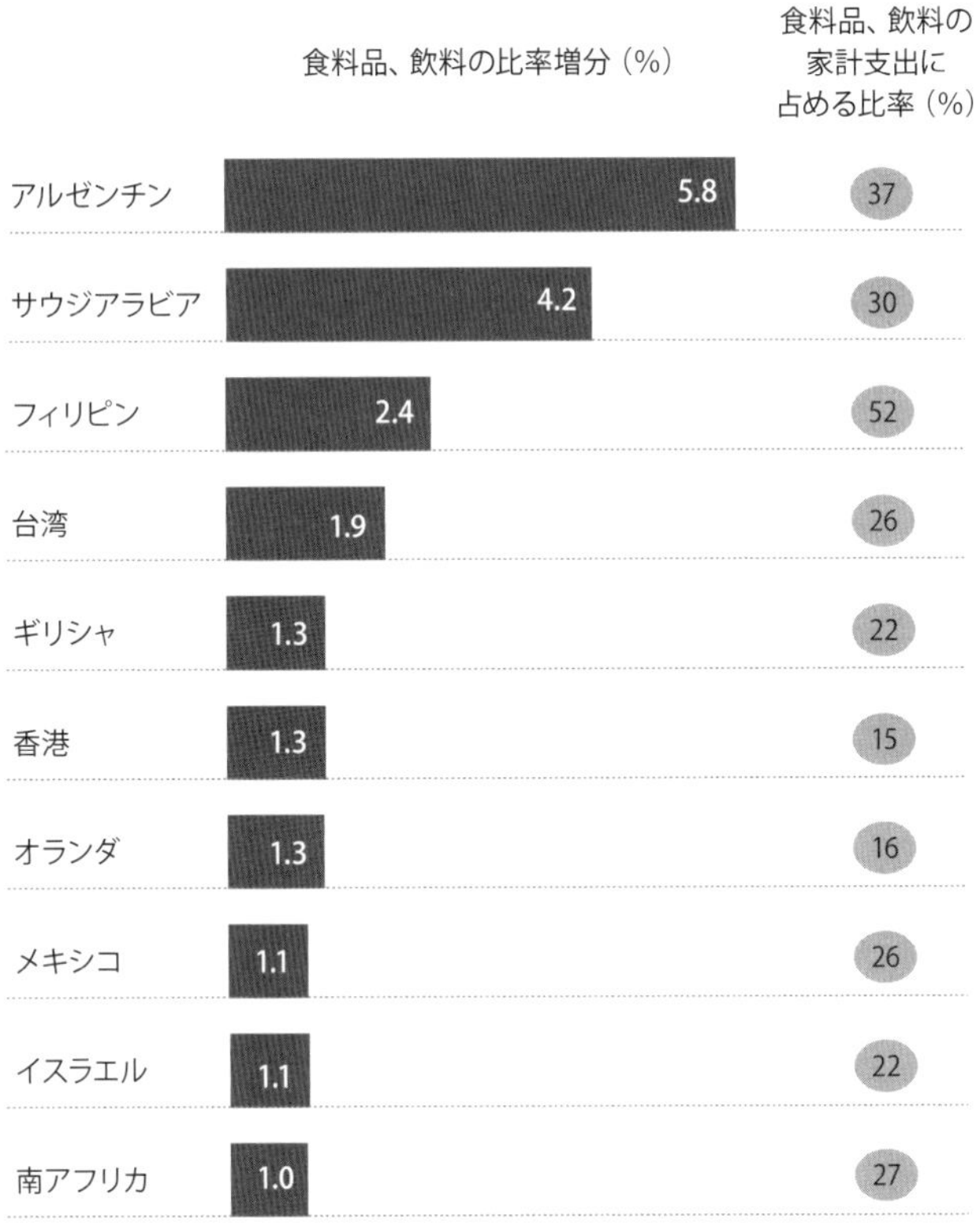

出典：世界銀行。国際通貨基金（IMF）。国連貿易開発委員会。国連。FAOSTAT.Comtrade.
エコノミスト誌情報部門。マッキンゼー・グローバル・インスティテュート分析。

の急拡大を生み、しかも供給側では急に供給量を増やせないため、高価にならざるをえない時期に需要急増が起こってしまったのである。

このことが企業業績に与える下向きの影響は明らかだ。急激に上昇する商品価格は、消費者の可処分所得と製造業者のマージンに食い込んでいかざるをえないし、企業の新規事業に取り組む意欲をそぐからだ。重要資源の価格がさらに不安定になることは、危険をはらんでいる。

しかし、過去のほかのトレンドの動きが不確実になる場合と同じように、この変化もまた新たなチャンスともなりうる。これまでよりも効果的で効率的な生産、管理、貯蔵、資源の活用に向けた投資、新プロジェクトおよび取り組み態度の変更を実施すれば、収益の向上をもたらし、競争優位性を獲得でき、新規事業の基礎を築くことにつながる。

しかも、私たちはすでに成功事例となる現象を直接見てきている。フラッキング工法によるシェール革命がそれに該当するのだが、この革命が可能となったのは、一部には高くなっていた原油価格（それに需要減退の兆候といったほかの要素も影響した）のせいであり、２０１４年の6月から12月の間に、原油価格の実に40％の低下につながった。

トレンドは中断したか

21世紀の夜明けが始まる頃、永続的かつ強力な力が世界の舞台に登場した。エネルギー、金属、食料、それに水を含む必須需要財の実質価格が、20世紀の間にほぼ半分に低下した。この必須需要財の価格半減という素晴らしい展開は、その間の世界人口が4倍となり、1人当たり世界GDPが5倍近くに増加したという需要増加要因にもかかわらず達成されたものである。(注11)

この価格水準の低下は、生活水準の向上とエネルギー密度により、必須財の需要が6倍から20倍に押し上げられたことを考慮すると、いっそう注目に値する。(注12)

それは、蒸気機関の鉱山での利用、農業における機械化の普及、巨大ダムの建設などによる著しい生産性の向上により、人類が生産、流通、商業、および商品を保管しておく活動を、有効にコントロールすることが可能となったからである。商品価格の低下が追い風となり、世界経済の産出高は、20世紀の間に20倍を超える拡大を果たした。しかも、1970年代の石油危機の時代を除き、資源活用の生産性向上は優先事項ではなかった。

しかし、この商品価格の低下という重要なトレンドが、終焉を迎えたことが決定的となった。その理由の大半は、需要の急激な増加と、原油や水など重要資源の供給を増やすことの難しさのせいであり、資源価格は2000年から2013年の間にほぼ120%上昇した。(注13)同時期に各種エネルギー源の平均価格は260%上昇している。各種金属価格は176%上がり、なかでも銅価格は344%上昇し、鉄鋼価格は167%上昇した。20世紀中は年平均0・7%の低下を続けてきた食料品価格は、2000年から2013年の間に120%上昇し、ほぼ2倍となった。

2011年以来、商品価格水準はピークを過ぎてやや低下しており、注目している多くのアナリストが、この価格上昇という異常なスーパーサイクルは終わった、と結論づけている。だが、この上昇傾向が死を迎えたと言うのは早計すぎる。

事実、09年から13年の間に、資源価格はグローバルなGDPで表される経済的産出量の成長よりもはるかに堅調にリバウンドし、上昇したのである。平均すると必須需要財の価格は14年半ば時点で、08年以来の最高値に近い水準に位置している。私たちの考えでは、次に説明する「価格上昇への四大圧力」のどれ一つとして、一時的であるとか短命である要素はなく、商品価格はこれからも将来にわたって変動を繰り返すものと思われる。(注14)

需要の絶えざる増加

第一の要素は、世界の中流階級消費者の人口増大による急速な需要の増加である。すでに述べたように、新興国経済の都市化と成長により、毎年何億人もの新しい消費者層がグローバル統計に加わってきている。1990年から2025年の間にグローバルな消費者層に加わる30億人もの増加は、すべての商品分野の需要に大きな意味合いを持っている。(注15) 毎週、毎週、世界中のこれまでよりも多くの人々が、良い食事をしている。可処分所得の増加に伴い、牛肉料理といったこれまでよりも高額な食事を楽しむようになる。事実、牛肉の価格は2000年から2013年の間に117%上昇した。(注16)

2000年以降資源価格は著しく上昇してきた

マッキンゼー商品価格指数の推移[注1]

実質価格指数（1999年から2001年水準を100とする）

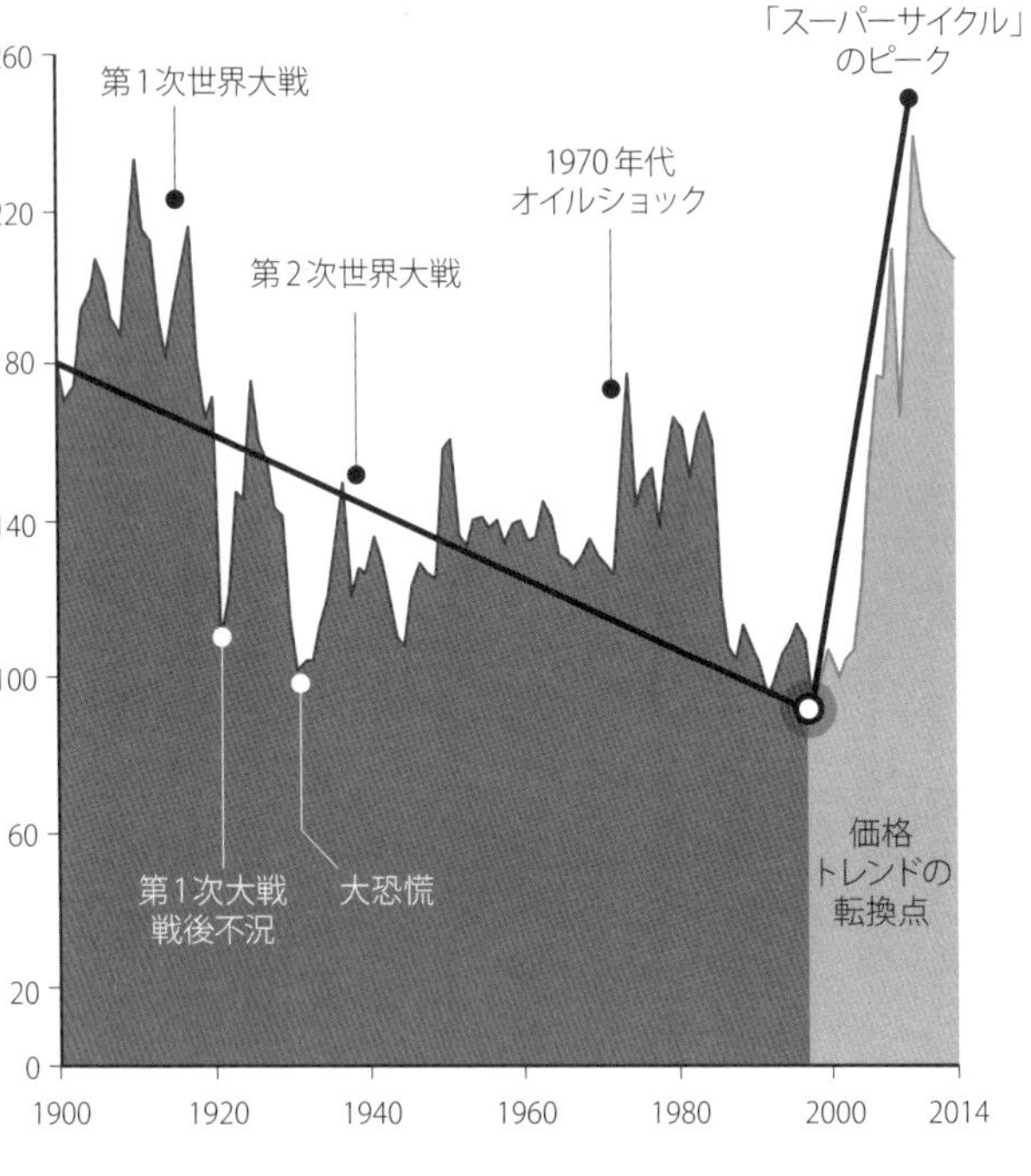

注1：食料、非食品農産物、金属、エネルギーの4種の商品に関する価格指数の算術平均値。
出典：グリリおよびヤン共著。ファッフェンゼラー。世界銀行。IMF. 経済協力開発機構統計。国連食糧農業機構。国連Comtrade. マッキンゼー・グローバル・インスティテュート分析。

また、非農業製品がいかにブームを享受しているのかを見るために、自動車の需要を例に取ってみよう。私たちの推計では、現状およそ10億台という世界の乗用車保有合計台数は、２０３０年までに17億台に増加する。(注17) ということは、数百万本の誤差はあるにせよ、68億本のタイヤが必要だということになる。自然界で産出される生ゴムのおよそ60％は自動車タイヤの生産に使われている。そう考えると、２０００年から２０１３年の間にゴムの価格が３５０％上昇したのも納得がいく。(注18) ゴム価格がさらに上昇する可能性は高いが、とくに生産が需要に追いつかなければそうなるに違いない。

世界の粗鋼生産量は、２０００年から２０１２年の間に82％上昇した。(注19) だが、私たちの推計では、今後20年間に粗鋼需要は、たとえ供給が現在同様に限られているとしても、さらに80％増加するだろう。(注20) 中国とインドの両国は、シカゴの住宅用および商業用建物の床面積合計の３・５倍の床面積を毎年建設している。こうした建築物床面積の拡大は、鉄、セメント、ガラス、土石といった資源を大量に必要とする。そして資源利用密度の高いガス、水道、電気などのユーティリティ設備、道路、輸送関連のインフラストラクチャーの建設需要にと、さらにつながることになる。(注21)

こうした複数のトレンドを考慮すると、いかなる短期的な逆風が吹こうとも、需要縮小の可能性は少ない。ハーバード大学経済学および公共政策学の教授、ケネス・ロゴフは、「(中国とインドのみの合計である) 25億人の人々がグローバル経済に合流し、統合されるだけで、いかなる技術進歩による効率改善などの価格低減効果があってもカバーしきれない価格上昇圧力を、商品価格に加えるだけの需要増を生み出している」と語っている。「そう考えると、少なくとも今後50年から75年間、また、来るべき今後数世紀の間に、人類が火星での鉱山採掘を始めるまでは、多くの天然資源価格は上がっていくしかないのです」（注22）

行き詰まる供給力

もし対象商品の供給が全体として需要増と同じペースで増えているのなら、需要の増加自体はさして問題とはならない。ところが、私たちが直面しているのは、この点でもこれまでのトレンドが断絶していることである。飛躍的に伸びる需要に追いつくのに必要な資源の供給源に到達することが、どんどん難しくなってきているからだ。世界各地で、天然資源の埋蔵量は急速に枯渇してきている。

さらに困ったことに、シェールガスを除くと、新たな供給源のほとんどは採掘が容易ではない場所に発見されており、そのため採掘するにもコスト高となっている。たとえば、亜鉛や錫といった金属の埋蔵量は、現在の生産量がそのまま継続するとすれば、あと20年で枯渇するとの報告書が発表されている。（注23）　世界的な地下水帯水層の枯渇率は、１９６０年水準の2倍を超えている。（注24）

アメリカでのシェールオイルおよび天然ガスの掘削ブームについては、数多くの記事で報道されており、それはそれで正当なことだ。だが、世界のさまざまな場所で、石油産業は新たな産油地の発見に苦労している。2005年には、沖合油井鉱区の19％が「深海」にあると判定され、それゆえ掘削はコストの高い、複雑なものとなる。しかも、この深海鉱区比率は09年には24％に上昇し、今も上がり続けている。(注25)

新世紀の初めのわずか10年間に、新しい油井の掘削を順調な稼働状態にもっていくまでの平均費用は、2倍に跳ね上がったのである(注26)（もちろん、すべての商品財が同じ変化をたどっているわけではない。たとえば、鉄鉱石の価格はコストが上昇したにもかかわらず安定している。新鉱区の発見に大きく依存する原油や銅に比べ、鉄鉱石や炭酸カリウムのような埋蔵量の豊富なバルク商品は、はるかに大きな供給柔軟性を持っている）。

資源産出のプロセスを複雑なものにしている要素はほかにもある。今は安定した、比較的豊かな民主主義国となったチリは、歴史的に世界的な銅の主要生産国である。しかし、今日存在する新しい銅鉱山開発プロジェクトの半分は、政治的リスクの高い国々に位置している。(注27) エニ、エクソン・モービル、ロイヤル・ダッチ・シェル、トタール、カズ・ムネ・ガス、中国石油公社といった世界の有力企業が、カザフスタンにあるカシュガン石油採掘プロジェクトに加わり、もう何年もの間悪戦苦闘してきている。また、世界に残されている未活用耕地の80％以上が、政治的リスクが高いか、インフラストラクチャーがきわめて未整備な国々に存在している。(注28)

つまり、資源のほとんどは増産能力の余裕が少なく、開発までのリードタイムが長く、さらに産出コストが高額であることから、短期的に柔軟に増やせる供給余力がないために、資源価格の

多くの種類の資源需要が急速に高まる可能性がある

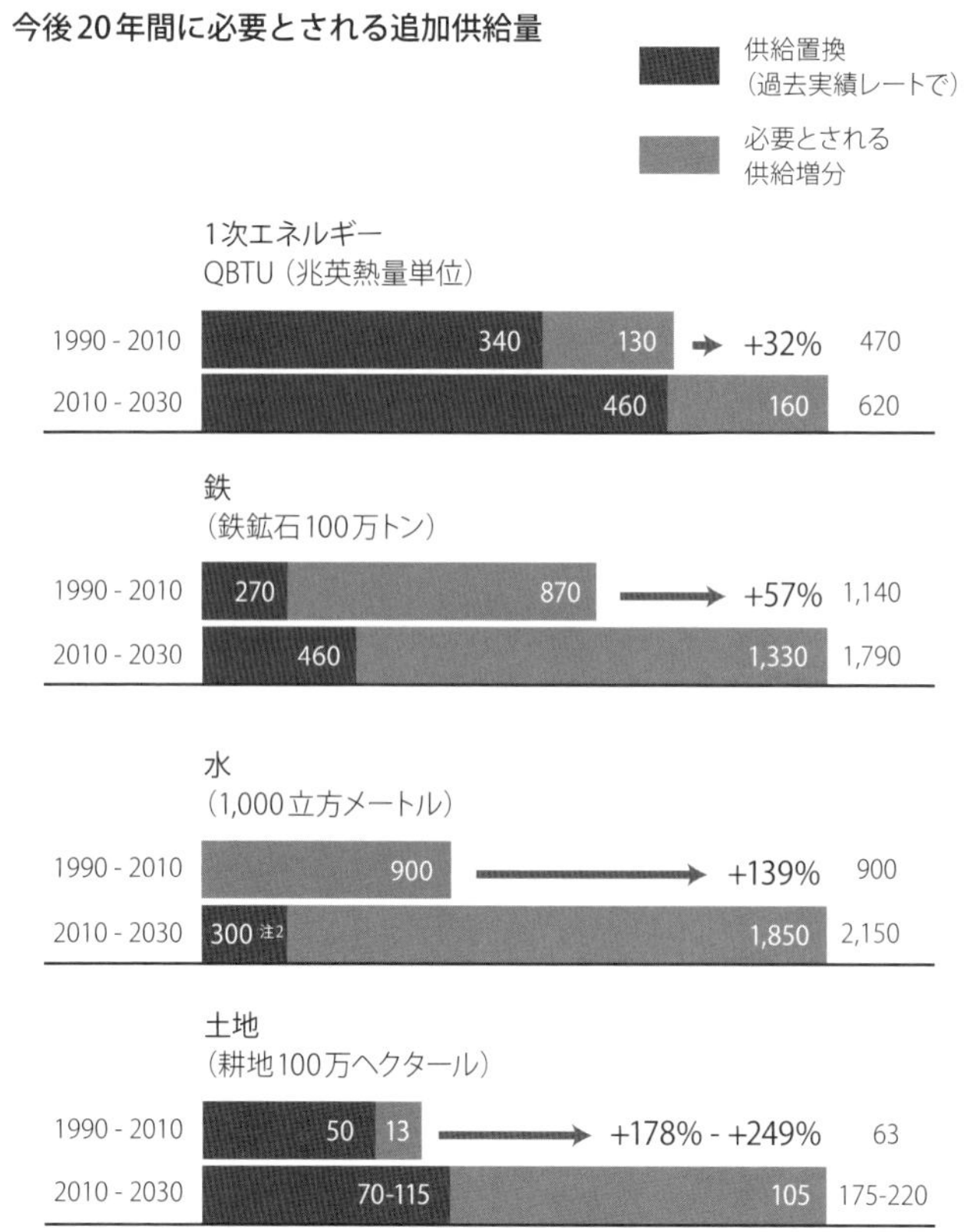

注1：必要とされる供給量と現在の供給の置換必要量で計算。ただし、両方の合計が総需要とはならない。
注2：水供給量については、入手可能性、維持可能性、信頼できる供給の可能性の確保のためには、さらに300キロ立方メートルの供給増が必要。
出典：マッキンゼー・グローバル・インスティテュート「資源革命」報告書。

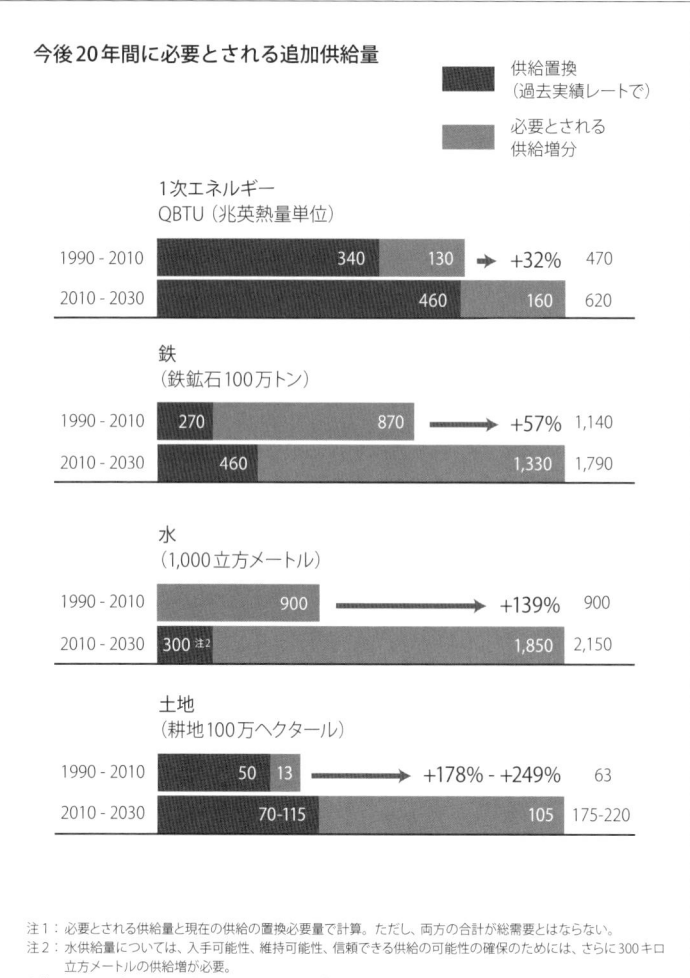

不安定な変動につながっている。

過剰な相互連結性の増加

グローバルな相互連結が進むにつれ、世界の資源市場同士の結び付きも、かつてなかったほど緊密なものとなっている。多くの事例から明白なことは、あるタイプの資源の需要が増えると、別の商品の供給に対して深刻な負荷の増大につながる場合があることだ。

農業は、グローバルな水資源の用途の70％を占め、エネルギー消費の２％を占めている。したがって、世界中で中流階級の消費者人口の増加によりもたらされる食料供給需要の増加を満たすということは、ただ牛肉、鶏肉、穀物の供給を増やす必要性があるということだけにはとどまらない。食料供給の増加には、まずもっと多くの水が必要となり、その結果さらに多くのエネルギーも必要となる。穀物生産コストの15～30％は、エネルギーコストが占めており、さらに地下水採取コストの70％、そして脱塩コストの50～70％を占めているからだ。(注29)

ごくわずか前の２００４年には、燃料価格と農産物価格の間にはほとんど相関関係は存在しなかった。ところが今日では、食物生産に占めるエネルギー密度の上昇と、一部にはバイオ燃料（穀物から造られるエタノール）の急速な成長のせいで、原油価格が食料品価格に明確な影響を与えるようになっている。07年中を通じて、トウモロコシ価格と原油価格の間には、ほとんど相関関係はなかった。しかしそれ以降、この二つの資源カテゴリーは、非常に強い正の相関を示している。

原油価格が上昇すると、農家はトウモロコシの作付けを増やし、そして育ったトウモロコシを、もっと多くの量が欲しいと待ち構えているエタノール製造業者に販売する。だから、今では消費者は、バイオ燃料産業のエタノール燃料製造工場と事実上競合し、トウモロコシの購入を競い争っているのである。（注30）

原油はまた、プラスチックやその他の合成素材の主要原料の一つであるため、原油価格の上昇は、こうした合成製品の価格上昇にもつながる傾向がある。そして、プラスチック合成製品と競合するゴムや綿花といった自然素材の価格にも、価格上昇圧力を作り出してしまう。したがって、一つの商品市場の価格変動が、別の複数の代替商品市場の価格変動につながってしまうのである。

とくに金融市場が価格決定にかかわる度合いが強まった結果、この傾向は大きくなっている。今日、数え切れないほどのヘッジ業者、投機家、それに投資家のせいで、先物やデリバティブという形での「バーチャル」バレル数の原油が、毎日グローバル市場で取引されており、その取引量は現物取引量より圧倒的に多く、30対1という比率である。（注31）

技術的に進化したグローバル金融市場システムに支えられたこの「市場効果」は、市場のごくわずかな価格の振れも大きく増幅してしまう。これが、リーマンショックによる金融危機の直後、２００８年にはバレル当たり１４０ドルであった原油価格が、09年にはおよそ40ドルへと暴落した理由の一つである。（注32）また08年3月には、世界最大の穀倉地帯の一つ、ウクライナで紛争が勃発し、世界の小麦商品価格はわずか1日の取引日に6％近く値上がりした。（注33）地政学的事件から農作物にいたる、私たちの生活の全側面にかかわるあらゆる資源の相互関連の高まりこそが、「ニュー・ノーマル」となりつつある。

環境コストが価格変動を増大させる

資源価格を押し上げている要因の多くは、内在的なものである。つまり、需要と供給の間の力学であり、資源の入手可能性だ。しかし、私たちの目に日増しに映るのは、商品と資源市場に与える外部要因の影響の高まりである。過去100年の間、外部に与えるさまざまな影響や生産の影響を、世界は本質的に無視してきた。現在では、世界中の各国政府が、各地の資源生産に伴う環境への影響、たとえば頻度を増している異常気象、海水の酸性化、森林伐採などのグローバルな課題に与える影響に対し、それを補償する費用を課していく動きが始まっている。

2013年、気候変動に関する政府間パネルは、今や人類こそが気候変動の主要原因であると結論づけた報告書を発表し、その内容が95％の署名国に認められた合意であると宣言した。（注34）

気候変動に関連する環境への損害は、著しい経済的影響を持っている。作柄を破壊する嵐や干ばつは、食料価格を急上昇させ、洪水もさらに大きなコスト増となる。加えて、激甚な気候変動に備えたインフラストラクチャー整備を考慮すると、それだけで膨大な投資予算が必要となる。各地の環境損害はまた、健康被害の補償コストにもつながる。中国の環境保護省の委託研究によると、中国のエコシステムに与えている損害額は年間２３００億ドルにのぼり、この額はＧＤＰの３％を超える。（注35）

環境破壊を防ぐために各国政府はすでに税金を上げ、資源生産者にこれまでよりも厳しい環境基準を課している。２０１４年夏、アメリカ政府はユーティリティ産業と発電プラント運営企業に対し、２０３０年までに炭酸ガスを05年排出量水準の30％にまで削減することを達成する、という新基準を公布した。（注36）将来、各国政府は、炭酸ガス排出税、厳しい排出制限規制、使用水量規制などを実施する可能性があるが、こうした規制のいずれもが生産コストの上昇につながる可能性がある。

たとえば、もし石炭のコストに健康および環境保護コストが含まれるようになると、石炭価格は１７０％上昇すると、ブルッキングス研究所の試算では見込まれている。（注37）もしそうなれば、ユーティリティ産業の事業計画を著しく変えてしまうことになり、多くの企業が、火力発電をやめて風力発電への投資を促進するだろう。

銅と鉄鉱石鉱山の30～40％は、チリのアタカマ砂漠やオーストラリアの乾ききったアウトバックといった、中程度から高度に水のない乾燥地帯にあり、もし水の価格が上がったなら、こうした金属商品価格と生産量に大きな影響を及ぼしうる。（注38）

炭酸ガス排出量による課金制度も、鉱山企業に同様な影響を与えうる。ゴールドマン・サックスの試算によると、もし1トン当たり10ドルの炭酸ガス税が課せられたとすると、2011年の金属鉱山利益は2％下がっていただろう。（注39）

この問題に各国政府がどのような対策を実施するにせよ、気候変動は資源の供給と価格の変動をこれまでよりも激しいものにする可能性が高い。そして、企業はそうした変化に敏感に対応し、影響を少なくするメカニズムを事業計画に織り込んでおく必要性がいっそう高まるだろう。

資源価格変動にどのように対応するか

こうした圧力と、新しい強力なトレンドに向き合うには、資源の生産、利用、管理に関連する課題の性質を、問題ではなく機会と捉えて考え直さなくてはならない。防御的な態勢をとるのではなく、危機が勃発するまでは普段の事業運営を続け、発生したときには何が積極的で未来を見据えた対応策なのかを検討しておくのがよい。

効率向上、リサイクル、自然保護などは、カネのかかる邪魔なことだと考えられることがこれまで多く、とくに法律や規則により強制された場合には、そうした反応になりがちだった。しかし、資源価格変動の時代には、こうした努力は競争優位性の源泉であり、必要なことなのだ。新しいビジネスモデルとＩＴが普及するにつれ、効率向上の努力が価値や利益を生み出すものとなりうる。

資源生産性について両面の可能性に賭ける

資源生産性の改善は、大きく複雑な課題である。過去の経験と研究から私たちが学んだことから、建物のエネルギー効率改善、地中に埋設された水道管の水漏れをふさぐ、それに工業プロセスの改善など、未実施の改善案に幅広い可能性があることがわかっている。

もし、次ページの表に数値化した15の改善機会のすべてを世界中で実施したなら、２０３０年の資源の総需要の30％近く、それに現在から２０３０年までの資源需要の増分のすべてを満たし、しかも2兆9千億ドルの節約を果たすことが可能となる。そうした努力は、別に未来予想図や夢の新技術に依存する必要はなく、15分野のすべては我々がすでに使っている道具か、現在使っておらず、たなざらしになっている技術を利用すればよいものばかりである。（注40）

だが私たちは、こうした数字を達成することが簡単だと言っているわけではない。少なからず、実施には初期投資が必要ではあるのだが、私たちの試算では、そのための資本投資額は年間1兆ドルであり、世界ＧＤＰの１％に等しく、その投資額は3倍の年間節約額を生む可能性があるのだ。

こうした改善機会の中で最大の項目が、エネルギー管理システムの導入による建物のエネルギー効率の改善であり、建物にいる人数によって暖房をコントロールし、スマートメーターを水道とエネルギー供給量測定に導入することで、この改善を達成することができる。グーグルが同社のデータセンターで使っているエネルギーの大きさについて非難を受けたとき、同社はやりすぎと思われるほど積極的に行動を取った。

資源効率改善の大きな機会が存在する

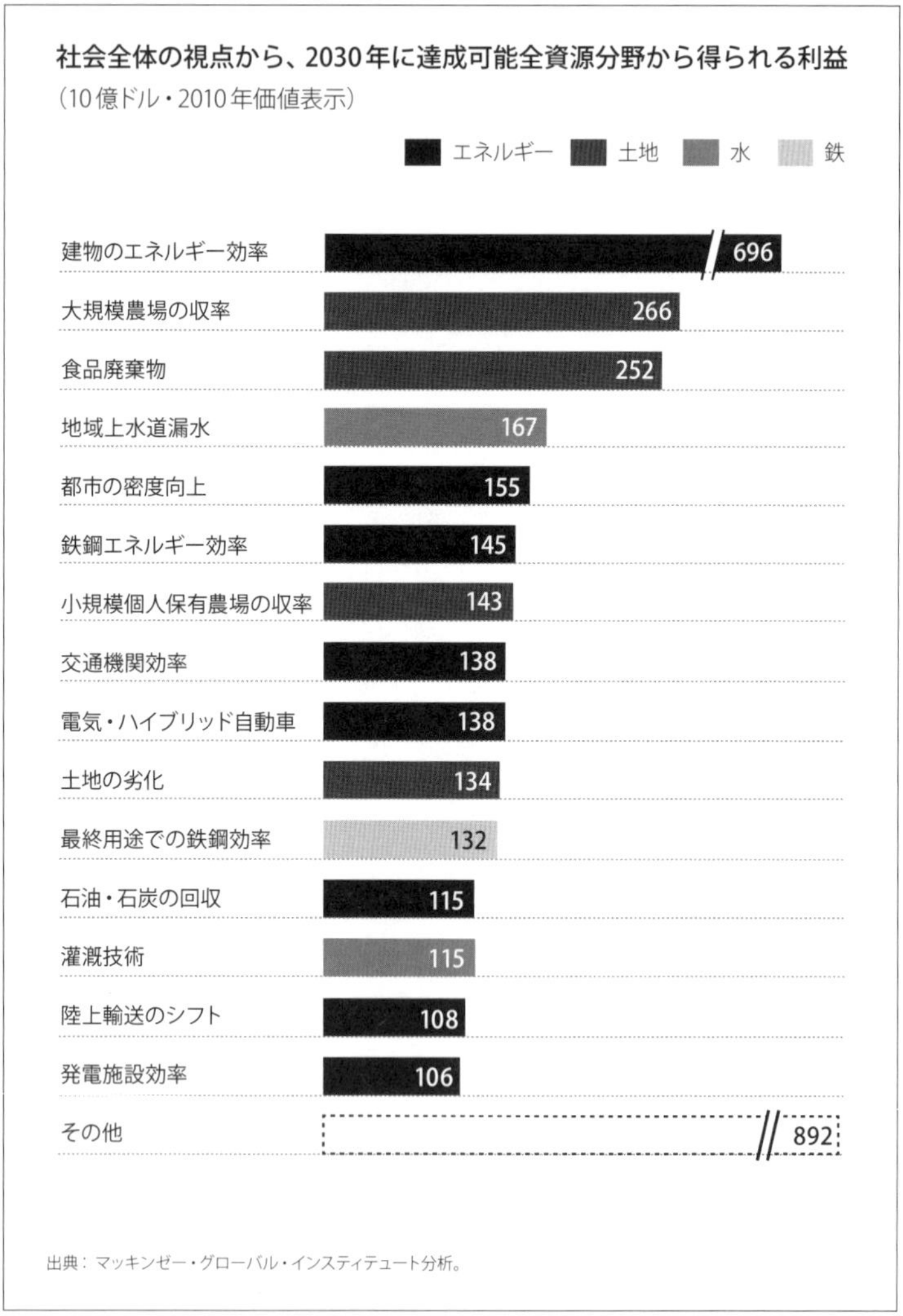
社会全体の視点から、2030年に達成可能全資源分野から得られる利益
（10億ドル・2010年価値表示）
エネルギー
土地
水
鉄
建物のエネルギー効率
696
大規模農場の収率
266
食品廃棄物
252
地域上水道漏水
167
都市の密度向上
155
鉄鋼エネルギー効率
145
小規模個人保有農場の収率
143
交通機関効率
138
電気・ハイブリッド自動車
138
土地の劣化
134
最終用途での鉄鋼効率
132
石油・石炭の回収
115
灌漑技術
115
陸上輸送のシフト
108
発電施設効率
106
その他
892
出典：マッキンゼー・グローバル・インスティテュート分析。

自社の活動が炭酸ガス排出量の増加と削減が等しい中立的な状況を達成するよう、風力発電や太陽光発電に投資し、フィンランドの施設には海水冷却システムを導入し、マウンテンビューの本社屋ビル群を太陽光パネルで覆い、消費電力の少ない部品への置き換えに投資した。グーグルによると、典型的顧客1人当たりの月間のサービス提供に同社のサーバーが使うエネルギーは、電球を3時間つけっぱなしにするよりも少ないとのことだ。（注41）

ビルのエネルギー高効率化も、非常に大きな市場を提供している。ボストンに本拠を置くエネルノック社は、数百にのぼる企業本社ビルや機関のビルのエネルギー消費の状況を一定期間監視し、電力消費量の多いビルに需要管理計画を提案するサービスを提供している。エネルノック社のホームページにはメーターがあり、同社のクライアント企業でどれだけの電気料金が節約されているのかが、リアルタイムで示されている。２０１４年９月現在、その数字は９億３千万ドル超であった。（注42）

過去には、資源の供給不足への懸念がある場合の対処法は、もっと生産せよと言うことで済んだ。これは今でも有効な指示ではあるのだが、それよりも優先順位の高い、新しい思考法が出現してきている。たとえば、どうやって消費量を少なくするかを考え、現状の供給量をいかに有効活用できるのかを考えることである。最も安く、しかも最も手に入れやすいエネルギーの利用形態は、そもそもエネルギーを使わないことなのだから。

生産された食料の消費を減らすことは、すでに実施されている。つまり、廃棄につながる無駄な消費の削減は、費用を減らし、社会福祉を著しく改善する大きな機会でもある。理論的には、食料資源の管理をもっと効果的に行えば、2030年までにグローバルな節約額3400億ドルを達成できる可能性がある。別の言い方をすれば、世界の食料供給に必要な農地面積を6500万ヘクタール分、つまり30万平方マイル削減することができる。

この分野では韓国がパイオニアである。2012年、韓国人が大好きなバンチャン（メイン料理以外の小皿料理。少しつつくが食べ残されることが多い）は、毎日1万3千トンが廃棄されており、廃棄コストに年間8億ドルが使われていた。(注43)

この豊かな国の消費者にとっては、食べ物を廃棄することには、たいした費用的・社会的コストはかかっていないと感じられていたのだが、政府にとっては、食品廃棄物の取扱量は増加の一途をたどっていた。2013年に、政府は各家庭の出す食品廃棄物に重量に応じて課金することを決定し、通信機メーカーLG U+社が、RFタグを読み取ることで廃棄者を特定し、グラム単位で食品廃棄物の重量を測定できる専用ゴミ箱を開発した。利用者は、デビットカードかクレジットカードをスキャンしなければ専用ゴミ箱を開けることはできず、食品ゴミを捨てると即座に料金がカードで引き落とされる仕組みである。こうしたスマートゴミ箱の実施テストが行われた都市では、食品廃棄物の量が20％から30％の幅で激減したのである。(注44)

だが、韓国人の誰一人として食事を減らしたわけではなく、食料の値段が上がることもなかった。つまり、技術の活用と賢明なインセンティブを設定することにより、消費者が効果的な買い物上手となり、無駄をなくすように管理し始めたのである。

投資家は、投資収益率の高い案件がないことをよく嘆くが、重要なトレンドの転換点では、効率改善努力によって著しい収益が短期間に達成できる可能性がある。資源効率改善機会の規模は、産業分野や業種によって異なるものの、洗剤などの消費者向けパッケージ製品のような分野では、とくに大きな機会が存在すると思われる。多くのメーカーが、自社のエネルギーおよび水のコストを、資源生産性の改善により最大50％削減してきている。しかも改善のための道具への投資は、3年も経たずに回収できている。

メキシコでウォルマートは、一般に発展の遅れていたサプライチェーンと冷蔵保存設備の不足により、大量の食品廃棄物が発生するという問題に直面していた。この問題への対応として、ウォルマートは入荷時の搬入処理で生鮮食品を優先するように手順を変更し、中小納入業者への信用融資を行って業者の設備改善を促進し、また生産時廃棄物を最小限にとどめるよう自社の販売量予測能力の改善に投資した。こうした打ち手を組み合わせて実施することにより、ウォルマートはメキシコ事業を運営するためのサプライチェーンにかかるコストを、大幅に削減することができたのである。

リサイクル経済への移行

資源の生産性向上から得られる便益を完全に実現するには、製品のライフサイクルに関して自身の持つ直観をリセットする必要がある。製品が生命を終え、廃棄された埋立地から素材をどう回収しようかと考えるよりも、そもそも製品が廃棄されないような設計を考えるほうが、はるかに有益である。

世界中の工場や家庭から、毎日1千万トンを超える素材が廃棄物に指定され、埋立地に送られ、地方自治体の多額の予算を使って温室効果ガスの排出に貢献している。自然界から取り出し、製造し、廃棄するという製造業の素材利用モデルを継続するのではなく、多くの賢明な企業は急速に進展するリサイクル、すなわち循環経済モデルを活用しようとしている。

リサイクル経済モデルとは、何度も分解し再利用するというサイクルを繰り返すことができるよう、より良い設計と製品最適化を図ることにより、価値創造を行う。これは、人類が何世紀もの間、食べ物の切れ端や残飯をコンポストに入れ、堆肥にして利用してきたように、まったく新しい概念ではないが、たいていの製造企業にとってリサイクル経済はごく一部に限定されたアプローチだ。そうした努力は、企業全体の事業から見ると5％に満たないごく小規模な、広報的意味合いの事業であることが多い。(注45)

リサイクル経済モデルを成功裡に築くには、自社の事業を最終製品から素材に引き戻すプロセスの、ロジスティックスと経済性に注目しなければならない。具体的には、製品設計を考え直し、最終顧客と取扱業者に共感されるような製品のレンタル、リースそして返却の仕組みを創出しなくてはならない。リサイクル経済の強固なバリューチェーンの創造に本格的に取り組もうとするなら、新たな法的規制案、基準づくり、メーカーの工場を超えて人々の行動を変えるためのインセンティブの創出が必要となるかもしれない。(注46)

フランスの自動車メーカー、ルノーのパリ郊外のショワズィ・ル・ロワにある工場は、リサイクル経済実施の好例の一つである。この工場は、自動車のエンジン、変速機、燃料噴射ポンプやその他部品を分解、再組み立てして再販することで、年間2億7千万ドルの売上げを達成している。ルノーは特定の部品については、分解と再利用が容易となるような設計を実施している。この工場はまた、ルノー社内での閉鎖系再利用ループに供される部品再利用も行っており、基本的に廃車となった車から部品や素材を外し、摩耗部分を取り換えて再生し、新車製造ラインで搭載している。

この努力を支援するため、同社は鋼材リサイクル業者および廃棄処理管理会社との合弁企業をそれぞれ設立し、廃棄の段階についても当初の製品設計に反映するようにしている。自動車のライフサイクルの全体を通じて原材料の使用を緻密にコントロールしようというこうした動きにより、ルノーでは合弁事業も含めたグループ全体として、多額の費用の節約が可能となっている。新たな部品を製造するのではなく、中古部品を分解し、再組み立てして調整することにより、ルノーは部品製造にかかるエネルギーの80%を削減し、同時に水の使用を88%削減している。(注47)

さまざまな産業分野で、多くの企業がこうした部品や素材のリサイクル・モデルのバリエーションを実施している。これは従来のトレンドからの方向転換であり、リサイクルの努力はブランドや企業イメージを傷つけるものだと排除し、本質的にマーケティング・コストにすぎないと見なしてきた企業の多くが、今や強力な投資対象分野だと考えるようになってきたのだ。200億ドルの売上げを誇る世界的な事務機メーカーである日本のリコーは、「グリーンライン・シリーズ」と名付けた業務用コピー機とプリンタの製品群を発売したが、それは製品と部品の再利用可能性を極大化すると同時に、再利用しない初回製造部品、素材を極少化するという考

えで設計されている。（注48）

グリーンライン・シリーズの製品はヨーロッパ主要6カ国の市場で販売され、リコーの総販売数量の10～20％を占めるまでになっており、グリーンライン以外の類似新製品の2倍近い粗利益を生み出している。しかも、製品品質を下げることなくそれを達成しているのだ。（注49）

ヨーロッパで家庭用品と日曜大工用品の小売店網を展開するB＆Q社は、自社の数店舗で、電動工具の使用後引き取りプログラムを試験的に始めている。顧客は、使用済みの電動工具を店に持ってくれれば、現金もしくは慈善活動への寄付に替えてもらうことができる。持ち込まれた電動工具は、再調整して安値で再度販売にまわすか、部材をリサイクルする計画である。こうして新品の電動工具の製造に使える部品や部材を回収するのだ。（注50）

企業が再利用やリサイクルに着目すれば、新しい事業を創造することも可能だが、とくにそれは他業界の企業と、双方に役立つ提携関係を結ぶことができる場合に有効である。２０１３年、グローバルに衣料品小売店を展開するＨ＆Ｍは、グローバル衣料品回収プロジェクトを実施した。これは顧客が古着を持ってくれれば、Ｈ＆Ｍ店舗で販売する新品衣料品の割引券を渡し、再度の来店を促すというものであった。実はＨ＆Ｍは、中古品・廃棄物処理業を行うＩ：ＣＯ社と提携し、回収した衣類を同社に引き取ってもらい、中古品として再販する、他の産業のバリューチェーンで素材として活用する、などと分類して再利用を図っていたのである。

まだ着られるシャツ類や靴下の大半は、世界中の中古衣料品市場に送られた。もう着られないと判断されたものについては、新品素材の代替品としての使途が検討された。たとえば、雑巾、ほぐし織物の糸、自動車業界向けの緩衝材や断熱材、建設業界用のパイプの保護材などの用途である。こうしてあらゆる使途を検討しても適合しない残った繊維製品（I：CO社の推定によると全体の1〜3％の範囲）については、発電のための燃料として使われたのである。(注51)このプロジェクトの開始から1年後、H＆Mは初めての完全リサイクルを行うデニム・カプセル・コレクションを発売したが、それまでに集められた不要衣類は3千トンにのぼった。この量は、150万枚のTシャツの重量に匹敵する。(注52)

緊急事態対応にテクノロジーを活用せよ

資源に関する改善機会は、効率改善努力にとどまらない。積極的に供給の増加を図ることも、資源の希少化のリスクを緩和する一助となりうる。エネルギーの例を考察してみよう。20世紀の100年の期間を振り返ると、物流および地質学的な問題の克服に関して、技術革新が幾度となく決定的な役割を果たしてきた。今日でも、エネルギーに関する三つの主要分野で実現した技術革新が、今後10年間に供給側の姿を変えてしまう可能性がある。その分野が、原油と天然ガスの採掘技術、再生可能エネルギー、そして先進バッテリー技術である。

原油と天然ガスの分野では、フラッキングと略される水圧破砕法と水平掘削法により、シェールロック（頁岩）から天然ガスと原油を大量に採取することが可能となり、すでに世界の市場に大きな変化をもたらしている。フラッキングは環境保護の観点から異論も多いのだが、その異常とも言える影響力は疑いの余地がない。アメリカでは、2000年から2013年の間に、天然ガス生産量は25%増加し、通常値上がりする冬期のガス料金が、08年以来半分に下がっている。(注53) この技術革新のおかげで、すでに指摘したように、アメリカは03年には世界最大の天然ガス産出国であったロシアを追い越し、国際エネルギー局によると、20年までには世界最大の原油産出国になる可能性がある。(注54)

産油コストの削減と新規油井の探鉱に加え、政府による技術研究開発努力のおかげで、現有油井の埋蔵量からの回収率にも劇的な改善があった。実際、受容しうる、また達成しうるベンチマークに関する私たちの持っていた常識に基づく直観すら、技術革新によって変えられ、リセットされてしまう。過去30年の間に、ノルウェー政府は原油回収率の問題に関して技術的な理解を深め、研究調査に多大な投資を行ってきており、さらに企業にも補助金を出して独自の研究開発の実施を奨励してきた。今日では、ノルウェーの油井回収率は世界の産油業界のトップを走る45%であり、サウジアラビアのほぼ2倍である。(注55)

太陽光、風力、水力、潮位差発電といった再生可能エネルギーは、エネルギー供給の制約という課題に対し、気候変動に影響をもたらさず、あるいは希少資源との競合といった問題も引き起こさない解決手段として有効である。この分野でもまた、新たなトレンドの不連続を見つけることができる。20世紀後半のほとんどの期間、再生可能エネルギーは贅沢な高級品であり、既存の発電技術に比べて競争力がないと考えられてきた。ところが、グローバリゼーション、技術革新、それに規模拡大のもたらした増幅効果により、こうした算術が成り立たなくなっており、いくつかの例では再生可能エネルギーの有効性が決定的となっている。

競合企業の増加、急速な製造能力の増大、技術進歩、それに設置規模の大幅な拡大によって、太陽光発電の設置コストはこの20年間で、発電能力1ワット当たり8ドル近くであったものが10分の1に低下した。（注56）太陽光発電および風力発電が大規模設備として採用されることが増加しているだけでなく、アメリカやEUといった先進国では個人住宅にも設置されてきている。それに加えて、中国やインドといった代表的な強大新興国でも、再生可能エネルギーの採用計画を積極的に推し進めている。

◉ ２０１３年中に、世界合計で37ギガワットの発電能力に相当する太陽光発電設備が建設されたが、これは07年の設置合計能力の17倍を超える。（注57）

◉ 02年から13年の間に、世界中の風力発電能力は31ギガワットから３１８ギガワットへと、10倍に増加した。（注58）13年の1年間に建設された風力発電能力は、02年に世界中に存在していた風力発電設備の能力を上回る。

家内工業であったものがビッグビジネスに成長し、製造、設置、運営を一貫して行う巨大企業、それに下請け業者のネットワークが出現し、さらにさまざまなサービス企業や中小企業群が新規参入してきている。

産業界のトレンドは周期的な変化を支持しがちである。再生可能エネルギー設備の設置が増えれば増えるほど、事業の魅力度も高まる。価格は低下してきており、ソーラー・リースやグリーン社債といった革新的な金融商品の数々が導入され、再生可能エネルギーの設置ペースも速くなってきている。

国際エネルギー局によれば、現状の再生可能エネルギー・ソリューションの大規模設置傾向が続いていくなら、2050年までに世界最大の電力源は、化石燃料、水力および原子力を追い抜いて、太陽光になる可能性がある。(注59) そうなれば、先進国世界の多くの地域では家庭向け電力供給の第1位が、二酸化炭素を排出しない太陽光パネルによるものとなるだろう。

ベース発電を、風力発電や太陽光発電といった間歇電力供給に頼ってシステム構築を行おうとするならば、蓄電および電力管理技術の開発に高い優先順位が与えられる。この分野でもまた、市場の圧力と技術進歩が組み合わされることにより、魅力的な事業機会が生まれてくる。エネルギー貯蔵技術は継続的に改善されており、蓄電設備の価格は2020年までに急速に低下し、輸送、発電、ガソリンおよびガス供給といった大きな産業分野に、大きな構造変化を迫る影響を与える可能性がある。日本の複合企業NECは、配電企業向けの大規模電池設備の開発、製造に力を入れている。この装置は、配電の中継局や太陽光発電所の近くに設置され、配電網に安定的な電力を供給するものである。

燃料電池も将来性の高い技術だ。水素を電気に変換する技術は、水素燃料電池により通常60%に達するエネルギー効率を実現することができる。もしこの技術を一般家庭部門の熱と電力供給に適用でき、変換時の余剰熱を回収して利用できれば、エネルギー効率80%の達成も夢ではない。そして、燃料電池の生産規模が大きくなれば、内燃機関よりもはるかに効率が高いことが証

明済みとなった分野である自動車に、簡単に搭載できるだろう。（注60）

当初設計に工夫を凝らし、弾力的に動け

エネルギー生産装置にエネルギー貯蔵装置を統合することは、資源供給状況や価格の突然の変動で大きな打撃を受ける可能性のあるシステムを、打撃を柔軟に受け止めて影響が少なくなるように変える方法の一つである。このような思考態度の採用は、これまで持っていた常識に基づく直観をリセットする場合に、非常に重要な要素である。

１９７０年代のオイルショックを除けば、今ほど資源価格の不安定な時期はかつて存在しなかった。原油価格と他の資源商品類の価格との相関関係が強まっている現在、多くの企業が、価格変動から自社を遮断しようと試みている。つまり多くの企業が、供給業者および顧客とこれまでよりも密接かつ知的な関係を築く、これまでよりも柔軟な製品設計に移行する、そしてさまざまな金融商品をヘッジとして用いる、といった手法によって、資源価格の変動を緩和しようとしているのである。こうしたアプローチは、すべて根本的に防御的措置として考えられたものであり、利益を増加させるテコとして作用する。

ヨーロッパのある食品メーカーは、購入するトウモロコシの価格を、複数年間の購入量を契約するものの、各年の購買価格は一定ルールにより改定するという契約に変更した結果、毎年経験していた価格変動を平準化することに成功した。具体的には、毎年向こう3年間の購入量の改定に合意し、3年間の合意購入量の3分の1についてのみ、毎年支払うこととし、価格について

は、当該年購入量の3分の1については、今後予想される市場価格動向とは関係なく、契約改定時の市況実勢により設定するものの、3分の1については前年の平均価格を適用、そして残る3分の1には一昨年の平均価格を適用するものと定めた。

この手順を毎年繰り返すと、どの年にもこの会社の支払う金額は、3分の1については最新の市場価格に影響されるものの、残りの3分の2は、それぞれ前年と前々年の過去2年当時の平均市場価格によって決まることになる。この契約の仕組みに変更した結果、この企業が支払ったトウモロコシの平均価格は、15年の期間にわたってほとんど一定で変わらず、実際の支払いで生じる価格変動の影響を、実勢価格変動の半分に減らすことができた。

小売店やレストランのオーナーであれば、ビジネスの下流にあたる顧客の需要に影響を与え、コントロールできれば、高度の柔軟性を確保してビジネスへの影響を少なくできることをご存じかもしれない。アメリカのある人気レストラン・チェーンでは、購買とマーケティングを調整して連動を図り、その週の牛肉や小エビなどの市場価格の状況により販売価格を変更する「今週のスペシャル・メニュー」を導入することにした。「今週のスペシャル・メニュー」は、その週に店にとり有利な購入価格となる商材を選んで決定される。

金融商品によるヘッジングは、企業が資源商品購入価格をコントロールする一助を得るための、もう一つのアプローチだ。ヨーロッパのある乳製品メーカーは、小売販売店チェーンとの販売交渉で、自社が将来生産する製品の原材料であるミルクの購入価格が予測できないことに目をつけた。ミルクの購入価格はトン当たり26ユーロから35ユーロの幅で変動しており、無視できない変動幅であった。そこで、先物市場でミルクの先物を購入することにした。たとえ先物の価格が底値の26ユーロより高かったとしても、この企業はミルクの購入価格を固定でき、顧客企業と安心して価格交渉できることになった。その結果、購買価格の変動リスクを事実上ゼロにすることができた。

また、将来志向の企業は、製造ラインに投入する部品や素材を短期間で切り替えられるようにして、環境変動に対応する製品設計を行っている。この手法は、「変更を可能とする設計」と呼ばれる戦術だ。ＧＭのシボレー部門は、人気車種であるピックアップトラックのシルバラード２５０では、普通のガソリン・バージョンのほかにバイオ燃料バージョンを製造している。このシルバラードのバイオ燃料バージョンには、実は通常のガソリンタンクと圧縮天然ガス容器の両方が装備されており、状況によりどちらの燃料の補給が簡単なのかということと、各燃料の価格水準の違いにより、ユーザーが選んで切り替えられるようになっている。

類似のアプローチで、「リサイクル可能な設計」を実施するため、ある食品メーカーでは、リサイクルされた原料プラスチックの利用比率を上げやすいように、パッケージの色を明るい色から暗い色に変更し、どちらのプラスチック原材料を選んでも違いが目立たないようにして、市況変動の影響を少なくしている。

❖
❖
❖

資源革命への対応を計画しようとすると、当初は、複雑でコストのかかる努力になると思われるかもしれない。だが、時が経って振り返ると、人類の作ったシステムは、何の策も実施せずにいることのほうがはるかに高コストにつながる、と気づく可能性が大きい。さらに重要なことに、資源価格の低下というトレンドが変わってしまうまでの期間は、重要なチャンスを与えてくれていることに企業は気づき始めている。それは、不安定な価格変動とトレンドが再度上昇に転じた状況に備えることばかりでなく、積極的に事業運営の改善を図り、新たな事業を確立し、競争優位を築くための機会となるのである。

企業経営者や政府のリーダーたちは、資源の価格について、自らの枠を越えて考えを拡張し、深く考えなければならないし、さらにエネルギー、水、食料といった要素の投入が十分なアウトプットにつながるよう、より良い生産や管理の仕組みを考えなければならない。私たちの生きる、相互に結合し、成長を続ける世界では、多くの役立つ解決策や技術がすでに試みられてきており、役立つことが証明されている。現存の技術や道具の規模を拡大し、新しいシステムを工夫し、素晴らしい技術革新と賢明な政策を実現していけば、読者の属する企業や組織機構を、資源価格の不安定な変動環境下においても成功に導くことができるだろう。

第7章

1つの時代の終わり

――資本コストが下がり続ける時代よさらば

インフラへの投資は新興国、先進国ともに増える

ムンバイの、これ以上乗客を詰め込めないほどに混雑した通勤列車は、今では伝説級の話題となっている。毎日750万人を超える乗客が2300本の列車のどれかに乗り、窓や扉から半身をはみ出してしがみついている。というのも、モンスーンの雨季にはこれが唯一の有効な通勤手段だからだ。（注1） 毎年、ムンバイだけで推定3500人、つまり毎日ほぼ10人が、鉄道関連死亡事故の犠牲者になっている。（注2） こうした悲劇的な人命コストに加え、過剰な混雑状態とそ

の事実が示しているインフラストラクチャー投資の不足は、驚嘆すべき「インドの成長物語」自体をも脱線させてしまう可能性がある。

「インドの成長物語」とは何だろうか。１９９１年と比較して、インドの１人当たりＧＤＰはほぼ5倍に伸び、保有する外貨準備高はほぼ50倍に増加し、海外からの直接投資は実に２００倍となった。（注３）将来の見通しも、過去の実績同様明るいものである。推計によると２０１３年現在、世界第10位の経済規模であるインドは、２０３０年には世界第3位にまでなることが予想されている。（注４）インドの若く、急速に都市化する人口構成は、今後何十年か先まで成長と繁栄をけん引するこの国の「人口ボーナス」となりうる。２０３０年までに、インドの都市人口はおよそ6億人になる可能性があるが、これはアメリカの現在の全人口の2倍近い。近い将来インドには、世界の人口順位による5大都市のうち２つが存在し、そのほかにも１００万人を超える人口の都市が68になるだろうと予測されている。（注５）

しかし、インドがこうした数多くの都市への投資を著しく増やさないかぎり、インフラストラクチャーの極端な欠如により、都市化による生産性の向上が帳消しになってしまうおそれがある。リーマンショックによる金融危機の前、インドの１人当たり年間資本投資額は中国の14％であり、イギリスの４％にすぎなかった。（注６）何十年もの間、慢性的な投資不足が続いていることは、この国のインフラストラクチャーに与える過剰負荷と、都市の基本的サービスの欠如の状況から明らかである。

ムンバイのさまざまな鉄道を使う通勤客数は、鉄道輸送能力の増強スピードの3倍の割合で増加している。（注7）停電が頻繁に発生し、発電量がピーク需要に対して15〜20％不足することが日常化している。廃棄物処理や上水道といったインフラストラクチャーは、はなはだしく欠如しており、都市の下水道の30％は補修されないまま放置され、都市住民の4人に1人は水道設備のない生活をしている。（注8）

もし、インドがグローバル経済のけん引力となる可能性を実現するには、活気に満ちた都市というものが絶対必要条件だ。しかし、この国は長年続いた固定資本形成の不足により苦しめられている。都市部の需要を満たすだけで、インドには年間7億〜9億平方メートルの住宅および商業施設の建設が必要であり、毎年350〜400キロに及ぶ路面電車や地下鉄路線の敷設、および25億平方メートルの道路舗装をしなければならないが、この舗装需要は、インドが過去10年の間に舗装した実績面積の20倍である。こうした都市環境への投資を達成するには、インドは2030年までに資本投資予算として1兆2千億ドルが必要であり、これは現状の投資額の8倍に相当する。（注9）

こうした問題を抱える国はインドだけではない。成長ブームが起こる只中で逆説的な話だが、世界のGDPに占める投資の総額は、1970年代の25・2％から2009年の21・8％へと低下した。（注10）この現象の大部分は、第2次大戦後の日本と西ヨーロッパの復興投資が一巡し、退潮期に入ったことを反映したものである。

しかし、将来を見れば、グローバルな資本需要が低調なまま推移するとは考えにくい。世界の主要新興国、ブラジル、中国、インドのいずれの国も、都市化と人口増が生み出す需要に追いつくためには、インフラストラクチャーへの投資を増やさなければならないからである。また、世界の低所得国および中所得国が経済開発と人材開発の目標を達成するには、投資比率を引き上げなくてはならない。

先進国にしても、現有のインフラストラクチャーの能力とサービスの水準を改善しようとするのであれば、これまで目をつぶり、何年にもわたって累積してきている建て替えや、保全投資不足という課題に立ち向かわなくてはならない。今後20年間の経済成長のペースにただ追いついていくためだけに必要な、世界全体のインフラストラクチャー投資は、57兆ドルから67兆ドルにのぼると考えられ、この額は過去20年間の世界実績の60％増に相当する。（注11）

踊り場に立つ資本コスト

現在の経済環境で資本コストがもっと高くなるぞと警告しても、モンスーンシーズンの豪雨の中で干ばつの警告を発するようなものだ。金融機関の融資窓口をちょっとのぞいてみれば、金利動向にさしたる問題はないとの答えが返ってくるだろう。私たちの持つ直観にも、そうした期待が織り込まれている。30年間下がり続けてきた金利のせいで、資本コストは現在も安く、今後もそうだろうとの期待が生まれた。つまり、部分的には借り入れ能力に後押しされて決まってくる資産価格は、短期的には変動するものの、長期的には上がり続けるはずだ、と私たちのほとんどが信じている。

実際、アメリカの住宅価格は1968年から2008年の40年間、一度も下がることなく、年平均6・4%の上昇を続けてきた。(注12) ブラジルの人口最大の二つの都市、サンパウロとリオデジャネイロでは、2008年以降、住宅価格は倍以上に上がった。(注13) ロンドンの住宅価格も過去30年間、10年ごとに倍増してきた。(注14) 1980年から2013年の間に、実質住宅価格はスウェーデンで55%、フランスで85%、カナダでは130%上昇した。(注15) 弱含みの資本需要(何十年も続いたインフラストラクチャーへの低い投資比率による)と豊かな資本供給(数年続いてきた慣例には従わないマイナス金利などの金融政策による)の組み合わせにより、資本コストはかつてない低水準となってきているが、この展開が資産価格の上昇を下支えしてきた。

しかし、大きな変化が進行している。そしてその変化によって、私たちの持つ資本コストおよび資産価格の将来に関する期待、また私たちが常識と考えていることに基づいた直観は、見直しを迫られている。これまでのトレンドが続かず、変曲点に到達していることは明白なのだが、あいにくどちらの方向に変わるのかは明確とは言えない。この変化は、伝統的な需給関係により決定されるのだろうか。だとすると、金利は上昇するはずだ。それとも、2008年の金融危機のときのように、人為的に金利を押し下げた状況を継続させるという、かつてなかったような中央銀行の行動によって決まるのだろうか?

かつて私たちが経験してきたのは、金利と資産価格の先行きが確実な時代である。金利については、水準(低い)と方向(低下)の両面であり、資産価格についても、水準(高い)と方向(さらに上昇）の両面が常態化していた。ハーバード大学の経済学教授、マーティン・フェルドシュタインが語るように、このトレンドは変わろうとしている。「長期金利は、もうこれ以上支えきれないほどの低水準にあり、その意味は、債券やその他の証券価格のバブルが存在しているということなのです。確実に起こることなのだが、金利が上昇すればこのバブルははじけ、そうした証券の価格は低下し、証券を保有している人は誰であろうと損をすることになるのです」（注16）

新興国が工業化と都市化を推し進めるのに伴い、投資ニーズは上がってきている。クマーシからムンバイ、ポルト・アレグレからクアラルンプールにいたるまで、資本集約的な建設プロジェクトがどこでも計画されている。新興国のそれぞれがインフラストラクチャーに投資すれば、新たな生産能力、機器、および革新的な技術に乗り換えるために投資しようとする企業が増加し、そのことにより資金需要は増幅される。こうした資金需要が、世界の人口の高齢化と、長期化する政府赤字の状況と同時並行して起こっており、それが需要の高まりをきっかけに、世界の総貯蓄額を減らす圧力となるだろう。マクロ経済学のファンダメンタルズに基づく伝統的な見方によれば、需要の上昇と供給を減らす圧力という組み合わせの行き着く結果は、一つしかない。それが、これまでよりも入手困難で、高価な資本の時代の到来である。

しかしながら、近年実施されてきた、これまでの慣行には従わない金融政策の実施によって、私たちは未知の領域に導かれてしまい、これまでとは異なる、理解しがたい世界の基礎を築き始めてしまったのかもしれない。その世界とは、中央銀行と政府が、経済の成長と低金利を維持できるよういつでも介入し、十分な流動性を経済界に注入してくれるという世界である。もちろん各国政府は、低金利がもたらしてくれる利益を享受する主要メンバーの一つであった。だがこれは脆弱な均衡の世界であり、マネーサプライの積極的な拡大期の後には、資産バブル、インフレ懸念、通貨のブームと崩壊、といった危機が到来する危険性をはらんでいる。しかも、この新たな領域に試しに踏み込んでみよう、という国の数が増えてきているのだ。

事実、かつてタブーとされた拡大的金融政策と政府負債の貨幣化ということが、中央銀行の普通の演目となる新しい世界への移行途中に、私たちはさしかかっているのかもしれない。この未来図が実現するとすれば、私たちが今日知っている資本市場は、まったく懸け離れたものに変わってしまう可能性があり、そうなれば、さらに新たな問題の数々を私たちに突きつけてくることになるだろう。

金融の流れが持つ大きな力と移り気な性格のせいで、さらに複雑さを増す要素が増えてくる。グローバルな資本は、流動性はあるかもしれないが分布は一様ではない。ある地域では資本の欠如により経済が枯渇して苦しみ、別の地域では資本があふれる状況となり、奇妙な結果に苦しむことでは同じかもしれない。

ポストモダンのゴーストタウンとなった二つの都市を考察してみよう。かつてアメリカ中西部の工業を支える強大な推進力であったデトロイトは、２０１２年に地方自治体破産申告を行い、今ではインフラストラクチャー補修の資金調達が、いかなる条件を提示してもかなわない状況である。したがって、広大な都市からは人口流出が進み、建物は修繕されないまま放置され、住宅地域には雑草が生い茂っている。

30年続いた金利低下の末に、各国中央銀行が行動を起こした先進国の長期金利動向

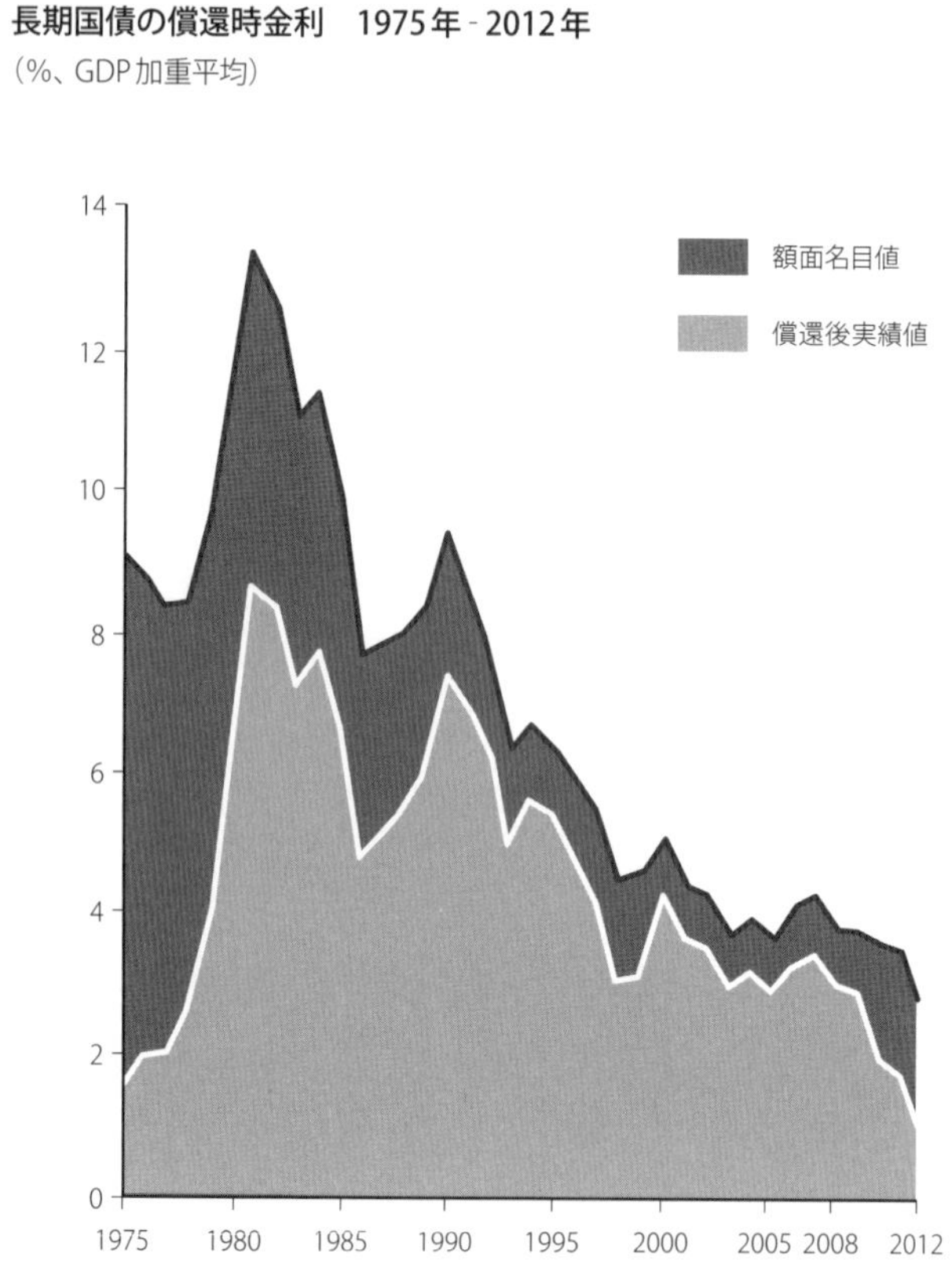

注1：主要先進国を選定
出典：IMF（国際通貨基金）。マッキンゼー・グローバル・インスティテュート分析。

一方、地球の反対側、内モンゴルのオルドスには、過剰な資本が引き付けられ、集まってしまった。この都市は、豊かな鉱脈のある石炭採掘地域の中心にあり、その中のカンバシ地区では爆発的な建設ラッシュが起こった。巨大なアパート群、公園、斬新なデザインの公共施設建造物、互いに争う2頭の馬の巨大な像などがこの地区に集中している。ただ一つ欠けているものは、この地区に移住してくると当初予測されていた約100万人の人々である。資本の投資先と時期に関して、必要な時に必要な金額を具体的な実情に合わせて投入することは、市場に委ねておけばよいというわけにはいかない。

シナリオ 1　資本コストが上昇する

需要側の基礎数値は、明確な長期的傾向を示している。グローバルな投資比率、すなわち世界の総GDPに占める世界の総投資額のパーセンテージは、グローバルな不況の底にあった2009年の20・9%から、22%をわずかに切る水準にまで回復している。（注17）投資ブームを後押しする新興国の工業化と都市化に伴い、投資比率の増加が続くことを否定する材料はほぼ皆無である。

ブラジル、インドネシア、インド、中国は、大量の建築資材を必要としている。世界の成長都市はいずれも固定資本投資ストックを、2013年の10兆ドル近くから25年までに20兆ドル超へと倍増する必要がある。(注18) 都市へと移住する人たちは、住むアパート、自動車を運転する道路、通う学校などを誰もが必要とするからだ。

ブラジルのインフラストラクチャーの状況を、例として見てみよう。1970年代にGDP比5・4%であった総投資額は、2000年代にはわずか2・1%に低下した。この国のインフラストラクチャーが限界にきていることは、世界中の誰の目にも明らかとなった。2014年のワールドカップ開催中に、雨が降るとレシフェの街の下水道および道路があふれ、水浸しになった状況がテレビ放映されたからだ。ブラジルの輸送インフラも荒廃がひどく、未舗装道路の比率は86%にのぼる。国土面積はアメリカの90%あるのに、ブラジルの鉄道網の規模はアメリカの13%以下である。(注19)

ブラジルのナショナル・サッカーチームは、2014年のワールドカップでは準決勝でドイツに敗退したものの、FIFAランキングでは今でもトップ10に入っている。ところが、インフラストラクチャーの質となると、世界経済フォーラムのつけたランキングでは、ブラジルは148カ国中114位である。(注20) ブラジルが経済成長余力をフルに発揮するには、自国の道路、港湾、空港への投資をすぐに始めなくてはならないことが明らかだ。(注21)

一方、世界中の先進国でも、何十年もの投資不足の結果、積もり積もったインフラストラクチャーの新規、建て替え需要が高まっている。先進国のGDP比投資額比率は、1970年代から急速に低下した。1980年から2008年の間の先進国総投資額は、各国がそれ以前の歴史的投資比率を維持していたと仮定した場合の総投資額よりも20兆ドルも少ない。(注22) これは、

およそ日本とアメリカのＧＤＰを足し合わせた額に相当する。(注23)

ボストンとワシントンＤＣを結ぶ高速鉄道のアセラは、スピードを落としての走行で、出発や到着の時間が定刻どおりではなく、あてにならないことが多い。しかも、車内でのインターネット接続も低速でダウンロードに時間がかかるなど、使い物にならない。こうした現状のサービスの悪さと欠如をなくし、需要の成長に見合った輸送能力に拡大するにはどの程度の投資が必要なのかを、アメリカの土木技師連盟が推計した。それによると、現状で計画されている投資を維持したうえで、２０２０年までに1兆６千億ドルの追加投資をしなければならない。(注24)また、米国運輸省は、公共交通網の状態を「良好な補修状況」に持っていくには、２０２８年までに、公共交通網への支出を年間およそ40％増額しなければならない、と推定している。

全体として、期待される経済成長を可能とするには、私たちの推計では２０３０年までに、世界中の道路、建物、鉄道、通信、港湾、水利といったインフラストラクチャーの整備と建設に、57〜67兆ドルを支出する必要がある。(注25)これは、全世界に現存するインフラストラクチャーのストック全体の総額を上回り、１９９４年から２０１２年までの19年間に実施された世界中の投資総額を60％上回る数字である。(注26)

こうした各種の投資に、償却済みあるいは時代遅れで役に立たなくなった資本財の代替を含めると、世界中の年間投資額は、金融危機以前のピークであった２００８年の投資額、13兆ドルを上回り、２０３０年までに25兆ドルが必要となるだろう。(注27)

このように資本需要は明らかに増加している。では、供給側はどうなのだろう？　供給側でも、長年大豊作が続いた後の大飢饉のような状態になる可能性がある。過去の慣行に従わない金融政策が実施されなければ、長期資本供給の見通しは、過去20年間の現実を反映したものにはならない可能性が高い。人口の高齢化に対応する政府支出は、2030年までにGDP比の数字が4~5パーセント・ポイント上昇すると予想されており、政府予算の赤字と各国の貯蓄率の低下にさらなる悪影響をもたらすだろう。(注28)

最後に、それぞれ総貯蓄額で1位と4位にランクしている中国やインドといった新興国においては、それぞれの経済構造が個人消費の増加へと転じていくため、貯蓄率の低下を経験するかもしれない。(注29)

中国がエコノミック・パワーとして地位の上昇を果たした、という事実以外に存在する数少ない驚くべき現象が、中国国民の驚くべき貯蓄性向の高さである。中国では、老後や病気などへのセーフティーネットが相対的に未整備であり、国民は1960年代から70年代にかけて経験した物資の欠乏と極端な貧困の時代を、まだよく覚えている。このことが、中国国民が自分たちの築いた資本を使うよりは貯蓄にまわし、世界1位の貯蓄者となっている理由の一つである。中国の貯蓄率は2000年代初期にGDP比37%であったが、08年には50%を超える水準となった。(注30)この年には、中国の年間貯蓄残高は2兆4千億ドルとなり、世界最大の貯金箱を持つ国となった。(注31)その4年後、貯蓄率こそそれ以上に上昇することはなかったものの、急速な経済成長のおかげで貯蓄総額はさらに大きな額となった。

だが、中国の貯蓄率が高い水準のまま将来も推移する可能性は低い。まず、政府が投資への依存を離れ、国内消費への依存へと方向転換を図ろうとしているからだ。つまり、政府は市民にもう少し貯金を使い、消費にまわしていくことを奨励している。もし、中国が日本、韓国、台湾といったアジア諸国と同じ道をたどるとしたなら、中国の高水準の貯蓄率が著しく低下する可能性がある。たとえば台湾の貯蓄率は、政府による健康保険および年金制度の改善がなされた後、1995年から2008年の間に、7パーセント・ポイント低下した。(注32)

中国の貯蓄率が低下する一方で、先進国の貯蓄率は相変わらずがっかりさせられる水準にとどまるだろう。アメリカ、オーストラリア、イギリスといった国々の貯蓄率は、リーマンショック後の不況の後、若干上昇した。だが、それでも貯蓄水準は相対的に低いままである。たとえばアメリカでは、個人貯蓄率は2007年の3%から09年の6・1%に急上昇したものの、その後再び低下傾向に転じ、今も相対的に低いままである。そして、先進国経済の現在の貯蓄率の改善がたとえ20年間続いたとしても、その効果は2030年の世界貯蓄率をたった1%引き上げるにすぎない。(注33)

2030年までに、需給の不均衡は拡大し、利用可能な世界の総貯蓄額に対し、望まれる投資総額は2兆4千億ドルを上回るという結果となるだろう。(注34) 伝統的なマクロ経済学の視点からすれば、世界の望ましい投資額と世界中の人が喜んで行う貯蓄額との間のこうしたギャップは、実質金利に上昇圧力を加え、投資先案件が厳しく選別されることにつながる可能性がある。その結果、資本の生産性の改善が堅調に進まないかぎり、世界のGDP成長の陰りにつながってしまうことだろう。

世界の総投資額は、今後10年で新興国の旺盛な投資増加により戦後最高水準に達する可能性が高い

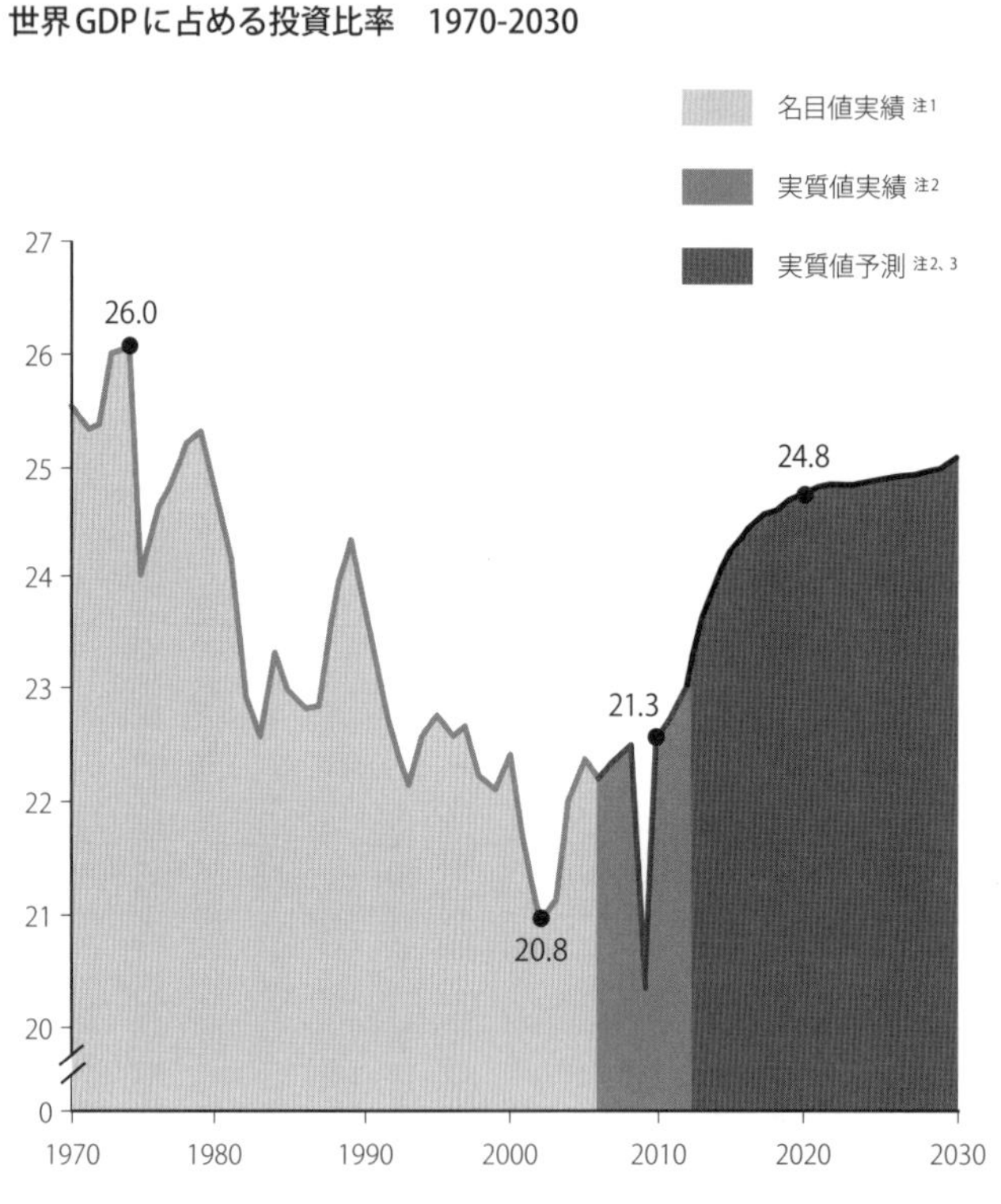

注1：各年の実際の価格および為替レートによる値
注2：2005年価格および為替レートにより調整した実質値
注3：予測の前提として、資本財の価格上昇はほかの財と同じと仮定し、在庫水準には変化がないとした。
出典：エコノミスト・インテリジェンス・ユニット。グローバル・インサイト。マッキンゼー経済成長データベース。オックスフォード経済学部。世界銀行ワールド・ディベロプメント・インディケーターズ。マッキンゼー・グローバル・インスティテュート分析。

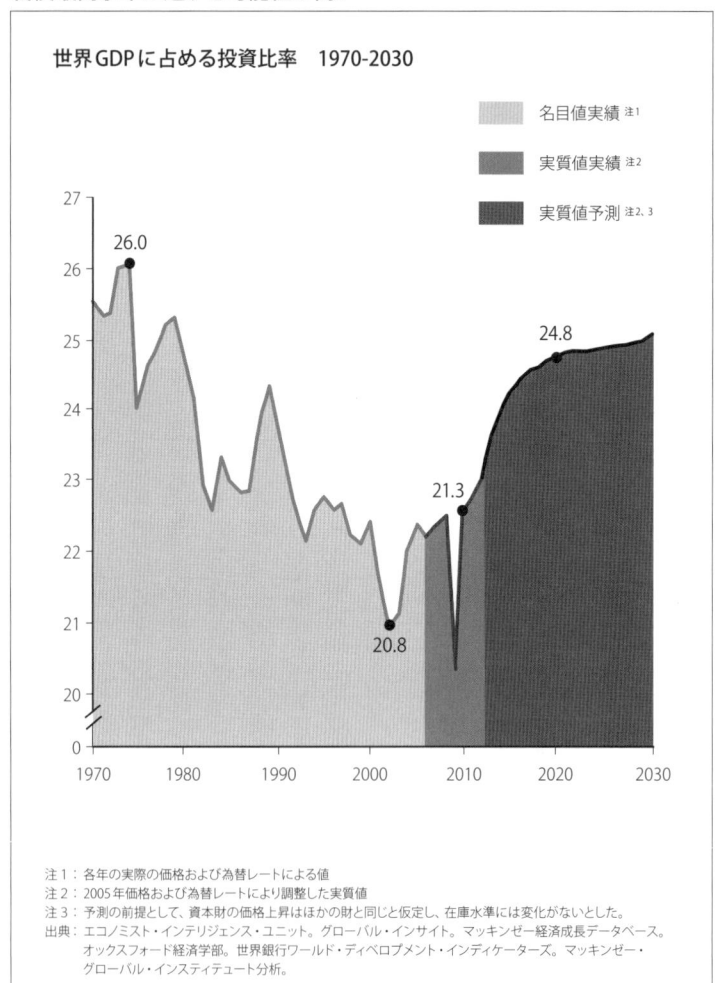

シナリオ２　金利を押し下げるシステムが確立される

金利の上昇を期待するシナリオには、それに反対し、挑む説が存在する。近年、アメリカの連邦準備制度理事会（ＦＲＢ）を筆頭に、世界のいくつもの中央銀行が金利を下げ、これまでは存在しなかったマイナス金利の領域に移行することも厭わず、紙幣を増刷し、通貨流通量を増やしてきている。金融の超緩和政策は、近年の不況、世界中に影響を及ぼした金融危機、それに緩慢な景気回復が一時的なものと思えないことから実施されてきた。リーマンショックと呼ばれる金融危機の初めから、アメリカ、イギリス、ユーロ圏諸国、および日本は、合計５兆ドルを超える流動性をそれぞれの国の経済に注入してきた。(注35)

こうした行動によって、破滅的なシナリオが現実に展開することが防がれたのは疑いもないが、この金融政策はまた、金利水準をこれまで試されたことのない領域にまで押し下げた。そして、金利がこうした低水準にかくも長い期間引き止められたために、抜け出すのが困難な新しい慣習が生まれてしまった。つまり、地球上の各国政府には、景気刺激策を赤字財政覚悟で実施し、その赤字を低金利に依存して膨らませていく癖がついてしまった。たとえば、世界中の国の財政赤字の合計額は、２００９年に4兆ドル近くとなってピークに達した。(注36)

とはいえ、低金利には支払い金利コストに歯止めをかける効果があった。たとえば、２００８会計年度と２０１２会計年度の間に、アメリカ政府の純金利負担額は２５３０億ドルから２２００億ドルに低下したが、これは13％の低下であり、一方、連邦総債務残高が67％増加した

にもかかわらず、金利負担額は減少したのだった。（注37）

歴史的には、拡大金融政策は、低成長期の消費支出の拡大と企業投資を刺激するための一時的な対策にすぎなかった。過去5年間にわたる中央銀行による量的緩和策によって、世界の総GDPの成長が1〜3％の間で促進されたことに、大半の経済アナリストは合意している。（注38）しかしながら、中央銀行がどのようにしてこの成果を達成したのかについては、今でも議論が分かれている。消費支出と企業投資に与える超低金利の影響や因果関係が、明確になってはいないからだ。

たとえば、アメリカでは2013年の個人貯蓄率は、金融危機以前の水準に比べて5ポイント高かったのだが、企業投資は第2次世界大戦後最低の水準を保ったままであった。（注39）

では、低金利はGDPに刺激を与え、成長させたのだろうか？　それと言うよりは、むしろ急激に増大した政府支出と、比較的早期に回復した住宅建設部門が、成長を押し上げた主要因だろうと思われる。2007年から2012年の間に、アメリカ、イギリス、ユーロ圏諸国は、政府負債の金利支払いを合計で1兆4千億ドル節約できたおかげで、さらに大きな政府支出を行うことが可能となったのだ。（注40）超低金利によって住宅建設部門も、当初考えられたよりも早く回復することができた。

日本では、超低金利は別に新しい現象ではない。1980年代のバブルと呼ばれた信用拡大ブームの後、民間部門が積極的に借金を減らしてきたのに対し、政府部門は需要と経済活動の低迷に対応するため、大規模な財政赤字を許容し続けてきた。同時に、中央銀行は低金利を継続し、金融緩和によりバランスシートの規模を拡大してきた。20年間にわたる低成長と継続的な借金の貨幣化により、日本の財政赤字は２０１１年に年間10％弱でピークを迎え、日本の債務残高の総額はＧＤＰの２４０％を超える水準となった。（注41）

こうした高水準の債務残高に耐えていられるのは、日本の債務のほとんどが国内で保有されているからである。（注42）しかしながら、日本の人口構造の見通しが意味するところは、日本の抱える負債を伝統的な手法では返済できない可能性が高く、政府負債を将来貨幣化することが必要になるかもしれない。言い換えれば、中央銀行が新たに貨幣を発行し、政府の債務を買い取るのである。

この問題を抱えているのは、日本だけではないのかもしれない。世界各国の政府が、高齢化に伴う政府支出の増加と脆弱な経済成長に直面し、債務を減少させるために苦闘しており、量的緩和のような金融政策や、恒久的な債務の貨幣化といった慣例から外れた金融政策も、中央銀行や政府からタブー視されなくなるのかもしれない。

この新しいマクロ経済の領域では、旧来の需要と供給の指標に注目する伝統的な視点だけでは、将来の資本コストを考える十分な指標とは言えないのかもしれない。２０１４年の春に、標準預金金利をマイナスに設定した欧州中央銀行の動きのように、これから先の何年間も、超低金利こそが普通の状態としてとどまるのかもしれない。（注43）

２０１３年のＩＭＦ白書で、経済学者カルメン・ラインハルトとケネス・ロゴフが論争したように、従来の慣行から外れる金融政策の支援に伴うリスクを、政策決定者たちは過剰に騒ぎ立て

ず、中央銀行の政策操作方針をあまり制限しないようにする必要があるのかもしれない。（注44）

資本コストをめぐる2つのシナリオへの対処法

需要と供給の力学が変わっていくため、企業経営者は二つのシナリオの両方の世界をどうやって上手に導くのかを学び始めなくてはならない。資本コストの予期せぬ変化に突然襲われた経験を持つ企業、家計、政府の数は枚挙にいとまがないことを、私たちはこれまでに見てきた。

二つのシナリオのどちらが実際に展開していくにせよ、読者は自身の持つ経験や知識に基づく直観をリセットし、保有資本を積極的に、しかも責任を持って管理する手法を開発しなければならない。長期的な資本コストに関する見通しは不確実であることを前提に、どちらのシナリオが展開しても企業が健康なままでいられるためにとるべき方法を、五つの行動に絞り込んで提案してみよう。

資本生産性に関して二股をかけよう

物理的資源に関しては、市場価格の如何にかかわらず、効率と生産性に焦点を当てることには納得がいく。同じことが資本財資源についても言えるのだ。資本の生産性（一定額の資本が生み出す産出額と利益の率）を改善することにより、先物に関してより良いヘッジを作り出すことができる。それは、資本配分に関して明確な戦略を策定し、タイムリーで効率的なプロジェクト成果の達成に集中し、製品およびプロセスのリエンジニアリングを行い、原材料の調達、購買、運転資本の条件を適合させていくことにより可能となる。

鉱山、石油およびガス、不動産といった資本集約的産業ほど、生産性改善の重要性を強く感じる業種はないだろう。メガプロジェクト（当初の資本支出投資額が10億ドルを超えるプロジェクト）のうち4割に関する私たちの分析では、その80%のプロジェクトが当初計画よりも高額な投資が最終的に必要になるという結果になっている。平均すると、最終的な資本投資額は当初の計画を40%上回っている。（注45）

最近の実例では、オーストラリアの巨大液化天然ガス工場ゴルゴンと、カザフスタンのカシュガンのマンモス油田開発のケースがある。どちらも開発機構にとって巨大な頭痛の種となっており、とくに後者については、推定投資額が当初予算の5倍に膨れ上がってきている。（注46）もし金利が現状のまま一定だとすると、得られる可能性のあった利益すら、膨れ上がる建設費用に飲み込まれてしまうだろう。もし金利が上昇すれば、費用の増大はプロジェクトの死にいたる結果をもたらす。

さまざまな産業分野にわたる私たちの経験では、プロジェクトの優先順位の見直し、プロジェクトのライフサイクルの短縮化、実施進行計画の厳しい遵守を組み合わせて実施すれば、予測される建設費用を10～25%減らすことができ、さらに工期の短縮を積み重ねることができれば20～50%減少させることができる。（注47）

たとえば、中東のある建設会社は、総工費5億ドルの高層タワービル建設プロジェクトで、パフォーマンス対話や軍司令室の開設といった現場でのリーン管理技術手法の導入と、梁や構造ジョイントにプレハブ工法を採用することによって、サイクルタイムを30％削減した。こうした努力の積み重ねにより、この会社は全体のコストを下げ、しかも工期の遅れに対する5千万ドルの罰金を免れることができたのである。(注48)

しかし、金利コストが上昇し、資金の保有にかかるコストが高価になれば、不必要な資金の継続的保有を避けることがさらに重要となる。トヨタのカンバン生産方式として知られ、アジアの製造業でも広く用いられているジャスト・イン・タイムのデリバリー・プロセスは、根本的には、工場内に積み上げられている未使用の部品や素材の在庫のために、不必要な資本として積まれる資金をできるだけ減らすための努力である。

今日、日本と韓国の自動車メーカーは、製品設計と製造プロセスに「資本負担の軽い」アプローチを競って進めている。すでに、新規市場での製品関連部材と生産能力強化のための費用は、自動車メーカーの資本支出の90％を占めている。将来、資本支出需要は、外部環境の変化によってさらに重要性が高まる可能性が大きい。とくに地域特性を反映した修正を含め、顧客からの特別注文によって生じる需要の細分化が進展することにより、自動車モデルのバリエーションは今後30％から50％増加すると思われる。(注49)

自動車のパワープラント技術の革新により、新規のR＆D投資と、次世代のエンジン工場への投資支出の拡大が促されている。燃費効率に関する政府規制により、新技術や新素材（複合材料やアルミニウム）の利用が促進され、工場改築や機材変更のための資本支出の増加を後押ししている。

競合圧力の高まりが、さらにこうしたトレンドの実施を急がせている。２０１２年を含むそれまでの５年間の、アジアの自動車メーカーの売上げに対する資本支出の比率は、欧州自動車メーカーに比較して30％低かったとの報告がなされている。（注50）

多くの企業には、売上げの回収期間の短縮・適正化や在庫の削減により、運転資本の生産性を上げる努力を重ねるという方法もある。電気自動車メーカー、テスラ・モーターズの事例を見てみよう。購入予約手付金として２５００～５０００ドルの支払いを顧客に義務付けることにより、需要パイプラインの状況を明確に把握できるばかりでなく、会社の操業にかかる運転資本を最小限にしている。（注51）つまりテスラは、自社の運転資本を事実上、顧客に負担してもらうことに成功しているのである。２０１３年12月、テスラは顧客からの預託金として１億６千万ドルを超える額を保有していた。（注52）

もう一つの事例として、アマゾンは、高度な先進技術を駆使して在庫品目と適正在庫量を決定し、自社の全流通センターで最も回転の速い品目しか流通センターには在庫しないようにしている。顧客からは即座に料金を回収し、商品を納入するサプライヤーには１カ月遅れで支払いをすることにより、アマゾンの運転資本はマイナスの値となっているのだ。２０１３年の第４四半期のアマゾンの財務報告によると、未収金が４７億７千万ドルあるのに対し、未払金は１５１億３３００万ドルあり、金利の稼げる預かり金「フロート」が実に１００億ドルもあると

いう極端に安い資本を保有していた。（注53）

もし世界中に事業展開している小売業者のトップ10社が、アマゾンと同じ現金回収、支払いサイクルを採用したとすれば、そうした業者は運転資本だけで1500億ドルの節約が果たせることになる。（注54）

新しい資本供給源を追求する

資本の生産性の向上を追求すれば、自社の事業の内部資源を最大限活用するとともに、社外の資本資源の幅を広げ、最大限活用する可能性を探ることになる。伝統的には、事業資本を得ることが意味していたのは、自社の信用レーティングを引き上げ、ロンドン、東京、ニューヨークといった金融センターの主要金融機関との関係強化を図ることであった。ところが今日では、ソブリン・ウェルス・ファンド（SWFと呼ばれる政府系投資ファンド）、年金ファンド、インターネット上で行われるピア・トゥ・ピア融資やクラウド・ファンディングなど、その他の大規模な資金調達源を探ることを意味している。

これからの資本需要の増加の大半が、インフラストラクチャーと不動産といった分野の長期プロジェクト・ファイナンスであることを前提とすると、企業経営者や政府や地方自治体の長は、回収期間が長いことに耐えられる資金提供者を探さなければならない。年金ファンドやSWFであれば、そうした資本の提供者になれるのかもしれない。こうしたファンドなら、インフレに対するヘッジを保持しながら、政府債券に投資するよりも高い利益を得られる可能性があると思えるからだ。

全投資家分類の中でSWFは、これまで年平均10%という最速の成長を見せており、2013年の時点で管理している資産総額は3兆ドルから5兆ドルの間と推定される。（注55）もう一つの資本供給源候補である年金ファンドは、2013年に管理していた資産総額がおよそ32兆ドルとはるかに広大であり、しかもずっと成熟している。（注56）成長の見通しも、新興国経済と金利上昇基調に後押しされて堅調である。

サウジアラビアのSWFのようないくつかの資産管理ファンドは、投資資産の大半を安全な政府債券や株に投資する、保守的な投資プロフィールを保ってきた。しかし、そのほかのファンドは、驚くほど積極的な投資戦略に転換し始めている。多くのSWFが、不動産、インフラストラクチャー、鉱山、小売業、それにエンターテインメントなどの分野の注目を集めるトロフィー取引に、これまで出資してきている。

イギリスのランドマークとなるような建造物である百貨店のハロッズと、ロンドンの最も高いビルであるシャーズは、今ではカタール投資機構の保有ポートフォリオに組み込まれている。（注57）同じくこのポートフォリオに組み入れられているものには、スウェーデンのズラタン・イブラヒモビッチやウルグアイのエディンソン・カバーニといったサッカー界のスーパースターを獲得し、ヨーロッパの強豪へとのし上がってきたフランスのサッカーチーム、パリ・サンジェルマンFCが含まれている。（注58）

また、8千億ドルを超える資産を保有するノルウェーのSWFは、保有資本の60%以上を株式市場に投資しており、衆目を集める不動産銘柄に焦点を当てる傾向が強まっている。(注59) 2013年の1年間だけで、ノルウェーSWFはニューヨークにあるタイムズスクエア・タワーの株式の45%と、ボストンにあるワン・ファイナンシャル・タワーの47・5%を、メットライフ社との合弁会社を通じて買収した。(注60) ノルウェーSWFは、次の投資の狙いを、太陽光発電プラントやその他のインフラストラクチャー投資資産に向けようと検討している。

SWFによっては、これまでのパッシブ・インデックス・ファンドのような投資行動よりも、むしろ未上場株式に投資するプライベート・エクイティ・ファンドによく似た投資戦略を採用しているものもある。1700億ドルを管理しているシンガポールのSWFであるテマセクは、2014年に57億ドルを健康・美容事業を展開するA・S・ワトソン社に投資した。1974年の設立以来、テマセクの保有資産ポートフォリオには、靴メーカーから野鳥公園にいたる各種企業の株式が含まれている。(注61)

インターネット上でデジタル・プラットフォームを提供する企業群も、新たな資本提供源となりつつある。こうした企業群は、株式市場や銀行融資といった伝統的な資本提供源からは資金を得にくい小企業に、特別な関心を持っているケースが多い。キヴァやキックスターターといったピア・トゥ・ピア融資や資金募集プラットフォームにとり、対象企業に国境は存在しない。ユーザーが世界中の人たちに融資することを可能にするインターネット・サイトを運営するキヴァは、すでに120万人の融資者会員を獲得し、6億ドルにのぼる融資を仲介している。(注62)

また、ドキュメンタリー映画からゲーム盤の制作にいたる幅広い創作事業プロジェクトに対して、クラウド・ソーシングのマッチングを提供するプラットフォームとして2009年に設立されたキックスターターは、690万人の人々から13億ドルの出資誓約を取り付けている。(注63)キックスターターのサービスを通じて資金を得た有名なプロジェクトとしては、テレビ番組の続編として制作された劇場映画版『ヴェロニカ・マース』があり、この映画プロジェクトは、9万人の「支援者たち」から570万ドルを集めた。(注64)

中国の巨大インターネット商業企業アリババが設立した支払いサービス企業アリプレーは、小企業への資金提供を行う部門を保有している。(注65)

新しいビジネスの機会を活用せよ

資本供給源への特権的なアクセスを許された企業は、それだけで明白な競争優位性を持つことになる。世界の成長、それに伴う新しい投資機会の70%以上が新興国市場によるものとなることを考慮すると、こうした成長市場との接点を形成し、現地の資本規制と金融規制を理解することが、投資家にとって必須事項となりつつある。

先進世界で製品やサービスの貿易取引が相互の接続ノードとなってきているように、お金の貿易についても同じことが言える。企業が新たな資本提供者を探し出し、グローバル市場に事業展開し、自社のガバナンスルールを国際基準に合致させるよう注力することにより、この「コスモポリタン資本主義」を受け入れられたなら、著しい利益を得ることになる。

コスモポリタン資本主義の興味深い例を、先進国と新興国の両方に見ることができる。

2010年から12年にかけて、インド第2の通信事業者であるリライアンス・コミュニケーションズ社は、中国の銀行数行に融資を依頼し、合計およそ30億ドルの融資を受けた。同社が支払った金利は、インド国内の銀行から融資を受けていれば支払ったであろう金利よりもはるかに低く、案件によっては5%であった。(注66)

2011年、未上場企業への投資を行う巨大プライベート・エクイティ投資企業のTPGは、自社株の5%をクウェートとシンガポールのSWFに売却する取引に合意した。(注67) また、2010年には、いくつかのSWFのグループがカナダ最大の年金基金であるオンタリオ教師年金ファンドと提携し、ブラジル最大の投資銀行であるBTGパクチュアルへの総額18億ドルの投資を行った。(注68) バランスシートの規模が大きく、とくに多額の手元現金を保有している企業であれば、こうした種類のパートナー関係を結ぶことにより、新たな資本投資の供給者となりうるのである。

一貫して低金利の融資を受けられる借り手が享受する利益は明らかである。借り手である企業や政府は、安い金利の長期借入を固定することができるからだ。素早く行動を取れる借り手であれば、金利低下時には借り換えを行うことから利益を得られる。しかし、資本コストが上がる局面にも、別種の機会が存在する。高金利であれば、多くの企業が高い投資収益率を享受できるだろう。

さらにもう一つの便益は、年金負債の減少の可能性である。金利の上昇に伴い、投資収益率の期待値が上昇するからだ。それは、短期的な利子支払いの増加よりも、長期的な資本価値の増加のほうが大きいからである。そうなると、確定給付年金の積立不足となっていた基金の負担が軽くなる。たとえば、２０１３年の連邦準備制度理事会（ＦＲＢ）の、金融緩和を先細りにするという発表を受けて金利が上昇したとき、フォード・モーターはおよそ97億ドルあった年金の積立不足を、およそ40億ドル減らすことができた。この減少額に比べると、金利支払いの増加額５千万ドルは少額に思えてしまう。（注69）

２０１３年、Ｓ＆Ｐが発表したトップ５００社について、全社合計の年金積立不足額は３５５０億ドルと報告しているが、この数字は今のところ過去最大の額である。（注70）確定給付年金制度の積立不足額を持つこうした大企業のほとんどは、金利の上昇につれて自社の積立不足額を縮小させていくことになる。

市中銀行もまた、新たな機会をつかむために、自行のビジネスモデルを適応させ、変えていくことができる。長期投資案件に関して、銀行は既存の法人取引関係と引受業務のスキルを最大限活用し、大規模な機関投資家に代わってシンジケートローン取引のお膳立てをしたり、あるいは政府機関と提携して半官半民の融資機構を創設する、といったことが可能だ。

中小企業に対しては、運転資金の提供に加え、成長しているピア・トゥ・ピア融資市場に参入するという、関連サービスとの両面作戦をとることができるだろう。こうした動きはすでに始まっており、レンディング・クラブやファンディング・サークルといったピア・トゥ・ピア融資サービス企業が、それぞれユニオンバンク、サンタンデル銀行との戦略的提携を結び、新たな信用金融商品を顧客に提供し始めている。（注71）

２０１４年夏、未上場資金調達では企業価値40億ドルと評価されたレンディング・クラブは、少なくとも時価総額５億ドルでの株式上場を申請した。

柔軟性を通じてリスクに対応せよ

将来の見通しは不確実で、変動はもっと激しくなる可能性が高いということは、企業としては資本計画を策定する際、より慎重で、より敏捷で、しかも楽観的でなくてはならない。企業は資本についても、他の経営資源や事業への投入要素と同じように考えなくてはならない。とくに金利の先行きに関するリスクのほうが大きいため、それに備える保険として、これまでよりもヘッジへの依存度を高める必要があるかもしれない。

価格変動の激しい資源が事業の主要投入物資である産業では、自社が支払わなければならない資源の上限価格と底値を設定する金融取引を行うのが普通である。航空会社はジェット燃料価格にヘッジをかけ、ペプシは砂糖の市場価格に、そして養豚農家は豚バラ肉先物価格にヘッジをかけて、財務リスクを緩和している。

ヘッジングは、もし投入財の価格が突然下がった場合に、ヘッジさえしていなければ安い価格で購入でき、得られたであろう利益を失うという結果につながる。だがヘッジは、企業が予想もしなかった変動に不意打ちを食らうことから身を守り、合理的な計画を立て、心の平静を保つことを可能にしてくれる。これまでよりも多くの企業や政府機関が、資本や資金を価格変動の可能性のある投入資源として考える必要に迫られるだろうし、どのようにヘッジし、その価格をコントロールできるのかを考えておく必要がある。

企業はまた、資金の返済期限の延長や早期返済といった借入期間の変更や、資金提供元の乗り換えができるよう自由度を確保し、そうした変更の決定をためらってはならない。２０１４年５月、キャタピラー社は55年満期社債を比較的高い利率で発行し、同時に銀行やマネーマーケットから短期借入を続けた。また、同じ年にフランスの電力公社、エレクトリシテ・ド・フランスは、１００年償還の社債を発行した。こうした超長期の借入は、短期ものよりも利率は高いものの、数十年間価格固定のほぼ半永久的資本という形態で機能してくれる。製造企業がサプライチェーンに、サプライヤーの多角化やリダンダンシーと呼ばれる複数経路を組み込んで良い結果を生んでいるように、資本の供給についても同じ手法が良い結果につながることだろう。

思考原則を変えよ

資本コストが将来向かう方向の如何にかかわらず、個人、家計、そして企業といったいずれの経済主体にとっても、とるべき最終手段は、これまでの経験に基づいた直観を捨て去り、考え方をリセットすることだ。これまで見てきた急速な資産価格の上昇に慣れてきていた家計について考えるなら、貯蓄残高の増加が緩慢になることに対応し、貯蓄率を引き上げる必要があるのかもしれない。

企業にとって短期的な変動に対処する最善の方法の一つが、長期的トレンドへの対応を計画することである。資本コストに関して短期的な見方をする企業は、もし資本コストが将来変動したら、不意をつかれてしまうリスクがある。80％の企業が2年よりも短期間で高い財務業績を達成しなければならないという圧力を感じている世界で、年金基金のような大規模資産を保有しがちな上場企業にとり、この要請を達成することは重要課題である。（注72）

社外の投資家や株式市場の圧力によって、上場企業が陥りやすいのは、短期の業績ばかりを気にする「四半期資本主義」という思考パターンである。企業が今後10年間、いや30年間といった長期間の借入、投資、そして資本にかかわる意思決定を行わなければならないことを前提にすると、この超短期的思考パターンが問題の種となる。企業は、自社の考え方を再度評価し、長期の将来に現在よりも大きな価値を生み出せるように、投資意思決定をしなければならない。

こうした変化に先鞭をつけるには、資産保有者は、自分の達成したい目的とリスク許容度、志向をもっと注意深く定義し、それに従って自社のポートフォリオを構成しなければならないだろう。おそらく、想像できる結果としては、たとえ短期的には一時的な損失を被るショックはあるものの、長期的な価値創造に焦点を当てた流動資産への資本配分を大きくする、ということだろう。たとえば、シンガポールの政府系投資ファンドであるＧＩＣでは、アジアの新興国市場に焦点を当てる場合、各国の短期的変動とは無関係に、20年後を到達点として見ている。（注73）

企業もまた、自社の業績を分析する別の尺度を提供することで、投資家に長期的な視点を持ってもらうことが可能だ。たとえば、多品目を取り扱い地域に分散させた戸別訪問型の販売部隊を使う戦略と、製品が高品質であることを強調するために、ブラジルの化粧品会社、ナチュラ社は、販売員の満足度や従業員1人当たりのトレーニング時間数といったデータを公表している。

また、スポーツ用品や衣料の小売りを行っているプーマは、健康や安全問題に対する自社の取り組みを、下請業者たちを通じて公表することを決定したが、これはスポーツ用品業界の抱える長期的リスクの側面について、透明化を求める市場の要請に応えるためであった。（注74）

❖❖❖

すでに指摘したように、資本コストを取り巻く著しい変化は、短期的な道筋がどちらに向かうのか不確実なままである。かなりの程度、グローバル経済は著しい流動性の増加により変容した、流動性の洪水の中を航海している状態だと言えるだろう。この洪水の水がすぐに引いて金利を引き上げるのか、それともこのまま低金利が続くのか、確実性を持って判断することは困難である。どちらであるにせよ、企業は自分たちの乗る舟が浸水し、沈まないように、自分たちの考え方、実践する行動、そして保有する能力を見直し、方針を決定しなくてはならない。

第8章

労働力需給のギャップを解消する

――技術革新が生み出す新たな労働市場のミスマッチ

世界中で頻発する「雇用なき経済回復」

およそ30年前、世界中の労働市場、とくに先進国では興味深いトレンドの展開が始まった。それがとりわけ顕著だったのは、世界第3位で1億5500万人の規模にして、世界でも最も柔軟かつ流動性の高い労働市場を持つアメリカであった。

1950年代、60年代にアメリカは、戦後経済復興、貿易の伸び、それに国内消費の成長により支えられた繁栄がもたらす大ブームを謳歌していた。高校を卒業した数百万人のアメリカ人男性は、安定した高収入の職に就くことができ、その多くは成長を続ける製造業分野に就職した。この傾向は男性ばかりでなく、アメリカ人女性も戦後すぐに労働市場に加わり始め、80年のピークに達するまで増加が続いた。つまり、人々は概ね高校を卒業し（たまには大学に進学し）、悪くない給与と福利厚生制度のある安定した職に就くという形で労働市場に加わっていたのである。

こうした人々は、最初に就職した会社で働き続け、自分のキャリアを終えることが多かった。不況期にはレイオフと呼ばれる自宅待機が実施されることもあったが、それは一時的なものである傾向が強かった。企業は、需要の波が戻ってきたときに、よく訓練された熟練労働者を確保しておきたいと考えていたのである。

その結果、1991年まで、アメリカ経済はかなり予測可能な経済循環のサイクルを繰り返してきた。不況があっても、GDPが不況前の水準に戻ると、労働市場もその3カ月から6カ月後には、以前の雇用水準に回復した。この雇用の回復パターンは、第2次世界大戦後頻繁にあった69年、73年、81年の不況の後に、毎回繰り返されてきた。

ところが、比較的短期でしかも程度の軽かった91年の不況の後には、GDPが不況前のピーク水準に回復してから15カ月後になるまで、失業者は再就職できなかったのである。経済分析家や専門家たちは頭を絞り、この現象を「職に就けない経済回復」と呼んだのだが、この就業機会の回復ペースの遅さが、当時の大統領ジョージ・H・W・ブッシュの再選可能性を奪ったきらいがある。

しかし、顧みると91年は、訪れようとしている変化の前触れにすぎなかった。その次に来た

2001年の不況は、これもまた歴史的基準から見れば軽度で短期なものであったが、全失業者が再雇用されるまでに実に39カ月かかったのである。つまり、「職に就けない経済回復」は「職に就けない経済成長」へと変わったのだ。その次に来たのが08年のリーマンショックと呼ばれる金融危機である。この大恐慌に匹敵する不況とその後のぎくしゃくした経済回復のケースでは、GDPが完全に回復してから労働市場が全失業者の再就職を果たすまでに43カ月かかった。言い換えれば、雇用が不況前のピークに戻るのに、14年の6月までかかったのだ。これは不況の始まりから実に6年半後、そして不況が終わってから5年後のことだったのである。(注1)

このアメリカ型の「雇用なき経済回復」のパターンは、過去30年間に他の先進各国でも見られた。1990年代半ばのカナダ、2000年代初期のドイツと中期のフランス、09年以降のオーストラリア、スウェーデン、その他先進数カ国のケースが該当する。こうしたケースは、いずれも先進国が「職に就けない経済成長」と苦闘した実例である。

2013年に欧州委員会は、EUの経済活動の回復が「雇用機会の創造につながることは、徐々にしか進まないだろう」と発表した。14年1月、国際労働機構(ILO)は、「事業活動の上昇改善にもかかわらず、失業がグローバルに上昇している」との警告を発した。アメリカでも、求人数増加の少ない苦闘の数年間により、ダイナミックだったアメリカの労働市場に被害の爪痕を残した。アメリカの世帯当たり実質所得の中央値は、基本的に過去25年間変わらず、フラットなままである。(注2)

ところが、若年層失業率は記録的な高さである。とくに熟練度の低い労働者が、労働力市場の変化の矛先に直面しているのだ。低熟練度の労働者の多くが労働市場から完全に締め出されてしまい、14年のアメリカの労働力参加率は、過去36年間のどの時期よりも低水準であった。(注3)

何が起こったのだろう。労働力を代替する情報機器による新技術を装備したこと、そして中国やインドの労働力を活用するという手段が新たに可能となり、好況時も不況になっても、先進国の企業は生産性を維持するどころか、改善さえ果たせるようになってきたのだ。2001年と08年から09年にかけてというアメリカの最近の2度の不況において、GDPの減少の98%は雇用の減少によるものだったが、一方で生産性はほとんど影響を受けなかった。

労働市場は、企業ほどには柔軟性が高くないことが証明されてしまった。労働市場が機能しなくなる一連の麻痺が生じたのを私たちは観察してきている。繰り返し行われる事務作業や、工場の作業プロセスは自動化されてきた。一方では低賃金の手作業による職種の需要があり、もう一方では高賃金・高スキルの職種の人材が求められるという二極分化が、労働市場で着実に進行してきたからである。そして、この二極分化の中間にいた労働者の職が、技術革新の進行と新興国との競争とにより蝕まれてきたのだ。

だが、それと同時に、ヘルスケアから高度技術といった幅広い事業分野の企業は労働力不足を報告してきており、必要なスキルを持った人材が将来得られるのかどうか、焦燥感を強めている。広範に及ぶ労働市場の崩壊を引き起こしてきた要因は、もうかなりの間存在し続けている。しかし、リーマンショックによる金融危機とそれに続く不況が、この状況をさらにひどいものしており、ミスマッチによる労働市場崩壊に対して早急の救済措置が待たれている。

すぐに古くなる仕事のスキル

今日、私たちはトレンドの曲がり角に立っている。今回の変化は、技術変化による撹乱期がもたらしたものだ。処理作業を繰り返し行う数百万に及ぶ職務（たとえば事務作業など）や製造作業（たとえば組立ライン作業）を自動化してしまった諸技術が発展し、今日では人間同士の調整、問題解決、幅広い批判的思考を必要とする、高度なスキルの求められる相互インタラクション職務までもが、急速に侵食され始めている。

生産性の改善に役立ってきた情報機器を活用すれば、各職務を特定の専門作業に分解してくれて、それぞれの作業に1週間のうち何時間かかるのかを推定し、予定を組み、パートタイムの職員が遠隔地でも作業できるように手配することも可能だ。そして、新技術による撹乱が進むにつれ、求められていた新たなスキルはすぐに旧式のものになってしまい、求められるスキルと個人の持つスキルとのギャップが生じる頻度は高まり、発現する場所が増え、労働力の供給と需要との分断がますますひどくなるに違いない。

技術革新は産業分野や地理的な範囲に限定されることなく、職務の内容全般を変えていくため、誰を、どこで、どのように採用していくのかについて、また人材ばかりでなく、どのようなスキルをどのような技術で代替できるのかに関して、世界中の経営者はこれまで持っていた常識に基づく直観をリセットしなくてはならない。２０１４年、アメリカ経済がやっと回復したときの労働市場で求められた職種は、失業が発生した職種分野とは大きく性格の異なるものであり、新しく求められる職種の属する労働市場セグメントも大きく異なるものであった。

技術革新は、もっと多くの仕事を自動化してしまい、残っている職種に対するスキルギャップを大きくしてしまうばかりではない。技術革新は、仕事の性格そのものを変えており、仕事の変革に対応しなければならない私たちに残された時間は、どんどん少なくなっている。

仕事そのものの性格を変えていく技術

人間のしていた仕事の自動化に技術が本格的に使われ始めたのは、最新の自動化機器が工場の生産職人員を代替し始めてからである。さらに、１９９０年代半ば以降、定型的で繰り返し行われる処理業務の多くが、技術により代替され始めた。かつては大きな雇用先の比率を占めていたタイピストや電話交換手といった職種そのものが、ほとんど消滅してしまった。２００１年からアメリカの不況のピークとなった09年の間に、３００万人を超える生産職および処理職の雇用が消滅した。

生産職は生産性を向上するためのプロセスの再設計による圧力の影響を受け、一方で技術そのものが製造プロセスの多くを自動化し、少人数で製造するリーン・オペレーションの興隆を可能にした。輸送と通信技術の進歩により、製造の外部委託であるアウトソーシングや、組立機能の低コスト国への移転が可能となった。銀行窓口処理や小口現金の払い戻しといった処理機能は、簡素化、自動化が進み、顧客自身がセルフサービスで操作するATM、自動販売機、セルフサービス・チェックアウトといったシステムに可能な限り代替されていった。

今日、最も価値の高い労働者が行っている仕事は、経済学者が「インタラクション」と呼ぶビジネス活動であり、探索、調整、それにアイデアやモノやサービスの交換に必要なモニタリングといった内容が含まれる。専門性、グローバル化、技術革新のいずれもが、インタラクションという作業を、先進国経済での仕事上の成功に必須な要素へと変化させている。

インタラクション職種は、比較的低スキルのもの（看守、ホーム・ヘルスケア介護士など）から高度なスキルの必要なもの（外科医、販売員、弁護士など）まで、幅広く存在する。アメリカで300万人近い生産および処理職種が消滅したのと同時期に、アメリカ内では500万人近いインタラクション職種に対する新しい雇用が生まれた。こうした新しい職種の多くは「非貿易」部門に該当するものであり、ヘルスケア、教育、政府サービスなどが含まれる。こうした部門ではほぼ全面的に国内顧客を対象に製品やサービスを提供しており、輸出や輸入が困難なのである。

技術革新は、職務の創造および代替という側面で影響を与えることに加え、従業員自身が業務を分解して再設計することを可能とし、定型的な作業部分を他の低スキルの従業員たちに割り振れるようになった。

どのインタラクション職種にも数百の異なる作業が含まれ、そうした作業の多くはインタラクションを伴わないか、別に最高度のスキルを持つ人物によるインタラクションを必要とはしない。そうした作業を抜き出してまとめ、標準化してしまうことが可能だ。こうして、ルーティン化した低付加価値作業を見つけることができたなら、スキルレベルがそれほど高くない、あるいは賃金のより低い別の従業員に任せることが可能となる。

こうしたトレンドは、とくにヘルスケアの分野に見出すことができる。たとえば、慢性疾患患者の管理作業（生活習慣、食事、運動などに関するカウンセリングなど）は、医師ではなく中級スキルを持つ看護士などのヘルスケア従事者に任せることができる。企業本社の人事本部もまた、健康保険や医療保険の具体的補償の詳細など基本的な質問への対応は、人事シェアード・サービス企業にアウトソーシングし、人事本部の専門家は、人材開発や企業文化の確立・浸透といった業務に集中することができる、といった分業体制が進展している。

勤務の場所それ自身も、また分解されている。労働力の重心が生産や処理業務から、遠隔地でも実施可能なインタラクション職種に移行していくにつれ、働く人がどこにいても接続可能な通信システムを活用して、場所を問わない柔軟な勤務制度の運用を試みる企業が増えてきている。新規参入の格安航空会社で国際線にまで路線を拡張しているジェットブルーの予約受付担当者のほとんどは、在宅勤務で業務を行っている。

技術進歩と革新的なビジネスモデルにより推進された強力なプラットフォームが、多くの人たちの仕事の定義そのものを変えつつある。たとえばアマゾンやイーベイといったインターネット上のプラットフォームが、消費財の購入者と消費財メーカー、新たなプラットフォーム、アプリケーション・ソフトなどのメーカーとを結び付けているように、いろいろなウェブサイトが各種サービスの購入者とサービスの提供者とを、既存業界を破壊してしまうようなまったく新しいや

成熟経済下では、就業機会の増加の大半は複雑な問題解決「インタラクション」業務であり、同じルーチンを繰り返す生産および定型的「トランザクション」業務ではない

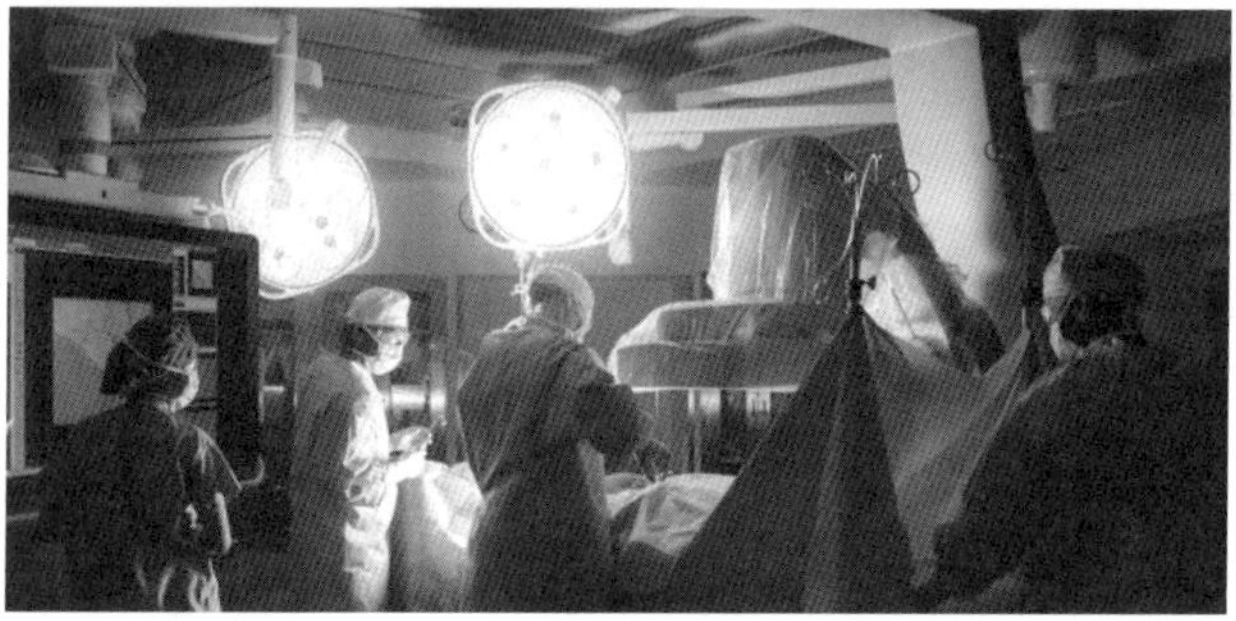

2001年から2009年にアメリカで生まれたタイプ別就業機会
（百万人）

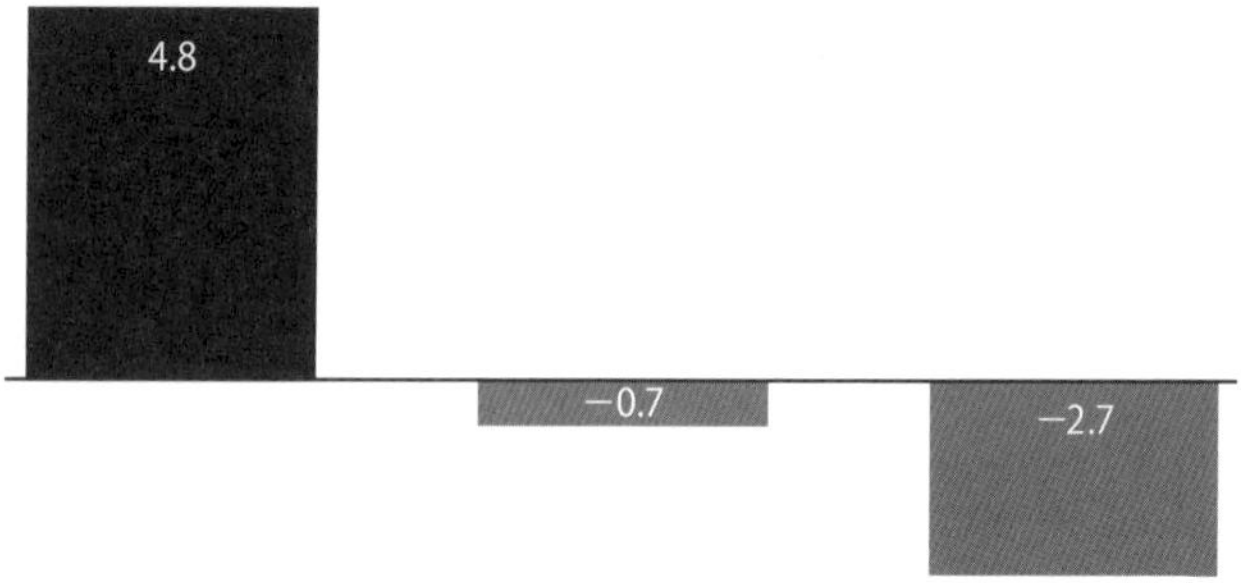

問題解決「インタラクション」職種
複雑な問題解決、経験、文脈の理解が必要な対話を要求される。
（例：弁護士、医師）

定型的「トランザクション」職種
顧客とのやりとりを台本に記述、ルーチン化、自動化が可能。
（例：銀行の窓口担当、小売業のレジ係）

生産型職種
物理的原料・素材を最終製品に加工するプロセスを実施する。
（例：工場労働者、農業従事者）

出典：米国労働統計庁、マッキンゼー・グローバル・インスティテュート分析。

り方で結び付けている。

たとえば、ウーバーのライバル企業であるリフト社は、自分の都合のよいときに自分の自動車を使ってプロの運転手となり、収入を得る可能性を多くの人々に提供している。非常に人気の高いエアビーアンドビー社は、旅行者と賃貸できる空き部屋が自宅にある人を結び付けることにより、数千人の人たちに副業あるいは本業として、小規模な宿屋あるいはホテリエとして働くことを可能にしている。

また、オーデスク、タスクラビット、イーランスといった会社は、ソフトウエア開発から、基本的な清掃、あるいは代行サービスにいたる各種サービスのインターネット市場を形成している。つまり、仕事というものが、毎日同じ時間に決まった場所に通勤し、行うものではない傾向が急速に広まってきている。仕事は、さまざまな環境で可能となり、時間の制約を受けないものにと変わってきているのだ。

スキルギャップがどこにでもある時代に

スキルギャップという話題は、もうすでに新しいものとは言えないが、今後10年の間には、どこにでも見られる当たり前の話となってしまうだろう。２０２０年までに高度のスキルを持った労働者が世界中で４千万人不足し、中程度のスキル保有者が４５００万人出現し、並行して

9500万人の低スキル労働者の余剰が発生すると推定されている。
もし、これまでの時代が、「数百万人の中国人労働者がグローバル労働市場に加わった時代」と定義されるとしたら、次の時代は、「中国にさえスキルギャップが出現する時代」となるだろう。今日から2030年までに中国の若年労働者数はほぼ半減し、高度なスキルを持つ労働者が2300万人不足する、と予測されているからである。(注4)

「スキル安全保障」もまた侵食されている。技術変化の影響により、職務要件が定常的かつ急速に変わっていくことが、将来の労働市場での定常状態となるだろう。20年前には、採用候補者に基本的なパソコンやインターネット操作のスキルがあったとすれば、雇用者側にはもうけものであり、そもそも基本的採用条件には含まれていなかった。ところが今日では、MSワード、アウトルック、パワーポイントといったソフトが扱えることが採用条件に含まれていないことは珍しく、多くの会社では、高度の会計ソフトやデータベース、さらにはウェブデザイン・ソフトの操作能力なども要求されている。

科学、技術、工学、数学といった「STEM」と呼ばれる分野でさえも、短期間で職務要件が変わることがごく普通であり、企業も労働者側も対応に苦慮している。このことは、あたかも半導体の処理能力に関するムーアの法則が、採用にも適用されているようなものである。労働者は2年ごとに新しいツールの使い方を学び、習熟していかなければならない。インターネット、eコマース、SNS、といった具合に。

金融から政府といった広い分野で、次世代の大きな機会を生み出すと期待されるビッグデータの出現に伴い、関連した必要スキルを持つ人材の供給と、経営者の理解度の両面で、需要に追いつくための苦闘が始まっている。「データサイエンティストの数が少なすぎます。ギャップの程度は、小さいとはとても言えません」と、マサチューセッツ工科大学のコンピュータサイエンスと経営学の思想家、サンディ・ペントランド教授は指摘している。

「重要なことは、ほとんどが私たちの耳と耳との間の脳みそで起こるのだ、と私たちは教えがちなのですが、実はたいていのことは、個人と個人の間で起こるのです」。そしてペントランドは、データサイエンティストの不足ゆえに、この技術を完全に活用することが困難になっている、と指摘している。(注5) 3分の2の企業が、データ分析手法の能力が限られている、あるいはまったくない、という状況に苦慮しているのである。(注6)

同様な話は、データアナリストという専門家にとどまらない。カンファレンス・ボード社の調査によると、アメリカで熟練工場労働者に対する需要は、2005年から2012年の間に38％増加した。(注7) アメリカの製造工場は、リーマンショック後の大不況とそれに先立つ数年の経営難の時期に退職させた労働者を、景気が回復してきて再雇用しようにも、簡単には雇うことができないのが実情である。なぜかと言えば、アメリカの製造業はコンピュータや高度技術を駆使した製造ラインに著しい投資をしてきており、コンピュータ制御機器を操作できる工場労働者の必要性が急速に高まっているからなのである。(注8)

2012年にマッキンゼーの政府活動センターが行った、世界中の2700人を超える政府機関従事者を対象とした調査では、調査対象者の39％が、自分の属する機関での新入レベルのポストが未採用のまま空席になっている原因が、スキルを持った人の不足だと答え、3分の1以上が、スキル不足がコスト、サービスの質、それに応答時間に重大な問題を引き起こしている、と答えた。(注9)

これは、ただ単に大学卒業証書を獲得しましょうと呼び掛ければよいという問題ではない。急成長する中国では、毎年卒業してくる700万人の大学生の就職先確保に苦慮している。(注10) この問題の一因は経済成長の減速にあるのだが、中国の場合は、IT、金融、会計といった需要の大きな分野を専攻する優秀な学生の数が十分ではないことにも原因がある。そこで生まれたのが、高度のスキルを持つ労働者が不足する状況下での大学卒業生の就職難、という逆説的状況なのである。(注11)

同じ矛盾が、高等教育制度の柔軟性と優秀さを誇る国々でも見られる。今でも慢性的な不完全雇用状態に苦しむアメリカでは、2014年10月現在でも480万人の求人案件が埋められていない状況である。一方、5千人近いアメリカの大学卒業者を対象にした調査によると、回答者のおよそ45%が、勤務先の現在の仕事に就くために4年生大学を卒業する必要はなかった、と答えている。(注12) 工科専攻の学生が複数の就職内定通知をもらう一方で、別の専攻の学生は就職できずにいるという状況が生まれているのだ。

今後、世界には高度なスキルを持つ労働者が不足し、一方で低スキルの労働者には就業機会が不足する可能性が高い

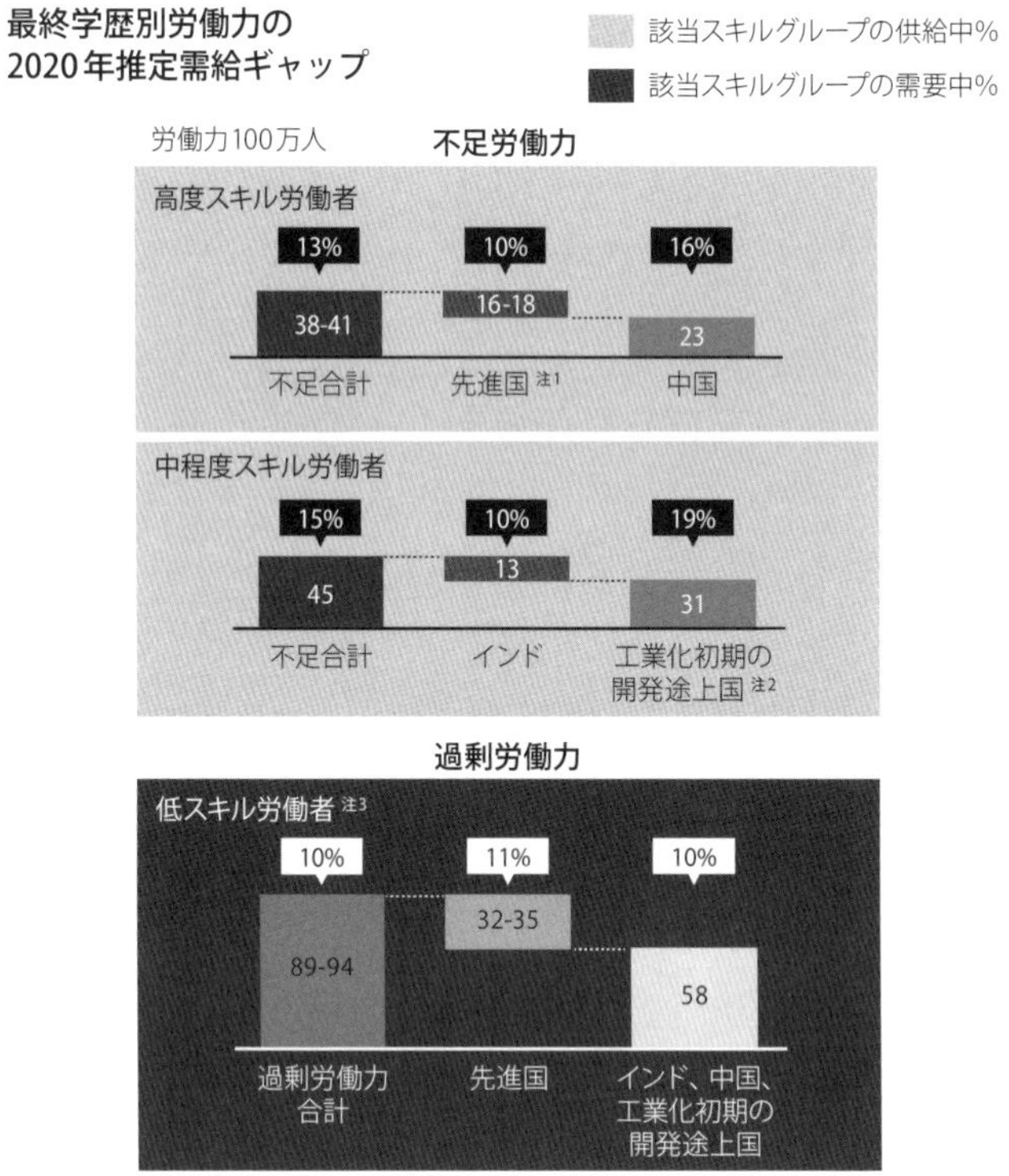

注1：分析対象とした70カ国のうち、2010年の1人当たりGDPが、2005年の購買力平価水準で2万ドル以上の25カ国。
注2：分析対象とした70カ国のうち、2010年の1人当たりGDPが、2005年の購買力平価水準で3千ドル未満の南アジア、サハラ以南のアフリカ諸国11カ国。
注3：低スキル労働者の定義は、先進国の中等教育以降の学歴のない労働者、開発途上国では、初等教育のみあるいは初等教育未満の学歴保有労働者とした。
注4：数値の四捨五入により、合計が一致しない場合がある。
出典：マッキンゼー・グローバル・インスティテュート分析。

複雑な人材問題に対処する4つのポイント

労働市場の逆説的状況やギャップの問題は、放置しておけば自然に解決するというものではない。物理的な自然資源であれば、価格メカニズムという乱暴な仕組みにより、価格が上昇すれば生産へのインセンティブが働き、供給側の問題は解決される。

ところが人材資源については、はるかに複雑である。技術発展が人材供給と人材需要の分断をさらに加速するにつれて、スキルギャップが次々と起こることは避けられず、それが定常状態となってしまう。政府機関、企業、それに各個人が労働市場に関して、どこで人材を見つけるのか、そして技術と仕事の関係をどのように考えるのかということを、考え直さなければならないのである。

政府、企業、職を求める個人が注目しなくてはならないのは、進化し変化する技術のペースに追いついていけるよう、スキルと制度を開発強化していくように努力することである。そして、敏捷に対応するには、採用する企業の側もまた、新たな人材源を探索し、採用を続けながら、採用プロセスと教育訓練を常に最新のものに保つようにしなければならない。また、将来の採用企業と公共部門の関係も緊密にしていく必要があり、そのことにより全関係者が不均衡の生じている部分がどこにあるのかを早期に見つけ出し、確実に是正できるようにしなければならない。

新しい人材源

アメリカ企業のほぼ3分の2が、優秀な採用候補人材を見つけられずに空いたままのポジションがあると答えており、その筆頭が科学、技術、工学、数学というSTEM分野である。しかし、こうした専攻分野で学ぶ人は、アメリカ大学生のわずか15%にすぎない。しかし、中国では学生の42%、インドでは26%がSTEM分野を専攻している。(注13) この2カ国だけで、2030年までにSTEM分野における世界中の学生数の、増加の3分の2を占めると推定されている。

そうした地理的格差は、地域区分や都市単位でさえも明白になってきている。カーネギー・メロン大学があり技術産業が繁栄を謳歌しているピッツバーグは、同じ州にあってわずか140マイルしか離れていないフィラデルフィアよりも、はるかに多くの工科大学生を生み出している。企業立地を決定する場合、必要な人材の供給状況を正確に評価できるよう、専攻分野の分布、高齢化状況、賃金トレンドなどを分析することが重要である。ペイスケール社のような民間調査会社でもこうした分析サービスを提供してはくれるが、各地域の地方公共団体の経済開発局が企業誘致のため、そうしたデータを提供してくれるように急速に変わってきている。

適切なスキルレベルの労働者数の把握に加え、各地の教育程度の評価と賃金水準を把握するために、労働市場の動態を知らなくてはならない。この分析を続け、世界中の都市について大学卒業者の人数や、都市が実施する特定のスキル研修受講者などを調べていくと、濃淡の激しい粒状のデータが得られるだろう。事業経営者にとって、そうしたデータに基づいて世界中のスキル供給地図を作製することで、どこに投資すべきなのか決定できる情報が得られる。

経営者は、急速にこうした違いに気づき始めており、自社のニーズに適した労働力供給源に手を伸ばし始めている。多くの企業が「魅力的な勤務先」というブランドを確立し、適切なスキルを持つ人材を豊富に供給している地域に自社の一部機能を開設するなど、海外転勤インセンティブや昇進機会を設計し、海外人材を引き付けるようにしている。ＳＴＥＭ分野の人材需要が急増しているシリコンバレーでは、一時的就労ビザの給付枠の拡大に向けて、企業経営者たちが政治的ロビイングを強化している状況である。(注14)

また、企業によっては、企業内国際転勤枠を使って海外からの国際人材の移動が可能となるよう、積極的に海外事務所を開設している例もある。(注15) ＩＴ産業分野では、グローバル大企業が中欧や東欧諸国の技術系人材に注目するようになってきており、その結果、アウトソーシング・サービスの新拠点設立件数で、２０１１年中に東欧がインドを抜いたのである。重工業に長らく依存してきたポーランドのヴロツワフの街は、ヒューレット・パッカードのようなＩＴ企業が事業所を開設したことが一因となって再生を果たしつつある。05年に開設されたＨＰのヴロツワフ・センターは、今では当初計画の2倍を超える２３００人の従業員を擁している。(注16)

海外に目を向けることに加えて、国内に増えてきているこれまで十分に活用されてこなかった人材源にも注目している。それが、年配の労働者、女性、そして若者層である。革新的な勤務形態を許容していないことに加え、世間並みのごく普通の採用慣行にとらわれた採用方法では、こうした未活用人材グループは採用企業に見過ごされてしまうことが多い。だからこそ、こうした

科学・工学分野を専攻する学生の比率は、国により大きな差がある

科学、技術、工学、数学（STEM分野）を専攻し修了した学生の全分野学生に対する比率

2008年に卒業した全大学生に対する比率（%）注1

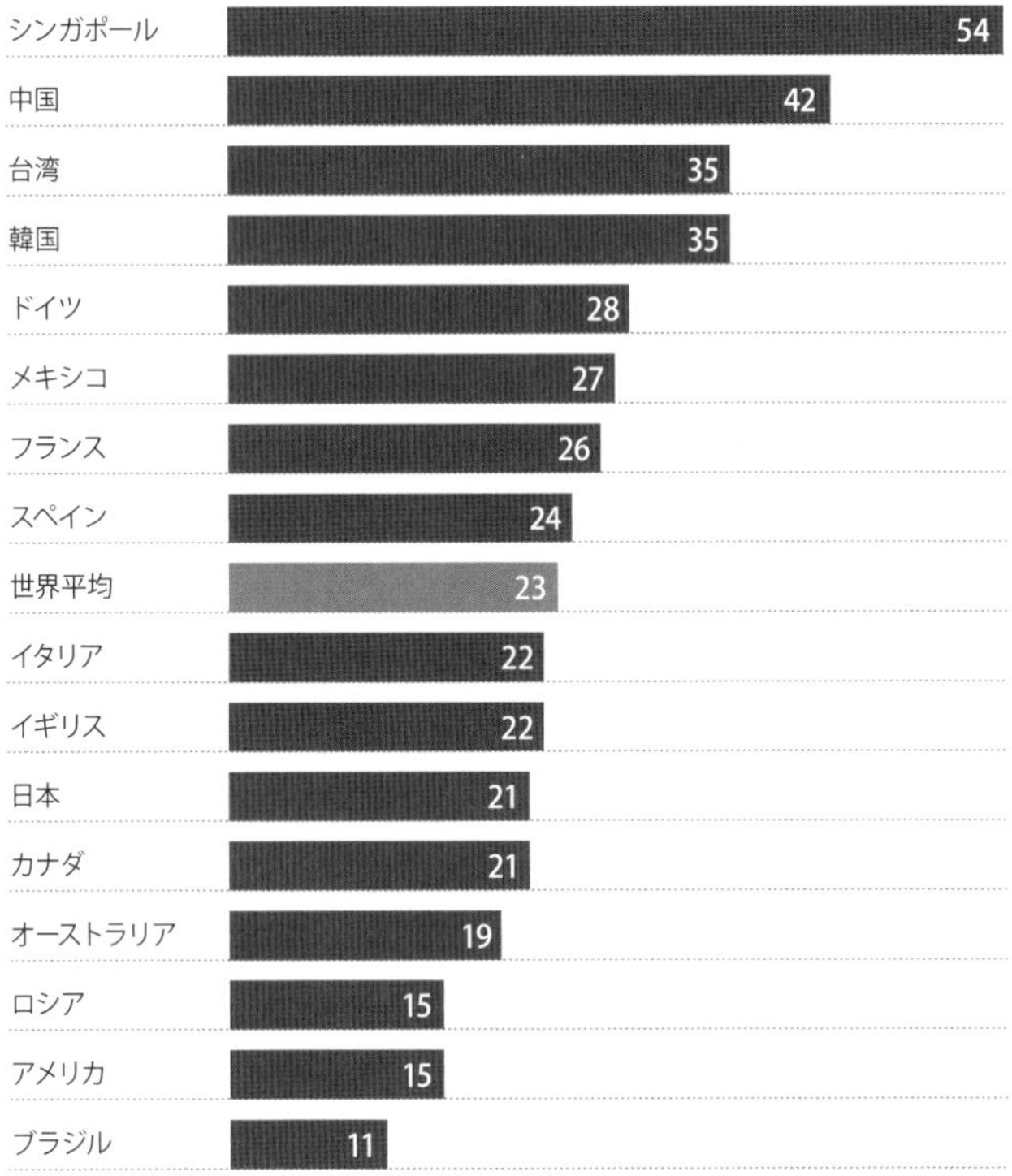

注1：STEM分野の定義は、物理、化学、生物などの科学分野、数学、コンピュータ・サイエンス、建築学および工学。
出典：全米科学基金作成の「科学、工学指標2012年版」。対象として選んだ地域、国の大学生の取得した第一学位調査 - 2008年以降の最新データ。シンスタット（シンガポール統計局）。
マッキンゼー・グローバル・インスティテュート分析。

人材供給源に対して、革新的かつ賢明なアプローチを実施すれば、差別化の源泉となるだろう。

ニューヨーク州のブルックリンに創立されたｅコマースを行うエッツイ社は、技術を活用して新たな労働力供給源を開拓し、競争力のある事業を創造し、技術変化やグローバリゼーションのためにいったんは淘汰された伝統的な生産・処理業務に、給与を支払い始めることができた好例を示してくれる。エッツイ社は、手作り商品を売る昔ながらの市場の復活をコンセプトとしている。２００９年から利益を計上し始めた同社は、１００万人の売り手にウェブ販売店を提供しており、売り手はアイテムごとに20セントを支払えば、店舗を開設して自作の手工芸品を販売できる。そうした手工芸品には、手染めの枕カバーや、チベットのボヘミアン風革製ブレスレットなどがあり、世界中の顧客に販売されている。13年にエッツイ市場での総取引扱高は14億ドルとなり、前年の63％増を達成した。

だが金額よりももっと重要な点は、エッツイ社がそれまで眠っていた人間の工夫、手作りの技術、起業家精神といった人材資源を顕在化し、活用する場を創り出したことである。エッツイの売り手のおよそ70％は、伝統的な意味でのフルタイムの職には就いていない。13年に、エッツイ社は工芸品起業家プログラムを立ち上げ、慢性的に非完全雇用状態であった人たちに、自分たちの持つ工芸品製作スキルを補完的所得に変換する機会を与えたのである。

エッツイ社の成長により、非完全雇用となっている人たちが持つ才能の秘められた可能性が実証されたと言える。同社のアメリカのサイトでの売り手の約88％は女性であり、この比率は、労働力市場に参加している女性比率が57％であることを考えると、非常に高い。（注17）

世界中でも、類似の努力が効果を発揮している例を見ることができる。日本ではトヨタ自動車が、同社の退職者を生産ライン作業にパートタイムで再雇用している。また、ギネス社とグランド・メトロポリタン社の合併で1997年に誕生し、グローバルに事業を展開しているディアジオ社は、現在は独立したイギリスの慈善団体であるトゥモローズ・ピープルを長年支援してきている。

この団体の活動対象は、労働市場からはじき出されてきた若者たちと、長期間失業を経験してきた人たちである。実は、ディアジオ社の前身であるグランド・メトロポリタンこそが、84年にトゥモローズ・ピープルを、当時はグランドメット・トラストという名で設立し、政府と企業それに失職者の間を埋める存在にしようと、慈善事業を始めたのである。

この組織は、職に就けない若者たちに産業分野別の職業訓練を提供し、修了者に就職先を斡旋し、学業成績の向上を支援してきた。この団体は、今日までに40万人を超える長期失業者が、ディアジオ社や他の企業で教育や訓練を受け、就職先を見つけられるよう支援してきている。そして、こうして就職した人たちの4分の3が、就職後1年を過ぎても継続雇用されている。（注18）

技術を考え直せ

技術というものは、労働力を代替し、人件費を削減するものと伝統的に考えられてきた。しかし、スキル不足の規模が増大していく今日の世界では、考え方を変えて技術の活用ではなく、現有労働力の持つスキルを極大化し、労働者の生産性を改善することに焦点を当てなくてはならない。そうした考え方の実践例としては、小売業チェーンがバーコード機器の導入に投資し、支払いカウンターで働くスタッフの生産性を向上させたことが挙げられる。また、コンピュータによる数値制御旋盤を導入したメーカーでは、手作業での計測や再仕上げ加工、手直しが不要となっている。

つまり、スマート技術の応用機器があれば、技術水準の低い労働者であっても、高度技術職の仕事がこなせるのである。たとえば、インド南部の農村地域では、金融機関の利用を普及させるプログラムの一環として、スマートカード、携帯電話、ATMの設置といった技術を導入したことで、スキルレベルの低い2万人の労働者を銀行員として活用することが可能となった。

高度専門職や経営管理職における生産性の向上に技術を活用することは、労働集約的な職種の生産性向上に比べ、これまであまり注目されてこなかった。しかし、最近の調査によると、さまざまな組織機構で知的労働者の生産性を20％改善しうる可能性が存在する。(注19)

SNSをコミュニケーションと協力を推進する主要ツールにできれば、eメールを書き、返事をするのにかかる時間を大幅に削減し、社内に存在する知識や専門的知見を見つけ出すための時間のかかる検索作業が不要となり、1週間累積すれば丸1日分にあたるその他雑務を削減できる、というほどである。だが、今のところSNSを全面的に活用することを決断した企業はほとんど存在しない。その理由は、実施には社内でかなり高い程度のオープン・コミュニケーションと情報共有が必要であり、多くの企業では既存の組織行動規範とは相容れないものだからだ。

フランスのIT企業、アトス社は、数少ない例外的企業の一つである。同社は、eメールの使用をゼロにし、代わりに情報と知識の共有を社内SNSで行うというビジョンを掲げ、この移行を実現した。アトス社では、移行前には従業員の作業時間の25％が情報や専門知識の探索に使われていたと推定されたが、新しいSNS活用プログラム実施の1週間後には、eメールによる通信量が20％減少したとのことである。

技術進歩はまた、次世代の労働者の教育・訓練に、非常に重要な役割を果たすと考えられる。たとえば南アフリカでは、政府と携帯電話通信会社のノキアが協力し、モーマスという数学の教育プログラムを開発した。このプログラムは、数百万人の若者に使われているMキシットというSNSプラットフォームを使い、生徒に数学の宿題を出し、その解答の見直し後に訂正や提出ができるというものである。

宿題を与えられた学生が複数の選択肢から解答を選ぶと、国中の参加学生たちの解答との比較で直ちにフィードバックが得られる仕組みだ。2009年に3地域で260名の学生が参加して試行されたのだが、このモーマス・プログラムは急速に成長し、13年の終わりには150校の1万4千人の学生が参加するようになっていた。(注20)

10年に実施されたプログラムの中間評価では、参加者の数学能力は14％上昇し、参加学生の実に82％が、放課後に数学を勉強するようになったと答えたのである。(注21)

また、パキスタンでは、携帯電話通信会社のモビリンク社とユネスコ、それにNGOのバンヤードという3者の協力で、成人女性と少女に対する識字教育のパイロット・テストがパンジャブ州南部の農村地帯で行われたが、このプログラムはプリペイド携帯電話を使ったものであった。生徒は、宗教、健康、栄養といったさまざまな話題について文章メッセージを受信して読み方を学び、ショートメールを使って文章にした返事をそれぞれの先生に送り、書き方を添削してもらうのである。(注22)

職務を分解し、互いに訓練し合うようにせよ

それぞれが担当している仕事が何によって構成されているのかに関して、会社も社員も、これまで常識と思っていたものに基づく直観をリセットしなければならない。長期間変わらなかった社内ポジションの具体的な構成要素と要件こそが、これからは個人にとっても会社にとっても、決定的な重要性を持つだろう。

会社と社員の両者は、一体と考えているものをばらばらに分解する、という概念を理解しなければならない。つまり、ＡＴＭが銀行の窓口担当者に取って代わったように、スキルが必要であったものをスキル不要にと変えて、職務そのものを排除してしまうのである。

また、高度なスキルが必要な仕事のスキル要件が上昇するにつれ、非常に複雑な職務を担当するポジションを職務分解してみると、そこから中程度スキルの、新たな専門性のある職務がいくつも創り出されるのである。

たとえばヘルスケアの分野では、プライマリーケアを担当する医師のコストが上昇し、医師の供給不足が進むにつれ、その対応策として、通常の検査やインフルエンザ予防注射の接種といった専門技術性の低い作業は、医師以外の看護師の業務として切り分けることが考えられる。こう

した分解作業を繰り返すなかで、新しいヘルスケア職種が創造され、高度な専門スキルを持つ医師の手間と時間が省かれ、医師はもっと価値の高い業務に時間を振り向けることができるようになるのである。

この変化には、さらにほかの利点も期待されている。イギリスでの調査によると、プライマリーケア専門の診療所の医師とその他医療スタッフの6対4という比率を逆転できれば、効率の改善とケアの質の向上の両方を達成できることがわかっている。また、アメリカでもプライマリーケアの職務の分解と再分担により、ヘルスケア政府予算の伸びを抑えると同時に、こうした革新的手法を許容する方向で医療行為の実施規制の改定が行われたなら、4年制大学の卒業資格を持たない人たちにも新たな就業機会を提供することにつながるだろう。

2000年代の10年間に、法律事務を処理するパラリーガルと法務助手職務の就業者数は、弁護士職の2・5倍増加しており、法曹界全体の雇用構成をすでに大きく変えている。

ここに挙げた事例よりもさらに複雑な業務について職務の分解が進展すれば、新しいビジネスモデルや人材採用モデルの出現にもつながるだろう。アマゾンのメカニカル・タークというウェブサイトでは、商品説明原稿を書いたり、写真に写っている人が誰なのかを探し出す、といった単純作業をしてくれる人材を見つけることができる。

また、高度なスキルを持つ人材が必要なポジションの求人であれば、イノセンティブというサイトを使い、チャレンジ・プラットフォームやトップ・コーダーといった専門分野別のページを見れば、ソフトウエア開発やデジタル資産創造といった分野で活躍したいと考えている人材がひしめき合っており、このサイトで見つけることが可能だ。

職務の分解は、生産性の向上という点で企業を助けてくれるが、労働力需給の変化の緩慢なスピードを前提とすると、職務分野を横断したクロス・トレーニングの実施や、過度の専門性の追求の誘惑をはねつけることが、かえって企業にとってメリットとなる場合もある。スペインの食品雑貨を扱う店舗チェーン、メルカドーナ社では、商品の発注から在庫の確認にいたる細分化されたさまざまな業務を、全社員に店舗で経験させるクロス・トレーニングを実施している。そして、店舗が買い物客で混雑しているときには、全従業員が店舗に出て顧客対応関連作業に集中し、顧客が少ないときにはバック・オフィス業務に時間を使うのである。

この企業は2008年に、スペインの他の食品販売チェーンよりも18％高い従業員1人当たり売上げを達成した。11年、スペイン全体が破滅的な景気失速に動揺していたときに、メルカドーナ社はスペインの他のどの企業よりも多い、6500人の社員を新規採用したのである。企業経営環境が極端に悪化した時期に、同社の売上げと利益の数字は、それぞれ8％と20％上昇したのであった。（注23）

教育にもっと積極的にかかわれ

望まれるスキルを持つ人材の不足という課題に対応するための第一歩は、政府機関、企業、それに教育機関相互の働きかけであることは明白であろう。人材募集中という看板や広告を出せば、適切なスキルを持つ有力な候補者を引き付け、応募してもらえると多くの人は考えがちだが、現実には事はそうまく運ばない。自社の従業員がどれだけ職場での業務を実施する準備ができているのかに、企業自身がまず関心を持たなければならない状況が増えてきている。

2012年に行われた調査によると、若者に直接接触してトレーニングの機会を提供している企業の70％は、自社の求める人材の獲得に難しさを感じていない。これに対し、応募者との相互交流を行っていない企業の4分の1は、求めるスキル要件に合致した人材の確保に困難を感じ続けている。（注24）

ブラジルの石油および天然ガス産業分野の実例が、この問題にどのように対処できるのかを示唆してくれる。ブラジルには石油および天然ガス資源が豊富に眠っているのだが、この国の2億人を超える人々には、埋蔵量の持つ可能性をフルに引き出すのに必要な能力が欠けていた。この問題に対応すべく、ブラジルの巨大国有エネルギー企業であるペトロブラス社と、10を超える省庁、民間企業、産業機構それに労働組合により構成された官民連立機構のプロミンプは、造船溶接工、鉄管連結工、原油採掘工学の専門家など、具体的なスキル分野別の人員養成5カ年計画を共同で策定した。

次いでプロミンプは、要請されたニーズを達成するための養成プログラムを共同開発する最適企業を選定し、依頼した。このプログラム開発および養成コストの大半はペトロブラスが負担し、残りをブラジル政府が負担した。プロミンプは2006年以来、今日まで10万人に訓練を提供し、このプログラムを修了した人の80％以上が職に就くことができた。プログラムに参加した自動車、観光、先進製造業、造船といった分野の各社が、応募した若者に「仮採用」資格を与え、厳しい訓練を修了しさえすれば本採用にすると保証したからである。

アメリカでも、複数の企業とコミュニティ・カレッジがコンソーシアムを形成し、同様な養成プログラムを実施する動きが出てきている。「自動車製造訓練および教育共同体」という機構のもと、複数の自動車メーカーと教育機関が共同で一連のプログラムを設計したのだ。自動車メーカーは、人材を必要とする個別作業と、それに必要な基本能力要件を記述し、重要なものから順に並べた。そしてこのリストに基づいてコミュニティ・カレッジと、60の科目モジュールで構成されるカリキュラムを設計した。各科目は個別具体的スキルごとに、それぞれ3週間から8週間で修了できるようになっている。このプログラムに基づき、企業は採用しようとする個別労働者に、提供される110の基本能力講座からいくつかを選んで指定するか、もしくは全部を受講するよう設定できる仕組みである。

こうした産業側のニーズに応えるためには、就職できるような人材を輩出する教育制度を政府が確立すべきなのは明らかだ。政府側が、労働市場のニーズに対応する方策を模索しているのだから、産業側に生まれた新しい就業機会に関する情報は、公共部門とパートナーを組んで提供していかなくてはならない。

イギリスでは、教育およびスキル委員会と産業分野別スキル委員会が共同で労働市場情報を集約する中央のハブとして機能する、「国立キャリア・サービス」というホームページを作成し、情報を公表している。このウェブサイトでは、幅広い職種の求人に関して、給与情報、勤務時間、職務要件、産業のトレンド、訓練プログラムなどが包括的にまとめられている。２０１２年にこのサイトが開設されて以来、100万件を超えるアクセスがあり、27万件の採用面接に結び付いている。

　また、05年に設立されたコロンビアのレイバー・オブザバトリー（労働観測所）は、同国の全教育機関の卒業生およびその就職率について情報を収集し、インターネット上で公表している。このサイトにアクセスすることにより、若者たちは全国、地域、州、都市ごとのマクロ情報を得られるばかりでなく、学校別に卒業生個別の就職実績、卒業後に大学院や追加訓練に進んだか否か、専攻科目、就業時期、初任給などの詳細情報を知ることができる。たとえば、メデリン市に住む10代の少年であれば、地元大学の経済学の項を見れば、この学部を修了すれば自分にはどのような未来が開けそうなのか、描いてみるのに十分な情報を得ることができる。

❖❖❖

　労働市場の変化の数々は、企業経営者にも個人にとっても、最も管理しにくい問題の一つである。たいていの成人は、学業を修めることにより修了学歴と、就職し職場で昇進していくスキルが身につけられる、と信じて育ってきている。だが、もはやその考えは現実的とは言えない。今日、40歳を過ぎた人々の多くが、大学を卒業したときには存在しなかった企業、いや産業ですら存在しなかったような分野で働いている。

　そして、今から10年後も私たちが同じ産業で、同じポジションで、あるいは同じ企業で働いているだろう、と確信を持って言える人は一人もいないのではないだろうか。今新たに創造され、生まれたばかりの産業には、私たちには今日理解できないスキルや能力が要求されることだろう。そして、最新のトレンドと技術にただ追いついていくためだけに、不断の教育の継続と各種スキルの維持が必要なのだ。

さらに、仕事そのものの定義も、今日私たちが理解しているものから、新技術によってさらに多くの製品やサービスが生み出されてくるにつれて、将来にはそれが何か、私たちには想像のつかないものに変容してしまうことだろう。技術変化の規模の大きさ、私たちの仕事の仕方の変容、それに各種スキルと職務の間のミスマッチは、新しいグローバル労働力市場における難しい挑戦課題である。

しかし、そうした課題も乗り越えられないものではない。過去の歴史上、新技術革命が起こり、爆発的な力が拡散していくたびに、人類はそれに適応し、新たに努力する方法を見つけ、繁栄してきた。少なくとも、この技術革新に適応するという長期トレンドだけは、不連続な傾向ではないのだから。

第9章 小魚がサメに変貌するとき

――新たな競合の出現と競争のルールの変化

名前も聞いたことのない企業からの挑戦

1995年に設立された、インターネット上で多種多様な製品やサービスの売買取引を行う市場であるイーベイは、さまざまな大変化をグローバルな競争の景観にもたらした震源地となっている。ビーニー・ベイビーという、プラスチック・ペレットを詰めた使い古しの動物のぬいぐるみから野球選手のカードまで、普通の人々が何でも互いに売買できるプラットフォームとして誕生したこの市場は、小さな町（カリフォルニア州のブリッジビル市は、2002年以来3度オークションにかけられた）や、マリア様の像が現れた食べかけのグリルチーズ・サンドイッチまでが2万8千ドルで取引されるという、国際的なバザールへと進化してきた。（注1）

イーベイを通じて1秒間に2642ドルの物品が取引されているという事実は、イーベイが小企業にとり、消費者が互いに売買するピア・トゥ・ピア・ビジネスの機会を実現してくれたことを象徴している。（注2）

2002年にイーベイが10億ドルの事業収入を達成したときには、この企業の成長は止められないと多くの人が信じていた。（注3）必要なのは低い取引コストと低い固定費負担という、急速に拡大可能なビジネスモデルをイーベイは築き上げ、多くの小売チェーン店の脅威となった。アメリカ国内で大成功を収めたばかりのイーベイは、03年にはまだ生まれたばかりだった中国のeコマース市場に参入した。フォーブス誌によると、05年までにイーベイは、10億ドルの中国eコマース市場の、半分のシェアを獲得していた。当時、イーベイのCEOであったメグ・ホイットマンは、「たくさんの競合が当社の後を追い、市場を少しずつかじり取ろうとしている状況でした」と語っている。（注4）

その競合の中の1社が、ジャック・マーという小学校の先生をしていた男がアパートの一室で始めた、アリババという会社である。当時ジャックの起業したアリババの本業であったB2Bと呼ばれる企業間商取引の市場が、イーベイに侵食されるのではないかと恐れたジャックは、先手を打ち、タオバオ（「宝物を掘り出す」という意味）という消費者間のオークションサイトを2003年に立ち上げた。（注5）

こうした小魚が餌を取り合っていた草創期から、中国のインターネット小売市場、eコマース市場は広大な海へと進化を遂げ、アリババは今では食物連鎖の頂上に君臨する巨大なホオジロザメに成長した。06年には、タオバオはイーベイのイーチネットを追い越し、中国の消費者間（C2C）オークションサイトのトップに躍り出て、ますます力を増していった。(注6)

２０１４年９月、アメリカのナスダック証券取引所へのアリババの２５０億ドルにのぼる新規株式公募は、大ヒットとなり、膨大な数の投資家が購入を申し込んだ。(注7) 同社の新規上場申請書類によると、アリババには２億３１００万人のオークション参加者がおり、13年の後半９カ月だけで65億ドルの売上げを達成したと豪語している。(注8) アリババの時価総額は２７００億ドルを上回り、フェイスブックよりも大きく、イーベイの４倍を超えている。(注9)

さまざまな破壊的な力が組み合わさり、事実上どの産業分野でも、グローバルな企業間競争の性格が変えられてしまっている。インターネット上の競争参加者も例外ではなく、イーベイのように市場の破壊者として新規参入した競合の多くも、自社が成長して青春時代にさしかかる前に、他の破壊者からの攻撃を受ける側にまわってしまう。新興国の産業化と都市化が新種の恐るべき巨大企業に力を与え、そうした企業が急速にグローバルステージで脚光を浴びるようになってきている。世界各地の相互のつながりが増していけばいくほど、新興国企業が世界市場を攻撃するペースも加速していく。

地歩を確立した大企業と、小規模だが敏捷な新規設立企業との間の勢力バランスも技術が変えてしまい、価値を生み出す源泉もある産業分野から他の分野へと移り、業界の境界線はますますあいまいになり、どの業界のどの企業を自社の競合に想定するのか、見直しを迫られる状況となっている。

この状況下では、これまでもよく知っている地元のライバルに焦点を当てるのではなく、行ったこともない町や都市にある、これまで名前を聞いたこともない新規設立企業を知る努力をし、これまで使ったこともないプラットフォームを活用し、他企業には複製することが困難かもしれない自社の強みを活用しなければならないのだ。

フォーチュン500が大変動する時代

20世紀のほとんどの期間を通じて、グローバルな競争の景観は、安定した、ゆっくりとしたペースで進行する試合のようなものであった。試合会場に集まるのは、とくに北米とヨーロッパの企業を中心とする先進国の巨大企業であり、何十年にもわたり著名な競合との決闘を続けてきていた。そうした過去の時代の対決は、フォード対ゼネラル・モーターズ（GM）、コカ・コーラ対ペプシ、ネスレ対ハーシー、バーガー・キング対マクドナルド、タイム対ニューズウィーク、バルセロナ対チェルシーといった構図に象徴される。年々、巨大企業が市場支配力を行使し、試合に参加する面々の顔ぶれもあまり変わらなかった。フォーチュン誌のランキングによるグローバル500社の、1960年代のリストに含まれていた企業のおよそ3分の2は、15年後

にもリストに登場していた。（注10）

たとえ新たな競合が登場したとしても、すぐ近くの地域や国からか、隣接した産業分野から参入した、よく知られている競合である可能性が高かった。ＧＭとフォードは50年代にはすでに、フォルクスワーゲンがアメリカ市場に参入してくるだろうと想定していた。たとえばブラジルでは、ＧＭ、フォード、フィアット、フォルクスワーゲンの４社が、60年代から70年代にかけて国内市場の90％を占拠していたのである。

しかし、20世紀の最後の20年間に競合の動態が変わり始め、今世紀の初めの10年間には、トレンドの破壊が決定的となった。第１に、新興国の企業が自国内経済の工業化と歩調を合わせて成長し、規模と存在感を増していった。ソニー、トヨタ、パナソニックといった日本企業が70年代にグローバル市場に躍り出たのは、80年代の韓国および台湾企業、そして90年代後半の中国の登場の前触れであった。（注11）

１９８０年から２０００年にかけて、フォーチュン・グローバル５００社のリストに登場していた新興国企業の数は、20を少し超える数で安定していたが、05年までに50％増加し、10年には倍増し、13年にはそのまた倍となって１３０社に達した。（注12）

ＭＧＩの予測では、25年までにグローバル５００社のリストの半分は、新興国を出自とする企業に占められるだろうと考えられている。ウォルマート、ＩＢＭ、コカ・コーラ、エクソン・モービルといった企業は、その時点でもまだリストに残っているだろう。だが、ＣＮＯＯＣ（チヌーク、中国海洋石油有限公司）、セメックス（メキシコのセメント会社）、ペトロナス（マレーシアの石油およびガス供給国営企業）といった新興国企業も残っているのだ。世界貿易とグローバルな金融の相互連結の成長により、こうした新興国巨大企業が、世界中の国に新規参入し、成長できるようになったからである。

第2に、激しく順位が入れ替わる競争という火に技術進歩が油を注ぎ、確立されていた企業の寿命を短くしている。企業の食物連鎖の頂上部分の様子は、17世紀の近代哲学者、トーマス・ホッブスが著書『リヴァイアサン』に書いた、組織化された国家を持たない自然人の荒涼とした世界に似ている。すなわち「汚く、野蛮で、短い人生」なのである。S&Pの選んだトップ500社の企業平均寿命は、50年前には61年であったのが、2012年にはおよそ18年と短くなっている。（注13）もはや、大企業だけを明日競合となる対象と見るだけでは、不十分な時代なのだ。

デジタル・プラットフォームを駆使できる新規設立企業は、生まれながらにしてグローバルな展開力を持ち、瞬きする間に規模を倍増させ、タクシーの配車サービスからホテル予約、小売りにいたるさまざまな市場の、既成の競争ルールの数々を破壊してしまうからである。こうしたミクロサイズの多国籍企業が、宿（エアビーアンドビー）、タクシー配車（リフト）、ホームWi－Fi機器のレンタルサービス（スペインのフォン）といった「シェア・エコノミー」という新しい概念を現実化し、既存の競争状態をひっくり返してしまっている。

また技術革新は、大企業と小企業の競争の場を平準化して新市場への参入や新産業分野への進出を容易にし、それが進出意欲を高める要因となっている。マイクロソフトが売上げ10億ドルを

達成するのには15年かかった。(注14) だが、アマゾンがこの数字を達成するのには5年もかからなかった。(注15)

ネットフリックスは、もはや動画配信競争の破壊者というばかりではなく、オリジナル・コンテンツの制作会社として強力な存在になろうとしている。ジップカーやその他のカーシェアリング事業を立ち上げた新規企業は、レンタカー業界の破壊者であるだけでなく、自動車の個人保有という伝統的な概念そのものに挑んでいる。このことは、競争の基礎そのものを変えてしまうという、重要な問題を提起するものだ。

最近の何十年か、既存の確立された大企業は、競合がどのような会社なのかがよくわかっていなかったのだ。わかっていたのは、競合がどのように事業を行っているのかだけであった。根本では、GMも、フォルクスワーゲンもフォードも、同じ努力を続けていたにすぎない。つまり、鋼鉄とプラスチックとゴムを使って、組立ラインで自動車を作っていたのだ。しかし今日では、技術進化によりまったく新しいプラットフォームを創造し続けることが可能であり、既存業者には、新しい競合が持つ工学技術、ビジネスモデル、さまざまな能力が何か、まったくわからなくなっている。

2000年代初頭から起こった新興国経済の成長、技術変化、グローバルな相互連結のいずれもが加速していることにより、競争の世界にも過去のトレンドを破壊する動きが創り出された。競争というものが、隣接した産業分野や地理的に近接した地域に大企業同士が展開する、動きの遅い、陣取りゲーム盤上での戦いではなくなってしまったのである。それはむしろ、世界中のどこからでも、どの産業分野からでも、ほとんど瞬時に新しい競合が出現してくるテレビゲームに似ており、しかもほんの一度の心拍の間に力を持ち、規模を拡大してしまう。旧来の競争ルールに慣れ親しんで地歩を確立してきた既存企業が、これからの競争を効果的に戦うには、自らの経験に基づく直観をリセットしなければならない。

新興市場から突然現れるライバル

西欧企業にとり、直面した新たなグローバル競争の第1波は、戦後の焼け跡の灰の中から立ち上がってきた日本であった。1960年代から70年代にかけて、アメリカやヨーロッパの既存大企業が経験し、実感したのは、日本企業の興隆である。65年までに、化学品、プラスチック、その他の主要産業分野の世界上位企業リストには、日本企業の名前が多く入っているようになっていた。80年までには、ヒュンダイやサムスンといった韓国の大企業の名が、グローバルな産業コングロマリットとして登場する。

まず日本、次いで韓国の企業がバリューチェーンを原材料や素材から加工品や部品、そして最終製品の製造へと上っていくにつれ、新興国からの競合企業は各国での初期工業化を終え、グローバルな舞台に新規競合第2波として登場してきた。天然資源、建設、製造、商品作物などの大企業が、20世紀最後の10年間に、中国、ブラジル、その他新興国からグローバルな競争の場に登場してきた。中国国営石油、シノペック、ガズプロム、ペトロブラスといった石油および天然ガス企業が、エクソン・モービル、シェル、フランスのトータルといった巨大企業と肩を並べるようになった。

こうした新興国巨大企業は、グローバル企業となることの心地よさを他の産業分野の企業にも見せつけ、成長を促したのである。ブラジルのバーレ、ロシアのノリリスク・ニッケル、中国の神華集団といった鉱山業、基本鉱物資源、ミネラル採掘などの分野の新興国企業は、すでに世界中の販売市場のおよそ半分を牛耳っていた。また、同様な世界市場の構成比率で、建設業と不動産業でも約40%を新興国企業が占めていたのである。

次に来たのが現在の第3波であり、かつてないほどの規模と強さを持っている。人口の多い国内市場で支配的な地位を築いた新興国企業は、すでに先進国の同業企業を追い越すだけの規模を達成してしまっている。インド最大のテレコム企業、バーティ・エアテル社は、南アジアとアフリカに2億7500万人の携帯電話加入顧客を持っている。アメリカ最大のテレコム企業であるAT&Tの携帯電話加入顧客数は、1億1600万人である。(注16) ムンバイを本拠とするタタ・グループは、世界中で58万人の従業員を擁し、イギリスでは5万人を雇用し、イギリス最大の雇用者数を誇る民間企業の一つとなっている。(注17)

私たちの調査によれば、新興国企業は先進国の同業企業の2倍の成長を遂げていることが示唆されている。(注18) 今後10年間に、新興国のGDPは2・5倍に増加する可能性があり、そうなればグローバルの競争の景観を大きくリセットすることになるだろう。年間売上高が10億ドルを超

2025年までに、フォーチュン誌によるグローバル500社中、ほぼ230社が新興地域の諸国の企業になると思われる。2013年には、この数は130社であった。

フォーチュン誌グローバル500社構成の変化

フォーチュン500社中の会社数[注1]

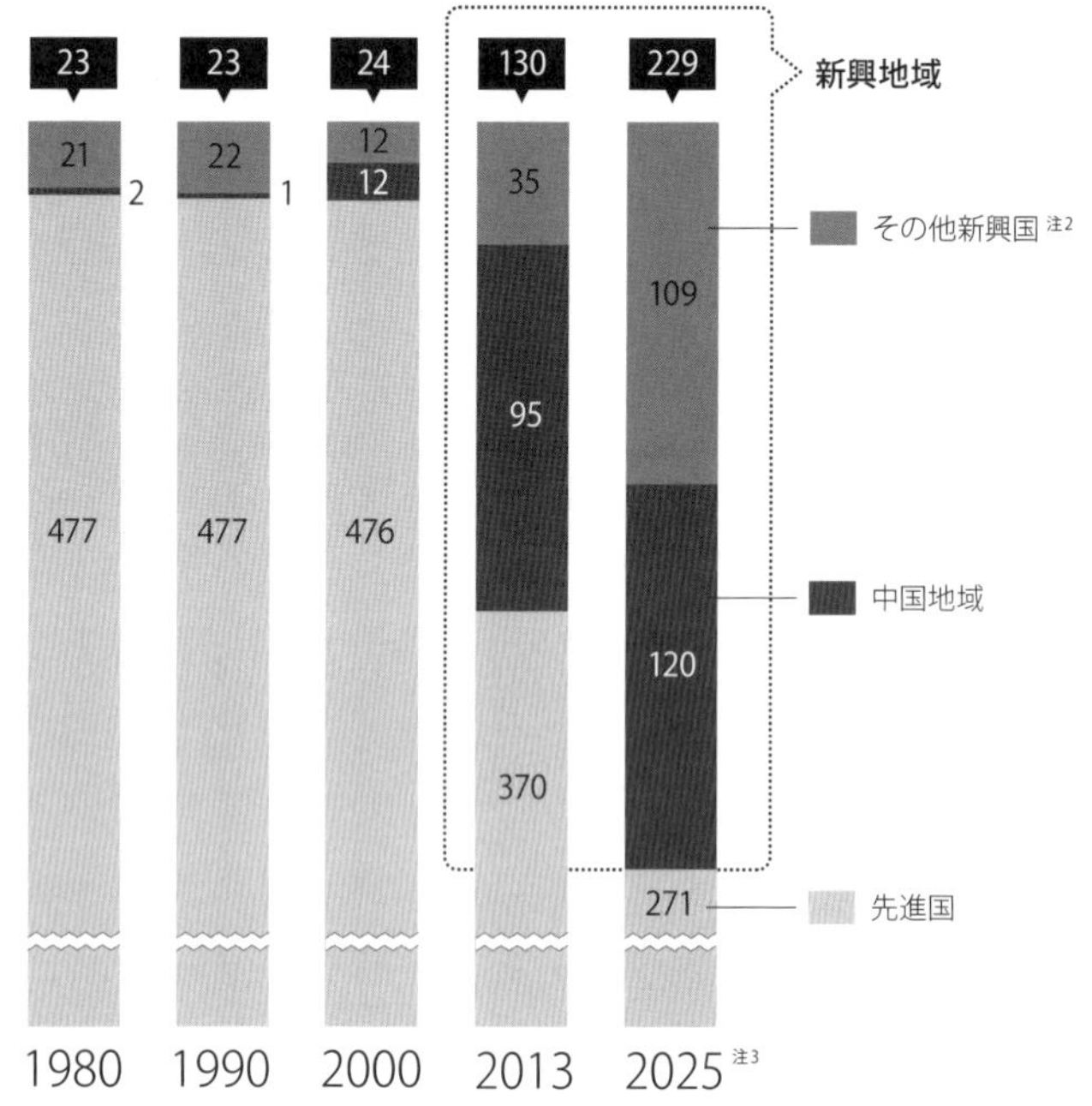

注1：フォーチュン誌グローバル500社は、フォーチュン誌が毎年実施する世界中の企業のドル換算による売上上位500社のランキング表。
注2：新興地域の合計数について、2000年より前の数字には中国地域とラテンアメリカ地域の合計が含まれていない。
注3：2025年のフォーチュン誌グローバル500社の地域別比率は、2025年の各国売上比率に基づき推計した。
出典：フォーチュン誌グローバル500。MGI企業スコープ・データベース。
マッキンゼー・グローバル・インスティテュート分析

える規模になり、新たに世界の「ビリオンダラー」企業に仲間入りする10社のうち7社は、新興国地域の出身となる可能性が高い。こうした新興諸国を本拠とする大企業の数は、現在の2200社からおよそ7000社に増加する可能性がある。もしこの予測が実現すれば、中国一国だけで、アメリカ全体あるいは西ヨーロッパ全体のいずれをもしのぐ、大企業数を保有することになるだろう。(注19)

小魚とサメの闘い

技術進歩もまた、既存の大企業から新規設立の小企業や起業家に、勢力均衡の重心を移動させる要素である。グローバル市場を相手にする場合、かつて「規模の大きさ」は単に利点であるというよりも必要条件であった。1990年代、小企業が世界中の市場で競争する、あるいは直ちにグローバルなレベルで運営する規模になることは、事実上不可能だった。広大な商業市場の海では、小魚はサメに簡単に食べ尽くされたに違いない。ところが今日では、小魚のほうがサメを追い立てて食べてしまう傾向が強くなっている。それはひとえにアリババや、イギリス政府の調達ポータルのような技術プラットフォームが持つ力と興隆のおかげである。

技術発展が過去のトレンドを破壊するものとなり、小規模の敏捷なアタッカーが地歩を確立した既存大企業を相手に、互角に戦うことを可能にした。今日の新規起業家は、巨大な力を持つグ

新興国企業は、先進国企業に比べ、
世界中のどの市場でも高い成長を達成している

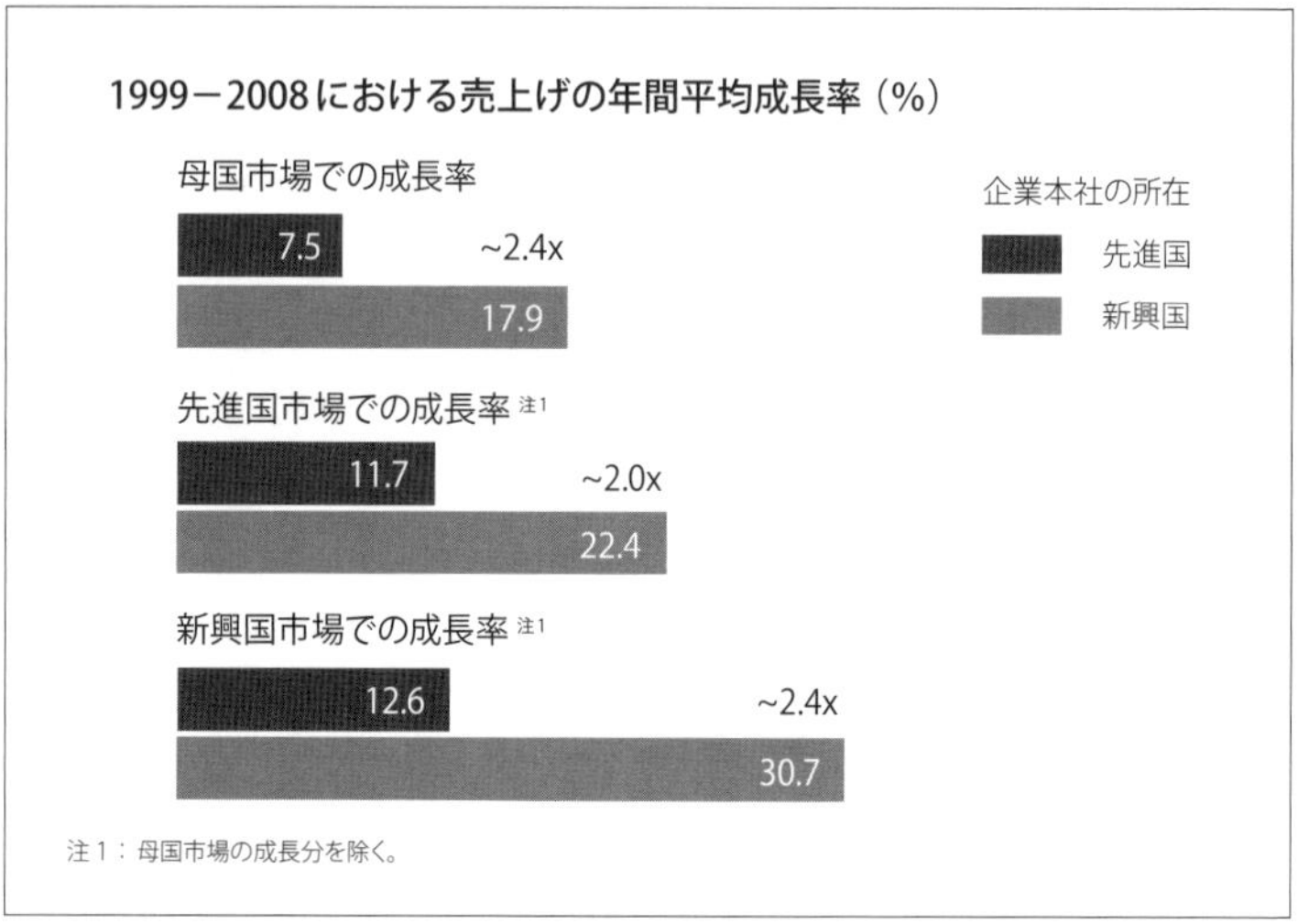

ローバル・プラットフォームにつながることにより、大企業と同じように簡単に、数カ月は無理としても数年のうちには、数百万人の顧客とつながることができる。

エアビーアンドビーやリフトといったシェア・エコノミーを活用した新規設立企業は、技術を活用することで参入に必要な最低規模の制約を取り払ってしまい、パートタイムで働く事業者であっても確立された既存事業者と戦うことが可能なのである。イスラエルの小さなコミュニティ・ベースの携帯電話のナビゲーション・アプリを提供するウェイズ社は、ゼロからスタートし、5年もかからずに5千万人のユーザーを獲得した。(注20)

2013年6月、アプリと地図情報分

野で究極の巨大ザメに該当するグーグルが、ウェイズ社の買収に10億ドルを支払った。もう一つの好例が、17カ国の通貨でのユーザー間送金サービスを提供し始めたイギリスの新規設立企業、トランスワイズ社である。(注21) トランスワイズ社は、ゼロからスタートして4年もかからずに取引高10億ドルを達成し、既存両替商や送金サービス事業者のビジネスモデルに脅威を与えるほどに成長した。(注22)

新規の競合に不意打ちを食らうと、大企業は素早く方向転換して対応できないことが多い。多くの大企業は、複雑な事業運営手順と巨大なＩＴレガシー・システムにがんじがらめにされて麻痺状態に陥り、何年もかかることはないにせよ、手順やシステムの変更のために数カ月の遅れが生じてしまう。一方、新たな競合のほうは、出来合いの最先端のシステムを購入し、導入したら、ほんの数週間で稼働させることができる。３－Ｄプリンタを使えば、新規設立の小企業であっても、さまざまな素材を使い、多種の工具を揃えたり、据え付け調整したりといったコストをかけずに、高度の複雑さを備えたプロトタイプや金型、あるいは最終製品を、「プリントして」製作することが可能である。

また、クラウド・コンピューティング技術を使えば、これまでは大企業にしか使う余裕のなかった計算能力や、管理部門サービスが、小企業でも、しかも低コストで活用できるようになる。事実、新規設立企業が高級な機器を装備し、競争力を高め、顧客やユーザーがどこにいても捕捉できるようになると、大企業のほうはほとんど全分野からの攻撃を受け、脆弱な態勢となっていく。

小魚がサメをやっつけるのが、これほどにも簡単になってしまったので、ほんの少し前まで業界全体を破壊してきた企業であっても、新たな破壊者の出現には常に注意を払っていなくてはならない。1996年に立ち上げられたエクスペディア社は、世界最大の旅行会社へと成長し、2013年には売上げ48億ドルを達成した。(注23)

各種旅行サービスの価格、データ、利用者による評価、支払い方法の選択肢などを集約したホームページを提供するこの新規企業は、業界の競争ルールを変えてしまう新たなプラットフォームを創り出した。ところが、エクスペディアとその類似サイトは、一般家庭が旅行者に宿泊場所を提供するというエアビーアンドビーに代表される新型のビジネスモデルによって、破壊されるかもしれない攻撃にさらされている。エアビーアンドビーの数百万人の顧客は、世界中何万カ所もの宿泊施設に関して、エクスペディアのプラットフォームのような何度もやりとりする手間をかけずに、調査し、予約し、支払い、評価することができる。

フェイスブックやグーグルのような先進技術分野における巨大企業であっても、新規参入の競合企業には常に警戒していなければならない。写真の送り手が、受け手は何時間後までに「スナップ写真」を見なければならない、と設定できる、写真とメッセージの送付アプリであるスナップチャットのサービスは、2011年に開始された。スナップチャットのユーザーは、フェイスブックやインスタグラムへの投稿者よりもはるかに多い、毎日4億枚ものスナップ撮影をすることが、14年までに証明されている。(注24)

ワッツアップというメッセージ・アプリは、2014年に5億人のアクティブユーザー数を達成し、1日の取り扱いメッセージ数は5億件を超えた。この事実から、フェイスブックにより190億ドルでワッツアップが買収されたのは、フェイスブックが戦略的拡大を追求したというよりも、むしろ防御的な対応として行動を促された決定だろうと推定される。(注25)

あいまいになる境界線

技術の進化が、物理的店舗とインターネット上での消費の境界をあいまいなものにしてから長い時間が経ち、書籍からキンドルへ、CDからアイチューンズへ、さらに音楽を保有せずに好きな時に好きな楽曲をストリーミングで聴くスポティファイへと、価値が移動してきている。ITにより商品や価格を比較する消費者の能力がかつてないほど高まるにつれ、企業は伝統的な事業のやり方から利益マージンを減らさざるをえなくなり、新たな事業機会の探索を迫られている。だからこそ、企業が技術、データ、あるいは顧客を独占的に囲い込む特権を活用するために、新たな分野に事業の拡張を図る、あるいは破壊に直面して自らの事業を組み立て直すケースが増加している。

技術進化により引き起こされる終わりのない、しかも急速な破壊的変化は、これまではありえないと考えられてきた企業提携の組み合わせも実現している。日産のCEO、カルロス・ゴーンは、深い洞察力を持って次のように語っている。

「ビジネススクールでは、社内の危機に対応できる人材を育てているかもしれない。だが、私の考えでは、外からの危機に対応する備えのほうが重要なのです。外からの危機に備えるうえで問題なのは企業戦略ではなく、リーダーの持つ、戦略をどのように適応させるかを考え出す能力なのです。何でもが借入れで賄われ、技術が猛烈なスピードで進むという、これほどにも変動の多い世界に私たちは生きているのですから、私たちは外からの危機をこれからもずっと多く経験するに違いないのです。自分の住む範囲とはまったく違う外側のどこかで始まった出来事が、自分たちを大きく揺さぶってしまうかもしれないのです」(注26)

2000年代の初め、イギリスの自動車保険会社は、コンフューズド・コムといった保険料比較サイトの出現によって、まったく予期していなかった不意打ちを食らった。複数の保険料比較サイトが伝統的保険会社の優勢な勢力均衡を大きく破壊し、新規自動車保険契約の市場シェアを10年間で、ゼロから50%に育て上げたのである。(注27) 料金の透明度が上昇したことと、消費者による各社の商品、価格を見比べる買い回り行動が増えた結果、多くの伝統的保険会社はそれ以後、事業の中核であった自動車保険の引き受けでは利益がほとんど出ない状況が続いている。

インターネット上の価格比較サイトの成功に対応し、グーグルのような非伝統的企業は、このチャンスに気づいて保険業に進出する実験を始めた。最近イギリスで行われたインターネット保険業界のイベントでの、ライブ投票による業界当事者へのアンケート調査では、グーグルのような新規参入業者が業界に対する最大の脅威だと、投票参加者の75%が答えている。(注28)

伝統的損保企業には、インターネット上で保険を売る新規参入企業に加え、自動車メーカーまでもが自分たちの得意分野を侵食してくるという、もう一つの心配の種がある。スマートカー技術の進展に合わせ、シトロエンのような自動車メーカーが、特定車種のすべての新車にブラックボックスを搭載すると発表したからだ。これは、走行状態のデータを各種センサーで把握し、無線で自動車メーカーのデータセンターに送信するテレメトリックス技術を使うもので、メーカーは各車の走行距離、速度のほかに、ブレーキを踏む行動といった顧客の運転の癖も把握できる。言い換えれば、この装置により、メーカーのほうが顧客の行動を保険会社よりもよく理解できるのだ。(注29)

自動車メーカーが本当に自動車保険業界の主要企業になれるのかどうかは今後の展開を見ないとわからないが、アリアンツのような保険会社はすでに先手を打って自動車メーカーと提携し、他業界からの脅威の軽減策を実施している。

メディアの分野ではすでにもう長い期間にわたり、参入企業間の価値の分け前を技術が移動させてしまい、近接する業界および流通チャネルとの境界をあいまいなものに変えてしまった。ネットフリックスは、競争の基礎が急速に移動したことにうまく対応し、繁栄を続けてきた企業の好例である。同社はもともと、映画のＤＶＤを長期利用契約で宅配レンタルするサービスを行っていたが、インターネットでの映画配信が主流となりそうになったときに素早く方向転換し、コンテンツをストリーミングで配信する会社へと変わった。

その後、インターネットでの画像配信の競争が起こると、ネットフリックスはコンテンツ制作事業に参入しなければならないと判断した。２０１２年には２４００万人の定期利用顧客をつなぎ止めるために、映画監督デイビッド・フィンチャーと提携して制作会社MRCを設立した。そして俳優ケビン・スペイシーが演じる不道徳な政治家を主人公にした、かなりシニカルで質の高い連続ドラマ、『ハウス・オブ・カーズ』を制作・放映したのだった。これは、イギリスで制作された同名のドラマの翻案であったが、ケーブルテレビで放映された人気のあるライバル番組をしのぐ大ヒットとなり、アメリカだけでおよそ300万の視聴世帯を獲得した。(注30)

新種のライバルにどう立ち向かうのか

競争の性格が変化していくのに適応することはそもそも簡単ではないが、古いグローバル競争の世界で自社の企業文化、戦略、プロセスを築いてきた企業にとっては、とりわけ難しいことになる。今日、ほとんどの経営者に問われているのは、もし自分の会社が破壊されそうになったら、ではなく、いつ、誰により、そしてどの程度ひどく破壊されるのか、なのだ。

最も重要な課題は、一群の伝統的競合企業を超えて自社の思考範囲を拡大し、新しい競合企業の成長をモニターし、新たに生まれてきた産業や業種の経済性、利益構造やビジネスモデルを理解しようと、努力を傾けることである。それに加えて、自社が持つ資産、コア・コンピテンシーと呼ばれる中核能力、競争優位の源泉が何なのかを突き詰め、明確に理解することに、時間と知的エネルギーを注がなければならない。成功を収める経営者であれば、手を組む正しい相手を選び、たとえそれが自社の既存事業を破壊することにつながるとしても、決定的な措置を講じる用意ができているだろう。

新たなエコシステムを理解しモニタリングせよ

まず、新興国地域での成長著しい新進気鋭のビジネス・ハブを見つけ、その軌跡を追わなくてはならない。新興国世界全体にちらばる中小都市は、とくに盲点になりがちだ。しかし、そういった都市こそが、将来最も危険な競合を生み出す場所なのだ。

たとえば、台湾北部の新竹（Hsinchu）は、家庭内で話題にのぼるおなじみの地名ではないかもしれないが、ここはすでに中国圏第4の先端的電子およびハイテク産業のハブであり、13の巨大企業の本拠地である。同様にサンタカタリナは、ほとんどの経営者のレーダースクリーンにはまだ映っていないだろう。だが、ブラジル南部の繁栄するこの州は、世界最大の鶏肉処理企業（BRF）、世界トップクラスの冷蔵機器用コンプレッサー・メーカー（エンブラコ）、ラテンアメリカ最大級の衣料用繊維製品メーカー（ヘリング）、そしてラテンアメリカ最大の電気モーターのメーカー（WEGインダストリア）を育成してきた実績とともに、それぞれの巨大な本拠を擁する地域である。

特定の産業においては、技術をベースにした新規設立企業が突然、挑戦者として登場する可能性があり、常に目を光らせていなくてはならない。だが、設立間もない新規起業を監視し、そうした企業が革命的な手法で事業展開をするのを、タイムリーに把握する最善の方法は何だろう。

大企業のいくつかは、自社の事業破壊の元凶となる危険性を秘めた事業の種を身近に置いておく、「加速器型モデル」を使っている。GEガレージは、新規に起業した会社に3－Dプリンタ、MC工作機械、レーザーカッターなどのハイテク機器を装備した、事業育成のための実験室を提供している。ここでは、新規起業会社が高額な機器を使わせてもらえ、GEが技術面、経営管理面の専門知識を提供・支援してくれるのだが、その結果として、GEは新技術が成熟に近づくと見るや、素早く対応することができるのである。(注31)

こうした動きはGEだけのものではない。サムスンもシリコンバレーとイスラエルのテルアビブに同様な事業育成加速設備を設置している。2014年7月、ウォルト・ディズニーは、先進技術系およびメディア関連の新規設立企業11社を、同社の事業育成加速プログラムに招待し、加わらせている。BMWのiベンチャー・インキュベーター・ハウスには、ライフ360やパーク・アット・マイハウス・ドット・コム(ParkatmyHouse.com)といったベンチャーが入居している。また、マイクロソフト・ベンチャーズは、育成指導者のコミュニティを作って助言を行い、設立初期段階の企業に資金提供する、世界7カ所に育成加速施設を設置する、といった方法で新規設立企業の事業開始や規模拡大の支援を行っている。

内なる力を引き出せ

新たな競争環境の景観に破壊的な側面があることの意味合いは、伝統的企業は自社が保有している自由に使える全資産を、遊ばせておくのではなく活用しなければならないということだ。それゆえ、伝統的企業は自社の持っている資産とユニークなポジションが何であり、どのような特徴があるのかを、もう一度見直してみることが非常に重要なのである。

自動車産業の競争環境がいっそう激化するなかで、ドイツの高級車メーカーは、全局面打開というアプローチを選んだ。長く引き継がれてきた高いブランドイメージ、高級な車の品質、強固な組織スキル、そして素材、ソフトウエア、車のデータ接続といった技術革新のさらなる加速化である。

たとえばBMWは、車内空調温度の設定、駐車位置の記憶、車から離れた所でのドアロックの確認、といったリモート・コントロール機能を携帯アプリでできるように追加し、自動車保有者の利便性を向上させている。BMWはまた、iシリーズ乗用車にカーボンファイバー製の車体を採用し、大規模な生産を始めた最初の主要自動車メーカーでもある。BMWのi3シリーズに搭載された高度技術の一つには、ボタン一つで自動的に駐車操作をしてくれるパーキング・アシスト機能が含まれている。(注32)

また、メルセデス・ベンツのEクラスおよびSクラスの車種には、「信号停止および発進」機能が搭載されており、走行中にいつ信号機が切り替わり、ロータリーのどの位置に他の車がいて動いているのかを感知して、状況に応じて自動的に運転をサポートしてくれる。(注33) そしてアウディは2014年、AT&Tと提携して、4Gの高速通信接続で画像カーナビおよびマルチメディア機能を持つ最新ソフトウエア・パッケージ「アウディ・コネクト」を、14年式A3モデルに搭載してサービスを開始すると発表した。(注34)

長年続いてきた強固なブランドイメージに加え、こうした製品の進化・向上を果たすことによって、ドイツの高級自動車メーカーは追随しようとする競合を寄せつけず、2013年にはメルセデス・ベンツ、アウディ、BMWの3社ともに、過去最高の記録的売上げを達成している。(注35)言い換えれば、世界中のどの自動車メーカーも頑丈で機能的な自動車を比較的低コストで製造できるようになった今日、ドイツの自動車メーカーの決断は、単に自社製品の車体シャーシーやパワートレインの優秀性のみに依存するのではなく、IT、アプリケーションの開発、ソフトウエア、そして顧客の利便性、保有経験のすべてを基礎に競争力を築くことであった。

提携関係を築こう

競争のルールが急速に入れ替わり、昔からの伝統的なビジネスモデルが根こそぎ打ち倒される時代には、ベストな提携パートナーを見つけることが、自社の繁栄に決定的に重要な意味を持つ。将来に対するヘッジとなり、新たな能力を時間をかけずに提供してくれ、既存ビジネスの方向転換を手伝ってくれるような賢明な提携関係の樹立は、企業の生死をも決める重要な課題となってきている。

伝統的なテレコム産業は、新しい競合企業によって利益マージンを削り取られ、新技術が既存事業にとっては挑戦課題と新事業機会の両方をもたらす可能性があるため、不確実性に直面している。ワッツアップや同種の携帯電話を使ったメッセージ通信アプリがSMS(ショートメール・サービス)市場を奪っている状況で、伝統的通信事業者は生き残りのための苦闘を続けている。

そこで彼らは、自分たちの持つ広大な携帯電話通信網と保有顧客基盤を、ほかのサービスを提供するためのプラットフォーム・インフラと見なすことで、競争の基礎を変えてしまおうと模索している。伝統的通信事業者のこうした思考の転換により、賢明な提携関係の樹立にはこれまでよりも大きなプレミアム価値が生まれてきた。

新興国市場では、携帯電話の到達範囲や普及率のほうが、銀行の分布状況や利用率よりもはるかに高いことが多い。たとえば、アルゼンチン、コロンビア、ウクライナといった国々では、国民の誰もが携帯電話を保有しているが、銀行口座を持つ人は半分以下である。そこで、メッセージ・アプリに中核事業収入源を侵食される脅威を感じたテレコム事業者は、銀行と手を組み、新しい支払い・送金チャネルを提供し始めるようになってきた。

東アフリカ最大の携帯電話サービス提供事業者であるケニアのサファリコム社は、アフリカ商業銀行と提携し、2007年にアフリカで初めての「mペサ」というショートメールを通じて行う送金サービスを開始した（mは携帯電話を意味するモバイルの略であり、ペサはスワヒリ語でお金を意味している）。

サービス開始から18カ月の間に、mペサの利用者は400万人に達したが、その大半は銀行口座を持っておらず、これまでは、現金の預かり・送金支払いサービスを行う代理人ネットワークの店舗を訪問し、送金には現金を預け、電話による口伝えのバーチャルマネーに替えて現金を受け取る方式に頼っていた。2013年にmペサの利用者は1500万人となり、同社は世界で最も成功を収めた金融サービスの革新企業として表彰されたのである。（注36）

先進国市場ではヘルスケアの提供企業が、既存テレコム企業の価値あるパートナーとなっている。かつてフランス・テレコムと呼ばれていたオランジュ社は、携帯電話サービスを使ったホームケアに対する消費者の需要の高まりに応えることにより、成長を続けるヘルスケア産業の一角に食い込もうと、糖尿病や心臓病患者の症状数値の遠隔モニタリングのような、携帯電話によるヘルスケア・サービスを開始した。

また、ドイツ・テレコムはドイツ最大の健康保険会社のバルマーと手を組み、運動時の心拍数や走行距離といったデータを携帯電話で把握し、その情報を同社の健康管理サイトに送れば、新しいトレーニング・プログラムを提案してくれる、という携帯電話フィットネス・サービスを提供している。

世界中の才能を引き込もう

新たな競合企業が出現してくるにつれ、どの業界の企業であれ、自社で必要とする高度なスキルを持つ人材の確保においても、競争から逃れられなくなっていく。上級経営陣に対するアンケート調査では、回答者の76%が、自社の組織にはグローバルなリーダーシップ能力の開発がもっと必要だと答えているのだが、現状自社でそれが効果的に行われていると回答したのは、わずか7%でしかない。(注37) そしてアメリカ企業のおよそ30%は、自社には国際的に通用する能力を持つ人材がほとんどいないため、海外での事業機会を十分に追求してこなかった、と答えている。

新興国現地法人の役員たちにグローバルな職務経験を得る機会を提供することは、最高の人材を得る強力な方法の一つである。２０１０年、ユニリーバはインド子会社の管理職およそ２００名を選び、本社のグローバルな部門の役職に就けたが、その中の2名は現在、本社経営陣に加わっている。その他の企業でも、昔からの単一本社モデルでは自社の人材ニーズには合致しないことに気づき始めている。ある企業は、第2本社、すなわち本国市場担当部門から海外市場を分離し、海外の主要市場地域の状況により適合するよう、現地市場の近くに本社機能も分離して地域本社を設立している。

ＧＥとキャタピラー・グループは、コーポレートセンターを2カ所あるいはそれ以上の数に分割し、意思決定、生産、およびサービスといった、それぞれの分野のリーダーシップを相互に分担しながら経営を行っている。ユニリーバの本社機構および経営陣候補人材の育成の中心はロンドンだが、第2のリーダーシップ人材グローバル開発センターをシンガポールに設置し、グローバル思考のできる人材を採用し、社内で育成することを目指している。つまるところ、ユニリーバの売上げの57％は新興国市場で上げられており、これは当然の決断である。(注38)「シンガポールは、先進世界と新興世界との結節点にあります。ここは、リーダーシップ、技術革新のハブであり、急速に成長するアジア経済圏への戸口なのです」と、ユニリーバのＣＥＯ、ポール・ポルマンは語っている。「当社の将来のリーダーになる人物がここに来れば、世界中のどこの出身であっても、新たな洞察と広い視野を獲得するに違いないのです」(注39)

惰性に陥ることを避けよ

これまでいくつかの章でも強調してきたが、この「競争の新時代」には、企業経営者はこれまでよりもっと敏捷にならなくてはいけない。経営者は、現状維持に陥ることを警戒し、新しいスキル、とくに資本の配分と技術に関するスキルを磨かなくてはならない。

事業の拡張と自社の競合の監視にとどまらず、資本配分とその有効活用にも敏捷になれるよう、自己を訓練しなければならない。事実、私たちが発見したのは、毎年資本配分を変更し、敏捷性に関して高い成績の企業は、リスクを大幅に低減させているということだ。１６００社を超える企業のデータを調査したところ、敏捷性、すなわち頻繁に資本配分比率の変更を行う点で上位３分の１に入る企業の株主へのトータルリターンは、毎年資本配分を固定している敏捷性低位グループの企業よりも、30％も高かったのである。（注40）

技術によって、サメのほうが小魚の餌になってしまいかねない世界では、経営者はまた、ＩＴについても通暁していなければならない。企業が新たな競争の景観をなんとか乗り切ろうと、相手がライバルになりそうか、あるいはパートナーになりそうな企業なのかを見極める際には、どのような事業分野であろうと、ＩＴを戦略的思考の中核に位置づけなければならない。だからこそ、一般にＩＴの個別詳細の面倒を見てくれるチーフ・インフォメーション・オフィサー（ＣＩＯ）の採用に加え、ＩＴを戦略的課題と捉えて全体を俯瞰するチーフ・デジタル・オフィサー（ＣＤＯ）の採用を強く主張する議論が高まっている。ＩＴは自社のビジネスモデルを破壊するものにもなれば、競争の基礎を変えてしまう状況に適応するための道具ともなる。

イギリスのファッション企業であるバーバリーは、会社の内外をすっかり再構築し、業界で技術面のリーダーとなった。（注41）一握りの人ではなく誰もが近づけるブランドとなる戦略を意味する「デモクラティック・ラグジュアリー」というコンセプトを開発し、各種のプラットフォームを相互に関連させるデジタル戦略に打って出たのである。この戦略は、自社のホームページ、SNSによるソーシャルメディア、それにユーチューブ上で無名のイギリスのミュージシャンを紹介する「バーバリー・アコースティック」というプロジェクトの展開に加え、デジタル技術革新のショーケースとも言える各国での旗艦店までも統合したキャンペーンであった。（注42）当時のバーバリーCEO、アンジェラ・アーレンツは、「（ロンドンのリージェント・ストリートの旗艦店の）ドアを開けると、そこはまさに私たちのホームページの中に足を踏み入れたようでした」と表現している。（注43）アーレンツはまた、このデジタル戦略の実施により、「バーバリーは、7年間で売上げをほぼ3倍にしたのです」と語っている。（注44）

❖❖❖

グローバル経済の中で競争していくことは、ある意味、4年に1度のサッカーのワールドカップに似ている。それは、世界中から大きな注目を集め、高い賞金と名誉が対象となり、一瞬でチームの命運が勝利か敗北かに決まるという高度の緊張を強いられるトーナメントだからだ。チームは数年をかけて予選を勝ち抜き、世界最終戦を戦えるように基礎を築いていくが、重要な瞬間に躓いたり、倒されたりして、予期せぬところから蹴り出されたボールによりゴールを決められてしまうこともある。新興チームが勝ち上がることも時にはあるが、たいていの場合、長年の実績を誇る強力チームが勝つ傾向が強い。２０１４年の準決勝は、ドイツ、アルゼンチン、ブラジル、オランダの４カ国で戦われたが、過去20回の大会のうち11回の準決勝は、この４カ国で戦われたのである。

だが、サッカーとビジネスでは重要な違いがある。14年にブラジルで開催されたワールドカップは、34カ国のチームで戦われた。どのチームも、同じボールを使い、同じサイズの競技フィールドで戦い、同じルールに従わなければならなかった。しかしながら、経済ワールドカップの場合は、競争の基礎が急速に変わっているせいで、どちらかといえば誰も平等というルールである。競合は地球上のどこからでも、高度な能力を持つストライカーと絶対に止めるゴールキーパーを連れて現れることが可能であり、しかも自分が新たに作ったルールでプレーできる。チームによっては、通常の11名ではなく18名のプレーヤーをピッチに投入するかもしれないし、また別のチームは遠隔操作で動かせるボールを使うかもしれない。こうした相手と戦うには、あなたの組織では、さまざまな偵察者のネットワークを駆使し、自社の社員のトレーニングを強化し、最も効果的な戦略を策定するために自社の企業文化と労働力の強みを発掘しなくてはならない。

第10章

国家の政策こそ問題だ

──社会と政府にとっての戦略的課題

政治リーダーにとっての挑戦課題が変わる

1990年代の後半、ドイツは新しい「ヨーロッパの病人」だと揶揄されることが多かった。(注1)この表現には正当な理由があった。貧困にあえぐ東ドイツとの統一から7年が経ち、ヘルムート・コール首相の率いる政府は10%近い失業率、GDP成長率の低下、人口の高齢化、それに福祉制度の重い負担といった課題と苦闘していた。この状況は、その後数年にわたり悪化が続いた。経済成長率は年率0・5%を下回り、経済は2度の短期的不況を経験し、2005年までに失業率は11％に達していた。（注2）ところが、それから10年も経たずして、ドイツは奇跡の経済と賞賛されるまでに変化した。08年までに、失業率は7・5％に回復した。リーマンショック後の世界的不況が浸透し、世界中で何百万人もの労働者が職を失ったこの時期にも、ドイツの失業率はこの水準より上がることはなく、その後さらに低下を続け、12年には5・4％となった。しかも、ドイツのＧＤＰがはるかに大きく縮小したにもかかわらず、失業率が低下したのだ。（注3）バラク・オバマ大統領から習近平主席にいたる世界中の国の指導者が、「ドイツの奇跡」の秘訣について、アンゲラ・メルケル首相からヒントを聞き出そうとしてきた。病人と言われた国がこれほど早く回復したのは、どのような施策によるのだろう。

２００３年から05年にかけて、ドイツ政府はアジェンダ２０１０プログラムの一部として、一連の積極的な労働市場改革法案を可決し、実施していった。この法案の下、ゲルハルト・シュレーダー首相は、職業教育の改善、新しい職務タイプの創設、失業手当や福利厚生制度の変更など、通称「ハルツ改革」と呼ばれるドイツの労働市場の大改革を行ったのである。

広範な大改革は、国民からは大きな不評を買った。03年、毎週月曜日に行われたデモには、社会福祉の削減に反対する10万人を超える人々が毎回参加した。（注4）改革後には労働力参加率が向上したが、改革前には、年配労働者たちは早期の引退を選び、高齢になるまで働き続けてキャリアを築くことには必ずしも興味を持っていなかったため、労働力参加率は低かったのである。こうして改革を実施したシュレーダー首相の率いる政党は、05年の総選挙でメルケル氏に敗北し、後を引き継いだメルケル氏がドイツの奇跡による繁栄を享受する結果となった。

これまで続いてきたトレンドが破壊される時代に、政策決定者に委ねられる課題こそが、ドイツ政府が2000年代初期に直面した問題なのである。どうすれば各国の政府は、もっと素早く対応し、政治的成熟度とリーダーシップを身につけ、社会に変化を導き、そのプロセスの中で自身の率いる政党を生き延びさせていけるのだろうか。

政治家も経営者と同じく、自分の持つこれまでの直観力をリセットしなければならない。本章では、トレンドの破壊が政治のリーダーにどのような挑戦課題を提示するのかを論じ、課題に対応するために各国の政府がどのように立ち上がっているのか、あるいは対応することから逃げているのか、そのやり方を強調しておきたい。

変化に対応する政治の事例

グローバルな競争と技術が変化したことにより、創造的破壊がその速度を上げ、労働市場の適応能力を超えてしまっている。仕事を創造するには危機的なスキルギャップが存在していると、企業のほうからも不平が出てくるほどであり、政治家にとって重要な挑戦課題である。

一方、人口の高齢化、そして先進国では寝たきり老人社会への移行が社会のセーフティーネットをほころびさせ始めており、福祉の維持という挑戦課題は、資本コストが上昇し始めるといっそう切実なものとなる。また、必要性が強く望まれている生産性の向上は、公共部門では未達成が続くだろう。所得格差は広がり続けて国民の反発を引き起こしており、ときには過去30年間の成長をけん引してきた貿易、金融、そして人材の相互結合といった要素にさえも、反対の声が上がるようになってきている。

本書で論じてきた、こうしたさまざまな破壊的な力と過去のトレンドの破壊は、労働、財政、貿易および移民政策、資源政策や技術規制といった複数の政策分野に影響を与えており、政治家にとりユニークな組み合わせが求められる挑戦課題となっている。

グローバルな競争と技術によるトレンド破壊の時代の労働政策

2008年のリーマンショックによる景気後退の後遺症を抱えた時期には、働き口の創設は先進国でも新興国でも、最大の政治課題であった。同時に、進化を続ける技術により、いまや知的業務も技術に侵食され、幅広い分野で人間の仕事を機械によって置き換えることが容易になってきている。そして若者と低スキルの労働者が、OECD諸国*の働き口の創造と特定スキルの需要に与える影響の、矢面に立つ被害者となってきている。

同時に、直観に反するように思えるかもしれないが、先進諸国と新興諸国の両方が、労働力不足と苦闘している。労働力の高齢化に直面し、会社によってはすでに労働者の定年退職を心配し始めている。多くの企業が、スキルギャップの拡大、とくに科学、技術、工学分野での人材不足と闘っている。(注5) 労働市場の需給アンバランスという側面はまた、女性の労働力市場への参加率が男性よりもはるかに低いことにより悪化してきている。

世界で最も早く人口の高齢化が進んでいる中東諸国と北アフリカ諸国では、女性の労働力参加率は4分の1以下である。こうしたアンバランスは、先進国でも明らかなものとなっている。たとえば、日本と韓国では、男性の70％が労働力として参加しているのに対し、労働力年齢の女性の半分以下しか労働力になっていない。（注6）

大規模な政策的介入が何もなされないままこのトレンドが続くとすると、私たちの推定では、このアンバランスは2020年までに、高等スキルおよび中等スキル労働者がほぼ8000万人不足し、9500万人の低スキル労働者が余剰となる状況を生み出すだろう。こうした労働力の需給ギャップを是正するには、高校よりも高い教育機関を修了する若者の比率を、現在の2・5倍となるように加速しなければならない。

それに加えて先進国は、職務と直接関連する学問分野の訓練を促進するようなインセンティブを提供する必要がある。通常、毎月400万～500万件の求人のあるアメリカで、STEM分野を専攻した大学修了者はわずか14％しかいない。一方新興国では、何億人もの若い成人を訓練する創造的なやり方を見つけることと、中等教育修了者の比率を高めて先進国に追いつくことが挑戦課題である。2012年の調査では、インド政府が設定した中等教育修了比率の目標を達成するには、インド政府は当時の2倍の中等教育教師を雇い、3400万人を収容する中等教育学校を16年までに新しく設置する必要があると推定されていた。（注7）

＊　アメリカ、日本、西ヨーロッパ諸国にメキシコ、トルコ、ハンガリーを加えた、主に高所得の36カ国。

若者の失業率は高く上がり続けており、どの年代の人々にもリスクを抱えさせている

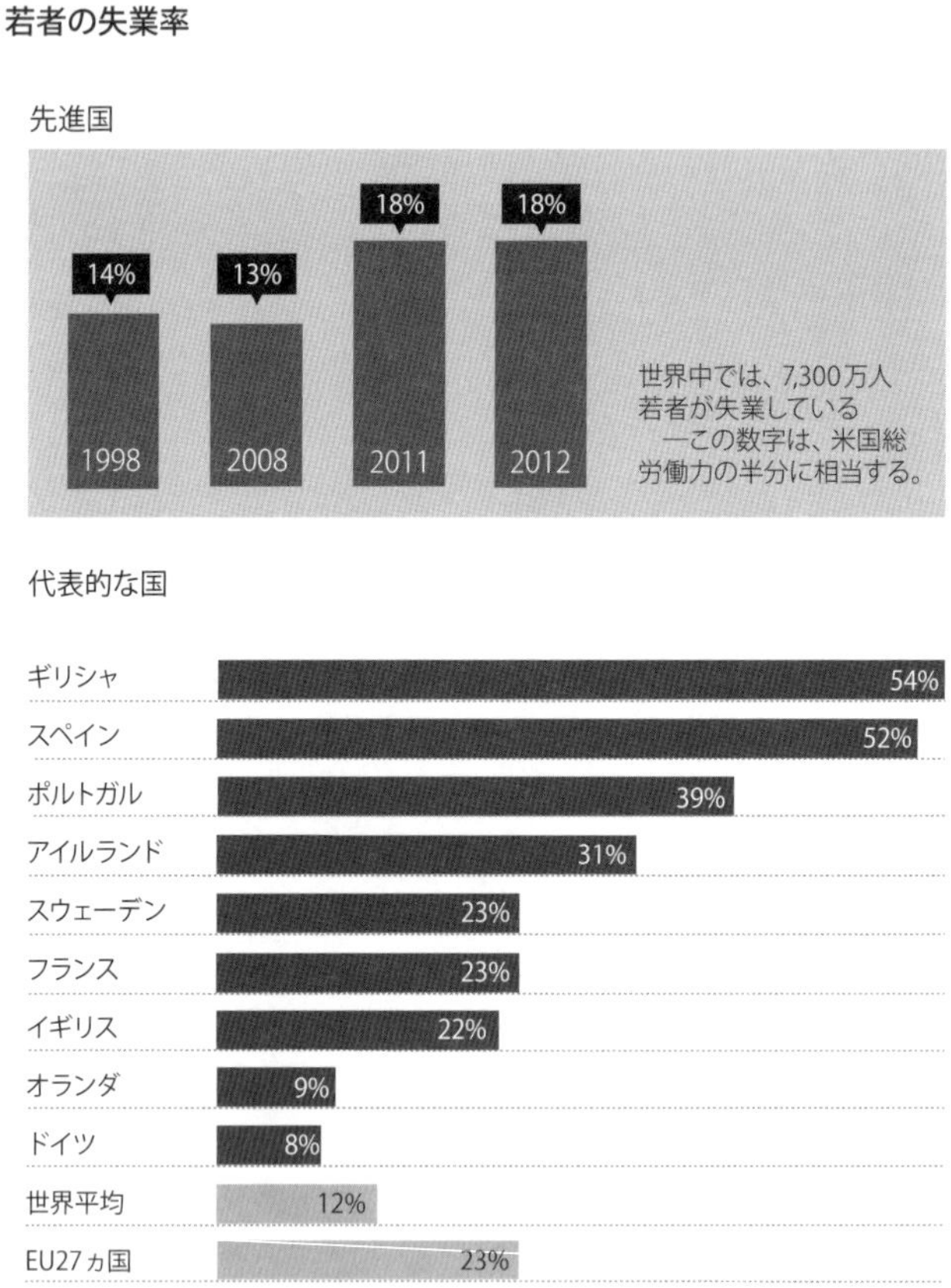

注1：EUの27カ国およびオーストラリア、カナダ、日本、アメリカといった富裕国が含まれる。
出典：ILO報告書「若者のグローバル雇用トレンド」2013年出版。
マッキンゼー・グローバル・インスティテュート分析。

人口高齢化と資本コストの上昇期の財政政策

アメリカとヨーロッパ、日本と中国という世界最大規模の経済大国の多くが、人口の高齢化と目前に迫った大量の労働力の引退という課題に直面している。2040年までに65歳以上の人口比率が先進国経済で急速に増加し（全体の4分の1になる）、一方で子供の比率は事実上まったく変わらない時代となり、前の世紀に構築された社会のセーフティーネットが、本当に機能するかどうかが試されることになる。

中国では、50年までに公的年金支出が、現在のGDPの3・4%から10%に増加すると推定されている。人口の高齢化とヘルスケア費用のインフレのせいで、公的ヘルスケア支出は年金支出よりも速いペースで増加すると推定される。メディケアとメディケイドという高齢者と低所得者に対する二つの医療保険制度を実施しているアメリカでは、すでに幅広い層の人たちが対象となっており、ヘルスケア公的支出は50年までに2倍以上の増加となり、GDP比15%になると予想されている。（注8）

公共支出がいずれ負担しきれなくなる「爆弾」を抱えた状態で、しかもそれが悪いタイミングにさしかかってきている。歴史的な低金利時代が終わりを告げ、資本コストが上がる可能性があるからだ。このことは、変動金利の膨大な債務を抱える各国政府にとっては大問題になる。変動金利債務は、常にロールオーバーし、借り換えていく必要があるからだ。世界中の国家財政債務の合計額は、2011年には未曾有の4兆ドルであり、世界政府負債合計は、世界GDP合計の120%に達し、その結果、各国の政府によるサービス提供に削減圧力がかかっている。（注9）

ＥＣ委員会は、人口の高齢化により、２０３０年までにＧＤＰの３％の額が「オフ・バランスシートの追加負担」としてのしかかるだろうと予測している。もし高い経済成長率が実現しなければ、この財政債務の増加は、厳しい緊縮財政を迫るものとなるに違いない。（注10）

グローバル統合の時代の貿易、移民、金融政策

グローバルな経済繁栄の増加傾向とデジタル化の進展が相まって、国境を越えた貿易、金融、人材、データの流れが加速された。そして、すでに指摘したように、こうしたヒト、モノ、カネ、情報の流入と流出に加わる国の数が増えれば増えるほど、経済的利益が大きくなってきた。国家間経済活動の伸びは、各年のグローバルＧＤＰ成長の25％にまで貢献してきている。（注11）

しかしながら、一般大衆、それに一部の企業やエリート政治家は、そうした活動への参加を警戒することが多い。その理由の一つは、国家間経済活動が国内に明らかな影響や混乱を生み出すからだ。グローバルな自由貿易の拡大は、常に国内の失業の元凶とされてきた。資本の自由化は大きな変動の原因となりうるし、コントロールすることは難しい。移民反対感情は、先進国、新興国を問わず多くの国で強く、合法か違法かを問わず、移民が非難の対象となりやすい。そして多くの政治家が、他の国々との結合を強くすることは、グローバル・ショックにさらされ巻き込まれやすい、と暗黒面を強調したがる。（注12）

景気後退、緊縮財政、それに景気回復の脆弱性といった重圧が重なったため、社会のセーフティーネットは伸びきり、移民流入への反対感情が高まった。それはヨーロッパばかりではな

く、移民による労働力供給によって築かれてきた国でも発生した。シンガポールは、移民労働力の受け入れには歴史的に好意的であり、住民の3分の1は国外で生まれているのだが、この国が、外国人労働者の国別割り当てを現在減らしている。(注13)「私たちが行っているのは、企業など雇用者がシンガポール人を採用するよう後押しする施策を導入することです。とくに、シンガポール人の新卒の若者、専門職、管理職、役員などに仕事と能力開発できる場を与えたいのです」と、2013年当時人材担当大臣代行であった(現在は人材担当大臣)タン・チュアンジン氏は語っている。また同氏は、「シンガポールでは、国内の労働力を補完する外国人労働力には、今でも門戸を開いています。ただ、どの企業もシンガポール人を公平に評価し、考慮する努力をしなければならないのです」と語った。(注14)

歴史が示唆しているのは、こうした特恵政策は一度実施されると元に戻すのが難しいため、高度のスキルを持つ移民の流入を妨げてしまうことになり、実施した地域が持つ本来の成長可能性が低下してしまうおそれが大きい。

生産性向上の時期に発生する不平等

中国やその他新興国が急速に経済成長を遂げているため、グローバルな国家間の不平等は縮小してきている。新たに見出した繁栄とともに、新興国は他の新興国との所得格差、そして先進国との格差を、生産性の向上によって縮小させ続けている。しかしながら、同時に、新興国それぞれの自国内での不平等は拡大している。

予算の継続的削減と高水準の政府負債とにより、政府資源には無理が強いられている

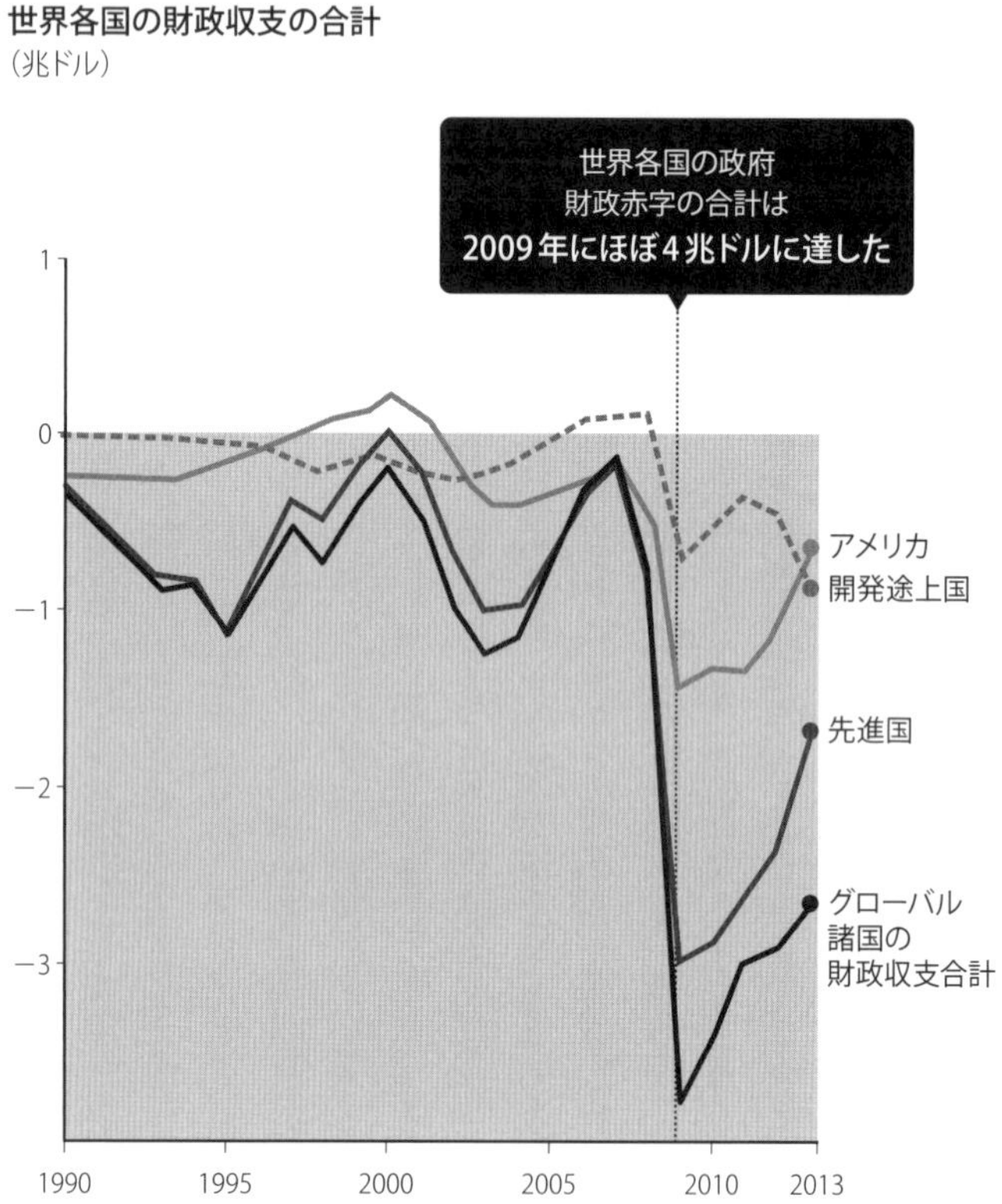

注1：開発途上国および先進国の財政収支合計。
出典：EIUワールド・データベース。マッキンゼー・グローバル・インスティテュート分析。

1980年代半ばから、OECD加盟国のうち4カ国を除くすべての国で、トップ1割の世帯の所得は、ボトム1割の世帯の所得よりも著しく高い伸びを示してきた。この動きの例外となった、ボトム1割世帯の所得成長率のほうが高かった数カ国に含まれたのは、ポルトガル、アイルランド、ギリシャ、スペインであり、このいずれの国も極端に厳しい不況の影響を受けていたのである。(注15)

国内での不平等の拡大という厳しい挑戦課題に直面しているのは、先進国ばかりではない。中国とインドのジニ係数(一国内の所得分布の公平度を示す係数。大きいほど所得分布の偏りが大きい)は、過去20年間どちらの国も上昇してきたが、その理由の一端は、都市部と農村部のもともと大きかった格差が、さらに拡大してきていることによるものである。中国ではとくに、グローバルな貿易と金融の流れに密接に結び付いた、上海、北京、広州、深圳といった都市は、そうした結び付きの少ない内陸部の都市とは別格の、著しい成長を遂げたからである。(注16)

IMF(国際通貨基金)のクリスティーヌ・ラガルド専務理事は、この問題を次のようにまとめている。「簡単に言えば、極端に偏った所得分布は、長期的な成長のペースと維持力を削いでしまいます。その状態が続けば、経済成長からの排除につながり、残されるのは成長の可能性から見放され放棄された荒地だけです」(注17)

格差の拡大の原因と、本当に原因は一つだけなのかに関して、議論は沸騰している。しかし、一つだけ確実なことがある。それは、見逃されることが多いのだが、「生産性」こそが決定的な役割を果たしているということだ。いくつかの調査によれば、総人口の中のごく一部分に限定された生産性の向上は、全体の不平等を助長する傾向がある。つまり、裕福な人たちだけが生産性を向上させると、その人たちが人数比例を超えた利益を享受するのである。したがって、幅広い分野での大きな生産性改善が、格差拡大問題の解決策となるはずだ。

しかしながら、需要の増加がほとんどない時期には、どこの国の経済政策立案者も、「生産性の上昇は人減らしにつながる」という、一般大衆の認識に直面することになるのである。しかし、歴史が証明しているのは大衆の認識とは逆である。1929年以降の10年間ごとの移動平均値を比べると、アメリカでは求人需要と生産性の向上は、手を携えてともに歩んできている。(注18) 残念ながら、統計が示すものとは逆の結論となった一般通念を払拭することは、困難であることが立証されてしまっている。

これまでの章で議論してきた人口動態のトレンドを前提とすると、生産性向上の命題は、今後50年にはいっそうの重要性を持つものとなる。平均およそ3・6%という過去半世紀のグローバルGDPの成長は、世界の労働力の成長と生産性の伸びの両方によって推進されてきた。たとえば、G19にナイジェリアを加えた20カ国の分析では、現在は50年前の2・3倍の労働者雇用があり、労働者は1人当たり50年前の2・4倍の産出高を生産している。

ところが、過去の成長を後押ししてきた人口構成のトレンドが、今日では弱くなってきており、国によっては逆転し、マイナスに転じている。グローバルの雇用数の成長率は、出生率の低下と人口高齢化のせいで、ちょうど0・3%まで低下する可能性があり、世界の雇用総数も今後半世紀のどこかでピークに達する可能性が高い。そうなると、生産性の向上のみがGDP成長を推進する要素となる。近年のGDP成長の軌跡を延長し、維持するには、生産性の伸びを歴史的な実績の2倍に加速する必要がある。

過去50年間の生産性の伸び率を、ただ単に今後50年間に当てはめて継続するものと仮定すると、グローバル経済成長率は、過去半世紀の年平均3・6％ではなく2・1％に低下してしまう。グローバル経済の規模は、過去半世紀に6倍に拡大したが、今後50年間にはわずか3倍にしかならないのである。

では、生産性の向上はいったいどこから出てくるのだろうか。私たちの調査では、必要な生産性向上の4分の3は、単純に「追いつき」改善、つまり既存のベスト・プラクティスが広範に普及し、採用されることによって得られる。

そして残る4分の1は、今日のベスト・プラクティスを超えた技術、オペレーションおよびビジネスのイノベーションによって生み出されるだろう。しかし、この生産性向上を実現するのは簡単ではない。達成には、業界や国境を越えて、広範かつ飽くなき変化を追求しなければならないからだ。柔軟な労働市場、スキル開発のための十分な投資といった生産性向上を支援する環境なくしては、単なる生産性改善の掛け声だけでは、人口構成の変化という著しい向かい風に打ち勝つことはできない。

そこで私たちは、強固な生産性の伸びを促すことに必要な、10項目の支援要素を絞り込んだ。①サービス産業分野での競争を妨げる障壁の除去。②公的部門と規制部門に効率と業績の管理を導入し、重点実施。③とくに新興国を中心に、物理的およびデジタル・インフラストラクチャーへの投資。④革新的な製品やサービスのR＆D投資と、そうした研究開発需要の喚起措置。⑤生産性改善にインセンティブを与え、イノベーションを支援する法制の導入。⑥改善機会と変化を促進する触媒を見つけるためにデータを活用する。⑦データの公開とデジタル・プラットフォームを通じて、生産性向上の全景観の中から新しい手法やツールを見つけ出し、その力をテコに普及を図る。⑧女性、若者、高齢者の労働市場への参加を促進する。⑨さまざまなスキルや労働力プールの強化を支援するため、移民制度の調整を行う。⑩職業により求められるスキルと教育のマッチングを改善し、労働市場をこれまでよりも柔軟にする。(注19)

上記の生産性改善に向けた必須実施事項は、政府が担当する分野に該当し、とくに格差の是正に影響を与えるものが多い。先進国の多くでは、公的支出がＧＤＰの50％以上を占め、一方、政府の雇用教育やヘルスケアといった準公共部門は、生産性の点で大きく立ち後れている。Ｇ８諸国（カナダ、フランス、ドイツ、イタリア、日本、ロシア、イギリス、アメリカの先進8カ国）で政府の生産性の改善が図られたなら、２０１６年までに年間６５００億ドルから1兆ドルの価値に相当する公的支出の削減効果になると推定される。(注21)

インドでは、政府の提供する基本サービスへの公共支出のおよそ50％が、本来の受益者のもとには届いていない。そうした無駄には、ヘルスケア、家族生活保護、水道・飲料水、衛生対策費の3分の2が含まれ、その原因は、単なる非効率、汚職、その他のプロジェクトへの転用によるものであった。(注22)公共部門の生産性は、ヘルスケア費用の上昇、公共部門全体のコスト増、労働力のスキル不足、その他の社会問題への対応といった複数の挑戦課題を同時に解決するうえで、非常に重要である。

技術と資源が破壊的な変化をもたらす時代の課題とは

技術による大きな破壊的変化がたびたび起こり、その頻度が増している。同時に、ソフトウエア、インターネット・サービス、ハードウエアといった分野にかかわらず、新技術の普及のスピードもますます速くなっている。その影響を受けているのは、企業と個人だけではない。各国政府は、研究開発を支援し、また民間部門の生産性向上の支援要素を作り出していくうえで重要な役割を担っている。しかし、技術にまつわる不確実性と変化のスピードの速さによって、何のR&Dを支援し、どのような才能を持つ人材とインフラストラクチャーに投資すればよいのかを決定するのが困難になっている。

技術を理解する政策決定者であれば、困難な命題を把握し、さまざまな政策分野で社会にもたらす結果を改善できるに違いない。そうした政策分野には、ヘルスケア、教育、その他の公共サービスの提供に始まり、生産性、効率の向上や、政治、行政の透明化を促進し、説明責任を果たすことが含まれる。

それに加えて、政府は、法律や規制の枠組みを常に社会の現実に適応したものへと、改定しなければならない。カリフォルニア州の立法府議員たちは、現在、自動運転自動車の進歩に備えて法整備をしようとしており、関連部局が定期的に集まり、新技術によりどのような行政対応が求められるのかを理解しようとしている。そうした分野には、損害保険、運転免許、安全要件の設定、道路などインフラの整備、変更などが含まれている。彼らの理解では、早めに準備しておくことにより得られる利点は、関連するさまざまな事業により創出される雇用規模が十分に大きいことであり、それは早めの準備の困難さを上回るものだからだ。（注23）

世界各国の政府はまた、データやコミュニケーションの流れがグローバルに相互のつながりを増していることによって、新たな挑戦課題を突きつけられている。最近のアメリカNSAでの情報漏えいスキャンダルを受けて、多くの国がデータの秘匿や保護について考え直し始めている。ドイツではとくに反動が強く、対抗的スパイ活動を継続するよう計画を見直すことや、電話やIT接続を取り扱うユーロ・リンク・ネットワークの機密保護強化への関心が高まっている。（注24）ドイツのメルケル首相は、「わが国は、高度のデータ保護をどのように維持していくのかを、フランスと話し合うつもりだ。とりわけ重要な話題は、欧州諸国に住む私たちがeメールやその他の情報を大西洋を越えて、わざわざ米国経由で送らなければならないような状況をなくし、ヨーロッパの通信プロバイダー自身が、我々の市民に対して機密の保護を保証する環境を提供してくれるように改善しなければいけない、という点です」と語っている。（注25）

規制の最前線は、各種資源の領域にも及んでいる。技術の破壊的な変化が、資源分野にまで直接影響を与えているからである。アメリカで水圧破砕技術がシェールガス革命を引き起こしたことが、環境に与えるメタンガスの排出の影響や水質汚染など、関連する問題に対して規制官庁の関心を引き始めている。

２０００年から13年の間に、新興国での需要増加と供給側の制約それに採掘側での難しさが高まったことにより、資源価格はグローバルに2倍以上に値上がりした。同時に、過去13年間の資源価格の年間変動幅は、１９９０年代の実績数値のおよそ3倍となっている。(注26) 技術の破壊的な変化と、資源価格の高騰と変動幅の拡大が相まって生み出された影響により、各国政府により効率的な規制を実施することが格段に難しくなってきている。(注27)

未来の政治への意味合い

過去のトレンドの破壊により生み出された政治リーダーへの挑戦課題の解決は、一般大衆の発言や、政治参加の場と手段が数多く増えたことにより、いっそう急務となってきている。世界中の市民が各国政府に対し、公共サービスをもっと速く、一定の品質で、しかももっと安く提供することを要求している。緊縮予算、以前よりも短い選挙サイクル、そして即時のフィードバックが要求される時代には、公共部門のリーダーに許される間違いの余地はわずかしかない。

香港からウクライナ、エジプト、ブラジルといった世界の都市で、変化の遅いことに我慢がならず、市民が大勢の群衆となって道路に出て抗議デモを行う様子を、報道で目にするのが普通のこととなっている。30年続く経済不振の結果、返済不能となった公的負債（グローバルGDPに対するグローバルな公的債務の比率）は２０１１年から上昇しており、これは１９８０年代に新興国の公的負債のデフォルトが引き起こした、デフォルト・サイクルの再来の始まりなのかもしれ

ない。（注28）

公共部門の役人たちに対する挑戦課題は、ビジョンの欠如ではなく、期限の短さや、やるべきことが多すぎて優先順位の設定が困難なこと、そして実施面での欠陥であることが多い。だが、多くの国の政府はしっかり難局に対処してきている。あるアジアの国は、変身プログラムを実施した最初の年に、街頭犯罪を35％減少させた。ある南米の国は、病院で診療を待つ人のウェイティング・リストを80％減らし、大学のトップ卒業生の教師への就職希望者数を50％以上増加させた。また、ある新興国の政府は社会保障プランを導入し、2カ月で数十万人を加入させた。

こうした事例のそれぞれでは、マッキンゼーが「デリバリー2・0アプローチ」と呼んでいる手法を、政策決定者が採用したのである。このアプローチは、適切な成果測定基準の設定を含む、よく練られた実施プログラムの設計、小規模な実施実験を行う「デリバリー・ラボ」、小規模だが大きな権限を持つ実施チーム、関連各所のリーダーからの目に見える支援、そして業績へのコミットメントと説明責任を求める文化の醸成といった要素により構成されている。

また、ただ結果を実際にもたらすことばかりでなく、達成実績を効果的にコミュニケートすることもきわめて重要である。一般大衆の誰もが見ることのできる、リアルタイムでの実績の進捗状況を示す「ダッシュボード」を公開することには、透明性を確立し、公共サービスをどのように改善すればよいのかという市民の会話を促進する大きな効果がある。

過去のトレンドが破壊されることにより、企業が自社の戦略を再評価し、事業の前提となる仮定の数々を再度見直すことを迫られたように、政府もまた同じことをしなければならない。政策決定者が今日の状況に適応しようとすると、将来の政府のあり方についての三つの興味深い疑問が提起されるのである。それは、政府の大きさ、どの程度中央政府に集中させるのか、それとも地方に分散させるのか、そして政府の役割の全体をどうするのか、という疑問である。

未来の政府の大きさ　最初の疑問は、将来あるべき政府の大きさに関するものだ。OECD加盟国では、平均政府支出はGDPのおよそ45％である。しかし、個々に見ていくと幅広い差があり、デンマーク、フィンランド、フランスといった国々ではGDPの55％以上が使われており、韓国やメキシコでは30％以下である。ノルウェーでは、公共部門の雇用は労働人口の30％だが、日本ではこの比率は10％以下である。ほとんどの国では、公共部門の雇用は過去10年間変わらないか、わずかに減少しており、大規模な公共企業体を抱える国であっても、職種の大半は一般管理部門の仕事である。（注30）

政府の効果を決定づけるのは、究極のところ大きさだけではない。だが、政策決定者がトレンド破壊の影響を考慮する際には、「自分たちの政府には、『正しい』大きさというものがあるのだろうか」と自問してみることに意義がある。この質問は、政府サービスのインターネット化を推し進める、小さな電子政府を目指している政策決定者にとっても重要なものだ。予算規模でも中央政府の雇用でも、イギリスとイタリアはほぼ同規模である。しかし、政府被雇用者1人当たりの情報技術コストで比較すると、イギリスはイタリアの4倍を出費している。（注31）

未来の中央政府への集中の度合い　二つめの根本的な疑問は、政府の組織機構と政策は、もっと地域に根差したものにするべきなのか、国家に基づくものなのか、ひいてはグローバルに根差したものにするのか、ということだ。アイルランドでは、全政府支出の76％は中央政府支出であり、公共部門雇用の90％を中央政府が占めている。しかし、ずっと強固な州および地域政府を持つドイツやスイスでは、中央政府は全支出の20％、公共部門雇用の15％しか占めていない。意思決定の非常に多くの部分が、個別の都市や州に向けて策定されており、それはアメリカのインフラ投資プロジェクトの選択や、ドイツの労働力訓練プログラムについても言える。アメリカでは、全政府投資の85％近くが個別の州の責任である。少なくとも公共部門雇用で見た場合、スペインは地方分散をこの10年で進め、ノルウェーは中央集中の度合いを強め、他の大多数のOECD諸国は変化していない。(注32)

さらに、グローバルな結合の進展に伴い、グローバルないしは多国間の意思決定機関の力が増していることに気づかされる。EUの金融規制、国際犯罪法廷、ASEANの貿易管理局などがこれに相当する。各国政府はまた、知識の共有や政策設計において、いっそう協調する傾向が強まっている。2008年に開発途上国の政策決定者たちが、金融サービスという基礎インフラから疎外されてきた貧困層を国民として取り込むべく、知識を共有し、政策上の選択肢を議論するために設立されたAFI「金融包摂のための同盟」は、今や開発途上国間の最大の組織の一つとなっている。(注33)国際間のつながりが増加するにつれ、個別の政策ごとに国内の地域に決定を委ねるのか、どの政策を国全体での決定にするのか、あるいは国を越えた決定とすべきなのかという質問が、非常に適切なものとなっていく。

未来の政府の役割　三つめの質問は、将来の政府の役割についてである。一般に、中央政府は社会保障や国防といった巨額の支出項目への予算配分に集中し、地方政府は、教育、住宅供給、その他の地域社会に関連する活動の実施と予算配分を行う。中央政府は現在行っている活動（たとえばインフラストラクチャーの建設）の多くから手を引き、新たな分野への活動（たとえば資源効率の向上）に手をつけ始めるのだろうか。

ＯＥＣＤ全体では、最大の支出カテゴリーは、年金、失業補償、身体障害者補償といった社会保障であり、総支出額の35％以上を占めている。しかし、中国やインドといった巨大新興国では、まだ強固な社会セーフティーネットが構築されておらず、そうした社会福祉施策には15～20％しか支出していない。韓国では国家予算のわずか13％しか社会保障には支出されておらず、一方で国内産業の振興のための経済的努力に20％以上をつぎ込んでいるが、これはイギリスの同種支出の４倍である。アメリカ政府は予算の21％をヘルスケアに支出しているが、スイスはわずか６％しか支出していない。ギリシャは国家予算の８％を教育に支出しているが、イスラエルとエストニアはそれぞれ国家予算のほぼ17％を支出している。（注34）これだけの幅広い違いを前提とすると、そもそも国家政策の優先順位に、一つの「正しい」比率の組み合わせがあるのだろうか。そして、政府はどのようにすればそうした組み合わせを達成できるのだろうか。

大きくまとめると、望まれる結果の達成のために行われる政策行動は、三つのカテゴリーのいずれかに含まれることが多い。それは、インセンティブの提供、規制の実施、そして情報の提供である。世界中で、各国政府は変わりゆく景観の海をなんとか航行するために、三つのアプローチのすべてを駆使し、イノベーションを素早く、最高の実行力で達成することを目指している。

変化の加速を実現するためにインセンティブを使う

通常、インセンティブと言うと、政府が民間部門に提供する「アメとムチ」だと私たちは考えがちである。しかし政府には、政府自身がもっと知的に働くことを促すようなインセンティブを、工夫して創り出すことが可能だ。ドイツのハルツ労働改革では、ケースワーカーの業績評価目標の変更や、就職先や訓練プログラムの絞り込みの向上といった、ドイツ労働局の動きを変えるインセンティブが使われた。長期失業者の雇用や、需要低迷期に労働者を保持させるための対企業インセンティブと並行して行われたこうした努力が、ドイツの労働市場の状況を変える重要な役割を果たしたのである。（注35）

その他の先進国や新興国でも現在行われている、インセンティブを活用した働き口創出の活動は、輸出促進からインフラストラクチャー建設、社会サービスの提供、起業家精神の発揚まで幅広く存在する。たとえば、アメリカ政府の全米輸出振興イニシアティブは、国内の各種サービスと先進製造産業の分野での働き口創出を目指しており、企業が輸出市場に参入しやすくなるように支援活動を行っている。（注36）

世界最大の海外への離散人口と、海外留学中の学生数を擁する中国は、高度なスキルを持つ専門家を母国に呼び戻すためのインセンティブを、国家才能開発計画２０１０－２０２０の一部として使っている。具体的には「千人の国際タレント・プログラム」によって、海外に住む中国人エンジニアと科学者を対象に、巨額の研究資金、住居費支援、子弟への無税教育費援助を、中国に帰国して少なくとも3年間フルタイムで働くことを条件に支給するという奨励策を実施している。こうしたインセンティブは、中国の驚異的な経済成長の勢いと相まって、２０１２年の1年間だけでほぼ30万人の学生の帰国を促すことに成功している。(注37)

ほかにも数カ国が、人口の高齢化に伴う人口構成上および経済的な課題に対応するために、インセンティブを使っている。就業者集団の強化策の中でも重要なものが、女性の労働力への参加である。２０１２年、労働力年齢にある女性のグローバルな労働力参加率は、男性の77％に対して、わずか51％にすぎなかった。(注38) デンマークでは、デイケア、幼稚園、余暇センターや学校内に設置された育児施設、といった児童保育サービスを、両親が要請してから3カ月以内に提供するさまざまなインセンティブを始めた。その結果、デンマークの乳幼児の80％以上、そして３～5歳の幼児の90％以上が、定期的な幼児ケアを受けている。(注39) 09年までに、デンマークの15歳から65歳までの女性の労働力参加率は76％となり、ＯＥＣＤ諸国の中でもトップクラスとなった。(注40) そして、働く女性の95％が雇用されている。(注41)

条件付き現金支給インセンティブは、貧困削減計画としてとくに効果的であることが実証されている。メキシコでは、オポチュニダード計画が実施されてから5年以内に、貧困家庭が10％削減された。(注42) この成功の一端は、ヘルス・クリニックでの受診や学校への出席率といった条件を満たした家族に対して、一定の現金を支払うというプログラムの設計によるものだ。さらに重要な効果は、貧困家庭に対して、長期的に人材の価値を高める努力に投資することに、強い金銭的インセンティブを生み出したことである。

政府はまた、将来を見据えた調達政策や基準設定という形で、インセンティブを提供することもできる。電報や鉄道に始まり、半導体から携帯電話のような分野にいたるまで、まだ実証されていない技術に対し、そうしたインセンティブは導入初期の需要喚起に直接影響を与えるきわめて重要な役割を果たしてきた。これまでアメリカ海軍は、艦船の燃料を含むエネルギーの節約技術開発の重要な顧客であり、その後押しによる研究の成果によって1900年代の石炭から重油への転換が導かれ、その後50年代には核燃料への転換の先駆となった。原油価格が長期間一貫して高水準であったことから、アメリカ海軍は現在、バイオ燃料需要拡大の推進とエネルギー効率高水準化技術を後押ししている。

ただし、インセンティブの活用においては、農業への補助金によりもたらされることの多い予期せぬ副次的な結果や、市場の歪みを生み出してしまうというリスクを避けるよう、注意深く設計することが必要である。（注43）

変化に直接対応するために規制を使う

政府の持つ基準の設定および企業行動や市場を規制する力は、経済の近代化および将来に対する備えを行ううえで、命運を決するほどの重大な役割を果たす。市場の動きに任せたのではうまくいかないことが目に見えていて、構造的問題によってベスト・プラクティスの採用が妨げられている場合には、規制がとくに効果的であることが証明されている。

巨大金融機関の株主であっても、役員たちが一団となってハイリスクを取る行動に出れば、それを止めることは難しい。だからこそ規制機関が自己資本比率規制を課し、注意深く監視することが必要になる。また、もっとエネルギー効率の良いビルを建設することは、オーナーにとっては多額の初期投資が必要となるが、そのコストをビルの借り手に直接負担させることはできないかもしれない。そうなると、業界横断的な共通基準を設定して規制することが、賢明で有益な施策となるだろう。

人口高齢化の問題に対処するため、国によっては法律で定年年齢を引き上げており、2年程度引き上げた事例もある。それは初めの一歩かもしれないが、現在世界で進行する人口構成の変化のペースに追いついていくには、とても十分な措置とは言えない。主に先進43カ国を対象に最近行われた分析によると、1965年から2005年の間に行われた法定の定年年齢の引き上げは、平均すると6カ月に満たない。(注44)

同期間に男性の平均余命は9年伸びている。デンマークは、年金支払額の増大という時限爆弾の残り時間が迫ってきていることに早期に気づき、平均余命を指数にして年金支給の開始時期を引き上げ、支給時期よりも若い年齢での早期退職に制限を加えることを国会で決めた。その結果、デンマークの55歳から64歳までの年齢層人口の労働力参加率は、EU平均(50%弱)よりも高く(58%)、2050年までにはOECD加盟国の中で最も高い法定定年(69歳)となるだろう。人口高齢化の潮流に対応し、日本政府は2000年代初期に、40歳以上の国民全員の加入と負担を求める長期介護保険制度を導入した。(注46)

世界の国々、それもとくに金融機関が未発達で、国際金融の流れによる特定のリスクにさらされる国は、グローバルなつながりに対する脆弱性をコントロールするために、規制というアプローチを使うことが多い。そうした国々の政府は、資本流入の増加に対して、自国の金融市場に短期的には直接介入策をとり、長期的には全体システムの変更といった、さまざまな規制を工夫してきている。規制は市場が未発達な段階で、通常は最も強引で強制的なものとなる。

チリは、自国経済は比較的近代的ではあるものの、不釣り合いに銅輸出に依存している。また、外資には開放的な立場をとっているものの、財政政策に関しては保守的な立場を維持している。2007年、チリ政府は当初出資26億ドルを拠出して、経済社会安定基金を設立した。この基金は、国際経済サイクルと銅価格の変動によって国庫歳入が極端に大きな振れ幅で揺さぶられてしまうため、そのチリ経済への影響を軽減しようという特定の目的で設立された。(注47)

基金は主に各国の国債によって運用され、資産の一部は赤字財政支出への融資、あるいは政府負債の支払いに充てることができた。やがて、基金の資産総額は150億ドルへと成長し、チリは南米地域でも最も金融深化**を遂げた国となった。IMFは最近、グローバルな金融の流れの変動からの回復力の強化に関して、チリを代表例として挙げた。(注48)

各国政府は、グローバルなトレンドの動きに対応して、社会、環境、その他の広範な結果を求め、それぞれの目標達成を強制するために規制を使ってきたが、一方でそうした目標達成に必要な技術を見つけることは、民間に任せてきた。こうした場合には、どういった変化が起こるべきなのかという目標については社会的合意が形成されているものの、どのようにしてその目標に到達するのかについての合意はできていない。そして、到達すること自体が、実は目標達成への闘いのほとんどを占めている。それというのも、現状の技術と市場参加企業は、トレンドの破壊が発生する前の環境と固く結び付いてしまっていることが多いからである。

たとえば、アメリカではエネルギー価格の高騰がきっかけとなり、きわめて厳しい自動車の燃費向上要件の公布に結び付いた。この規制により、電気自動車、ガソリンエンジンと電池式モーターを組み合わせたハイブリッド駆動装置、鋼鉄に代わるアルミ車体の採用、停止信号でのアイドリングストップ技術などの一連のイノベーションが推進された。

また、EUとアメリカで導入された食品安全とトラッキングを求める規制により、食品業界では、サプライチェーン全体を通じて使われるデータ・プラットフォームの統一や、最新のデータ分析技術に関心が高まっている。

資源問題への政策対応の分野でも、規制の事例は数多くある。アメリカでは、オハイオ、テキサス、ペンシルベニアの各州は水圧破砕技術の運用を認めたものの、ニューヨーク州はこれを禁止した。(注49)ヨーロッパでは、シェールガスの環境に与える影響についての各国民の懸念によ

＊＊ 金融深化とは、一国内での金融サービスや資本の入手が容易となること（銀行に加え、その他金融機関や資本市場を含む）を言う。

り、ブルガリア、フランス、ドイツで掘削が禁止された。（注50）

廃棄物のリサイクルを奨励するため、スウェーデンでは埋立地税を創設し、商品の価格にリサイクルコストを含めるようにした。その結果、家庭から出るゴミの99％が、リサイクルされるか、発電所の燃料として利用されるようになったのである。（注51）また、ドイツ政府は、再生可能原材料の使用への移行を早めるための規制を実施し、消費電力効率の基準も設けた。（注52）

生産性を改善するために情報を利用する

ビッグデータは、携帯アプリやｅコマースのためだけのものではない。情報は公共部門の生産性を改善するうえできわめて重要なツールであり、とくに生産性とサービスの質について継続的な改善を求められるプレッシャーのある環境には有効である。各国政府は、教育、ヘルスケア、労働需給のマッチング、さらに防衛や機密保持といった分野での、投入資源と個別業務の管理を改善するうえで、情報が効果的なツールであると認識し、優先順位を引き上げている。さらに政府は、消費者が情報を活用して良い意思決定ができるよう、民間企業による消費者への情報提供を支援している。

中欧諸国、なかでもオーストリア、ドイツ、スイスはこれまでも長い間、民間業界による職業教育のモデル国とされてきた。こうした国々では、２００を超える異なる職業向けの訓練プログラムがあり、また労働力供給と需要のマッチングが図られるように調整されている。スイスでは政府が訓練修了の認証を与えて管理し、採用候補企業が必要とされるスキルを定義し、訓練カリキュラムの設計を援助している。ほかの国にも類似のモデルはあるものの、規模は小さく、特定産業分野に限定されていることが多い。ブラジル政府はプロミンプ（国立の石油および天然ガス産業活性化プログラム）を通じて、民間企業、大学、労働組合を一堂に集め、ブラジルの石油・ガス産業の競争力を維持するために教育の改善を推進している。(注53)

数年前、ニコラス・サルコジ大統領の指揮のもと、フランスは「公共政策の一般的見直し」作業を実施した。「少ない予算でもっとやれ」政策と揶揄されたように、この見直しの目的は、フランスの公共支出を減らし、市民への提供サービスの質の向上と、「結果を重視する文化」の推進を図るものであった。見直しの結果、さまざまな行動計画が実施された。とくに目につく分野でのサービス改善が促進され、事故および緊急対応部門の待ち時間を含む、15項目のサービス品質指標が導入された結果、市民の大幅な満足度の向上につながった。(注54)

もう一つの実施されたステップが、経済の生産性変動要因の発見とモニタリングである。最高の業績を達成している国々でも、それぞれの産業分野を精査すれば、達成されている業績水準には大きなばらつきがある。準公共部門の中身を見ても、どの国にも素晴らしい成績を上げている病院や学校もあれば、成績の振るわないところもある。最高の成績を上げているところは、民間部門で試み検証されてきた、人手をかけないという原則、データ分析手法、インターネットを使うスマート調達、業績管理技術などの手法をよく理解し、実行することにより、絶大な効果を上げてきたのである。

先端技術とビッグデータの活用は、政策決定者にとって、公共サービスの全分野に対し生産性改善の可能性を誘発してくれるアプローチである。ケニアでは、中央政府が政府関連データを開示するホームページを開設し、これまでは入手の難しかった教育、健康、エネルギーといった領域の広範な情報を開示し始めた。このデータ公表により、100を超える携帯電話アプリが開発され、推定10億ドルの調達コストの節約につながった。(注55)

エストニアでは、130万人の国民一人ひとりに電子身分証明書を交付した。国民はこれを使って、選挙での投票、納税、失業保険の給付から固定資産の登記にいたる160項目の政府サービスを、インターネットを通じて受けることができ、さらに民間企業にもこの政府サイトを通じてサービスが適用され、利用できるようになっている。(注56)

ブラジル政府の政府活動の透明化ホームページでは、連邦部局の支出内容、連邦議会議員に支給された政府負担クレジットカードの利用内容、政府から委託事業への参加を禁止された企業名リストなど、幅広い情報が公表されている。(注57)

企業にとっての新しい事業機会

国の政策決定者が自分たちの持つ過去の常識をリセットし、行政へのアプローチを変えていくと、民間部門にもその影響が及んでくる。つまり、ある分野では競争のルールが変更され、別の分野では新しい事業機会が姿を現す。すでに、グローバルな結合の深化への対応、インフラ建設や教育分野での協力、そして資源問題や技術問題への対応、といった分野での政策変更から民間企業が得られる利点については概観してきた。

　不動産ポータルサイトから消費者金融まで、あらゆる新市場機会が実現するかどうかは、技術トレンドへの政府の対応によって決まる。eコマースとデータの交流に関する政府規制、とくに官公庁の保有するデータを民間企業に公開してくれるかどうかによって、こうした新市場が成長していくかどうかが決まるからだ。

　不動産を例に考えてみよう。買い手の場所の選定は、地理的空間、通勤交通手段、それにインフラストラクチャーのデータから最適化することが可能だ。不動産物件の売り物情報、価格、最近の取引事例、固定資産税および非財務的情報の最新リアルタイム情報を集めることができれば、買い手と売り手を効果的に結び付けることができる。アメリカのジロー社のようなオンライン不動産データベース運営会社であれば、伝統的な不動産ブローカーに取って代わることが可能だ。そうした業者であれば、ユーザーは自分の好みに合った物件を探すことができ、自動的に価格の推定見積もりも計算してくれるだろう。

　消費者金融は、もう一つの興味深い分野である。多くの新しい業者が参入してきており、オープンデータを活用すれば、ますます複雑になり、同時に多種多様に増殖する金融商品の中から、何を選べばよいのかを消費者に教えてくれる。アメリカのベンチャー・キャピタルの支援を受けるワラビー社は、どのタイプの商品の購入には、どのクレジットカードを使うのがいちばん得なのかを教えてくれる。また、ビルガード社は、同社のユーザー全員のクレジットカード取引情報を集約し、ユーザーにとって好ましくない、あるいは詐欺の疑いのある取引や支払いをハイライトしてくれる。

スマートエネルギーから水道、交通、建物、政府にいたる分野の効率化を助ける、スマートシティ技術市場のグローバルな合計は、２０１４年の90億ドルから、23年には２７５億ドルに成長するものと見込まれている。（注58）企業であれば常に、サンフランシスコ、バルセロナ、アムステルダムといった先駆的都市との仕事をしたがるものである。グローバルなスマートシティ技術市場の成長は、監視カメラ市場といった隣接分野の成長も促している。

政府機関の公共サービス提供に協力してくれるパートナー民間企業の活用という分野にも、もう一つの市場機会が存在する。そうした提携関係は、国境や産業分野の壁を越えて広がる可能性がある。極端な水の供給不足を抱えているアフリカやラテンアメリカの一部地域で、コカ・コーラは、世界ワイルドライフ基金および国連開発プログラムといった国際機関と提携し、水と衛生環境の提供、水源の保護、生産目的のための水の使用、そして水問題への関心を高める活動を行っている。アメリカでは民間企業がパートナーとして、マイアミの港湾の下の海底トンネル、ワシントンDC特別区の路面電車路線、アトランタの多モード輸送ハブといった著名なインフラストラクチャー建設プロジェクトに加わり、重要な役割を果たしている。

またインドでは、２０２２年までに5億人の強力な労働力を養成するという壮大なプロジェクトが、政府と民間の提携で生まれた合弁企業、国立スキル開発株式会社の後援で立ち上がることになっている。この官民合弁企業には、建設、航空宇宙、小売り、生命科学といった幅広い産業分野からの企業が参加し、民間が51％を出資している。

資源分野の政策変更により生まれた新事業機会開発の好例として、デンマークの企業群がある。デンマークは、石油から再生可能エネルギーの活用への移行を果たし、政府が早期に規制基準および政策達成目標を明らかにしたため、民間企業も早期から安心して投資を行うことができ、結果として彼らが各分野での先端企業となることが可能となった。風力発電タービンのメーカーであるヴェスタス社は、自国市場での経験を活用してグローバル市場に打って出た。まずは重要な市場であるアメリカに参入し、次いでヨーロッパとアジア全域に展開していった。世界のこうした地域では、再生可能エネルギー市場が過去10年間で大きく成長し、ヴェスタス社は20％を超える年間売上高成長率を、２０００年代の全期間を通じて記録した。今日、同社のグローバル売上高は60億ユーロを超えている。（注59）

デンマーク政府のエネルギー政策転換により利益を得た国内企業には、ほかにも世界最大のポンプメーカーであるグルンドフォス社、それにエネルギー効率の良い部品メーカーのダンフォス社がある。

❖
❖
❖

過去のトレンドが破壊される時代が、政府と政策決定者に課している不確実性とプレッシャーの重大さと意義深さは、企業や経営者に課されるものと何ら変わらない。公共部門のリーダーもまた、こうした挑戦課題に正面から立ち向かうために、経営資源を確保し、合意を形成する能力によって評価されるようになるだろう。

究極的には、政府の適切な規模や形を具体的な療法として処方することは難しい。個々の国ごとに、自分で決めなければならないことなのだ。しかし、政府の置かれた状況が、拡大基調か縮小基調か、先進国か開発途上国か、財政状況が黒字か赤字か、といった違いにかかわらず、いずれの国家も敏捷性を持って素早く対応するように努力しなければならない。そうすることによって、どの国も脅威となりうるトレンドの数々から自国を絶縁し、守ることができるからである。

さらに重要な点として、そうすることが、公共部門が提示された膨大な機会を活用できることにつながるのである。インセンティブ、規制、それにデータの知的な活用こそが、成功の要件なのだ。

エピローグ

戦略的思索の果てに

著しく重大で破壊的な何か

もし、これまでの人生であなたが積み上げてきた直観のほとんどが間違っていた、あるいは、少なくともかなりの確率で疑わしいことがわかったとしたら、あなたの投資、仕事のキャリア、それに経営する会社を、これからどのように経営し、管理すればよいのだろう。

これまでの章で、21世紀のビジネスと経済環境がこれまでとはどう違うのかということを、いくつかの例で提示してきた。ハウツー書であれば、ダイエット、栄養摂取、運動、投資、住宅の改築といったいかなる分野のものであっても、何週間かのうちに人生を変えてしまうような成功に導いてくれる、あなたがやるべき必須事項を、簡潔な10項目のリストにして締めくくるのが通例であり、また欠かせないものだ。

ただ単に、各項目を実行しチェックしていけば、あなたは成功するという仕組みだ。だが、読者のみなさんもすでにお気づきのように、本書はその種のハウツー書ではない。私たちが説明した変化は、はるかに複雑で強固なものであり、簡単にはばらばらに分解できない。

過去のトレンドが破壊される時代は、変化があまりにも速すぎ、新規の機会にあふれすぎて、しかも危険に満ちているため、一般的なグローバル経営者が把握し、マトリックスにプロットして実行できるような行動項目のメニューや、記憶しておくべき重点項目としてまとめ上げることができないのである。私たちが勤勉に最大限の努力をしたとしても、仕事をしながら毎日見ている世界を、箇条書きの数点や数ページのパワーポイントのスライドに凝縮してまとめ上げることが、いつでも可能というわけではない。

本書で議論した破壊的な力や、過去のトレンドの破壊のどれ一つをとっても、それぞれのもたらすさまざまな意味合いは、企業、政府、非営利団体といった組織と、組織のリーダーたちにとって、著しく重大なものである。しかも、そうした力を総合すると、深刻なものになるのだ。次の10年間で世界経済をけん引するのが誰なのかが再定義されるだろう。つまりどの国、どの企業、そしてどういった個人なのか、が明確になってくるのである。

グローバル経済は、歴史的、技術的、経済的、社会的な屈折点の組み合わせの上で平衡を保っている。私たちが今経験し、切り抜けようとしている変化は、産業革命に比肩しうるものだ。事実、産業革命でさえ、変化の起こるスピードと規模の大きさを考えれば、今日の麻痺状態には青ざめてしまうだろう。

それればかりではなく、都市化と消費、技術と競合、高齢化と労働力といった要素の相互の結びつきは強く、しかも相互に増幅しあっており、各種の変化を予想することが難しく、もたらす影響は産業革命とは比べものにならないほど大きいのである。そして、そうした変化は、私たちの想像力に対する挑戦となるばかりでなく、私たちの持つ能力やスキルに対しても挑戦を投げ掛けている。今日の経営をこれほどにも難しくしている要素の一つは、我々の目撃している変化に、2次的、3次的効果が常に伴っている可能性があることである。

一つの例を検証してみよう。グーグルを含む数社が、自動運転自動車の開発を行っている。無線通信技術を装備したこの自動車は、理論的には、衝突を避けながら指定した目的地まで車を運転していってくれるはずだ。仮に、自動運転自動車が普及し、それが標準となれば、事故件数と死亡事故は減少する可能性がある。この、誰もが疑いもなく支持する結果は、他の業界や産業分野に一連の影響を与えるだろう。その結果、自動車の運転を専業とする職業運転手は必要とされなくなるだろうし、救急対応の労働者需要は減少するだろうし、傷害保険、健康保険会社の最終利益を大きく改善する可能性もある。

だが、同時に私たちが想定しなくてはならないのは、人工心臓に対する需要の急激かつ緊急の増加なのかもしれない。それはなぜか？　運転免許証の取得、更新時に、「臓器提供希望」欄にチェックを付ける人が増えているおかげで、自動車の死亡事故の被害者が、臓器移植で使われる臓器の主要なドナー源となっているからである。もし自動運転自動車が広告に書かれているとおりに機能したなら、悲劇的な死亡事故が結果として別の命を救うという、現在の素晴らしい臓器ドナー・システムに、運転手不在の自動車が壊滅的な影響を間接的に与えるかもしれないのである。

私たちのうち何人の人が、自動運転自動車の技術と人工心臓の需要という4次的影響を結び付けて考えることができ、どういうシナリオになるのかを計画できるだろう。そんなことは非現実的でばかばかしいと思うかもしれない。だが、これが私たちの生きる世界の動き方なのだ。静かな池に小石が投げ込まれたときのように、一つの産業分野に起こったブレークスルーやイノベーションは、さざ波を立て、それが外に広がっていくのだ。

読者は最大級の警戒心と混乱の感覚とを持つかもしれない。それは、古くから確実だと信じてきたものが霧散し、確立されてきた経済関係が破壊され、不安定性が増し、現状の能力を超えて速い意思決定のスピードが必要となり、挑戦課題があらゆる側面から発生してくるからだ。多くの経営者が、「不確実性に対応すること自体が圧倒的な負担であり、どの解答もコストが高すぎるか、時間がかかりすぎるように思える」と報告している。不確実性は、麻痺を増殖させるのである。この状態がとくにあてはまるのは、市場での確固たる地位を築いた既存企業である。すでに持てる者となった人ほど、失うものが大きいからである。

変化に気づくためのツールは揃っている

しかしながら、過去のトレンドが破壊される時代はまた、素晴らしい楽天的な時でもある。しかも、そうした幸運は、有利な上の階から見下ろす眼下の柵を急襲している者たちばかりのものではない。この複雑で挑戦課題の多い時代ではあっても、ある種のトレンドは明らかに見えてきている。世界は豊かになり、国家間の不平等は減少してきている。私たちは一般に長生きになり、以前よりも健康な生活を送っている。「文脈が変わってしまったことは疑いもありません。そしてさらに進化し続けると私は考えています」と、ノバルティス製薬のCEO、ダニエル・バセラは語っている。「ですから新興国での寿命は延び、人口は増加し、富も増加しています。こうしたことすべてが、新たな機会とリスクという両面の意味合いを持っているのです」(注1)

かつてなかったような、多品種多様な製品やサービスが、消費者である私たちに、簡単に手に入るようになってきている。私たちの多くが当たり前のものと考えている電球、予防ワクチン、飢えからの解放、いつでも自由に通信できる能力、といった近代の奇跡が、日増しに数多くの人の手に入るものとなってきている。あと何年かのうちに、新興国のさらに何億人かの人々が貧困から抜け出し、グローバルな富の民主化の中で中流階級に加わっていくだろう。技術革新が、何百万人もの人たちに経済的機会の門戸を開き、起業家の新しい波に力を与え、教育から健康といった社会の構成要素に変革をもたらしている。

それだけではない。こうした展開は経営者たちに、新たなトレンドを打破し、新しいアプローチを開発し、複雑な組織機構を運営していくための、新たな支援ツールを一式提供してくれている。フォード社のCEOであったアラン・ムラーリーは、2013年にこう語っている。「世界はこれまで、常に複雑で変動の多い不安定な状況でした。ただ現在が違っているのは、私たちにはそのことに気づき、どういう意味があるのかを考え、対応できるようにしてくれるツールがあるということです」(注2)

もちろん問題は、押し寄せる大波にサーフボードを操り、転覆せずにどう乗り切るのかということだ。これまでの10の章では、新しく出現しつつある世界で成功を収めるのに必要な、さまざまなタイプの戦術、戦略、そして思考法を示してきた。いくつかの事例には、とくに私たちに直観のリセットを要求する度合いが強い場合には、言うは易く行うは難しというものもあるだろう。直観は、人生で積み重ねてきた経験、知識の産物であり、苦労して、しかも時間をかけて勝ち取ってきた、世界に関する理解である。つまり、数十年をかけ、職務経験を重ねて築き上げたものだ。

人生で成功を収め、責任ある地位に上ってきた人たちは、明示的にせよ暗示的にせよ、自分自身の直観を強く信じるものだ。ベテラン指導者に対して、さまざまな課題について自分の持つ直観をすぐに入れ替えろと要求することは、アメリカの西部開拓時代に馬で速達便を届けたポニー・エクスプレスの配達員に向かって、一緒にアメリカ横断を果たし、嵐や強風、寒冷に耐え、高い山それに深い谷を走り抜けてきた愛馬を、まったく初めて乗る、性能や安全を確かめてもいない、見慣れない乗り物である「自動車に乗り換えろ」と言うようなものである。その提案に従うことは、直観に反し、難しく、戸惑い、ときには疎外感を覚えることだろう。しかし、乗り換えることで得られる報酬は、配達員個人、速達便を依頼する顧客、経済全般、さらに馬にとっても、著しく大きなものになるだろう。

自己再認識能力が必要だ

たとえそうだとしても、ギアを入れ替えることは簡単ではない。社会科学者や行動経済学者の研究では、人間は現状維持バイアスが強く、たとえ証拠を示されても、自分の持つ仮説やアプローチを変えることには抵抗するという結果が出ている。1988年に、ウィリアム・サミュエルソンとリチャード・ゼックハウザーという、それぞれボストン大学とハーバード大学の経済学者が共同事例研究を行い、この点を強調している。

事例研究の背景は、亜炭の埋蔵されている場所の上にある小さな町を、採掘のためにドイツ政府が移転させなければならない、ということであった。新しい町の計画づくりにあたって、政府機関はさまざまな町の代替案を作成して提示したが、この町の住民たちが選んだのは、「元の町の蛇が這った痕のようなレイアウトに、尋常ではなく似た計画案であった。このレイアウトは、一貫した（意識的な）理由も何もなく、何世紀もの間に進化してきたものである」。（注3）つまり、まったく新しい、合理的なレイアウトの居住地域を設計する機会を与えられたときにも、町の人々は慣れ親しんできたものをそっくり再生することを望んだのである。

同様にビジネスにおいても、遠大なプロジェクトを企画し実施することを誇る企業が多いにもかかわらず、慣性の力に引きずられる度合いが驚くほど高く、とくに戦略の実施に現金の支出が絡む場合にその傾向が強い。マッキンゼーの調査によると、1990年から2005年の間に、アメリカ企業はほぼ例外なく、未来そして新しい機会に基づくよりも、過去の実績に基づいて資源配分を行っていた。しかも3分の1の企業は、実際に過去数年とほとんど同じ額を配分していたのである。(注4) しかも、この受け身の行動パターンは、09年のリーマンショック後の不況時にも継続されていた。

そうだとすると、組織のリーダーは、自社の組織が持つ多くの直観力をリセットするために、何ができるのだろう。

一つの基本的な気づきは、必要とされる変革を推進するためには、まずリーダー自身が自らの直観力をリセットする能力を開発しなければならない、ということである。マッキンゼーの調査およびクライアントから得られた経験によると、企業変革のための努力の50%は失敗に終わるが、その理由は、上級経営陣の、本来ロールモデルとなるべき人たちが変革を推進することに失敗したか、組織に内在する現状維持傾向が強いことである。経営者の多くは、技術的解決案に焦点を当てて変革の景観を見て反応する。彼らは、企業方針、プロセス、あるいは組織機構モデルなどに集中するのだ。

もちろん、こうした変更は必要なのだが、それではとても十分とは言えない。海面が3フィート上昇すると仮定してみよう。伝統的な思考パターンの人であれば、防波堤を3フィート高くし、浜辺に砂を足し、あるいはビーチフロントに建つ家屋の土台をかさ上げすることを考えつくだろうが、建築物、保険、そして海に面する不動産の保護というロジックを根本的に考え直してみることはしない。

すべてのリーダーに必要な最初のステップは、自己再認識である。自分が変化に効果的に対応しようと考えるのなら、自分自身の傾向やバイアスを理解し、自分の意思決定プロセスを推進する要素に気づくことこそが、根本的な問題である。(注5) そしてリーダーたちは、解決策の実施を託された人たちの思考法や行動を変えるために、自分自身の時間と努力を投入しなくてはならない。

もう一つの生存のカギは、好奇心と学ぶ気持ちとを組織の中に埋め込むことだ。急速な変化の時代には、停滞して犠牲となった企業の例は数知れないが、その中で生き残りに成功しようというリーダーは、経営に関する教祖的存在であるトム・ピーターズが言ったように、「私たちはかつてそうであったことがそもそもないのだから、今こそ本格的に学ぶ学生になりなさい」という教えに適応しなくてはならない。(注6) 常に変化しているトレンドの海を、理解し、モニターし、航海していく能力は、将来必ず大きな見返りをもたらしてくれるに違いない。

私たち3人の共著者が勤めているマッキンゼー・グローバル・インスティテュート(MGI)は、社内シンクタンクおよび調査研究部門として機能し、大きなトレンドの中に深く飛び込み、有益な分析や視点を創り出してきている。単純に、毎日の生活の中で一定の時間を割いて、変わりゆく外部環境を理解し、追いついていく努力をし、ほかの人たちにも同じようにすることを推奨すれば、新しいトレンドに対応していくことと、自分には関係ないと放置することとの間に、大きな差が生まれるだろう。マイクロソフトの経営に直接携わっていた頃、ビル・ゲイツが1～2週間経営を離れ、外から連絡を取ることが難しい湖畔の別荘で、幅広いテーマの読書をしていたことはよく知られている。

世界で最も力のある資産運用会社、ブラックロック社のCEO、ラリー・フィンクは、投資事業を始めた頃と同じように、今でも日々多くのことを学んでいる、と語っている。「ここで、この会社を経営して、もうすぐ25年になります。そして今でも、私は1日に1時間は世界と市場について学習しているのです。私の考えでは、誰であれ、もし自分が学んでいないと感じ、自分が学生でないとしたら、たぶんあなたは成長しているのではなく、後退しているのです」(注7)

また、組織全体にとって「リセットする触媒」の役割を果たしてくれそうな人たちで自分の周りを固めることも、必須要件である。大規模な組織や人々の集団は、トップからの命令や全社への通達にいそいそと応じるわけではない。21世紀の企業は、19世紀の軍隊組織のように機能するわけではないのだから。それよりも、むしろ人々は、同輩、競争企業、仲間の行動やひらめきに反応する傾向が強い。私たちが、何が可能で望ましいのかを考え直してみるのは、自分たちが言われたことに対してではなく、目で見たことに基づいて反応する場合である。

何年もの間、1マイルの距離を4分を切って走ることは不可能だと信じられていた。だが、そう信じる理由の大半は、まだ誰も達成したことがなかったからである。人類が1760ヤードを

240秒で走ることを妨げる、不変の物理法則など存在しないのだから。1954年、オックスフォード大学で開かれた競技大会で、ロジャー・バニスターが4分の壁を破り、数十年間にわたる一般通念を逆転してみせた。バニスターは、4分を切った最初のマイル・ランナーとして歴史に刻まれたが、この記録を超えた者は彼が最後ではなかった。

実際、3年後の57年までに、さらに16人のランナーが、かつては超えられないと思われていた限界を超えてしまった。何が可能なのかを実際に見せることによって、バニスターはランナーのコミュニティーにとって触媒となり、ランナーたち全員が長距離ランナーの限界という思い込み、つまり直観を瞬時にリセットしてしまったのである。

危険よりも機会にフォーカスしよう

私たちは、こうした限界を超える事例が、何度も繰り返されるのを目にしてきている。登山にしても、コンピュータの処理速度にしても、自動車の燃費にしてもそうである。大組織に内在する直観を打ち破ることは、ときにはこうした例と同じく、不可能と感じられるかもしれない。だが必要なのは、たった一人の人間が、新しい視点からの展望を受け入れ、古い考え方に対して積極的に疑いを提示することだけであることが多い。（注8）

敏捷性は、過去のトレンドが破壊される時代に不可欠な属性である。プロスポーツの世界では、トレーニング療法と言えば、かつては獣のような腕力とスピードにだけ依存していたものが、ヨガ、ストレッチング、体幹トレーニングなど、柔軟性やバランスを向上させることを重視した訓練が含まれるようになった。なぜだろう？　体重３００ポンドのディフェンスの両翼を守るフットボール選手であろうと、体重２００ポンドのテニス選手でも、体重１００ポンドの体操選手であっても、アスリートは敏捷性を高めると、ケガを避けることができ、試合中にもっと効果的に反応できるからである。

このアナロジーは、ビジネスにもあてはまる。外部環境の変化が進んでくると、素早く変化に適応できる企業は、新しい機会をつかむことができるだろう。しかし、それができるのは、企業のリーダーが、コストが高すぎるとか、守りに入って防御的すぎるとか、「まだ何かわかってもいない未知のこと」を理由にして取り組まないのではなく、敏捷性を優先し、重きを置く場合に限られる。残念なことに、敏捷性の唯一の代替案は「待って様子を見よう」というアプローチしかないのだが、そうしてしまうと誰も良い結果は得られない。

21世紀には、敏捷に動くために、必ずしも高額な資本の先行投資が必要になるわけではない。新しい地域本社の代わりに小規模なサテライト営業所を開設する、大きな店舗の代わりに百貨店内にポップアップ・ストアを出す、大きなレストランではなく食事販売トラックを使う、継続的改善活動のスキルを磨くといったことのすべてが、企業が破壊的な変化に素早く対応し、実験を重ねる方法なのであり、安定した環境での継続的改善の成果を着実に得ながらであっても、実施できることなのだ。敏捷性を高めることは、防御的な動きとは程遠い。成功企業は、これまでにも技術選択の柔軟性、受注生産能力、それにダイナミックに労働力規模を変えられる雇用体系など、組織に柔軟性を持たせる手法を使ってきている。

最後に、最も重要な点として、どのリーダーも、これからの時代がもたらす有望な機会にではなく、さまざまな危険に焦点を当ててしまいがち、という誘惑に打ち勝たなくてはならない。今日の世界を見回してみると、悲観論に傾きがちな理由は十分にあり、とくに地政学的な視点から見るとその傾向が強い。2008年のリーマンショックによる金融危機や、若者の失業率の激増といった身を焼かれるような経験が、著しいやけどの痕を残してしまっているのかもしれない。しかし近年、たしかに悲観論者の肩を持ちがちな時期は多かったものの、数多くの指標の長期トレンドを見ると、右上に向かっていることを指摘しておきたい。

大恐慌が世界中に拡散した1930年に、イギリスの偉大な経済学者、ジョン・メイナード・ケインズは、100年後には先進国の生活水準は現状の4倍から8倍になっているだろう、との大胆な予想をした。そして、大恐慌、膨大な破壊をもたらした世界大戦、そして長い冷戦の時期を経て、ケインズの楽観的予想の上限値が結果として今日、私たちの世界の現実となっている。

過去のトレンドが破壊される時代であっても、楽観主義のほうが結局は時代を制する、と私たちは確信している。作用しているさまざまな力のおかげで、私たちの住む世界は、10年後あるいはそれ以降には、今よりももっと良い世界になっているだろう。私たちが今まさに目にしている数々の変化の持つ規模と永続性を理解する人は、それに従ってぜひご自分の直観力をリセットし、新しい世界を形作る機会を見つけ、繁栄につなげていただきたい。

謝辞

グローバルな経営コンサルティング会社、マッキンゼー・アンド・カンパニーの企業経営および世界経済動向の調査・研究部門として設立されたマッキンゼー・グローバル・インスティテュート（ＭＧＩ）は、１９９０年の設立以来、事業、公共、社会活動分野のリーダーたちのために、経営および政策意思決定の基礎を形成する事実や洞察を提供しようと努力を続けてきた。ＭＧＩの行ってきた詳細な調査・研究のテーマには、生産性、競争力、新技術の与える影響、資本市場、天然資源、労働市場、都市化などがある。

ＭＧＩの25年間の活動の節目を迎え、私たちは、こうした個別の調査研究テーマの流れから一歩下がって、グローバル経済の全体観をまとめ、同時に各テーマ間の相互連関を探ってみたいと考えた。この作業をするにあたって、私たちはまた自分たちの同僚コンサルタントから得られる、現在および過去に行われたＭＧＩそれにマッキンゼーの調査を基礎にし、世界中のクライアントに対するサービスの経験とクライアントとの会話といった要素も組み入れるようにした。

マッキンゼーの一員であることの最も嬉しい側面の一つは、世界中のクライアントへのコンサルティング業務から学べ、そして世界中のコンサルタント仲間から直接話を聴くことができることである。本書の中で触れ、説明を加えた経験や概念は、抽象的あるいは学問的な概念ではない。それは、私たちコンサルタントの一人ひとりが、毎日、どの市場でも、どの業界でも、そして事実上世界中のどの国でも直面し、懸命に取り組んでいる問題なのである。

企業経営者や政府の政策決定者にとり、意思決定の一助となる情報として、私たちの住む世界がどのように動き、変化しているのかを理解せよ、という単純な使命のもとに、マッキンゼーが、MGIの調査・研究に投資する決意をしてくれたこと、そして私たちがその研究メンバーの一員であることに感謝したい。そして、私たちの同僚コンサルタント、当社のコンサルティング経験、クライアントの方々との会話から得られたさまざまな教訓に感謝申し上げたい。

マッキンゼーのトップ経営陣は、当初からこのプロジェクトに賛成し、支援してくれた。私たちは特に、マッキンゼーの現および前マネージング・ディレクターである、ドミニク・バートンとイアン・デイビス、およびMGIの会長を務めるエリック・ラバイエ、それにMGI委員会のメンバーであるジャック・ブーギン、トゥース・ダルヴァラ、ハインツ＝ペーター・エルストロッド、アチャ・リーキ、スコット・ナイクウィスト、シリッシュ・サンケ、それにマッキンゼーのほかのリーダーの方々、ピーター・ビッソン、ピーター・チャイルド、マーティン・ハート、トマス・コッチ、ゴードン・オー、シーラン・シンガムの皆様にお礼申し上げたい。

本書のフレームワークを構成する基本的な調査研究の多くは、MGIの後援により行われた。MGIのパートナー、ヤーナ・リームス、マイケル・チュイ、スーザン・ルンド、およびシニア・フェローの、アラン・フィッツジェラルド、アニュ・マドガヴカー、ヤン・ミチュケ、ジェオンミン・セオン、フレイザー・トンプソン、スリー・ラマスワミのみなさんが行ってくれた作業に深く感謝する。

同時に、ノーベル賞受賞者を含むMGIの研究の外部アドバイザーを務める著名な経済学者および経営者、政策決定者の方々から、貴重な助言をいただいたことに感謝したい。なかでも、この本の原稿を読み重要な助言、ご指導をくださった方々に感謝申し上げたい。そうした方々には、マーティン・ベイリー、リチャード・クーパー、ハワード・デイビス、ジョン・マンゾーニ、マイケル・スペンス、アデア・ターナーが含まれる。そして、MGIの創設期から先駆的なリーダーを務めた方々にもお礼を申し上げたい。ダイアナ・ファレル、フレッド・グラック、テッド・ホール、ハーブ・ヘンツラー、ビル・ルイス、レニー・メンドーサ、大前研一、チャールス・ロックスバーグのみなさんである。

逸話や情報源の探索、指導、そして現実や事実の確認については、私たちはいつも業界や機能別専門分野の同僚コンサルタントに教えを請うてきた。そうした協力をいただいた同僚の中でも、同僚への手伝いの域を超えて協力いただいた方々がいる。そうした方々として、マッキンゼーの企業戦略および企業財務研究分野に取り組むグループのパトリック・ヴィゲリー、エリザベス・スティーブンソン、ユーヴァル・アツモン、それにマッキンゼーのビジネス技術室のポール・ウィルモットに、本書の完成まで一貫していただいたご助力に感謝したい。

いろいろなアイデアや観察事象の収集から一貫した1冊の本にいたるまでの長い旅路の中で、本書の原稿は何度かの修正を繰り返し、社内での詳細な読み込みと編集が繰り返された。このプロセスは、ジャネット・ブッシュ、デイビッド・ガスカ、スリー・ラマスワミ、アンドレア・ズィトナ、ジョアン・ライトが、マッキンゼーのコンサルタント・チーム、レナン・アンドレード、ネイサン・カプラン、ウォンホー・クーと緊密な連携を取り進めてくれた。

マッキンゼー出版部の同僚もまた、経済分析や産業調査といった原材料を、読みやすく洗練された論文や報告書に昇華させる継続的な作業を行ってくれた。リック・カークランドが、このプロジェクトがアイデアの段階から書籍の完成までを導き、また出版界との折衝も手伝ってくれた。マッキンゼーの季刊誌『マッキンゼー・クォータリー』の編集チームは、この本の中の議論の一部を掲載し、発表する機会を与えてくれた。この点で、アレン・ウェッブ、フランク・コームズ、マイク・ボルーソにとくにお礼を申し上げたい。

それに、マッキンゼーの出版物には通例ではあるのだが、MGIの編集・コミュニケーション・チームのティム・ビーコム、ジャネット・ブッシュ、マリッサ・カーダー、ジェフ・ルイス、ジュリー・フィルポット、リサ・レノー、レベッカ・ロボイの方々のご協力と、私たちの研究成果が最大限の読者に届くよう貴重な助言をいただいたことに感謝する。

私たちはまた、原稿の文章と図表を練り上げて洗練したものにするため、編集とデザインの専門家の力を借りた。エレガントな文章への変更に加え、本書の最終的な形を作るうえで第一級の本能に基づき非常に大きな貢献をしてくれた編集者、ダニエル・グロスに特別な感謝をしたい。サリー・サポンは、図表に生命を与えてくれた。マリー・モリスは、面倒な校正作業を行ってくれた。

原著の出版社であるパブリック・アフェアーズ社は、完璧を求める水準と野望という点でマッキンゼーと共通している。同社の創立者ピーター・オスノスと発行人クライブ・プリドルの2人は、この本の出版の成功を初めから信じてくれた。同社のジョン・マヘイニーは、初期の原稿を読み、私たちの議論のどこに力点を置くべきか、洞察と助言を与えてくれ、専門的な編集をしてくれた。原稿の最終校正はケイト・ミュラーが行い、ティム・ブライソンは視覚的にも魅力的な本づくりを熱心に行ってくれた。

最後に、本書の原稿を書く作業はほとんど週末に行われたことを報告する。本来、家族で過ごす時間に食い込んでしまったことに我慢してくれた著者たちの家族に、著者たちは感謝したい。

リチャード・ドッブス　ロンドンにて
ジェームズ・マニーカ　サンフランシスコにて
ジョナサン・ウーツェル　上海にて

Company, April 2011.
55. James Manyika, Michael Chui, Diana Farrell, Steve Van Kuiken, Peter Groves, and Elizabeth Almasi Doshi, *Open data: Unlocking innovation and performance with liquid information*, McKinsey Global Institute, McKinsey Center for Government, and McKinsey Business Technology Office, October 2013.
56. Eric Braverman and Mary Kuntz, "Creating a 'coalition of the positive' in India: An interview with Nandan Nilekani" and Elana Berkowitz and Blaise Warren, "E-government in Estonia" in "Innovation in government: India and Estonia," McKinsey & Company, June 2012.
57. Marcos Cruz and Alexandre Lazarow, "Innovation in government: Brazil," McKinsey & Company, September 2012.
58. Smart Cities, Navigant Research, 2014, www.navigantresearch.com/research/smart-buildings/smart-cities.bus%20visi.
59. Vestas Annual Reports, 2005, 2009, and 2013.
60. *Draft Grundfos response to the European Commission's public consultation on resource efficiency*, Grundfos, February 24, 2012, http://ec.europa.eu/environment/resourceefficiency/pdf/Grundfos.pdf; *From solo enterprise to world leader*, Danfoss Trata, www.trata.danfoss.com/xxNewsx/2b005275-98ff-4165-a0a5-78efe146264a_CNP1.html.

【エピローグ】

1. Rik Kirkland, "Leading in the 21st century: An interview with Daniel Vasella," McKinsey & Company, September 2012.
2. "Leading in the 21st century: An interview with Ford's Alan Mulally," McKinsey & Company, November 2013.
3. William Samuelson and Richard Zeckhauser, "Status quo bias in decision making," *Journal of Risk and Uncertainty* 1, no. 1, March 1988, www.hks.harvard.edu/fs/rzeckhau/SQBDM.pdf.
4. See Stephen Hall, Dan Lovallo, and Reinier Musters, "How to put your money where your strategy is," *McKinsey Quarterly*, March 2012; and Mladen Fruk, Stephen Hall, and Devesh Mittal, "Never let a good crisis go to waste," *McKinsey Quarterly*, October 2013.
5. Nate Boaz and Erica Ariel Fox, "Change leader, change thyself," *McKinsey Quarterly*, March 2014.
6. Suzanne Heywood, Aaron De Smet, and Allen Webb, "Tom Peters on leading the 21st-century organization," *McKinsey Quarterly*, September 2014.
7. Bill Javetski, "Leading in the 21st century: An interview with Larry Fink," McKinsey & Company, September 2012.
8. Boaz and Fox, "Change leader, change thyself."

Canada, technical report no. 101, February 2014.
29. *Delivery 2.0: The new challenge for governments*, McKinsey & Company, October 2012.
30. OECD, *Government at a Glance 2013*.
31. Ibid.
32. Ibid.
33. www.afi-global.org.
34. Ibid.
35. Ulf Rinne, Arne Uhlendorff, and Zhong Zhao, "Vouchers and caseworkers in public training programs: Evidence from the Hartz reform in Germany," IZA discussion paper no. 3910, December 2008, ftp.iza.org/dp3910.pdf.
36. www.trade.gov/nei.
37. Huiyao Wang, "China's return migration and its impact on home development," *UN Chronicle* L, no. 3, September 2013, http://unchronicle.un.org/article/chinas-return-migration-and-its-impact-home-development.
38. *World development indicators*.
39. *Starting strong II: Early childhood education and care*, OECD, September 2006, www.oecd.org/edu/school/startingstrongiiearlychildhoodeducationandcare.htm.
40. "Table 1368: Female labor force participation rates by country: 1980 to 2010," *Statistical Abstract of the United States 2012*, United States Census Bureau, US Department of Commerce, www.census.gov/compendia/statab/2012/tables/12s1368.pdf.
41. *Denmark in Figures 2013*, Statistics Denmark, February 2013, www.dst.dk/en/Statistik/Publikationer/VisPub.aspx?cid=17953.
42. Theresa Braine, "Reaching Mexico's poorest," *Bulletin of the World Health Organization* 84, no. 8, August 2006, www.who.int/bulletin/volumes/84/8/news10806/en.
43. Christopher Harress, "Goodbye, oil: US Navy cracks new renewable energy technology to turn seawater into fuel, allowing ships to stay at sea longer," *International Business Times*, April 8, 2014, www.ibtimes.com/goodbye-oil-us-navy-cracks-new-renewable-energy-technology-turn-seawater-fuel-allowing-1568455.
44. David E. Bloom, David Canning, and Günther Fink, *Implications of population aging for economic growth*, NBER working paper no. 16705, January 2011, www.nber.org/papers/w16705.
45. *World development indicators*; Pensions at a glance 2013, OECD, 2013, www.oecd-ilibrary.org/finance-and-investment/pensions-at-a-glance-2013_pension_glance-2013-en.
46. "Japan long-term care: Highlights from *Help Wanted? Providing and Paying for Long-Term Care*, OECD Publishing, 2011," May 18, 2011, www.oecd.org/els/health-systems/47891458.pdf, from Francesca Colombo, Ana Llena-Nozal, Jérôme Mercier, and Frits Tjadens, *Help Wanted? Providing and Paying for Long-Term Care* (OECD Health Policy Studies, OECD Publishing, 2011).
47. Chilean Ministry of Finance.
48. IMF, *World Economic Outlook: Transitions and tensions*, International Monetary Fund, 2013, www.imf.org/external/pubs/ft/weo/2013/02.
49. Sean Cockerham, "New York ruling on fracking bans might send tremors across US," *Miami Herald*, June 30, 2014, www.miamiherald.com/2014/06/30/4211388/new-york-ruling-on-fracking-bans.html.
50. "Bulgaria bans shale gas drilling with 'fracking' method," BBC.com, January 19, 2012, www.bbc.co.uk/news/world-europe-16626580; Jan Hromadko and Harriet Torry, "Germany shelves shale-gas drilling for next seven years," *Wall Street Journal*, July 4, 2014, http://online.wsj.com/articles/germany-shelves-shale-gas-drilling-for-next-seven-years-1404481174.
51. Swedish Institute.
52. Germany Federal Environmental Agency.
53. Mona Mourshed, Diana Farrell, and Dominic Barton, *Education to employment: Designing a system that works*, McKinsey Center for Government, 2013.
54. Karim Tadjeddine, "'A duty to modernize': Reforming the French civil service," McKinsey &

6. *World development indicators.*
7. Dobbs et al., *The world at work.*
8. *Attitudes about aging: A global perspective*, Pew Research Global Attitudes Project, January 30, 2014, www.pewglobal.org/2014/01/30/attitudes-about-aging-a-global-perspective.
9. The Economist Intelligence Unit.
10. *2009 ageing report: Economic and budgetary projections for the EU-27 member states (2008–2060)*, European Commission, February 2009, http://ec.europa.eu/economy_finance/publications/publication14992_en.pdf.
11. James Manyika, Jacques Bughin, Susan Lund, Olivia Nottebohm, David Poulter, Sebastian Jauch, and Sree Ramaswamy, *Global flows in a digital age: How trade, finance, people, and data connect the world economy*, McKinsey Global Institute, April 2014.
12. Julian Ku and John Yoo, "Globalization and Sovereignty," *Berkeley Journal of International Law* 31, no. 1, 2013, http://scholarship.law.berkeley.edu/bjil/vol31/iss1/6.
13. Chun Han Wong, "Singapore tightens hiring rules for foreign skilled labor," *Wall Street Journal*, September 23, 2013.
14. "Firms to consider Singaporeans fairly for jobs," Singapore Ministry of Manpower, September 23, 2013, www.mom.gov.sg/newsroom/Pages/PressReleasesDetail.aspx?listid=523.
15. *Growing income inequality in OECD countries: What drives it and how can policy tackle it?* OECD, May 2011, www.oecd.org/social/soc/47723414.pdf.
16. World Inequality Database.
17. *A new multilateralism for the 21st century: The Richard Dimbleby lecture*, Christine Lagarde, International Monetary Fund, February 3, 2014, www.imf.org/external/np/speeches/2014/020314.htm.
18. James Manyika, David Hunt, Scott Nyquist, Jaana Remes, Vikram Malhotra, Lenny Mendonca, Byron Auguste, and Samantha Test, *Growth and Renewal in the United States: Retooling America's economic engine*, McKinsey Global Institute, February 2011.
19. James Manyika, Jonathan Woetzel, Richard Dobbs, Jaana Remes, Eric Labaye, Andrew Jordan, *Global growth: Can productivity save the day in an aging world?*, January 2015, McKinsey Global Institute.
20. OECD, *Government at a Glance 2013* (OECD Publishing, 2013), www.oecd.org/gov/govataglance.htm.
21. François Bouvard, Robert Carsouw, Eric Labaye, Alastair Levy, Lenny Mendonca, Jaana Remes, Charles Roxburgh, and Samantha Test, *Better for less: Improving public sector performance on a tight budget*, McKinsey & Company, July 2011.
22. Rajat Gupta, Shirish Sankhe, Richard Dobbs, Jonathan Woetzel, Anu Madgavkar, and Ashwin Hasyagar, *From poverty to empowerment: India's imperative for jobs, growth, and effective basic services*, McKinsey Global Institute, February 2014.
23. Justin Pritchard, "California pushes to finish driverless car rules," Associated Press, March 12, 2014, bigstory.ap.org/article/california-pushes-finish-driverless-car-rules.
24. "Striking back: Germany considers counterespionage against US," Spiegel Online International, February 18, 2014, www.spiegel.de/international/germany/germany-considers-counterespionage-measures-against-united-states-a-953985.html.
25. "Merkel and Hollande to discuss European communication network avoiding US," Reuters, February 15, 2014, http://uk.reuters.com/article/2014/02/15/uk-germany-france-idUKBREA1E0IE20140215.
26. Richard Dobbs, Jeremy Oppenheim, Fraser Thompson, Sigurd Mareels, Scott Nyquist, and Sunil Sanghvi, *Resource revolution: Tracking global commodity markets*, McKinsey Global Institute, September 2013.
27. Richard Dobbs, Jeremy Oppenheim, Fraser Thompson, Marcel Brinkman, and Marc Zornes, *Resource revolution: Meeting the world's energy, materials, food, and water needs*, McKinsey Global Institute, November 2011.
28. Carmen M. Reinhart and Kenneth S. Rogoff, "From financial crash to debt crisis," *American Economic Review* 101, no. 5, August 2011, www.aeaweb.org/articles.php?doi=10.1257/aer.101.5.1676; also see David Beers and Jean-Sébastien Nadeau, *Introducing a new database of sovereign defaults*, Bank of

transfers," TechCrunch, April 14, 2014, http://techcrunch.com/2014/04/14/you-know-whats-cool.
22. Ibid.
23. www.expediainc.com/about.
24. TechCrunch.
25. Enders Analysis, onesource.
26. Rik Kirkland, "Leading in the 21st century: An interview with Carlos Ghosn," McKinsey & Company, September 2012.
27. *UK insurance aggregators 2012*, Datamonitor, www.datamonitor.com/store/product/uk_insurance_aggregators_2012?productid=CM00192-013.
28. Matt Scott, "Google is a 'real threat' to the insurance industry," Insurance Times, May 1, 2014, www.insurancetimes.co.uk/google-is-a-real-threat-to-the-insurance-industry/1408126.article.
29. Mark Sands, "Telematics: Taking the wheel?" Post Online, April 30, 2013, www.postonline.co.uk/post/analysis/2264472/telematics-taking-the-wheel.
30. Derek Thompson, "Is *House of Cards* really a hit?" *The Atlantic*, February 24, 2014, www.theatlantic.com/business/archive/2014/02/is-i-house-of-cards-i-really-a-hit/284035.
31. *Garages global tour*, GE Garages, www.gegarages.com/global-tour.
32. BMW website: www.bmwblog.com/2014/07/30/see-bmw-i3-parks-driver-aboard.
33. Daimler press release, September 2013, http://media.daimler.com/dcmedia/0-921-614307-1-1629819-1-0-0-0-0-0-11702-0-0-1-0-0-0-0-0.html.
34. AT&T press release, March 2014, http://about.att.com/story/audi_and_att_announce_pricing_for_first_ever_in_vehicle_4glte_connectivity.html.
35. Companies' 2013 annual reports and related press releases.
36. James Manyika, Armando Cabral, Lohini Moodley, Safroadu Yeboah-Amankwah, Suraj Moraje, Michael Chui, Jerry Anthonyrajah, and Ache Leke, *Lions go digital: The Internet's transformative potential in Africa*, McKinsey Global Institute, November 2013.
37. Pankaj Ghemawat, "Developing global leaders," *McKinsey Quarterly*, June 2012.
38. *Annual Report 2013*, Unilever, www.unilever.com/images/Unilever_AR13_tcm13-383757.pdf.
39. Elga Reyes, "Unilever launches €50M leadership centre in Singapore," Eco-Business, July 1, 2013, www.eco-business.com/news/unilever-launches-leadership-centre-Singapore.
40. Stephen Hall, Dan Lovallo, and Reinier Musters, "How to put your money where your strategy is," *McKinsey Quarterly*, March 2012.
41. www .salesforce .com /customers /stories /burberry.
42. *Burberry's digital activism*, Enders Analysis, August 2012, www.endersanalysis.com/content/publication/burberry%E2%80%99s-digital-activism.
43. Ella Alexander, "Burberry opens Regent Street flagship," *Vogue UK*, September 13, 2012, www.vogue.co.uk/news/2012/09/13/burberry-regent-street-flagship-opens.
44. Imran Amed, "CEO talk: Angela Ahrendts on Burberry's connected culture," The Business of Fashion, September 3, 2013, www.businessoffashion.com/2013/09/burberry-angela-ahrendts.html.

【第10章】

1. Christoph Bertram, *Germany: The Sick Man of Europe?* Project Syndicate, September 18, 1997, www.project-syndicate.org/commentary/germany--the-sick-man-of-europe-.
2. *World development indicators*, World Bank database, http://data.worldbank.org/data-catalog/world-development-indicators.
3. Ibid.
4. "100,000 protest German reforms in Berlin," Deutsche Welle, November 2, 2003; www.dw.de/100000-protest-german-reforms-in-berlin/a-1019341.
5. Richard Dobbs, Anu Madgavkar, Dominic Barton, Eric Labaye, James Minyika, Charles Roxburgh, Susan Lund, and Siddarth Madhav, *The world at work: Jobs, pay, and skills for 3.5 billion people*, June 2012, McKinsey & Company.

22. Tahir Amin, "Mobilink announces to expand SMS-based literacy project," Business Recorder, March 26, 2010, www.brecorder.com/top-stories/single/595/0/1035800.
23. Deborah Ball and Ilan Brat, "Spanish supermarket chain finds recipe," *Wall Street Journal*, October 23, 2012.
24. Mourshed et al., *Education to Employment*.

【第9章】

1. "California town on sale on eBay," BBC.com, April 4, 2006, http://news.bbc.co.uk/1/hi/world/americas/4875206.stm; Buck Wolf, "Hungry for miracles? Try Jesus on a fish stick," ABC News, November 30, 2004, http://abcnews.go.com/Entertainment/WolfFiles/story?id=307227&page=1.
2. "eBay India marketplaces fast facts," eBay India, March 31, 2014, Fpages.ebay.in/community/aboutebay/news/infastfacts.html.
3. Pierre Omidyar and Meg Whitman, "A defining year for eBay," eBay: 2002 annual report, http://pages.ebay.com/2002annualreport/shareholderletter.html.
4. Justin Doebele, "Standing up to a giant," Forbes.com, April 25, 2005, www.forbes.com/global/2005/0425/030.html.
5. Kelvin Chan, "Alibaba expands beyond e-commerce," Business Week, May 9, 2014, www.businessweek.com/ap/2014-05-09/alibaba-expands-beyond-e-commerce.
6. William Barnett, Mi Feng, and Xiaoqu Luo, *Taobao vs. EBay China*, Stanford Graduate School of Business case no. IB88, 2010, www.gsb.stanford.edu/faculty-research/case-studies/taobao-vs-ebay-china.
7. Elzio Barreto, "Alibaba IPO ranks as world's biggest after additional shares sold," Reuters, September 22, 2014, www.reuters.com/article/2014/09/22/us-alibaba-ipo-value-iduskcn0hh0a620140922.
8. US Securities and Exchange Commission Form F-1, Alibaba Group Holding Limited, May 6, 2014, www.sec.gov/Archives/edgar/data/1577552/000119312514184994/d709111df1.htm.
9. Bloomberg, November 28, 2014.
10. Dane Stangler and Sam Arbesman, *What does Fortune 500 turnover mean?* Ewing Marion Kauffman Foundation, June 2012, www.kauffman.org/~/media/kauffmanorg/research%20reports%20and%20covers/2012/06/fortune_500_turnover.pdf.
11. Richard Dobbs, Jaana Remes, Sven Smit, James Manyika, Jonathan Woetzel, and Yaw Agyenm-Boateng, *Urban world: The shifting global business landscape*, McKinsey Global Institute, October 2013.
12. Ibid.
13. "Creative destruction whips through corporate America," Innosight Executive Briefing, winter 2012, www.innosight.com/innovation-resources/strategy-innovation/upload/creative-destruction-whips-through-corporate-america_final2012.pdf.
14. *Microsoft's timeline from 1975–1990*, The History of Computing Project, www.thocp.net/companies/microsoft/microsoftcompany.htm.
15. Christopher Steiner, "Meet the fastest growing company ever," Forbes.com, August 12, 2010, www.forbes.com/forbes/2010/0830/entrepreneurs-groupon-facebook-twitter-next-web-phenom.html.
16. *Annual Report 2012–2012*, Bharti Airtel Limited, 2013. Annual Report 2012, AT&T, 2013.
17. *Tata Fast Facts*, Tata, July 21, 2014, www.tata.com/htm/Group_fast_facts.htm; also see *Corporate sustainability in the UK: A selection of stories from Tata companies and employees*, Tata, 2013, www.uk.tata.com/pdf/uk_csr_booklet.pdf.
18. Yuval Atsmon, Michael Kloss, and Sven Smit, "Parsing the growth advantage of emerging-market companies," *McKinsey Quarterly*, May 2012.
19. Dobbs et al., *Urban world: The shifting global business landscape*.
20. Meisia Chandra, "Waze touches 50M users globally; Malaysia, Indonesia in top 10 list," e27, February 15, 2014, http://e27.co/waze-touches-50m-users-globally-malaysia-indonesia-in-top-10-list.
21. Steve O'Hear, "Amid reports Facebook is eyeing up financial services, TransferWire hits £1 billion in

www.census.gov/hhes/www/income/data/historical/household/index.html.

3. *2014 global employment trends*, International Labor Organization, January 2014; "Specter of a jobless recovery in France," *New York Times*, February 26, 2005; *Heritage employment report: What the US can learn from Canada's recession and recovery*, November 2013, US Department of Labor website, www.dol.gov.
4. Richard Dobbs, Anu Madgavkar, Dominic Barton, Eric Labaye, James Minyika, Charles Roxburgh, Susan Lund, and Siddarth Madhav, "The world at work: Jobs, pay, and skills for 3.5 billion people," June 2012, McKinsey & Company, www.mckinsey.com/insights/employment_and_growth/the_world_at_work.
5. Danny Palmer, "Not enough data scientists, MIT expert tells Computing," Computing, September 4, 2013, www.computing.co.uk/ctg/news/2292485/not-enough-data-scientists-mit-expert-tells-computing.
6. Thomas Wailgum, "Monday metric: 68% of companies struggle with big data analytics," ASUG News, March 18, 2013, www.asugnews.com/article/monday-metric-68-of-companies-struggle-with-big-data-analytics.
7. TJ McCue, "Manufacturing jobs changing but no severe job skills gap in USA," Forbes.com, October 18, 2012, www.forbes.com/sites/tjmccue/2012/10/18/manufacturing-jobs-changing-but-no-severe-job-skills-gap-in-usa.
8. Parija Bhatnagar, "Manufacturing boom: Trade school enrollment soars," CNN Money, July 31, 2012, http://money.cnn.com/2012/07/31/news/economy/manufacturing-trade-schools/?Iid=EL.
9. Mona Mourshed, Diana Farrell, and Dominic Barton, *Education to employment: Designing a system that works*, McKinsey Center for Government, 2013.
10. Gordon G. Chang, "College grads are jobless in China's 'high-growth' economy," Forbes.com, May 26, 2013.
11. Lilian Lin, "China's Graduates Face Glut," *Wall Street Journal*, August 22, 2012.
12. Voice of the Graduate, McKinsey & Company, May 2013; Bureau of Labor Statistics, United States Department of Labor, www.bls.gov/news.release/pdf/jolts.pdf.
13. Susan Lund, James Manyika, Scott Nyquist, Lenny Mendonca, and Sreenivas Ramaswamy, *Game changers: Five opportunities for US growth and renewal*, McKinsey Global Institute, July 2013.
14. Steve Johnson, "H-1B visa cap reached after just five days as valley executives lobby to expand the program," *San Jose Mercury News*, April 7, 2014, www.mercurynews.com/business/ci25516535/h-1b-visa-cap-reached-after-just-five.
15. Sarah Mishkin, "Silicon Valley faces visa scramble for foreign workers," *Financial Times* (London), March 17, 2014, www.ft.com/intl/cms/s/0/7c14f76a-aa0f-11e3-8497-00144feab7de.html#axzz3FYTuXcWB.
16. John Helyar, "Outsourcing: A passage out of India," *Bloomberg Businessweek*, March 15, 2012, www.businessweek.com/articles/2012-03-15/outsourcing-a-passage-out-of-india.
17. *World development indicators*, World Bank database, http://data.worldbank.org/data-catalog/world-development-indicators.
18. Richard Dobbs, Anu Madgavkar, Dominic Barton, Eric Labaye, James Minyika, Charles Roxburgh, Susan Lund, and Siddarth Madhav, "The world at work: Jobs, pay, and skills for 3.5 billion people," June 2012, McKinsey & Company, www.mckinsey.com/insights/employment_and_growth/the_world_at_work.
19. Michael Chui, James Manyika, Jacques Bughin, Richard Dobbs, Charles Roxburgh, Hugo Sarrazin, Geoffrey Sands and Magdalena Westergren, *The social economy: Unlocking productivity and value through social technologies*, McKinsey Global Institute, July 2012.
20. "Nokia Mobile Mathematics empowers South African learners" (press release), Nokia.sa blog, October 24, 2013.
21. *Turning on mobile learning in Africa and the Middle East: Illustrative initiatives and policy implications*, UN Educational, Scientific and Cultural Organization, 2012, www.tostan.org/sites/default/files/resources/unesco_turning_on_mobile_learning_in_africa_and_the_middle_east.pdf.

55. Abdullah Al-Hassan, Michael Papaioannou, Martin Skancke, and Cheng Chih Sung, *Sovereign wealth funds: Aspects of governance structures and investment management*, IMF working paper no. 13/231, November 2013, www.imf.org/external/pubs/ft/wp/2013/wp13231.pdf.
56. "Global pension fund assets hit record high in 2013" (press release), Towers Watson, February 5, 2014, www.towerswatson.com/en-GB/Press/2014/02/Global-pension-fund-assets-hit-record-high-in-2013.
57. "Oil-fuelled caution," *The Economist*, May 22, 2014, www.economist.com/news/finance-and-economics/21602731-kingdom-does-not-splash-cash-other-gulf-states-oil-fuelled-caution.
58. Hugh Schofield, "PSG's dramatic rise to European giants," BBC.com, May 7, 2014, www.bbc.com/news/world-europe-27314338.
59. Sarfraz Thind, "Oil prices push sovereign wealth funds toward alternative investments," Institutional Investor, February 20, 2014, www.institutionalinvestor.com/Article/3311509/Investors-Sovereign-Wealth-Funds/Oil-Prices-Push-Sovereign-Wealth-Funds-Toward-Alternative-Investments.html#.vaoepcjdxpo.
60. Gus Delaporte, "Norway takes Manhattan," *Commercial Observer*, October 8, 2013; Gus Delaporte, "Norway's wealth fund to acquire stake in Times Square Tower for $684M," *Commercial Observer*, September 9, 2013.
61. Jeremy Grant, "Temasek's dealmaking reflects big bets on rise of the consumer," *Financial Times* (London), April 14, 2014, www.ft.com/cms/s/0/79d9824e-bb9a-11e3-8d4a-00144feabdc0.html#axzz36evevz5a.
62. www.kiva.org/about.
63. "Stats," Kickstarter, www.kickstarter.com/help/stats?Ref=footer.
64. Rob Thomas, "The Veronica Mars movie project," Kickstarter, March 13, 2013, et seq., www.kickstarter.com/projects/559914737/the-veronica-mars-movie-project.
65. "Alibaba sells loan arm to Alipay parent in pre-IPO change," *Bloomberg News*, August 12, 2014, www.bloomberg.com/news/2014-08-12/alibaba-sells-loan-arm-to-alipay-parent-in-pre-ipo-change.html.
66. Jeff Glekin, "India's reliance on Chinese cash comes with risks," Reuters, January 17, 2012, http://in.reuters.com/article/2012/01/17/reliance-communications-on-chinese-cash-idindee80g0b420120117.
67. Dan Dunkley, "AMP sells stake to Japanese bank," Financial News, December 9, 2011, www.efinancialnews.com/story/2011-12-09/amp-australia-japanese-mitsubishi-bank-fundraising?Ea9c8a2de0ee11104560lab04d673622.
68. Elzio Barreto, "Brazil's BTG Pactual sells $1.8 billion stake," Reuters, December 6, 2010, www.reuters.com/article/2010/12/06/us-btgpactual-idustre6b553r20101206.
69. Emily Chasan, "Rising rates good news for corporate pensions," *Wall Street Journal*, July 24, 2013, http://blogs.wsj.com/cfo/2013/07/24/rising-rates-good-news-for-corporate-pensions.
70. Joe DePaola, "Pension gap—silent crisis in public-private pension funding—dodging the disaster: Reform critically needed or overstated," BizShifts-Trends, July 18, 2013, http://bizshifts-trends.com/2013/07/18/the-pension-gap-silent-crisis-in-public-private-pension-plan-funding-dodging-the-disaster-changes-desperately-needed.
71. Jonathan Moules, "Santander in peer-to-peer pact as alternative finance makes gains," *Financial Times* (London), June 17, 2014, www.ft.com/cms/s/0/b8890a26-f62a-11e3-a038-00144feabdc0.html.
72. Dominic Barton and Mark Wiseman, "Focusing capital on the long term," *Harvard Business Review*, January–February 2014, http://hbr.org/2014/01/focusing-capital-on-the-long-term/ar/1.
73. *Report on the management of the government's portfolio for the year 2012/13*, GIC Private Limited, 2013, www.gic.com.sg/images/pdf/GIC_Report_2013.pdf.
74. Barton and Wiseman, "Focusing capital on the long term."

【第8章】

1. James Manyika, Susan Lund, Byron Auguste, Lenny Mendonca, Tim Welsh, and Sreenivas Ramaswamy, *An economy that works: Job creation and America's future*, McKinsey & Company, June 2011.
2. *Historical Income Tables: Households*, United States Census Bureau, US Department of Commerce,

26. Ibid.
27. Dobbs et al., *Farewell to cheap capital?*
28. Benedict Clements, Victoria Perry, and Juan Toro, *From stimulus to consolidation: Revenue and expenditure policies in advanced and emerging economies*, IMF, departmental paper no. 10/3, October 6, 2010, www.imf.org/external/pubs/ft/dp/2010/dp1003.pdf.
29. "Gross savings (% of GDP)," World Bank database, http://data.worldbank.org/indicator/NY.GNS.ICTR.ZS.
30. Guonan Ma and Wang Yi, *China's high saving rate: myth and reality*, Bank for International Settlements working papers number 312, June 2010, www.bis.org/publ/work312.htm.
31. "Gross savings (% of GDP)."
32. Dobbs et al., *Farewell to cheap capital?*
33. Ibid.
34. Ibid.
35. Richard Dobbs and Susan Lund, "Quantitative easing, not as we know it," *The Economist*, November 14, 2013, www.economist.com/blogs/freeexchange/2013/11/unconventional-monetary-policy.
36. EIU World Database; McKinsey Global Institute analysis.
37. *Historical tables*, Budget of the US government, Fiscal year 2015, Office of Management and Budget, www.whitehouse.gov/sites/default/files/omb/budget/fy2015/assets/hist.pdf.
38. Dobbs and Lund, "Quantitative easing."
39. Ibid.
40. Ibid.
41. *Fiscal Monitor*, International Monetary Fund, April 2014, www.imf.org/external/pubs/ft/fm/2014/01/pdf/fm1401.pdf.
42. Hiroko Tabuchi, "In Japan, a tenuous vow to cut," *New York Times*, September 1, 2011, www.nytimes.com/2011/09/02/business/global/japan-seeks-answers-to-debt-load-without-angering-voters.html?Pagewanted=all&_r=0.
43. Ben Chu, "European Central Bank imposes negative rates on banks in historic move," *Independent* (London), June 5, 2014, www.independent.co.uk/news/business/news/european-central-bank-imposes-negative-rates-on-banks-in-historic-move-9494027.html.
44. Carmen M. Reinhart and Kenneth S. Rogoff, *Financial and sovereign debt crises: Some lessons learned and those forgotten*, IMF working paper no. 13/266, December 2013, www.imf.org/external/pubs/ft/wp/2013/wp13266.pdf.
45. *Global Benchmark of Cost and Schedule Performance for Mega Projects in Mining*, McKinsey & Company, 2013.
46. "Explosive growth," *The Economist*, November 19, 2009, www.economist.com/node/14931607.
47. Dobbs et al., *Infrastructure productivity.*
48. McKinsey Capital Productivity Practice case studies.
49. Katy George, Sree Ramaswamy, and Lou Rassey, "Next-shoring: A CEO's guide," McKinsey & Company, January 2014.
50. Andreas Behrendt, Malte Marwede, and Raymond Wittmann, "Building cars with less capital," *McKinsey Quarterly*, September 2014.
51. www .teslamotors .com /own.
52. US Securities and Exchange Commission Form 10-K, Tesla Motors, February 26, 2014, http://ir.teslamotors.com/secfiling.cfm?Filingid=1193125-14-69681&CIK=1318605.
53. US Securities and Exchange Commission Form 10-K, Amazon.com, January 31, 2014, http://phx.corporate-ir.net/phoenix.zhtml?c=97664&p=IROL-secToc&TOC=aHR0cDovL2FwaS50ZW5rd2l6YXJkLmNvbS9vdXRsaW5lLnhtbD9yZXBvPXRlbmsmaXBhZ2U9OTM1MTc0MSZzdWJzaWQ9NTc%3d&ListAll=1&sXBRL=1.
54. Kelly Ungerman, "The secret of Amazon: Lessons for multichannel retailers," presentation at Chief Marketing and Sales Forum, McKinsey & Company, October 2012.

data.worldbank.org/indicator/NY.GDP.PCAP.CD.

4. PTI, "India to become third largest economy by 2030: PwC," *The Hindu* (Chennai), July 5, 2014, www.thehindu.com/business/Economy/india-to-become-third-largest-economy-by-2030-pwc/article6180722.ece.
5. Shirish Sankhe, Ireena Vittal, Richard Dobbs, Ajit Mohan, Ankur Gulati, Jonathan Ablett, Shishir Gupta, Alex Kim, Sudipto Paul, Aditya Sanghvi, and Gurpreet Sethy, *India's urban awakening: Building inclusive cities, sustaining economic growth*, McKinsey Global Institute, April 2010.
6. Ibid.
7. Julien Bouissou, "Mumbai's rail commuters pay a high human price for public transport," *Guardian Weekly* (London), October 29, 2013, www.theguardian.com/world/2013/oct/29/india-mumbai-population-rail-accidents.
8. Sankhe et al., *India's urban awakening.*
9. Ibid.
10. Richard Dobbs, Susan Lund, Charles Roxburgh, James Manyika, Alex Kim, Andreas Schreiner, Riccardo Boin, Rohit Chopra, Sebastian Jauch, Hyun Kim, Megan McDonald, and John Piotrowski, *Farewell to cheap capital? The implications of long-term shifts in global investment and saving*, McKinsey Global Institute, December 2010.
11. Richard Dobbs, Herbert Pohl, Diaan-Yi Lin, Jan Mischke, Nicklas Garemo, Jimmy Hexter, Stefan Matzinger, Robert Palter, and Rushad Nanavatty, *Infrastructure productivity: How to save $1 trillion a year*, McKinsey Global Institute, January 2013.
12. Lisa Smith, "The truth about real estate prices," Investopedia, www.investopedia.com/articles/mortages-real-estate/11/the-truth-about-the-real-estate-market.asp.
13. FIPE-ZAP index; Samantha Pearson, "Brazil housing bubble fears as economy teeters," *Financial Times* (London), February 14, 2014, www.ft.com/cms/s/0/f5348f8c-9558-11e3-8371-00144feab7de.html#slide0.
14. "Halifax House Price Index," Lloyds Banking Group, www.lloydsbankinggroup.com/Media/economic-insight/halifax-house-price-index; http://monevator.monevator.netdna-cdn.com/wp-content/uploads/2011/12/house-prices.jpg.
15. "Location, location, location," *The Economist*, August 29, 2014, www.economist.com/blogs/dailychart/2011/11/global-house-prices.
16. Martin Feldstein, "When interest rates rise," Project Syndicate, March 30, 2103, www.project-syndicate.org/commentary/higher-interest-rates-and-financial-stability-by-martin-feldstein.
17. Economist Intelligence Unit; Global Insight; McKinsey Global Economic Growth Database; Oxford Economics; *World development indicators*, World Bank database, http://data.worldbank.org/data-catalog/world-development-indicators; McKinsey Global Institute analysis.
18. Dobbs et al., *Urban world.*
19. Heinz-Peter Elstrodt, James Manyika, Jaana Remes, Patricia Ellen, and César Martins, *Connecting Brazil to the world: A path to inclusive growth*, Mc-Kinsey Global Institute, May 2014; "Countries of the world," Worldatlas.com, http://worldatlas.com/aatlas/populations/ctyareal.htm.
20. *The global competitiveness report 2013–2014*, World Economic Forum, www.weforum.org/reports/global-competitiveness-report-2013-2014.
21. Elstrodt et al., *Connecting Brazil to the world.*
22. Dobbs et al., *Farewell to cheap capital*?
23. World Bank database; Dobbs et al., *Farewell to cheap capital?* Since the 1970s, global investment as a share of GDP fell from 26.1 percent to a recent low of 20.8 percent in 2002. Total global investment from 1980 through 2008 averaged $700 billion per year less than it would have been had the investment rate of the 1970s persisted—a cumulative sum of $20 trillion.
24. *2013 report card for America's infrastructure*, American Society of Civil Engineers, www.infrastructurereportcard.org.
25. Dobbs et al., *Infrastructure productivity.*

38. Dobbs et al., *Resource revolution: Tracking global commodity markets.*
39. *Evolution of the super cycle: What's changed and what may*, Goldman Sachs equity research, April 2013.
40. Dobbs et al., *Resource revolution: Meeting the world's energy, materials, food, and water needs.*
41. "How our cloud does more with less," Google Official Blog, September 8, 2011, http://googleblog.blogspot.com/2011/09/how-our-cloud-does-more-with-less.html.
42. www.enernoc.com.
43. "Waste prevention policy," Korean Ministry of Environment, http://eng.me.go.kr/eng/web/index.do?menuId=141&findDepth=1; Dobbs et al., *Resource revolution: Tracking global commodity markets.*
44. www.uplus.co.kr/cmg/engl/coif/pelu/retrievepelucsr04.hpi?Mid=5921.
45. Dobbs et al., *Resource revolution: Meeting the world's energy, materials, food, and water needs.*
46. Hanh Nguyen, Martin Stuchtey, and Markus Zils, "Remaking the industrial economy," *McKinsey Quarterly*, February 2014.
47. "The circular economy applied to the automotive industry," Ellen MacArthur Foundation, July 24, 2013.
48. "Ricoh grows services business expertise" (press release), Ricoh, July 26, 2013, www.ricoh-europe.com/about-ricoh/news/2013/Ricoh_grows_Services_Business_Expertise.aspx.
49. Nguyen et al., "Remaking the industrial economy."
50. Ibid.
51. Ibid.
52. *H&M Conscious Actions: Sustainability Report 2013*, http://sustainability.hm.com/content/dam/hm/about/documents/en/CSR/reports/Conscious%20Actions%20Sustainability%20Report%202013_en.pdf.
53. "Natural gas: Data," US Energy Information Administration, www.eia.gov/dnav/ng/hist/n9070us2m.htm.
54. *World Energy Outlook 2012 executive summary*, International Energy Agency, November 2012, www.iea.org/publications/freepublications/publication/English.pdf.
55. Dobbs et al., *Resource revolution: Tracking global commodity markets.*
56. Dobbs et al., *Resource revolution: Meeting the world's energy, materials, food, and water needs.*
57. European Photovoltaic Industry Association; Zachary Shahan, "World solar power capacity increased 35% in 2013 (charts)," CleanTechnica, April 13, 2014, http://cleantechnica.com/2014/04/13/world-solar-power-capacity-increased-35-2013-charts.
58. Global Wind Energy Council, *Global Wind Report, Annual Market Update 2013*,April 2014, www.gwec.net/wp-content/uploads/2014/04/GWEC-Global-Wind-Report_9-April-2014.pdf.
59. International Energy Agency, September 2014, www.iea.org/newsroomandevents/pressreleases/2014/september/how-solar-energy-could-be-the-largest-source-of-electricity-by-mid-century.html.
60. Thomas G. Kreutz and Joan M. Ogden, "Assessment of hydrogen-fueled proton exchange membrane fuel cells for distributed generation and cogeneration," *Proceedings of the 2000 US DOE Hydrogen Program Review*, US Department of Energy, October 2000.

【第7章】

1. "Elevated rail corridor in Mumbai: Project information memorandum," Indian Railways, www.indianrailways.gov.in/railwayboard/uploads/directorate/infra/downloads/Project_Information_Memorandum.pdf.
2. AFP, "Death on wheels: Commuter anger rises over Mumbai's local trains," *Hindustan Times*, April 29, 2014, www.hindustantimes.com/india-news/mumbai/death-on-wheels-commuter-anger-rises-over-mumbai-s-local-trains/article1-1213404.aspx.
3. "How the Indian economy changed in 1991–2011," *Economic Times* (Mumbai), July 24, 2011, http://articles.economictimes.indiatimes.com/2011-07-24/news/29807511_1_market-economy-scooters-india-s-gdp; World Bank databases, including foreign direct investment and net inflows (BoP, current US$) at http://data.worldbank.org/indicator/BX.KLT.DINV.CD.WD and GDP Per capita (current US$) at http://

12. Richard Dobbs, Jeremy Oppenheim, Adam Kendall, Fraser Thompson, Martin Bratt, and Fransje van der Marel, *Reverse the curse: Maximizing the potential of resource-driven economies*, McKinsey Global Institute, December 2013.
13. Dobbs, et. al. *Resource revolution: Tracking global commodity markets.*
14. Ibid.
15. Richard Dobbs, et. al. *Urban World.*
16. Dobbs et al., *Resource revolution: Tracking global commodity markets.*
17. Richard Dobbs, Jeremy Oppenheim, and Fraser Thompson, "A new era for commodities," *McKinsey Quarterly*, November 2011.
18. Dobbs et al., *Resource revolution: Tracking global commodity markets.*
19. World Steel Committee on Economic Studies, *Steel Statistical Yearbook* (Brussels: World Steel Association, 2001, 2013).
20. Richard Anderson, "Resource depletion: Opportunity or looming catastrophe?" BBC.com, June 11, 2012, www.bbc.com/news/business-16391040.
21. Dobbs et al., *Reverse the curse.*
22. Kenneth Rogoff, "Who's dependent now?," Project Syndicate, December 7, 2005, www.project-syndicate.org/commentary/who-s-dependent-now-.
23. David Cohen, "Earth audit," *New Scientist* 194, no. 2605, May 26, 2007; Lester R. Brown, *Plan B 2.0: Rescuing a Planet under Stress and a Civilization in Trouble* (New York: W. W. Norton, 2006).
24. Yoshihide Wada et al., "Global depletion of groundwater resources," *Geophysical Research Letters* 37, no. 20, October 2010.
25. Colin P. Fenton and Jonah Waxman, "Fundamentals or fads? Pipes, not punting, explain commodity prices and volatility," *Commodity Markets Outlook and Strategy*, J. P. Morgan Global Commodities Research, August 2011.
26. Javier Blas, "Costs rise for 'technological barrels' of oil," *Financial Times* (London), May 29, 2013.
27. Dobbs et al., *Resource revolution: Meeting the world's energy, materials, food, and water needs.*
28. Ibid.
29. Dobbs et al., *Resource revolution: Tracking global commodity markets*; Randy Schnepf, *Energy use in agriculture: Background and issues*, Congressional Research Service Reports, BiblioGov, 2013.
30. Dobbs et al., *Resource revolution: Tracking global commodity markets.*
31. Peter Bisson, Elizabeth Stephenson, and S. Patrick Viguerie, "Pricing the planet," McKinsey & Company, June 2010.
32. "Petroleum & other liquids: Data," US Energy Information Administration, www.eia.gov/dnav/pet/hist/leafhandler.ashx?N=PET&s=RWTC&f=D.
33. Sean Farrell, "Ukraine crisis sends wheat and corn prices soaring," *Guardian* (Manchester), March 3, 2014, www.theguardian.com/business/2014/mar/03/ukraine-crisis-crimea-hits-price-wheat-corn.
34. *Climate change 2013: The physical science basis*, Intergovernmental Panel on Climate Change, 2013, www.climatechange2013.org. The report uses four new scenarios for greenhouse-gas concentrations projecting that the global surface temperature is likely to have changed by more than 1.5 degrees Celsius by 2100 compared with the period from 1850 to 1900 in all but the lowest scenario, and by more than 2 degrees Celsius in its two high scenarios. The 2-degree threshold is widely thought of as the dividing line between acceptable warming and dangerous warming.
35. Edward Wong, "Cost of environmental damage in China growing rapidly amid industrialization," *New York Times*, March 29, 2013.
36. Amy Harder, "EPA sets draft rule to cut carbon emissions by 30% by 2030," *Wall Street Journal*, June 2, 2014, http://online.wsj.com/articles/epa-rule-to-cost-up-to-8-8-billion-annually-sources-say-1401710600.
37. Michael Greenstone and Adam Looney, *A strategy for America's energy future: Illuminating energy's full costs*, The Hamilton Project, Brookings Institution, May 2011, www.brookings.edu/research/papers/2011/05/energy-greenstone-looney.

penalty,'" *McKinsey Quarterly*, July 2011.

53. Li Fangfang, "ABB sets sights on 'designed in China,'" *China Daily USA*, July 19, 2012, http://usa.chinadaily.com.cn/epaper/2012-07/19/content_15599833.htm.
54. Rick Newman, "Why US companies aren't so American anymore," *U.S. News & World Report*, June 30, 2011, http://money.usnews.com/money/blogs/flowchart/2011/06/30/why-us-companies-arent-so-american-anymore; William Lazonick, "A transformative jobs plan: What's good for IBM's top executives is not good for the US," Roosevelt Institute, May 2011, www.rooseveltinstitute.org/new-roosevelt/transformative-jobs-plan-what-s-good-ibm-s-top-executives-not-good-us; Martin Dewhurst, "An interview with Michael Cannon-Brookes, vice president, business development, China and India, IBM Corporation," in *Perspectives on global organizations*, McKinsey & Company, May 2012.
55. Rachel Layne, "GE moves 115-year-old X-ray unit's base to China to tap growth," *Bloomberg News*, July 25, 2011, www.bloomberg.com/news/2011-07-25/ge-healthcare-moves-x-ray-base-to-china-no-job-cuts-planned.html.
56. Hervé de Barbeyrac and Ruben Verhoeven, "Tilting the global balance: An interview with the CEO of Solvay," *McKinsey Quarterly*, October 2013.
57. Choe Soon-kyoo, "How LG surpassed Samsung in India," *Korea Times*, April 6, 2012, www.koreatimes.co.kr/www/news/bizfocus/2012/04/342_108490.html.
58. Atsmon et al., "Winning the $30 trillion decathlon."
59. Ibid.

【第6章】

1. Brian Whitaker, "How a man setting fire to himself sparked an uprising in Tunisia," *Guardian* (Manchester), December 28, 2010, www.theguardian.com/commentisfree/2010/dec/28/tunisia-ben-ali.
2. http://web.worldbank.org/WBSITE/EXTERNAL/COUNTRIES/MENAEXT/0,,contentmdk:20528258~pagepk:146736~pipk:226340~thesitepk:256299,00.html.
3. UN FAO Food Price Index, Food and Agriculture Organization of the United Nations, www.fao.org/worldfoodsituation/foodpricesindex/en/; United Nations, "The global food crises," chapter 4 in *The Global Social Crisis: Report on the World Social Situation 2011* (NY: United Nations, 2011), www.un.org/esa/socdev/rwss/docs/2011/chapter4.pdf.
4. UN FAO Food Price Index; Nafeez Ahmed, "Why food riots are likely to become the new normal," *Guardian* (Manchester), March 6, 2013, www.theguardian.com/environment/blog/2013/mar/06/food-riots-new-normal.
5. Marco Lagi, Karla Z. Bertrand, and Yaneer Bar-Yam, "The food crises and political instability in North Africa and the Middle East," New England Complex Systems Institute, September 28, 2011, necsi.edu/research/social/food_crises.pdf.
6. http://web.worldbank.org/WBSITE/EXTERNAL/NEWS/0,,contentmdk:22833439~pagepk:64257043~pipk:437376~thesitepk:4607,00.html.
7. Charlotte McDonald-Gibson, "Exclusive: Red Cross launches emergency food aid plan for UK's hungry," *Independent* (London), October 11, 2013, www.independent.co.uk/news/uk/home-news/exclusive-red-cross-launches-emergency-food-aid-plan-for-uks-hungry-8872496.html.
8. "Globally almost 870 million chronically undernourished—new hunger report," Food and Agriculture Organization of the United Nations, October 9, 2012, www.fao.org/news/story/en/item/161819/icode.
9. Jeff Cox, "Record 46 million Americans are on food stamps," CNBC.com, September 4, 2012, www.cnbc.com/id/48898378.
10. Richard Dobbs, Jeremy Oppenheim, Fraser Thompson, Sigurd Mareels, Scott Nyquist, and Sunil Sanghvi, *Resource revolution: Tracking global commodity markets*, McKinsey Global Institute, September 2013.
11. IMF staff, "Unparalleled growth, increased inequality: 20th century income trends," in *Globalization: Threat or opportunity?*, International Monetary Fund, April 12, 2000, www.imf.org/external/np/exr/ib/2000/041200to.htm#III.

decathlon," *McKinsey Quarterly*, August 2012.
25. Tushar Banerjee, "Five unusual ways in which Indians use mobile phones," BBC.com, February 11, 2014, www.bbc.com/news/world-asia-india-26028381.
26. Nilanjana Bhowmick, "37% of all the illiterate adults in the world are Indian," *Time*, January 29, 2014, http://world.time.com/2014/01/29/indian-adult-illiteracy.
27. Agustino Fontevecchia, "India's 243 million Internet users and the mobile e-commerce revolution," Forbes.com, July 7, 2014, www.forbes.com/sites/afontevecchia/2014/07/07/indias-massive-e-commerce-opportunity-and-the-explosion-of-mobile.
28. www.techinasia.com/2013-china-surpasses-america-to-become-worlds-top-ecommerce-market / McKinsey Global Institute analysis.
29. Adrian Covert, "A decade of iTunes singles killed the music industry," CNN Money, April 25, 2013, http://money.cnn.com/2013/04/25/technology/itunes-music-decline.
30. Nathalie Remy, Jennifer Schmidt, Charlotte Werner, and Maggie Lu, *Unleashing fashion growth city by city*, McKinsey & Company, October 2013.
31. Dominic Barton, Yougang Chen, and Amy Jim, "Mapping China's middle class," *McKinsey Quarterly*, June 2013, www.mckinsey.com/insights/consumer_and_retail/mapping_chinas_middle_class.
32. Atsmon et al., "Winning the $30 trillion decathlon."
33. Sha Sha, Theodore Huang, and Erwin Gabardi, *Upward mobility: The future of China's premium car market*, McKinsey & Company, March 2013.
34. Remy et al., *Unleashing fashion growth city by city.*
35. MGI Cityscope database. For more detail, you can explore the evolving urban world though the free Android and Apple iOS app Urban World.
36. Acha Leke, Reinaldo Fiorini, Richard Dobbs, Fraser Thompson, Aliyu Suleiman, and David Wright, *Nigeria's renewal: Delivering inclusive growth in Africa's largest economy*, McKinsey Global Institute, July 2014.
37. Patti Waldmeir, "China's coffee industry is starting to stir," *Financial Times* (London), October 22, 2012, www.ft.com/cms/s/0/992ec1e6-1901-11e2-af88-00144feabdc0.html#axzz3f28g6jcq.
38. Atsmon et al., "Winning the $30 trillion decathlon."
39. "Master Kong is the most chosen brand in China," Kantar Worldpanel, May 20, 2014, www.kantarworldpanel.com/global/News/Master-Kong-is-the-Most-Chosen-Brand-in-China.
40. Kai Bi, "Tingyi will maintain its market leadership with a diversified product portfolio," analyst report, Morningstar, April 10, 2014, http://analysisreport.morningstar.com/stock/research?T=00322&region=hkg&culture=en-US&productcode=MLE.
41. Ishan Chatterjee, Jöm Küpper, Christian Mariager, Patrick Moore, and Steve Reis, "The decade ahead: Trends that will shape the consumer goods industry," McKinsey & Company, December 2010.
42. Bisson et al., "The great rebalancing."
43. Atsmon et al., "Winning the $30 trillion decathlon."
44. Chatterjee et al., "The decade ahead."
45. Tom Glaser, "2013 investor day," VF Corporation, June 11, 2013, www.vf17x17.com/pdf/2013%20VFC%20Investor%20Day-Glaser%20Transcript.pdf; Gary P. Pisano and Pamela Adams, *VF Brands: Global Supply Chain Strategy*, Harvard Business School case number 610–022, November 2009, www.hbs.edu/faculty/Pages/item.aspx?num=38127.
46. Atsmon et al., "Winning the $30 trillion decathlon."
47. Alejandro Diaz, Max Magni, and Felix Poh, "From oxcart to Wal-Mart: Four keys to reaching emerging-market consumers," *McKinsey Quarterly*, October 2012.
48. Atsmon et al., "Winning the $30 trillion decathlon."
49. Ibid.
50. Ibid.
51. Ibid.
52. Martin Dewhurst, Jonathan Harris, and Suzanne Heywood, "Understanding your 'globalization

2011, www.theguardian.com/lifeandstyle/2011/mar/09/chinese-love-clarks-shoes.
4. Ibid.
5. Olivia Goldhill, "Chinese tourists to spend £1bn in UK by 2017," *Telegraph* (London), May 2, 2014, www.telegraph.co.uk/finance/china-business/10801908/Chinese-tourists-to-spend-1bn-in-UK-by-2017.html; "Insight and research: UK tourism dynamics," Barclays, www.barclayscorporate.com/insight-and-research/research-and-reports/uk-tourism-dynamics.html.
6. "Chinese visitors surge to grab brands at Clarks Village outlet" (press release), Visit Somerset, January 15, 2014, www.visitsomerset.co.uk/blog/2014/1/15/chinese-visitors-surge-to-grab-brands-at-clarks-village-outlet-a95.
7. Barkham, "How the Chinese fell in love with Clarks shoes."
8. Jo Tweedy, "Shoe travelled far? Clarks museum in Somerset proves unlikely hit with Chinese tourists," *Daily Mail* (London), March 1, 2011, www.dailymail.co.uk/travel/article-1361696/Chinese-tourists-flock-Clarks-shoe-museum-Somerset.html#ixzz36nycck20.
9. "Poverty overview," World Bank, October 8, 2014, www.worldbank.org/en/topic/poverty/overview; Richard Dobbs, Jaana Remes, James Manyika, Charles Roxburgh, Sven Smit, and Fabian Schaer, *Urban world: Cities and the rise of the consuming class*, McKinsey Global Institute, June 2012.
10. "Poverty: Not always with us," *The Economist*, May 30, 2013, www.economist.com/news/briefing/21578643-world-has-astonishing-chance-take-billion-people-out-extreme-poverty-2030-not; Dobbs et al., *Urban world.*
11. "Testimony on eradication of infectious diseases by Claire V. Broome, MD, MPH, acting director, Centers for Disease Control and Prevention, US Department of Health and Human Services," May 20, 1998, www.hhs.gov/asl/testify/t980520a.html; Annex Table 2, World Health Organization, *The World Health Report 2004: Changing History* (Geneva: World Health Report, 2004); www.who.int/whr/2004.
12. Dobbs et al., *Urban world.*
13. United Nations, "Introduction," in *The World at Six Billion* (NY: UN Department of Economic and Social Affairs, Population Division, October 12, 1999), www.un.org/esa/population/publications/sixbillion/sixbilpart1.pdf.
14. Sanjeev Sanyal, "Who are tomorrow's consumers?," Project Syndicate, August 9, 2012, www.project-syndicate.org/commentary/who-are-tomorrow-s-consumers-by-sanjeev-sanyal.
15. Yuval Atsmon, Ari Kertesz, and Ireena Vittal, "Is your emerging-market strategy local enough?," *McKinsey Quarterly*, April 2011.
16. Jonathan Ablett, Aadarsh Baijal, Eric Beinhocker, Anupam Bose, Diana Farrell, Ulrich Gersch, Ezra Greenberg, Shishir Gupta, and Sumit Gupta, *The "Bird of Gold": The rise of India's consumer market*, McKinsey Global Institute, May 2007.
17. Dominic Barton, "The rise of the middle class in China and its impact on the Chinese and world economies," chapter 7 in *US-China Economic Relations in the Next Ten Years: Towards Deeper Engagement and Mutual Benefit* (Hong Kong: China–United States Exchange Foundation, 2013), www.chinausfocus.com/2022/wp-content/uploads/Part+02-Chapter+07.pdf.
18. "China's next chapter," *McKinsey Quarterly*, no. 3, 2013.
19. Michael Yoshikami, "Why Tesla will win in China," CNBC.com, May 1, 2014, www.cnbc.com/id/101634065#.
20. Peter Bisson, Rik Kirkland, and Elizabeth Stephenson, "The great rebalancing," McKinsey & Company, June 2010,
21. Yuval Atsmon, Peter Child, and Udo Kopka, "The $30 trillion decathlon: How consumer companies can win in emerging markets," *McKinsey Perspectives on Retail and Consumer Goods*, spring 2013.
22. Dobbs et al., *Urban world.*
23. Kaylene Hong, "China's Internet population hit 618 million at the end of 2013, with 81% connecting via mobile," The Next Web, January 16, 2014, http://thenextweb.com/asia/2014/01/16/chinas-Internet-population-numbered-618m-end-2013-81-connecting-via-mobile.
24. Yuval Atsmon, Peter Child, Richard Dobbs, and Laxman Narasimhan, "Winning the $30 trillion

McKinsey Quarterly, March 2012.
51. Katy George, Sree Ramaswamy, and Lou Rassey, "Next-shoring: A CEO's guide," *McKinsey Quarterly*, January 2014.
52. Mike Doheny, Venu Nagali, and Florian Weig, "Agile Manufacturing for volatile times," McKinsey & Company, 2012.
53. www .solarbrush .co.
54. www .shapeways .com.
55. "Portfolio: B & W Group," Sofina, www.sofina.be/EN/participation/bw.php; Peter Marsh, "UK 'micro-multinationals' lead the way," *Financial Times* (London), August 22, 2011, www.ft.com/cms/s/0/5c353610-c67f-11e0-bb50-00144feabdc0.html #axzz39vspj1cz.
56. Marsh, "UK 'micro-multinationals' lead the way."
57. Nottebohm et al., *Online and upcoming.*
58. "Best new retail launch 2013—Jumia," World Retail Awards, September 30, 2014, www.worldretailawards.com/resources/best-new-retail-launch-2013-%E2%80%93-jumia.
59. www.boeing.com/boeing/commercial/aviationservices/integrated-services/digital-airline.page.
60. *Etsy Progress Report 2013*, http://extfiles.etsy.com/progress-report/2013-Etsy-Progress-Report.pdf?Ref=progress_report_download.
61. http://openinnovation.astrazeneca.com.
62. www.unilever.com/innovation/collaborating-with-unilever/challenging-and-wants.
63. www.bosch-pt.com/innovation/home.htm?Locale=en.
64. Manyika et al., "Global flows in a digital age."
65. *2014 Silicon Valley Index*, Joint Venture Silicon Valley and Silicon Valley Community Foundation, www.siliconvalleycf.org/sites/default/files/publications/2014-silicon-valley-index.pdf.
66. www.intelligentcommunity.org/index.php?Src=gendocs&ref=Smart21_2012&link=Smart21_2012.
67. Richard Dobbs, Jaana Remes, Sven Smit, James Manyika, Jonathan Woetzel, and Yaw Agyenm-Boateng, "Urban world: The shifting global business landscape," McKinsey Global Institute, October 2013.
68. Emily Glazer, "P&G unit bids goodbye to Cincinnati, hello to Asia," *Wall Street Journal*, May 10, 2012, http://online.wsj.com/news/articles/SB10001424052702304070304577396053688081544.
69. Beth Brooks, "Unilever opens new global training centre in Asia for its 'future leaders,'" *The Grocer*, July 8, 2013, www.thegrocer.co.uk/people/unilever-opens-global-training-centre-for-future-leaders/344935.article.
70. *Singapore Business News*, Singapore Economic Development Board, March 2013, www.edb.gov.sg/content/dam/edb/en/resources/pdfs/publications/SingaporeBusinessNews/march-2013/Singapore-Business-News-March-2013.pdf.
71. Rik Kirkland, "Leading in the 21st century: An interview with Ellen Kullman," McKinsey & Company, September 2012.
72. Mike Doheny, Venu Nagali, and Florian Weig, "Agile Manufacturing for volatile times," McKinsey & Company, 2012.
73. World Bank database; Isis Gaddis, Jacques Morisset, and Waly Wane, "A well-kept secret: Tanzania's export performance," World Bank, March 4, 2013, http://blogs.worldbank.org/africacan/a-well-kept-secret-tanzania-s-export-performance.

【第5章】

1. "Clarks ends shoemaking in Somerset," BBC.com, January 10, 2005, www.bbc.co.uk/somerset/content/articles/2005/01/10/clarks_feature.shtml.
2. Mark Palmer, "A great British success: Why the world loves Clarks and its shoes as it nears 200th anniversary," This is Money, April 19, 2013, www.thisismoney.co.uk/money/markets/article-2311484/Clarks-A-family-firm-kept-polish.html.
3. Patrick Barkham, "How the Chinese fell in love with Clarks shoes," *Guardian* (Manchester), March 8,

content/passports/english/passports/statistics.html; Andrew Bender, "Record number of Americans now hold passports," Forbes.com, January 30, 2012, www.forbes.com/sites/andrewbender/2012/01/30/record-number-of-americans-now-hold-passports.

30. *The Economist*, "Coming to a Beach Near You," April 2014. http://www.economist.com/news/international/21601028-how-growing-chinese-middle-class-changing-global-tourism-industry-coming.
31. *2012 Open Doors Report*, Institute of International Education, 2012.
32. Daniel Gross, "Myth of decline: US is stronger and faster than anywhere else," *Newsweek*, April 30, 2012, www.newsweek.com/myth-decline-us-stronger-and-faster-anywhere-else-64093.
33. Facebook website, http://newsroom.fb.com/company-info/; Kishore Mahbubani, "The global village has arrived," IMF, *Finance & Development* 49, no. 3, September 2012.
34. Manyika et al., "Global flows in a digital age."
35. Matthieu Pélissié du Rausas, James Manyika, Eric Hazan, Jacques Bughin, Michael Chui, and Rémi Said, *Internet matters: The Net's sweeping impact on growth, jobs, and prosperity*, McKinsey Global Institute, May 2011.
36. Olivia Nottebohm, James Manyika, Jacques Bughin, Michael Chui, and Abdur-Rahim Syed, *Online and upcoming: The Internet's impact on aspiring countries*, McKinsey & Company, January 2012.
37. *eTransform Africa: The transformational use of information and communication technologies in Africa*, World Bank and African Development Bank, December 2012; International Telecommunication Union statistics, 2012.
38. James Manyika, Armando Cabral, Lohini Moodley, Safroadu Yeboah-Amankwah, Suraj Moraje, Michael Chui, Jerry Anthonyrajah, and Ache Leke, *Lions go digital: The Internet's transformative potential in Africa*, McKinsey Global Institute, November 2013.
39. Damian Hattingh, Bill Russo, Ade Sun-Basorun, and Arend Van Wamelen, *The rise of the African consumer*, McKinsey & Company, October 2012.
40. Manyika et al., *Lions go digital.*
41. Michelle Atanga, "MTN ready to pour $400m into Africa and Middle East start-ups," VentureBurn, December 20, 2013, http://ventureburn.com/2013/12/mtn-ready-to-pour-in-400m-into-africa-middle-east-start-ups.
42. David Okwii, "Rocket Internet VC and start-up incubator takes on the Ugandan Internet space," Dignited, June 6, 2014, www.dignited.com/7977/rocket-internet-vc-start-up-incubator-takes-ugandan-internet-space.
43. Jonathan Cummings, James Manyika, Lenny Mendonca, Ezra Greenberg, Steven Aronowitz, Rohit Chopra, Katy Elkin, Sreenivas Ramaswamy, Jimmy Soni, and Allison Watson, *Growth and competitiveness in the United States: The role of its multinational companies*, McKinsey Global Institute, June 2010.
44. Manyika et al., "Global flows in a digital age."
45. Ibid.
46. Manyika et al., "Global flows in a digital age"; Pankaj Ghemawat and Steven A. Altman, "DHL Global Connectedness Index 2014," www.dhl.com/en/about_us/logistics_insights/studies_research/global_connectedness_index/global_connectedness_index.html#.VHnZWMkXn4Y.
47. "GE partners with the Millennium Challenge Corporation to provide $500 million in financing to Ghana 1000 project" (press release), August 5, 2014, http://allafrica.com/stories/201408061542.html; "GE to invest $2 billion in Africa by 2018" (press release), Business Wire, August 4, 2014, www.businesswire.com/news/home/20140803005030/en/GE-Invest-2-Billion-Africa-2018#.VDQoFvk7u-0.
48. Daniel Gross, "Coke applies supply-chain expertise to deliver AIDS drugs in Africa," The Daily Beast, September 25, 2012, www.thedailybeast.com/articles/2012/09/25/coke-applies-supply-chain-expertise-to-deliver-aids-drugs-in-africa.html.
49. Kenneth Rogoff, "Can Greece avoid the lion," *Project Syndicate*, February 3, 2010, www.project-syndicate.org/commentary/can-greece-avoid-the-lion-.
50. Stephen Hall, Dan Lovallo, and Reinier Musters, "How to put your money where your strategy is,"

economy, McKinsey Global Institute, April 2014.
4. "Leading in the 21st century: An interview with Shell's Ann Pickard," McKinsey & Company, June 2014.
5. IMF e-library; Graeme Wearden, "IMF: World economy to shrink for first time in 60 years in 'Great Recession,'" *Guardian* (Manchester), March 10, 2009, www.theguardian.com/business/2009/mar/10/imf-great-recession.
6. Manyika et al., "Global flows in a digital age."
7. Ibid.
8. Ibid.
9. Ibid.
10. Ibid.
11. *South-South Trade Monitor*, no. 2, UNCTAD, July 2013; Manyika et al., *Global flows in a digital age*.
12. Dambisa Moyo, "China helps Africa to develop," *Huffington Post World Post*, March 31, 2014, www.huffingtonpost.com/dambisa-moyo/china-is-helping-emerging_b_5051623.html.
13. Manyika et al., "Global flows in a digital age."
14. Ibid.
15. Ibid.
16. Susan Lund, Toos Daruvala, Richard Dobbs, Philipp Härle, Ju-Hon Kwek, and Ricardo Falcón, *Financial globalization: Retreat or reset?* McKinsey Global Institute, March 2013.
17. Claire Gatinois, "Portugal indebted to Angola after economic reversal of fortune," *Guardian Weekly* (London), June 3, 2014, www.theguardian.com/world/2014/jun/03/portugal-economy-bailout-angola-invests.
18. Pankaj Mishra, "Infosys CEO SD Shibulal owns 700+ apartments in Seattle; now buying in Berlin, Frankfurt," *The Economic Times*, June 23, 2014, http://articles.economictimes.indiatimes.com/2014-06-23/news/50798685_1_shruti-shibulal-infosys-ceo-sd-shibulal-tamara-coorg.
19. "Bright Food said to pay $960 million for Tnuva stake," *Bloomberg News*, May 22, 2014, www.bloomberg.com/news/2014-05-22/bright-food-said-to-pay-960-million-for-tnuva-stake.html.
20. Manyika et al., "Global flows in a digital age."
21. Charles Roxburgh, Susan Lund, Richard Dobbs, James Manyika, and Haihao Wu, *The emerging equity gap: Growth and stability in the new investor landscape*, McKinsey Global Institute, December 2011.
22. Lund et al., *Financial globalization*.
23. UN Department of Economic and Social Affairs, "Trends in total migrant stock: The 2005 tevision," February 2006, www.un.org/esa/population/publications/migration/UN_Migrant_Stock_Documentation_2005.pdf; "Number of international migrants rises above 232 million, UN reports" (press release), United Nations News Centre, September 11, 2013, www.un.org/apps/news/story.asp?NewsID=45819&Cr=migrants&Cr1=#.U9_jcendvp0.
24. Mary Medeiros Kent, "More US scientists and engineers are foreign-born," Population Reference Bureau, January 2011, www.prb.org/Publications/Articles/2011/usforeignbornstem.aspx.
25. James Fontanella-Khan, "Romanians despair that wealthy Britain is taking all their doctors," *Financial Times* (London), January 14, 2014, www.ft.com/cms/s/0/f4c0b734-7c70-11e3-b514-00144feabdc0.html#axzz3bwxijwoo.
26. Maram Hussein, "Bangladeshi expats happy to work in Qatar, says envoy," Qatar Tribune, October 7, 2013, www.qatar-tribune.com/viewnews.aspx?N=DD3FCF9D-5E03-47DC-B8AF-EFFDB77AF298&d=20131007; http://unbconnect.com/tofail-qatar/#&panel1-1.
27. Damien Cave, "Migrants' new paths reshaping Latin America," *New York Times*, January 5, 2012, www.nytimes.com/2012/01/06/world/americas/migrants-new-paths-reshaping-latin-america.html?Pagewanted=all&_r=0.
28. *UNWTO Tourism Highlights*, 2013 edition, United Nations World Tourism Organization; *Economic Impact of Travel & Tourism 2013 Annual Update*, World Travel & Tourism Council, 2013.
29. "US passports issued per fiscal year (2013–1996)," US Department of State, http://travel.state.gov/

trends will shape the consumer landscape," *McKinsey Consumer and Shopper Insights*, May 2010.
55. Ibid.
56. Ibid.
57. Yuval Atsmon and Max Magni, "Meet the Chinese consumer of 2020," *McKinsey Quarterly*, March 2012.
58. www.eldertreks.com.
59. PT, "Thomas Cook launches 'Silver Breaks' for elderly travellers," *The Hindu* (Chennai), June 15, 2014, www.thehindubusinessline.com/companies/thomas-cook-launches-silver-breaks-for-elderly-travellers/article6116909.ece.
60. http://info.singtel.com/personal/silverline.
61. www.youtube.com/watch?v=vilUhBhNnQc.
62. "Depend and the great American try on: Repositioning incontinence from the bathroom to the forefront of pop culture," PRWeek Awards 2013, http://awards.prweekus.com/depend-and-great-american-try-repositioning-incontinence-bathroom-forefront-pop-culture.
63. Olivia Goh, "Successful ageing—a review of Singapore's policy approaches," Civil Service College Singapore, Ethos, no. 1, October 2006, www.cscollege.gov.sg/Knowledge/Ethos/Issue%201%20Oct%202006/Pages/Successful-Ageing-A-Review-of-Singapores-Policy-Approaches.aspx.
64. United Nations Department of Economic and Social Affairs, Population Division, "Magnitude and speed of population ageing," chapter 2 in *World Population Ageing 1950–2050* (NY: UN, 2002), www.un.org/esa/population/publications/worldageing19502050/pdf/80chapterii.pdf.
65. Mansoor Dalal, "Senior living India . . . a need whose time has come!!!" Association of Senior Living India, www.asli.org.in/page-seniorlivingindia.html.
66. Japan retail market, Japan Retail News, www.japanretailnews.com/japans-retail-market.html.
67. Adam Westlake, "Aeon opens senior-focused shopping center," *Japan Daily Press*, April 25, 2012, http://japandailypress.com/aeon-opens-senior-focused-shopping-center-251330/; Louise Lucas, "Retailers target grey spending power," Financial Times (London), August 14, 2012, www.ft.com/cms/s/0/bb60a5b2-e608-11e1-a430-00144feab49a.html #axzz3blwglwyg.
68. Christophe Nedopil, Youse and Bradley Schurman, "Age friendly banking: A global overview of best practices," AARP, June 27, 2014, www.aarpinternational.org/resource-library/resources/age-friendly-banking-a-global-overview-of-best-practices.
69. "Amazon launches 50+ Active and Healthy Living Store featuring hundreds of thousands of items in one single destination" (press release), Business Wire, April 15, 2013, www.businesswire.com/news/home/20130415005498/en/Amazon-Launches-50-Active-Healthy-Living-Store#.U_s3ycwwkpc.
70. Roger Blitz, "Saga tests the water for stock market debut," *Financial Times* (London), February 16, 2014, www.ft.com/cms/s/0/55288bfc-970f-11e3-809f-00144feab7de.html; Saga market capitalisation, Hargreaves Lansdown, www.hl.co.uk/shares/shares-search-results/s/saga-plc-ordinary-1p.
71. www.cognifit.com.
72. "Raku-Raku phone series reaches 20 million unit sales in Japan" (press release), NTT docomo, July 22, 2011, www.nttdocomo.co.jp/english/info/media_center/pr/2011/001534.html.
73. David Pierce, "Fujitsu's futuristic cane does so much more than help you walk," The Verge, February 27, 2013, www.theverge.com/2013/2/27/4036228/fujitsus-futuristic-next-generation-cane-hands-on.

【第4章】

1. Melody Ng, "Shanghai Pudong Airport to build world's biggest satellite concourse," The Moodie Report, February 10, 2014, www.moodiereport.com/document.php?doc_id=38312.
2. "Ever wondered how everything you buy from China gets here? Welcome to the port of Shanghai—the size of 470 football pitches," *Daily Mail* (London), October 29, 2013, www.dailymail.co.uk/news/article-2478975/Shanghai-port-worlds-busiest-handles-736m-tonnes-year.html.
3. James Manyika, Jacques Bughin, Susan Lund, Olivia Nottebohm, David Poulter, Sebastian Jauch, and Sree Ramaswamy, *Global flows in a digitalage: How trade, finance, people, and data connect the world*

27. Benjamin Shobert, "Bank on it," Slate, November 5, 2013, www.slate.com/articles/technology/future_tense/2013/11/feng_kexiong_s_volunteer_bank_plan_to_care_for_china_s_elderly.html.
28. James Manyika, Michael Chui, Jacques Bughin, Richard Dobbs, Peter Bisson, and Alex Marrs, *Disruptive technologies: Advances that will transform life, business, and the global economy*, McKinsey Global Institute, May 2013.
29. Ibid.
30. Peter Baker, "Kagan is sworn in as the fourth woman, and 112th justice, on the Supreme Court," *New York Times*, August 7, 2010, www.nytimes.com/2010/08/08/us/08kagan.html?_r=0
31. Dobbs et al., "The world at work."
32. MGI analysis: Demographics and Employment, 2014.
33. Ibid.
34. Dobbs et al., "The world at work."
35. O'Connor, "World will have 13 'super-aged' nations by 2020."
36. Dobbs et al., "The world at work."
37. Suzanne Daley and Nicholas Kulish, "Germany fights population drop," *New York Times*, August 13, 2013.
38. "China reforms: One-child policy to be relaxed," BBC.com, November 15, 2013, www.bbc.com/news/world-asia-china-24957303; "Women at Work," *Finance & Development*, volume 50, number 2, International Monetary Fund, June 2013, www.imf.org/external/pubs/ft/fandd/2013/06/pdf/fd0613.pdf.
39. Dobbs et al., "The world at work."
40. Ibid.
41. Ibid.
42. Ibid.
43. *Global aging 2013: Rising to the challenge*, Standard & Poor's, March 20, 2013, www.mhfigi.com/societal-trends/global-aging-2013-rising-to-the-challenge.
44. Rafal Chomik and Edward R. Whitehouse, *Trends in pension eligibility ages and life expectancy, 1950–2050*, OECD Social, Employment and Migration working papers number 105, 2010.
45. Szu Ping Chan, "Pensions free-for-all 'risks leaving millions in poverty,'" *Telegraph* (London), March 29, 2014, www.telegraph.co.uk/finance/personalfinance/pensions/10732126/Pensions-free-for-all-risks-leaving-millions-in-poverty.html.
46. Barbara A. Butrica, Howard M. Iams, Karen E. Smith, and Eric J. Toder, "The disappearing defined benefit pension and its potential impact on the retirement incomes of baby boomers," US Social Security Administration, *Social Security Bulletin* 69, no. 3, 2009, www.ssa.gov/policy/docs/ssb/v69n3/v69n3p1.html. More recent data from National Compensation Survey, US Bureau of Labor Statistics, March 2013.
47. "Defined benefit pensions: Plan freezes affect millions of participants and may pose retirement income challenges," US Government Accountability Office, 2008, www.gao.gov/new.items/d08817.pdf.
48. "Working longer: Older Americans' attitudes on work and retirement," Associated Press–NORC Center for Public Affairs Research, 2013, www.apnorc.org/projects/Pages/working-longer-older-americans-attitudes-on-work-and-retirement.aspx.
49. "Leading in the 21st century: An interview with HCA CEO Richard Bracken," McKinsey & Company, November 2013.
50. Rebecca L. Ray et al., *The state of human capital: False summit*, McKinsey & Company and The Conference Board, October 2012; *Sustainability report 2008*, Toyota Motor Corporation, July 2008, www.toyota-global.com/sustainability/report/sr/08/pdf/sustainability_report08.pdf.
51. *French employment 2020: Five priorities for action*, McKinsey Global Institute, May 2012.
52. Ibid.; "Older employees driving value," News and views, Centrica, October 1, 2013, www.centrica.com/index.asp?Pageid=1042&blogid=695.
53. *Innovative Practices Executive Case Report No. 5*, Sloan Center on Aging and Work, 2012.
54. Georges Desvaux and Baudouin Regout, "Meeting the 2030 French consumer: How European-wide

2014, http://gigaom.com/2014/06/19/axel-springer-invests-in-privacy-friendly-search-start-up-qwant.

【第3章】

1. Awesome-o, "Robovie R3 unveiled," Robotics Zeitgeist, April 22, 2010, http://robotzeitgeist.com/2010/04/robovie-r3-unveiled.html.
2. "Field listing: Median age," The World Factbook, US Central Intelligence Agency, www.cia.gov/library/publications/the-world-factbook/fields/2177.html; "Population ages 65 and above (% of total)," World Bank database, http://data.worldbank.org/indicator/SP.POP.65UP.TO.ZS.
3. "Fertility rate, total (births per woman)," World Bank database, http://data.worldbank.org/indicator/SP.DYN.TFRT.IN.
4. Daniel Gross, "Why Japan isn't rising," Slate, July 18, 2009, www.slate.com/articles/business/moneybox/2009/07/why_japan_isnt_rising.html.
5. "South Asia: Pakistan," The World Factbook, US Central Intelligence Agency, www.cia.gov/library/publications/the-world-factbook/geos/pk.html.
6. "Country comparison: Total fertility rate," The World Factbook, US Central Intelligence Agency, www.cia.gov/library/publications/the-world-factbook/rankorder/2127rank.html.
7. Elizabeth Kolbert, "Head count," *New Yorker*, October 21, 2013, www.newyorker.com/arts/critics/books/2013/10/21/131021crbo_books_kolbert?Currentpage=2.
8. "Country comparison," The World Factbook.
9. Ibid.
10. MGI analysis: Demographics and Employment, 2014.
11. Ibid.
12. Ibid.
13. Jay Winter and Michael Teitelbaum, *The Global Spread of Fertility Decline: Population, Fear, and Uncertainty* (New Haven, CT: Yale University Press, 2013).
14. "Fertility rate, total," World Bank database.
15. MGI analysis: Demographics and Employment, 2014.
16. "EU27 population is expected to peak by around 2040" (press release), Eurostat, European Commission, June 8, 2011, http://epp.eurostat.ec.europa.eu/cache/ITY_PUBLIC/3-08062011-BP/EN/3-08062011-BP-EN.PDF.
17. *The 2012 ageing report: Economic and budgetary projections for the 27 EU member states (2010–2060)*, European Commission, February 2012, http://ec.europa.eu/economy_finance/publications/european_economy/2012/pdf/ee-2012-2_en.pdf.
18. *The 2012 ageing report: Underlying assumptions and projection methodologies*, European Commission, April 2011, http://ec.europa.eu/economy_finance/publications/european_economy/2011/pdf/ee-2011-4_en.pdf.
19. Ibid.
20. MGI analysis: Demographics and Employment, 2014.
21. *World population prospects: The 2012 revision*, United Nations Department of Economic and Social Affairs, Population Division, June 2013, http://esa.un.org/wpp.
22. Ibid.
23. Sarah O'Connor, "World will have 13 'super-aged' nations by 2020," *Financial Times* (London), August 6, 2014, www.ft.com/cms/s/0/f356f8a0-1d8c-11e4-8f0c-00144feabdc0.html.
24. "Dean Xie Danyang blueprints Wuhan's future: An international city in 2040" (press release), EMBA Education Center of Wuhan University, April 16, 2014, http://emba.whu.edu.cn/en/News/News/2014-04-16/1287.php.
25. "Field listing: Median age," The World Factbook.
26. Richard Dobbs, Anu Madgavkar, Dominic Barton, Eric Labaye, James Minyika, Charles Roxburgh, Susan Lund, and Siddarth Madhav, "The world at work: Jobs, pay, and skills for 3.5 billion people," June 2012, McKinsey & Company.

63. Graham Ruddick, "Families snack on graze boxes," *Telegraph* (London), November 10, 2013, www.telegraph.co.uk/finance/newsbysector/retailandconsumer/10439490/Families-snack-on-graze-boxes.html.

64. Doni Bloomfield, "New York Times drops after forecasting decline in ad revenue," Bloomberg, October 2014, www.bloomberg.com/news/2014-10-30/new-york-times-beats-earnings-estimates-as-online-ads-increase.html.

65. "Paywalls open doors," *The Economist*, March 27, 2014, www.economist.com/blogs/babbage/2014/03/start-ups-slovakia.

66. Rick Edmonds, "Slovakian Piano Media acquires Press+ and aims to take paid digital content global," Poynter.org, September 8, 2014, www.poynter.org/latest-news/business-news/266839/slovakian-piano-media-acquires-press-and-aims-to-take-paid-digital-content-global.

67. Misty White Sidell, "Is this the future of make-up? New 3-D printer lets you create unlimited lipstick and eyeshadow at home—for $200," *Daily Mail* (London), May 6, 2014, www.dailymail.co.uk/femail/article-2621837/Is-future-make-New-3-D-printer-lets-create-unlimited-lipstick-eyeshadow-home-200.html.

68. Ben Elgin, "Google buys Android for its mobile arsenal," Bloomberg BusinessWeek, August 16, 2005, www.businessweek.com/stories/2005-08-16/google-buys-android-for-its-mobile-arsenal.

69. Stephen Baker, "Google-YouTube: Was it worth $1.6 billion?," *Bloomberg BusinessWeek*, May 21, 2008, www.businessweek.com/stories/2008-05-21/google-youtube-was-it-worth-1-dot-6-billion.

70. Larry Page, *Larry Page at Zeitgeist Americas 2013*, YouTube video clip, September 20, 2013.

71. Christina Farr, "Tech IPOs in 2013: Enterprise rules, and a watershed ecommerce moment," VentureBeat, December 26, 2013, http://venturebeat.com/2013/12/26/tech-ipos-in-2013-enterprise-rules-and-a-watershed-e-commerce-moment.

72. www.gegarages.com.

73. http://digital-accelerator.com.

74. "Walgreens appoints Sonia Chawla to newly created role as president of digital and chief marketing officer" (press release), Walgreens, November 21, 2013, http://news.walgreens.com/articledisplay.cfm?Articleid=5823.

75. "Walgreen to buy drugstore.com," Dealbook, *New York Times*, March 24, 2011, http://dealbook.nytimes.com/2011/03/24/walgreens-to-buy-drugstore-com.

76. Brian T. Horowitz, "Walgreens opens API for mobile prescription scanning to developers," eWeek.com, February 13, 2013, www.eweek.com/developer/walgreens-opens-api-for-mobile-prescription-scanning-to-developers/?Bcsi-ac-e9597abe29b9070f=225a122e00000005 1s0pg2wbcqfx1kzbtjdvptjxtbqmaaaabqaaaitsggdaqaaaaaaaakxbcqa=; Adam Pressman and Deepika Pandey, "Chains need to go beyond multichannel, omnichannel," *Chain Drug Review*, October 28, 2013, www.chaindrugreview.com/inside-this-issue/opinion/10-28-2013/chains-need-to-go-beyond-multichannel-omnichannel.

77. Michael Zennie and Louise Boyle, "Billion dollar deal makes 26-year-old America's next tech tycoon: High school drop-out behind blogging site Tumblr sells it to Marissa Mayer's Yahoo," *Daily Mail* (London), May 19, 2013, www.dailymail.co.uk/news/article-2326998/Yahoo-buys-Tumblr-1-1billion-Founder-David-Karp-tech-tycoon.html.

78. Sarah Perez, "@WalmartLabs buys adtech start-up Adchemy, its biggest talent deal yet," TechCrunch, May 5, 2014, http://techcrunch.com/2014/05/05/walmartlabs-buys-adtech-start-up-adchemy-its-biggest-talent-deal-yet.

79. www.sephora.com/about-us; Jason Del Rey, "In-store tech is so hot right now: Sephora acquires fragrance software start-up Scentsa," All Things D, August 7, 2013, http://allthingsd.com/20130807/in-store-tech-is-so-hot-right-now-sephora-acquires-fragrance-software-start-up-scentsa.

80. Colin Morrison, "How Axel Springer can be a digital media champion," Flashes and Flames, April 25, 2014, www.flashesandflames.com/2014/04/how-axel-springer-can-become-a-digital-media-champion.

81. Ibid.

82. David Meyer, "Axel Springer invests in privacy-friendly search start-up Qwant," Gigaom, June 19,

2014.
40. Matthieu Pélissié du Rausas, James Manyika, Eric Hazan, Jacques Bughin, Michael Chui, and Rémi Said, *Internet matters: The Net's sweeping impact on growth, jobs, and prosperity*, McKinsey Global Institute, May 2011.
41. Jacques Bughin and James Manyika, "Measuring the full impact of digital capital," *McKinsey Quarterly*, July 2013.
42. Richard D. Kahlenberg, *Broken Contract: A Memoir of Harvard Law School* (NY: Hill and Wang, 1992).
43. "Creative destruction whips through corporate America," Innosight Executive Briefing, winter 2012, www.innosight.com/innovation-resources/strategy-innovation/upload/creative-destruction-whips-through-corporate-america_final2012.pdf.
44. Ibid.
45. Ibid.
46. Bill Gurley, "A deeper look at Uber's dynamic pricing model," Above the Crowd, March 11, 2014, http://abovethecrowd.com/2014/03/11/a-deeper-look-at-ubers-dynamic-pricing-model/; Matthew Panzarino, "Leaked Uber numbers, which we've confirmed, point to over $1B gross, $213M revenue," TechCrunch, December 4, 2013, http://techcrunch.com/2013/12/04/leaked-uber-numbers-which-weve-confirmed-point-to-over-1b-gross-revenue-213m-revenue.
47. Salvador Rodriguez, "Lyft surpasses 1 million rides, expands to Washington, D.C.," *Los Angeles Times*, August 9, 2013, http://articles.latimes.com/2013/aug/09/business/la-fi-tn-lyft-1-million-washington-dc-20130808.
48. "AHA statistical update: Heart disease and stroke statistics—2013 update," American Heart Association, *Circulation* 2013:127:e6–e245, December 12, 2012.
49. "Medtronic launches CareLink Express™ Service" (press release), Medtronic, August 14, 2012, http://newsroom.medtronic.com/phoenix.zhtml?C=251324&p=irol-newsarticle&ID=1769548.
50. Amy Dockser Marcus and Christopher Weaver, "Heart gadgets test privacy-law limits," *Wall Street Journal*, November 28, 2012, http://online.wsj.com/news/articles/SB1000142405297020393700457807882087474 4076.
51. Kiva website: www.kiva.org/about.
52. Kickstarter website: www.kickstarter.com/help/stats?ref=footer.
53. Martin Hirt and Paul Willmott, "Strategic principles for competing in the digital age," *McKinsey Quarterly*, May 2014.
54. Amit Chowdhry, "WhatsApp hits 500 million users," Forbes.com, April 22, 2014, www.forbes.com/sites/amitchowdhry/2014/04/22/whatsapp-hits-500-million-users.
55. Darrell Etherington, "Snapchat accounts for more photo shares than Instagram as pic sharing set to double in 2013," TechCrunch, May 29, 2013, http://techcrunch.com/2013/05/29/snapchat-accounts-for-more-photo-shares-than-instagram-as-pic-sharing-set-to-double-in-2013.
56. Jacques Bughin, Michael Chui, and James Manyika, "Ten IT-enabled business trends for the decade ahead," *McKinsey on Business Technology* 33, spring 2014; Panzarino, "Leaked Uber numbers"; Rodriguez, "Lyft surpasses 1 million rides."
57. Francesco Banfi, Paul-Louis Caylar, Ewan Duncan, and Ken Kajii, "Ejourney: Digital marketing and the 'path to purchase,'" McKinsey & Company, January 2013.
58. http://uk.burberry.com/store-locator/regent-street-store.
59. Matthieu Pélissié du Rausas, James Manyika, Eric Hazan, Jacques Bughin, Michael Chui, and Rémi Said, *Internet matters: The Net's sweeping impact on growth, jobs, and prosperity*, McKinsey Global Institute, May 2011.
60. www.linkedin.com/mnyfe/subscriptionv2?displayProducts=&trk=nav_responsive_sub_nav_upgrade.
61. *2013 Annual Report*, LinkedIn, April 2014, http://investors.linkedin.com/annuals.cfm.
62. "Glossybox flogs 4 million boxes within two and a half years," deutschestart-ups.com, July 9, 2013, www.deutsche-start-ups.com/2013/07/09/glossybox-flogs-4-million-boxes-within-two-and-a-half-years.

19. Exhibit E3; Manyika et al., *Disruptive technologies.*
20. Ashlee Vance, "Illumina's DNA supercomputer ushers in the $1,000 human genome," *Bloomberg Businessweek*, January 14, 2014, www.businessweek.com/articles/2014-01-14/illuminas-dna-supercomputer-ushers-in-the-1-000-human-genome.
21. Manyika et al., *Disruptive technologies*, and accompanying slideshow "A Gallery of Disruptive Technologies."
22. Ibid.
23. Joseph Bradley, Joel Barbier, and Doug Handler, "Embracing the Internet of everything to capture your share of $14.4 trillion," Cisco Systems, February 12, 2013.
24. Manyika et al., *Disruptive technologies.*
25. HowieT, "The big bang: How the big data explosion is changing the world," Microsoft UK Enterprise Insights Blog, April 15, 2013, http://blogs.msdn.com/b/microsoftenterpriseinsight/archive/2013/04/15/the-big-bang-how-the-big-data-explosion-is-changing-the-world.aspx.
26. James Manyika, Michael Chui, Brad Brown, Jacques Bughin, Richard Dobbs, Charles Roxburgh, and Angela Hung Byers, *Big data: The next frontier for innovation, competition, and productivity*, McKinsey Global Institute, May 2011.
27. As data proliferates, larger units of measurement are needed to describe storage space: 1,024 gigabytes = 1 terabyte; 1,024 terabytes = 1 petabyte; 1,024 petabytes = 1 exabyte; John Gantz and David Reinsel, "The digital universe in 2020: Big data, bigger digital shadows, and biggest growth in the Far East," IDC, EMC Corporation, December 2012, www.emc.com/collateral/analyst-reports/idc-the-digital-universe-in-2020.pdf.
28. James Manyika, Jacques Bughin, Susan Lund, Olivia Nottebohm, David Poulter, Sebastian Jauch, and Sree Ramaswamy, *Global flows in a digital age: How trade, finance, people, and data connect the world economy*, McKinsey Global Institute, April 2014.
29. James Manyika, Michael Chui, Diana Farrell, Steve Van Kuiken, Peter Groves, and Elizabeth Almasi Doshi, *Open data: Unlocking innovation and performance with liquid information*, McKinsey Global Institute, McKinsey Center for Government, and McKinsey Business Technology Office, October 2013.
30. "Innovation in government: Kenya and Georgia," McKinsey & Company, September 2011.
31. Blair Claflin, "Employees use skills to reduce traffic congestion in Pune," Cummins Inc., www.cummins.com/cmi/navigationAction.do?nodeId=219&siteId=1&nodeName=Reducing+Traffic+in+Pune&menuId=1050.
32. "Haiti," Humanitarian OpenStreetMap Team, http://hot.openstreetmap.org/projects/haiti-2.
33. Michael Chui, James Manyika, Jacques Bughin, Richard Dobbs, Charles Roxburgh, Hugo Sarrazin, Geoffrey Sands and Magdalena Westergren, *The social economy: Unlocking productivity and value through social technologies*, McKinsey Global Institute, July 2012.
34. Drew DeSilver, "Overseas users power Facebook's growth; more going mobile-only," Pew Research Center Fact Tank, February 4, 2014, www.pewresearch.org/fact-tank/2014/02/04/overseas-users-power-facebooks-growth-more-going-mobile-only.
35. Josh Ong, "Tencent's WeChat messaging app passes 300m users, adding its latest 100m in just 4 months," The Next Web, January 16, 2013, http://thenextweb.com/asia/2013/01/16/tencents-wechat-tops-300-million-users-days-before-its-second-birthday/1.
36. MG Siegler, "App Store now has 150,000 apps. Great news for the iPad: Paid books rule," TechCrunch, February 12, 2010, http://techcrunch.com/2010/02/12/app-store-numbers-books-ipad.
37. Seth Fiegerman, "Apple App Store tops 75 billion downloads," Mashable, June 2, 2014, http://mashable.com/2014/06/02/apple-app-store-stats-2014.
38. Manyika et al., *Disruptive technologies*,; Nirmalya Chatterjee, "Global industrial robotics market (products, functions, applications and geography)—global analysis, industry growth, trends, size, share, opportunities and forecast—2013–2020," Allied Market Research, May 2014, www.alliedmarketresearch.com/industrial-robotics-market.
39. "Cisco Visual Networking Index: Forecast and methodology, 2013–2018," Cisco Systems, June 10,

be-%E2%80%98reprogrammed%E2%80%99.
32. "Visual explorations of urban mobility: Traffic origins," Senseable City Lab, Massachusetts Institute of Technology, http://senseable.mit.edu/visual-explorations-urban-mobility/traffic-origins.html
33. Raoul Oberman, Richard Dobbs, Arief Budiman, Fraser Thompson, and Morten Rossé, *The archipelago economy: Unleashing Indonesia's potential*, McKinsey Global Institute, September 2012.
34. Mercer, "2014 cost of living survey rankings," July 2014, www.mercer.com/newsroom/cost-of-living-survey.html.
35. "Panasonic to pay China workers pollution compensation," BBC.com, March 12, 2014, www.bbc.com/news/business-26555874.
36. "Ghanaian city to get a skytrain," *African Review of Business and Technology*, March 14, 2014, www.africanreview.com/transport-a-logistics/rail/kumasi-metropolis-to-get-a-skytrain.

【第2章】

1. "The Knowledge," The London Taxi Experience, www.the-london-taxi.com/london_taxi_knowledge.
2. Brendan Greeley, "Cabsplaining: A London black car driver on the Uber protest," *Bloomberg Businessweek*, June 11, 2014, www.businessweek.com/articles/2014-06-11/cabsplaining-a-london-black-car-driver-on-the-uber-protest.
3. "Uber: Why London cabbies hate the taxi app," *The Week*, June 11, 2014, www.theweek.co.uk/uk-news/58491/uber-why-london-cabbies-hate-taxi-app.
4. Juliette Garside and Gwyn Topham, "Uber taxis face legal battles from London black-cab drivers," *Guardian* (Manchester), May 29, 2014, www.theguardian.com/uk-news/2014/may/29/uber-taxis-legal-battles-london-black-cab-drivers.
5. John Alridge, "Fare fight: It's Uber v Hailo v Addison Lee in London's taxi wars," *London Evening Standard*, January 17, 2014, www.standard.co.uk/lifestyle/esmagazine/fare-fight-its-uber-v-hailo-v-addison-lee-in-the-londons-taxi-wars-9064289.html.
6. "TripIndex Cities 2013," TripAdvisor United Kingdom, www.tripadvisor.co.uk/infocenter-a_ctr.tripindex_Cities_2013_UK.
7. "Hailo arrives in Cork" (press release), July 1, 2013, https://hailocab.com/ireland/press-releases/hailo-cork-release.
8. www.uber.com/cities.
9. Evelyn M. Rusli and Douglas MacMillan, "Uber gets an uber-valuation," *Wall Street Journal*, June 6, 2014, http://online.wsj.com/articles/uber-gets-uber-valuation-of-18-2-billion-1402073876.
10. Ian Silvera, "Uber CEO Travis Kalanick: We will have 42,000 London drivers in 2016," *International Business Times*, October 2014, http://www.ibtimes.co.uk/uber-ceo-travis-kalanick-we-will-have-42000-london-drivers-2016-1468436.
11. "Angry London cabbies attack Hailo taxi app office," BBC.com, May 22, 2014, www.bbc.co.uk/news/technology-27517914.
12. Rhiannon Williams, "Uber adds black cabs amid claims taxi strike 'could cost lives,'" *Telegraph* (London), June 11, 2014, www.telegraph.co.uk/technology/news/10891442/Uber-adds-black-cabs-amid-claims-taxi-strike-could-cost-lives.html.
13. "2,500,000 BCE to 8,000 BCE timeline," Jeremy Norman's HistoryofInformation. com, www.historyofinformation.com/expanded.php?Id=4071.
14. W. Brian Arthur, "The second economy," *McKinsey Quarterly*, October, 2011.
15. www.mooreslaw.org.
16. "Innovation in Cambridge: Human Genome Project," www.cambridgehistory.org/discover/innovation/HumanGenome.html.
17. James Manyika, Michael Chui, Jacques Bughin, Richard Dobbs, Peter Bisson, and Alex Marrs, *Disruptive technologies: Advances that will transform life, business, and the global economy*, McKinsey Global Institute, May 2013.
18. Ibid.

8. Yuval Atsmon, Peter Child, Richard Dobbs, and Laxman Narasimhan, "Winning the $30 trillion decathlon: Going for gold in emerging markets," *McKinsey Quarterly*, August 2012.
9. Dobbs et al., *Urban world: Cities and the rise of the consuming class.*
10. Exhibit E2; Dobbs et al., *Urban world: Cities and the rise of the consuming class.*
11. Ibid.
12. Richard Dobbs, Sven Smit, Jaana Remes, James Manyika, Charles Roxburgh, and Alejandra Restrepo, *Urban world: Mapping the economic power of cities*, McKinsey Global Institute, March 2011.
13. Bloomberg News, "Li Keqiang urges more urbanization to support China's growth," Bloomberg News, November 21, 2012, www.bloomberg.com/news/2012-11-21/li-keqiang-urges-deeper-urbanization-to-support-china-s-growth.html; UN Department of Economic and Social Affairs, World Urbanization prospects 2014 revision, http://esa.un.org/unpd/wup/CD-ROM/Default.aspx.
14. Daniel Gross, "The real China: Urban wealth, rural poverty," Yahoo Finance, November 7, 2011, http://finance.yahoo.com/blogs/daniel-gross/real-china-urban-wealth-rural-poverty-124416045.html.
15. Stephen S. Roach, "Generating 'next China,'" *China Daily USA*, September 1, 2012, http://usa.chinadaily.com.cn/opinion/2012-09/01/content_15725888.htm.
16. Ian Johnson, "China releases plan to incorporate farmers into cities," *New York Times*, March 17, 2013, www.nytimes.com/2014/03/18/world/asia/china-releases-plan-to-integrate-farmers-in-cities.html.
17. Dexter Roberts, "China wants its people in the cities," *Bloomberg Businessweek*, March 20, 2014, www.businessweek.com/articles/2014-03-20/china-wants-its-people-in-the-cities.
18. Richard Dobbs and Shirish Sankhe, "Comparing urbanization in China and India," McKinsey & Company, July 2010, www.mckinsey.com/insights/urbanization/comparing_urbanization_in_china_and_india.
19. *The Millennium Development Goals Report 2013*, United Nations, 2013, www.un.org/millenniumgoals/pdf/report-2013/mdg-report-2013-english.pdf.
20. Dobbs et al., "Urban world: Cities and the rise of the consuming class."
21. Exhibit 1; Yuval Atsmon, Peter Child, Richard Dobbs, and Laxman Narasimhan, "Winning the $30 trillion decathlon," August 2012.
22. Anne-Sylvaine Chassany, "Danone expands in Africa with 49% stake in dairy," *Financial Times* (London), October 24, 2013, www.ft.com/cms/s/0/7da59ec2-3cbe-11e3-86ef-00144feab7de.html#axzz3alaccule.
23. Shirish Sankhe, Ireena Vittal, Richard Dobbs, Ajit Mohan, Ankur Gulati, Jonathan Ablett, Shishir Gupta, Alex Kim, Sudipto Paul, Aditya Sanghvi, and Gurpreet Sethy, *India's urban awakening: Building inclusive cities, sustaining economic growth*, McKinsey Global Institute, April 2010.
24. Shirish Sankhe, Ireena Vittal, Richard Dobbs, Ajit Mohan, Ankur Gulati, Jonathan Ablett, Shishir Gupta, Alex Kim, Sudipto Paul, Aditya Sanghvi, and Gurpreet Sethy, *India's urban awakening: Building inclusive cities, sustaining economic growth*, McKinsey Global Institute, April 2010.
25. Department of population and economic affairs, "*World urbanization prospects, Highlights*," 2011, revision.
26. Department of population and economic affairs, "*World urbanization prospects, Highlights*"; Dobbs et al., *Urban world: Cities and the rise of the consuming class.*
27. Dobbs et al., *Urban world: Cities and the rise of the consuming class.*
28. Luís M. A. Bettencourt et al., "Urban scaling and its deviations: Revealing the structure of wealth, innovation, and crime across cities," *PLOS ONE*, November 10, 2010, www.plosone.org/article/info:doi/10.1371/journal.pone.0013541.
29. Scott Burnham, "Reprogramming the city: Can urban innovation meet growing needs?" *Guardian* (Manchester), September 28, 2013, www.theguardian.com/sustainable-business/reprogramming-city-urban-infrastructure-changes.
30. Ibid.
31. Scott Burnham, "Existing city infrastructure can be 'reprogrammed,'" *Green Futures Magazine*, September 26, 2013, www.forumforthefuture.org/greenfutures/articles/existing-city-infrastructure-can-

fertility/world-fertility-patterns-2013.pdf.
20. United Nations, "South-South Trade Monitor," No. 2, UNCTAD, July 2013; James Manyika, Jacques Bughin, Susan Lund, Olivia Nottebohm, David Poulter, Sebastian Jauch, and Sree Ramaswamy, *Global flows in a digital age: How trade, finance, people, and data connect the world economy*, McKinsey Global Institute, April 2014.
21. Dambisa Moyo, "China helps Africa to develop," *Huffington Post* World Post, March 31, 2014, www.huffingtonpost.com/dambisa-moyo/china-is-helping-emerging_b_5051623.html.
22. Manyika et al., *Global flows in a digital age*.
23. James Manyika, Susan Lund, Jacques Bughin, Kalin Stamenov, and Dhruv Dhringra, *Digital globalization: The new era of global flows*, McKinsey Global Institute, February 2016.
24. Richard Dobbs, Jeremy Oppenheim, Fraser Thompson, Marcel Brinkman, and Marc Zornes, *Resource revolution: Meeting the world's energy, materials, food, and water needs*, McKinsey Global Institute, November 2011.
25. Richard Dobbs, Tim Koller, Sree Ramaswamy, Jonathan Woetzel, James Manyika, Rohit Krishnan, and Nicoló Andreula, *Playing to win: The new global competition for corporate profits*, McKinsey Global Institute, September 2015.
26. Richard Dobbs, Jeremy Oppenheim, Adam Kendall, Fraser Thompson, Martin Bratt, and Fransje van der Marel, *Reverse the curse: Maximizing the potential of resource-driven economies*, McKinsey Global Institute, December 2013. As measured by the McKinsey Global Institute's Commodity Price Index of forty-three key commodities broken into four subgroups: energy, metals, food, and nonfood agricultural materials; Angus Maddison, *The World Economy: A Millennial Perspective*, vol. 1 (Paris: OECD Publishing, 2001).
27. Richard Dobbs, Anu Madgavakar, Dominic Barton, Eric Labaye, James Manyika, Charles Roxburgh, Susan Lund, and Siddarth Madhav, *The world at work: Jobs, pay, and skills for 3.5 billion people*, McKinsey Global Institute, June 2012.
28. Ibid.
29. Michael Chui, James Manyika, and Mehdi Miremadi, "Four fundamentals of workplace automation," *McKinsey Quarterly*, November 2015.
30. Dobbs et al., *The world at work*.

【第1章】

1. Based on Tuesday flight schedule, www.google.com/flights/#search;f=KMS;t=ACC;d=2014-09-02;r=2014-09-07;tt=o;q=kumasi+to+accra+direct+flights; based on Africa World Airlines advance promotional fare of GHS 75.
2. "2010 population and housing census: Summary report of final results," Ghana Statistical Service, May 2013, www.statsghana.gov.gh/docfiles/publications/2010_PHC_National_Analytical_Report.pdf; "The composite budget of the Kumasi Metropolitan Assembly for the 2013 fiscal year," Kumasi Metropolitan Assembly, Republic of Ghana, www.mofep.gov.gh/sites/default/files/budget/2013/AR/Kumasi.pdf.
3. "GNI per capita, PPP," World Bank database, http://databank.worldbank.org/data/download/GNIPC.pdf.
4. Richard Dobbs, Jaana Remes, James Manyika, Charles Roxburgh, Sven Smit, and Fabian Schaer, *Urban world: Cities and the rise of the consuming class*, McKinsey Global Institute, June 2012.
5. World Bank Database, http://data.worldbank.org/indicator/NY.GDP.MKTP.CD.
6. World Bank database; James Manyika, Jeff Sinclair, Richard Dobbs, Gernot Strube, Louis Rassey, Jan Mischke, Jaana Remes, Charles Roxburgh, Katy George, David O'Halloran, and Sreenivas Ramaswamy, *Manufacturing the future: The next era of global growth and innovation*, McKinsey Global Institute, November 2012.
7. Paul Hannon, "Emerging markets take largest share of international investment in 2013," *Wall Street Journal*, January 28, 2014, http://online.wsj.com/news/articles/SB10001424052702303553204579348372961110250; *Global Investment Trends Monitor* no. 15, United Nations Conference on Trade and Development, January 28, 2014, http://unctad.org/en/publicationslibrary/webdiaeia2014d1_en.pdf.

原注

【イントロダクション】

1. Adobe Digital Index, November 30, 2015, "Adobe data shows Cyber Monday largest online sales day in history with $3 billion," www.adobe.com/newsroom/pressreleases/201511/113015AdobeDataCyberMondaySales.html.
2. "Alibaba Singles' Day sales reach $14.3 billion, smashing record," *Bloomberg News*, November 11, 2015, www.bloomberg.com/news/articles/2015-11-10/whyalibaba-is-having-singles-day-in-beijing-for-first-time. Note that the etymology of Singles Day is also interesting. In Chinese, November 11 is "yao yao yao yao," and yao also means "me," so the day is all about "me."
3. "North Dakota field production of crude oil," Energy Information Administration, www.eia.gov.
4. Amit Chowdhry, "WhatsApp hits 500 million users," Forbes.com, April 22, 2014, www.forbes.com/sites/amitchowdhry/2014/04/22/whatsapp-hits-500-million-users.
5. PRNewswire, "Facebook reports fourth quarter and full year 2015 results," January 27, 2016, http://investor.fb.com/releasedetail.cfm?ReleaseID=952040.
6. Gardiner Harris, "On a shoestring, India sends orbiter to Mars on its first try," New York Times, September 25, 2014.
7. James H. Stock and Mark W. Watson, "Has the business cycle changed and why?," National Bureau of Economic Research working paper no. 9127, August 2002, www.nber.org/papers/w9127.
8. Richard Dobbs, Jaana Remes, Sven Smit, James Manyika, Jonathan Woetzel, and Yaw Agyenm-Boateng, *Urban world: The shifting global business landscape*, McKinsey Global Institute, October 2013.
9. Dominic Barton, Andrew Grant, and Michelle Horn, "Leading in the 21st century," *McKinsey Quarterly*, June 2012.
10. Richard Dobbs, Sven Smit, Jaana Remes, James Manyika, Charles Roxburgh, and Alejandra Restrepo, *Urban world: Mapping the economic power of cities*, McKinsey Global Institute, March 2011.
11. Richard Dobbs, Jaana Remes, James Manyika, Charles Roxburgh, Sven Smit, and Fabian Schaer, *Urban world: Cities and the rise of the consuming class*, McKinsey Global Institute, June 2012.
12. MGI Cityscope database. For more detail, you can explore the evolving urban world though the free Android and Apple iOS app Urban World.
13. Gisle Hannemyr, "The Internet as hyperbole: a critical examination of adoption rates," The Information Society, 2003; Jeremy Horwitz, "50 million iPods and Growing?" *iLounge*, April 17, 2006; Markus Daehne, *Skype Me! From Single User to Small Enterprise and Beyond* (Syngress, 2005), e-book; Don Reisinger, "Angry Birds Space: 50 million downloads in 35 days," *CNet*, April 30, 2012.
14. International Telecommunication Union, *World Telecommunication Development Report 1999*, October 1999, www.itu.int/ITU-D/ict/publications/wtdr_99/material/wtdr99s.pdf.
15. eMarketer, "Smartphone users worldwide will total 1.75 billion in 2014," eMarketer.com, January 16, 2014, www.emarketer.com/Article/Smartphone-Users-Worldwide-Will-Total-175-Billion-2014/1010536; "The state of broadband 2012: Achieving digital inclusion for all," Broadband Commission for Digital Development, September 2012, www.broadbandcommission.org/Documents/bb-annualreport2012.pdf.
16. www.prnewswire.com/news-releases/tencent-announces-2015-third-quarter-results-300175709.html.
17. Jay Winter and Michael Teitelbaum, *The Global Spread of Fertility Decline: Population, Fear, and Uncertainty* (New Haven, CT: Yale University Press, 2013).
18. European Commission, "The 2012 ageing report: Underlying assumptions and projection methodologies," Economic and Financial Affairs, April 2011, http://ec.europa.eu/economy_finance/publications/european_economy/2011/pdf/ee-2011-4_en.pdf.
19. United Nations, "World fertility patterns 2013," Department of Economic and Social Affairs, Population Division, January 2014, www.un.org/en/development/desa/population/publications/pdf/

Institute, May 2013.
Manyika, James, Michael Chui, Diana Farrell, Steve Van Kuiken, Peter Groves, and Elizabeth Almasi Doshi, *Open data: Unlocking innovation and performance with liquid information*, McKinsey Global Institute, McKinsey Center for Government, and McKinsey Business Technology Office, October 2013.
Manyika, James, David Hunt, Scott Nyquist, Jaana Remes, Vikram Malhotra, Lenny Mendonca, Byron Auguste, and Samantha Test, *Growth and renewal in the United States: Retooling America's economic engine*, McKinsey Global Institute, February 2011.
Manyika, James, Jaana Remes, Jonathan Woetzel. "A productivity perspective on the future of growth," *McKinsey Quarterly*, September 2014.
Manyika, James, Jeff Sinclair, Richard Dobbs, Gernot Strube, Louis Rassey, Jan Mischke, Jaana Remes, Charles Roxburgh, Katy George, David O'Halloran, and Sreenivas Ramaswamy, *Manufacturing the future: The next era of global growth and innovation*, McKinsey Global Institute, November 2012.
Nguyen, Hanh, Martin Stuchtey, and Markus Zils, "Remaking the industrial economy," *McKinsey Quarterly*, February 2014.
Pélissié du Rausas, Matthieu, James Manyika, Eric Hazan, Jacques Bughin, Michael Chui, and Rémi Said, *Internet matters: The Net's sweeping impact on growth, jobs, and prosperity*, McKinsey Global Institute, May 2011.
Reinhart, Carmen M., and Kenneth S. Rogoff , *Financial and sovereign debt crises: Some lessons learned and those forgotten*, IMF working paper no. 13/266, December 2013.
——, *This Time Is Diff erent: Eight Centuries of Financial Folly* (Princeton, NJ: Princeton University Press, 2011).
Sankhe, Shirish, Ireena Vittal, Richard Dobbs, Ajit Mohan, Ankur Gulati, Jonathan Ablett, Shishir Gupta, Alex Kim, Sudipto Paul, Aditya Sanghvi, and Gurpreet Sethy, *India's urban awakening: Building inclusive cities, sustaining economic growth*, McKinsey Global Institute, April 2010.
Spence, Michael, *The Next Convergence: The Future of Economic Growth in a Multispeed World* (New York: Farrar, Straus & Giroux, 2011).
Stock, James H., and Mark W. Watson, "Has the business cycle changed and why?," National Bureau of Economic Research working paper no. 9127, August 2002, www.nber.org/papers/w9127.
Towson, Jeffrey, and Jonathan Woetzel, "All you need to know about business in China," *McKinsey Quarterly*, April 2014.
United Nations, *World population prospects: The 2012 revision*, UN Department of Economic and Social Affairs, Population Division, June 2013, http://esa .un .org/wpp.
Winter, Jay, and Michael Teitelbaum, *The Global Spread of Fertility Decline: Population, Fear, and Uncertainty* (New Haven, CT: Yale University Press, 2013).
Woetzel, Jonathan, Gordon Orr, Alan Lau, Yougang Chen, Elsie Chang, Jeongmin Seong, Michael Chui, Autumn Qiu, *China's digital transformation: The Internet's impact on productivity and growth*, McKinsey Global Institute, July 2014.
World Bank and African Development Bank. *eTransform Africa: The transformational use of information and communication technologies in Africa*, World Bank and African Development Bank, December 2012.

November 2011.

Dobbs, Richard, Herbert Pohl, Diaan-Yi Lin, Jan Mischke, Nicklas Garemo, Jimmy Hexter, Stefan Matzinger, Robert Palter, and Rushad Nanavatty, *Infrastructure productivity: How to save $1 trillion a year*, McKinsey Global Institute, January 2013.

Dobbs, Richard, Jaana Remes, James Manyika, Charles Roxburgh, Sven Smit, and Fabian Schaer, *Urban world: Cities and the rise of the consuming class*, McKinsey Global Institute, June 2012.

Dobbs, Richard, Jaana Remes, Sven Smit, James Manyika, Jonathan Woetzel, and Yaw Agyenm-Boateng, *Urban world: The shifting global business landscape*, McKinsey Global Institute, October 2013.

Dobbs, Richard, and Shirish Sankhe, "Comparing urbanization in China and India," McKinsey & Company, July 2010.

Dobbs, Richard, Sven Smit, Jaana Remes, James Manyika, Charles Roxburgh, and Alejandra Restrepo, *Urban world: Mapping the economic power of cities*, McKinsey Global Institute, March 2011.

Doheny, Mike, Venu Nagali, and Florian Weig, "Agile Manufacturing for a volatile world case studies," McKinsey & Company, 2012.

Elstrodt, Heinz-Peter, James Manyika, Jaana Remes, Patricia Ellen, and César Martins, *Connecting Brazil to the world: A path to inclusive growth*, McKinsey Global Institute, May 2014.

European Commission, *The 2012 ageing report: Economic and budgetary projections for the 27 EU member states (2010–2060)*, European Commission, February 2012.

Garemo, Nicklas, Jan Mischke, and Jonathan Woetzel, "A dose of innovation to ease infrastructure strains?" *McKinsey Quarterly*, September 2014.

George, Katy, Sree Ramaswamy, and Lou Rassey, "Next-shoring: A CEO's guide," McKinsey & Company, January 2014.

Greenstone, Michael, and Adam Looney, *A strategy for America's energy future: Illuminating energy's full costs*, The Hamilton Project, Brookings Institution, May 2011.

Gupta, Rajat, Shirish Sankhe, Richard Dobbs, Jonathan Woetzel, Anu Madgavkar, and Ashwin Hasyagar, *From poverty to empowerment: India's imperative for jobs, growth, and eff ective basic services*, McKinsey Global Institute, February 2014.

Hattingh, Damian, Bill Russo, Ade Sun-Basorun, and Arend Van Wamelen, *The rise of the African consumer*, McKinsey & Company, October 2012.

Heck, Stefan, and Matt Rogers, *Resource Revolution: How to Capture the Biggest Business Opportunity in a Century* (New York: New Harvest, 2014).

Hirt, Martin, and Paul Willmott, "Strategic principles for competing in the digital age," *McKinsey Quarterly*, May 2014.

Li, Guangyu, and Jonathan Woetzel, "What China's fi ve-year plan means for business," *McKinsey Quarterly*, July 2011.

Lund, Susan, Toos Daruvala, Richard Dobbs, Philipp Härle, Ju-Hon Kwek, and Ricardo Falcón, *Financial globalization: Retreat or reset?*, McKinsey Global Institute, March 2013.

Ma, Guonan, and Wang Yi, *China's high saving rate: Myth and reality*, Bank for International Settlements working papers no. 312, June 2010.

Manyika, James, Jacques Bughin, Susan Lund, Olivia Nottebohm, David Poulter, Sebastian Jauch, and Sree Ramaswamy, *Global flows in a digital age: How trade, finance, people, and data connect the world economy*, McKinsey Global Institute, April 2014.

Manyika, James, Armando Cabral, Lohini Moodley, Safroadu Yeboah-Amankwah, Suraj Moraje, Michael Chui, Jerry Anthonyrajah, and Ache Leke, *Lions go digital: The Internet's transformative potential in Africa*, McKinsey Global Institute, November 2013.

Manyika, James, Michael Chui, Brad Brown, Jacques Bughin, Richard Dobbs, Charles Roxburgh, and Angela Hung Byers, Big data: *The next frontier for innovation, competition, and productivity*, McKinsey Global Institute, May 2011.

Manyika, James, Michael Chui, Jacques Bughin, Richard Dobbs, Peter Bisson, and Alex Marrs, *Disruptive technologies: Advances that will transform life, business, and the global economy*, McKinsey Global

参考文献

Atsmon, Yuval, Peter Child, Richard Dobbs, and Laxman Narasimhan, "Winning the $30 trillion decathlon: Going for gold in emerging markets," *McKinsey Quarterly*, August 2012.

Atsmon, Yuval, and Max Magni, "Meet the Chinese consumer of 2020," *McKinsey Quarterly*, March 2012.

Banfi , Francesco, Paul-Louis Caylar, Ewan Duncan, and Ken Kajii, "E-journey: Digital marketing and the 'path to purchase,'" McKinsey & Company, January 2013.

Barton, Dominic, Andrew Grant, and Michelle Horn, "Leading in the 21st century," *McKinsey Quarterly*, June 2012.

Barton, Dominic, and Mark Wiseman, "Focusing capital on the long term," *Harvard Business Review*, January–February 2014.

Bouton, Shannon, David Cis, Lenny Mendonca, Herbert Pohl, Jaana Remes, Henry Ritchie, and Jonathan Woetzel, *How to make a city great*, McKinsey & Company, September 2013.

Bouvard, François, Robert Carsouw, Eric Labaye, Alastair Levy, Lenny Mendonca, Jaana Remes, Charles Roxburgh, and Samantha Test, *Better for less: Improving public sector performance on a tight budget*, McKinsey & Company, July 2011.

Brynjolffson, Eric, and Andrew McAfee, *The Second Machine Age: Work, Progress, and Prosperity in a Time of Brillliant Technologies* (New York: W. W. Norton, 2014).

Bughin, Jacques, Michael Chui, and James Manyika, "Ten IT-enabled business trends for the decade ahead," *McKinsey on Business Technology* 33, spring 2014.

Bughin, Jacques, and James Manyika, "Measuring the full impact of digital capital," *McKinsey Quarterly*, July 2013.

Chatterjee, Ishan, Jöm Küpper, Christian Mariager, Patrick Moore, and Steve Reis, "The decade ahead: Trends that will shape the consumer goods industry," McKinsey & Company, December 2010.

Chomik, Rafal, and Edward R. Whitehouse, *Trends in pension eligibility ages and life expectancy, 1950–2050*, OECD Social, Employment and Migration working papers no. 105, 2010.

Chui, Michael, James Manyika, Jacques Bughin, Richard Dobbs, Charles Roxburgh, Hugo Sarrazin, Geoff rey Sands, and Magdalena Westergren, *The social economy: Unlocking productivity and value through social technologies*, McKinsey Global Institute, July 2012.

Clements, Benedict, Victoria Perry, and Juan Toro, *From stimulus to consolidation: Revenue and expenditure policies in advanced and emerging economies*, IMF, departmental paper no. 10/3, October 6, 2010, www.imf.org/external/pubs/ft /dp/2010/dp1003.pdf.

Cummings, Jonathan, James Manyika, Lenny Mendonca, Ezra Greenberg, Steven Aronowitz, Rohit Chopra, Katy Elkin, Sreenivas Ramaswamy, Jimmy Soni, and Allison Watson, *Growth and competitiveness in the United States: The role of its multinational companies*, McKinsey Global Institute, June 2010.

Dobbs, Richard, Susan Lund, Charles Roxburgh, James Manyika, Alex Kim, Andreas Schreiner, Riccardo Boin, Rohit Chopra, Sebastian Jauch, Hyun Kim, Megan McDonald, and John Piotrowski, *Farewell to cheap capital? The implications of long-term shifts in global investment and saving*, McKinsey Global Institute, December 2010.

Dobbs, Richard, Anu Madgavakar, Dominic Barton, Eric Labaye, James Manyika, Charles Roxburgh, Susan Lund, and Siddarth Madhav, *The world at work: Jobs, pay, and skills for 3.5 billion people*, McKinsey Global Institute, June 2012.

Dobbs, Richard, Jeremy Oppenheim, Adam Kendall, Fraser Thompson, Martin Bratt, and Fransje van der Marel, *Reverse the curse: Maximizing the potential of resource-driven economies*, McKinsey Global Institute, December 2013.

Dobbs, Richard, Jeremy Oppenheim, Fraser Thompson, Marcel Brinkman, and Marc Zornes, *Resource revolution: Meeting the world's energy, materials, food, and water needs*, McKinsey Global Institute,

INDEX

［著者］

いずれも世界的戦略コンサルティング・ファーム，マッキンゼー・アンド・カンパニーの経営および世界経済研究部門である、ＭＧＩ（マッキンゼー・グローバル・インスティテュート）のベテランメンバー。

リチャード・ドッブス (Richard Dobbs)

オックスフォード大学卒業。在学中にフルブライト奨学生としてスタンフォード大学でも学んだ。マッキンゼー入社後、ハイテクから、石油、銀行、ユーティリティーといった幅広い業界のクライアントへのコンサルティングを行ってきた。

ジェームズ・マニーカ (James Manyika)

電気およびロボット工学博士号をオックスフォード大学で授与され、またオックスフォードで学ぶ優秀な学生に与えられるローズ奨学金の受領者でもあった。1994年以降、マッキンゼーのシリコンバレー事務所をベースとし、世界中のトップ・ハイテク企業の多くの経営者に助言を与えてきた。

ジョナサン・ウーツェル (Jonathan Woetzel)

1985年以来、中国をベースにコンサルティングを行っており、マッキンゼーの中国プラクティス研究グループの共同創設者の一人である。マッキンゼーの都市発展特別活動グループのリーダーであり、非営利シンクタンク「中国都市部活動グループ」の共同委員長を務めている。

［訳者］

吉良直人（きら・なおと）

国際基督教大学教養学部卒業。ハーバード大学経営大学院卒業（MBA)。帝人（株）未来事業部、帝人ボルボ（株）を経て、マッキンゼー・アンド・カンパニー日本支社に入社。以来、大前研一氏の同社退職まで共に働いた。現在、トライコー（株）マネージング・ディレクターを務める。ハーバード大学在学中に大前氏の『企業参謀』(The Mind of Strategist) を英訳し、また同氏が米国で出版したThe Invisible Continent, The Next Global Stage（邦訳『新・資本論』、『新・経済原論』は東洋経済新報社）等の翻訳も手がける。訳書に『「好業績チーム」の知恵』『大前研一　戦略論』など多数。

マッキンゼーが予測する未来

——近未来のビジネスは、4つの力に支配されている

2017年1月26日　第1刷発行
2017年4月26日　第7刷発行

著　者——リチャード・ドッブス
ジェームズ・マニーカ
ジョナサン・ウーツェル

訳　者——吉良直人

発行所——ダイヤモンド社
〒150-8409　東京都渋谷区神宮前6-12-17
http://www.diamond.co.jp/
電話／03·5778·7232（編集）　03·5778·7240（販売）

装丁————水戸部功
本文デザイン—岸和泉
本文DTP ——中西成嘉
製作進行——ダイヤモンド・グラフィック社
印刷————加藤文明社
製本————加藤製本
編集担当——木山政行

ISBN 978-4-478-06943-1